고등학생을 위한

표준
한국어

학습 도구

교사용 지도서

고등학생을 위한

표준
한국어

국립국어원 기획 · 심혜령 외 집필

학습 도구

교사용 지도서

마리북

발간사

　국립국어원에서는 교육부 2012년 '한국어 교육과정' 고시에 따라 교육과정을 반영한 학교급별 교재 개발을 진행하였습니다. 이어서 2017년 9월에 '한국어 교육과정'이 개정·고시(교육부 고시 제2017-131호)됨에 따라 2017년에 한국어(KSL) 교재 개발 기초 연구를 수행하였습니다. 그 연구 결과를 바탕으로 초등학교 교재 11권, 중고등학교 교재 6권을 개발하여 2019년 2월에 출판하였습니다.

　교재에 이어서 학교 현장에서 다문화가정 학생들의 한국어 의사소통 및 학습 능력을 기르는 데 보탬이 되고자 익힘책을 개발하게 되었습니다. 교재와의 연계성을 높인 내용으로 구성하여 말 그대로 익힘책을 통해 한국어를 더 잘 익힐 수 있도록 노력하였습니다. 더불어 익힘책의 내용을 추가 반영한 지도서를 함께 출판하여 현장에서 애쓰시는 일선 학교 담당자들과 선생님들에게도 교재 사용의 길라잡이를 제공하고자 하였습니다.

　'다문화'라는 말이 더 이상 낯설지 않은 한국 사회에서 다문화가정 학생들이 한국 사회 구성원으로서의 정체성 함양에 밑거름이 되는 한국어 능력을 기르는 데《중고등학생을 위한 표준 한국어》가 도움이 되기를 바랍니다. 국립국어원에서는 이제껏 그래왔듯이 교재 개발 결과가 현장에서 보다 잘 활용될 수 있도록 돕기 위하여 교재 개발은 물론, 교원 연수 등을 통해 지속적으로 다문화가정 학생들의 한국어 능력 향상을 위해 노력하겠습니다.

　끝으로 3년간《중고등학생을 위한 표준 한국어》교재와 익힘책, 지도서의 개발과 발간을 위해 애써 주신 교재 개발진과 출판사에 깊은 감사의 말씀을 드립니다.

2020년 2월
국립국어원장 소강춘

머리말

본격적인 다문화 사회로 전환되어 가고 있는 한국 사회에서 특히 다문화 배경의 학령기 청소년, 이른바 한국어(KSL) 학습자들에 대한 관심과 배려는 그 결과가 우리 사회의 미래를 좌우하게 될 것이라는 점에서 매우 중요한 사안입니다.

다행히 우리 사회는 이 부분에서 사회적 공감과 정책적 구체화에 일찌감치 눈을 떠 2017년 KSL 학습자의 언어, 문화, 학습의 특수성을 고려한 개정 '한국어 교육과정'을 마련하였고, 그 교육과정의 구체적 구현을 위해 노력해 오고 있습니다. 2019년에는 교육 현장의 다양성을 고려한 모듈형 교재가 새롭게 개발되었고, 이어서 2020년에 그 교재 내용의 효율적 연습을 위한 학생 맞춤형 익힘책도 발간되었습니다. 그리고 이제 새로이 개발된 교재와 익힘책을 가지고 교사가 교육 현장에서 보다 수월하고 효과적으로 가르치는 데에 도움을 주기 위한 교사용 지도서를 개발, 발간합니다. 이로써 현장 적합형 KSL 한국어 교육을 위한 교육 자료 구축의 한 완성을 이루게 되었습니다.

이번에 개발된 교사용 지도서는 교사의 KSL 현장 최적화를 돕기 위한 것입니다. KSL 한국어 교육 경험이 길지 않은 교사도 본 지도서를 참고하면 양질의 수업을 진행할 수 있도록 교육 절차와 교육 내용 등을 교사 언어와 함께 구체적으로 기술하였습니다. 교사의 배경지식과 추가 활동에 대한 아이디어도 '교사 지식'과 '교수-학습 지침'으로 제공하였습니다. 뿐만 아니라 단원별로 필요하거나 수행 과제로 부과할 만한 교육 활동을 제공하여 교사의 편의를 도모하였습니다.

또한 본 지도서는 학령기 청소년 학습자의 특성을 고려한 교수 방안을 마련하는 데에 도움을 줄 수 있도록 했습니다. 성인 학습자에 비해 경험의 폭이 한정되어 있고 학습 동기의 양상도 다른 학령기 청소년 학습자를 배려하여 교사로 하여금 학령기 청소년의 관심사를 이끌어 낼 수 있게 도와주고, 학습자가 간접 경험의 기회를 많이 가질 수 있도록 하는 데에 도움을 주는 장치를 다수 마련하였습니다. 그리고 청소년들이 일상적으로 이용하는 IT(정보통신) 기술의 적용을 감안한 교수 방안도 개발하여 지도서 구성에 반영하였습니다.

이렇듯 KSL 교육 현장 적합형 교육의 완성을 위한 교사용 지도서는 수많은 관계자들의 지원과 노력으로 만들어질 수 있었습니다. 우선 이 새로운 방식의 지도서가 완성될 수 있도록 지원을 아끼지 않으신 교육부와 국립국어원 관계자 여러분께 깊이 감사드립니다. 교사들이 새 시대에 맞는 새 교재 및 익힘책을 사용함에 있어 실질적인 도움을 줄 수 있는 새로운 지도서를 만들어 보자는 의지로 지도서 집필에 열정을 바쳐 노력한 집필진 모두에게 진심에서 우러나오는 감사를 드립니다. 그리고 새로운 방식의 지도서가 빛이 날 수 있도록 편집과 출판에 최선을 다해 주신 출판사 마리북스에도 감사의 말씀을 드립니다.

 교사들이 이 지도서를 잘 활용하여 학령기 청소년 학습자의 한국어 교육에서 많은 성취를 이루어 내기를 희망합니다.

2020년 2월

저자 대표 심혜령

일러두기

1. 지도서 소개

《고등학생을 위한 표준 한국어 학습 도구 교사용 지도서》는 한국어(KSL) 교재의 교육 목표를 교육 현장에 충분히 구현할 수 있도록 하는 데 목적을 두고 구성하였다. 본 지도서는 다음과 같은 특징을 가지고 있다.

교사 중심 교사용 지도서

- 교육 절차와 교육 내용 등을 상세하고 구체적으로 기술하여 KSL 한국어 교육 경험이 길지 않은 교사도 본 지도서를 참고하면 양질의 수업을 진행할 수 있도록 함.

- 교사가 알고 있어야 할 '교사 지식', 다양한 활동을 기반으로 한 '교수-학습 지침' 등을 상세하고 구체적으로 기술한 지도서를 개발함.

- 단원별로 수행 과제로 부과할 만한 교육 활동을 제공하거나 여건에 따라 마무리 활동을 과제로 전환할 수 있도록 유도하여 교사들의 편의를 도모함.

- 다양한 유형의 지도서 사용자들을 고려해 단계에 맞는 교사 언어를 제공함.

다양한 교육 현장에서의 활용을 고려한 지도서

- 교재의 단원 구성 원리와 교수 절차에 맞춰 개발함으로써 실제 사용상의 효율성을 높인 지도서를 개발함.

- 단원별로 10차시를 적절한 교육 시수로 설정하였으나, 현장의 상황이나 여건에 맞춰 선택적 사용이 가능하도록 내용을 구성함.

- 교재와 익힘책의 긴밀성을 확보하는 방향으로 지도서의 내용을 구성함.

학령기 청소년 학습자의 특성을 고려한 교수 방안

- 성인 학습자에 비해 경험의 폭이 한정되어 있고 학습 동기의 양상도 다른 학령기 청소년 학습자를 배려한 교수 방안을 개발함.

- 교사로 하여금《고등학생을 위한 표준 한국어》에 반영되어 있는 학령기 청소년의 관심사를 이끌어 낼 수 있게 도와주고, 학습자가 간접 경험의 기회를 많이 가질 수 있도록 하는 데에 도움을 주는 장치를 다수 마련함.

- 청소년들이 일상적으로 이용하는 IT(정보통신) 기술의 적용을 감안한 교수 방안을 개발함.

수업 전반의 진행 방식 및 각 단계의 진행 방식의 구체적 방법을 제시하는 지도서

- '교사 지식' 항목을 통해 사전에 교사가 숙지해야 할 내용을 제공하여 지도서가 교사 재교육에 일조할 수 있도록 함.

- '교수-학습 지침' 항목을 두어 교육 내용별 다양한 활동을 제안하고, 교육 현장별로 진도를 융통성 있게 운영할 수 있도록 함.

2. 지도서의 단원 구성

《고등학생을 위한 표준 한국어 학습 도구 교사용 지도서》의 단원은 다음과 같은 순서로 구성된다.

단원명 ➡ 학습 목표 ➡ 단원 내용 ➡ 수업 개요 ➡ 어휘 및 문법 ➡ 의사소통 한국어의 주요 내용 ➡ 7·8차시 도입을 위한
교수-학습 지침 ➡ 9·10차시 도입을 위한 교수-학습 지침 ➡ 익힘책 교수-학습 지침

3. 지도서의 단원별 내용 구성

《고등학생을 위한 표준 한국어 학습 도구 교사용 지도서》의 내용 구성과 제시의 특징은 다음과 같다.

① 학습 목표 및 단원 내용 제시
- 지도서의 단원별 제목, 단원 목표, 단원 내용을 명확하게 제시함.
- 단원 내용은 단원에서 학습하게 될 학습 활동, 학습 기능, 학습 주제에 대해 간략하게 제시함.

② 수업 개요
- 학습하기 1(7~8차시)의 학습 목표를 제시함.
- 학습하기 2(9~10차시)의 학습 목표를 제시함.

③ 교수-학습 방법 제시
- 지도서는 수업 과정에 따라 내용을 구성하되 각 영역별로 교수 방법을 제공하여 교사의 지도 방향을 구체화시
  켜 줌.

지시문 제시 ➡ 교사 언어 제시 ➡ 어휘 설명 등 학습 내용 제시 ➡ 과제 활동 제시

④ 의사소통 한국어의 주요 내용
- 단원과 연계된 〈의사소통 한국어〉의 〈꼭 배워요〉에서 학습하는 어휘와 문법을 간략히 제시함.

⑤ 7·8~9·10차시 도입을 위한 교수-학습 지침
- 학습 활동과 연계하여 학습 기능을 익힐 수 있도록 정보를 제시함.
- 교재에 제시된 학습 도구 어휘 및 문법 관련 정보를 체계적으로 설명하기 위해 어휘 및 문법의 정의, 예시, 정보를
  제시함.

⑥ 익힘책 교수-학습 지침
- 해당 내용과 연계된 익힘책 내용의 정답과 설명을 제시함으로써 추가적으로 보충 설명할 수 있도록 구성함.

4. 단계별 지도서 세부 사항

1쪽 도입		**삽화** • 해당 단원의 학습 목표 및 주제 등 전체 내용을 조망하고 확인할 수 있는 교재의 단원 시작 페이지 이미지를 제공함. **단원의 시작** • 학습 목표, 단원 내용, 수업 개요, 어휘 및 문법, 〈의사소통 한국어〉 주요 내용의 순으로 구성함.
1, 3차시	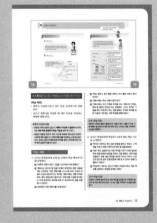	**1, 3차시(〈의사소통 한국어〉 〈꼭 배워요〉와 연계할 경우 7, 9차시)** • 도입은 학습하게 될 학습 내용과 활동에 대해 설명하고 핵심적인 주제에 대한 질문을 교사 언어로 제공하여 도입할 수 있도록 구성함. • 전개는 학습하기 1, 2의 본문을 읽기 위해 필요한 어휘와 문법에 대해 설명할 수 있도록 '정의, 예시, 정보, 설명'으로 제시함(어휘에 따라 '정보' 항목은 선택적으로 제시할 수도 있음). – 정의: 한국어기초사전의 의미를 제시함(정의의 의미는 학생들에게 알려 주는 것이 아니라 교사에게 주는 정보임). – 예시: 해당 어휘 의미가 문맥에 잘 나타난 예문을 새롭게 제시함. – 설명: 어휘의 성격에 따라 다르게 적용함. 구체물일 때는 사진이나 실물 자료를 활용하도록 하고, 추상적인 개념일 때는 교사가 수업 시간에 실제 설명하는 방식으로 제시함. – 정보: 유의어, 반의어, 상위어, 하위어 등에 대한 정보를 제시함. • 정리는 학습 내용을 정리하는 질문을 교사 언어로 제시함.

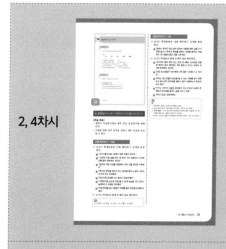

2, 4차시

2, 4차시(<의사소통 한국어> <꼭 배워요>와 연계할 경우 8, 10차시)

- 어휘 확인하기, 내용 확인하기, 기능 확인하기, 활동하기의 순으로 구성함.

- '어휘 확인하기'는 수업을 진행하기 용이하도록 해당 어휘의 의미와 정답을 제시함.

- '내용 확인하기'는 수업을 진행하기 용이하도록 관련 질문 및 정답, 정답을 찾아가는 과정을 교사 언어로 제시함.

- '기능 확인하기'는 수업을 진행하기 용이하도록 정답 및 정답을 찾아가는 과정을 교사 언어로 제시함.

- '활동하기'는 수업을 진행하기 용이하도록 활동 관련 질문과 활동 방법, 활동 결과 확인 과정 등을 교사 언어로 제시하고, 예시 답안을 제시함.

익힘책

익힘책 교수-학습 지침

- 익힘책에 제시된 문제에 대한 의도와 특징을 설명함.

- 익힘책 내용의 정답 및 정답에 대한 설명을 제시함.

내용 구성표

단원	주제	꼭 배워요(필수)		더 배워요(선택)		학습 도구(선택)	
		어휘	문법	기능	부가 문법	학습 활동	학습 기능
1	의사 결정	• 성격, 능력 관련 어휘 • 의사 결정 관련 어휘	• -으면 좋겠다 • -기 위해서 • -어 보이다 • -는 편이다	• 추천하기 • 주장하기	• -어야지 • -다고 생각 하다 • -어야겠-	계획서 작성하기	• 세부 목표 설정 하기 • 순서 정하기
2	환경 미화	• 환경 미화 관련 어휘	• -도록(목적) • -을 테니(까) • -는 대신에 • -어 놓다/두다	• 제안하기 • 요청하기	• -을지 • -어 드리다	협동 학습 하기	• 제안하기: 학습 주제 제안하기 • 조정하기: 학습 방법 조정하기
3	과제	• 과제 관련 어휘	• -잖아(요) • -어 가다 • -으려면 • -어도	• 계획하기 • 문제 해결하기	• 이나 • -거든	보고서 쓰기	• 요약하기 • 정교화하기
4	또래 모임	• 모임 관련 어휘 • 감정 관련 어휘	• -자마자 • -고 말다 • -는다고 • -느냐고	• 경험한 일에 대해 이야기 하기 • 감정 표현하기	• -는구나 • -었었-	모둠 활동 하기	• 정보 수집하기 및 공유하기 • 토의하기
5	독서	• 독서 관련 어휘	• -나 보다 • -을 텐데 • -으라고 • -자고	• 정보 교환하기 • 감상 표현하기	• 이라도 • -는 바람에 • -은 결과	책 읽기	• 주제 찾기 • 추론하기
6	소통	• 통신 관련 어휘	• -고 나다 • -는 중이다 • -는다면 • -을 수밖에 없다	• 정중하게 부탁 하기 • 안내하기	• -대 • -내	필기하기	• 메모하기 • 분류하기
7	여행	• 여행 관련 어휘	• -어 가지고 • -어 오다 • -거든(요) • -어 있다	• 여행 정보 구하기 • 걱정하기	• -으래 • -재	복습하기	• 구성 요소와 속성 확인하기: 배운 내용 전반에 대한 내용 확인하기 • 핵심 정리하기: 핵심 내용 분석 해 내기
8	생활 체육	• 생활 체육 관련 어휘	• 만 아니면 • -었더니 • -는 만큼 • -느라고	• 변명하기 • 자랑하기	• -는 척하다 • -기는	점검하기	• 양상 확인하기 • 관계 파악하기

단원	주제	꼭 배워요(필수)		더 배워요(선택)		학습 도구(선택)	
		어휘	문법	기능	부가 문법	학습 활동	학습 기능
9	공부	• 학습 관련 어휘	• -어서 그런지 • -는 줄 알다/ 모르다 • -었더라면 • -으려다가	• 묻고 답하기 • 후회하기	• -다니 • 에 비하면	문제 풀기	• 문제 해결하기 • 오류 확인하기

10	안전·
	보건
		• 재난과 질병
		  관련 어휘
			• -는다거나
			• 피동 표현
			• -을 뿐만 아니라
			• -던
				• 대처 방법
				  지시하기
				• 질병 예방법
				  설명하기
					• 으로 인해
					• -고서
						발표하기	• 표현하기
							• 재구조화하기

11	고민 상담	• 고민 관련 어휘	• -는 대로 • -는다면서 • -고 보니 • -을걸	• 조언 구하기 • 도움 요청하기	• -는 사이에 • -을 정도로	토론하기	• 질문하기 • 진위 확인하기

12	실습·
	실기
		• 실습과 실기
		  관련 어휘
			• -을수록
			• -던데
			• -는 모양이다
			• -은 채로
				• 경고하기
				• 과정 묘사하기
					• -을지도
					  모르다
					• -기만 하다
						실험하기	• 증명하기
							• 비교하기

13	대회 참가	• 대회 관련 어휘	• -는 탓에 • -어 버리다 • -을 뻔하다 • -더라	• 의도 표현하기 • 심정 표현하기	• -기는 하다 • -을 걸 그랬다	평가받기	• 암기하기 • 성찰하기
14	적성 탐색	• 적성과 직업 관련 어휘	• -는 데다가 • -든지 • 사동 표현 • -나 싶다	• 충고하기 • 동의하기	• 뿐 • -더라고요	예습하기	• 예측하기 • 의문 형성하기
15	봉사 활동	• 봉사 활동 관련 어휘	• -을 따름이다 • -는 김에 • -었던 • -고 해서	• 거절하기 • 정보 구하기	• 만 같아도 • 이나마	체험하기	• 묘사하기 • 기술하기
16	진로 상담	• 진학과 취업 관련 어휘	• -는 반면에 • -더라도 • -다시피 • -곤 하다	• 권유하기 • 의견 표현하기	• -다 보면 • 에 따라	학습 반응 하기	• 준거 설정하기 • 가치 판단하기

차례

고등 학습 도구 교사용 지도서

1과　계획서 작성하기

● 학습 목표

- 계획서의 종류와 작성 방법에 대해 안다.
- 주제에 따른 목표를 설정할 수 있다.
- 일의 순서를 정할 수 있다.

● 단원 내용

1. 학습 활동: 계획서 작성하기
2. 학습 기능: 세부 목표 설정하기
　　　　　　　순서 정하기
3. 학습 주제: 청소년의 인터넷 사용
　　　　　　　달의 다양한 모습

● 수업 개요

1·2차시(학습하기 1): 계획서 작성하기에서 세부 목표
　　　　　　　　　　　설정하기에 대해 안다.
3·4차시(학습하기 2): 계획서 작성하기에서 순서 정하
　　　　　　　　　　　기에 대해 안다.

● 어휘 및 문법

[학습하기 1]

유용하다, 정보, 초점, 심각성, 세부, 목표, 설정, 고려하
다, 사항, 주장, 근거, 제시, 독자, 관심사, 사례, 구체적,
에 대해, -어야겠-, 에 따라

[학습하기 2]

탐구, 관찰하다, 보고서, 작성하다, 일정, 도구, 추가, 수
집하다, 일반적, 진행하다

[알면 쓸모 있는 어휘(익힘책 12쪽)]

절차, 학업, 여가, 대안, 대비, 강화

의사소통 3권 1과 〈꼭 배워요〉의 주요 내용

[어휘]

학급 회의, 반장 선거, 반장, 부반장, 성격, 능력, 활발하다, 사교적
이다, 적극적이다, 외향적이다, 소극적이다, 내성적이다, 리더십
이 있다, 책임감이 있다, 성실하다, 성적이 우수하다, 인상이 좋다,
이미지가 좋다, 외모가 뛰어나다, 의견, 토론하다, 찬성하다, 반대
하다, 의논하다, 결정하다, 투표하다, 단체, 소원, 습기, 절약, 최선,
응원하다, 이성, 자유롭다, 바라다, 밝다

[문법 1] '-으면 좋겠다'

　　 이제 비가 그만 내리면 좋겠어요.

[문법 2] '-기 위해서'

　　 자전거를 사기 위해서 용돈을 모아요.

[문법 3] '-어 보이다'

　　 호민이가 조금 피곤해 보여요.

[문법 4] '-는 편이다'

　　 호민이는 한국어를 잘하는 편이에요.

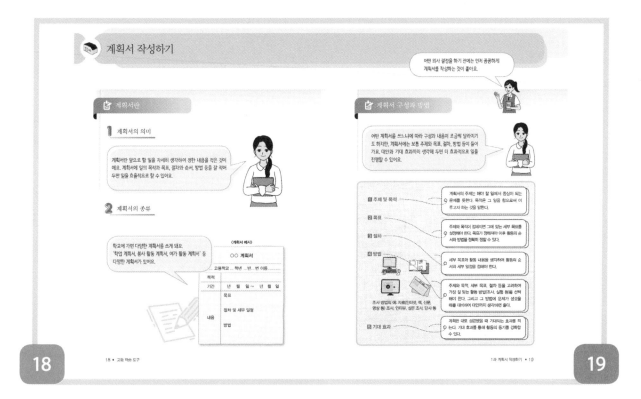

● **1차시**(의사소통 〈꼭 배워요〉와 연계할 경우 7차시)

[학습 목표]

• 계획서 작성하기에서 세부 목표 설정하기에 대해 안다.

• 글쓰기 계획서를 작성할 때 세부 목표를 설정하는 방법에 대해 안다.

본문의 구성과 내용

• 본문은 **국어 교과**의 글쓰기 **계획서 작성하기** 활동에서 하게 되는 **세부 목표 설정하기 학습 기능**을 보여 주고 있다.

• 본문의 내용은 유미가 국어 시간에 숙제로 '청소년의 인터넷 사용'에 대한 글을 쓰기 위해 계획서를 작성하는 과정 중 일부이다. 유미는 글의 주제에 맞춰 목적을 정하고 목적에 따라 '세부 목표 설정하기'를 하고 있다.

도입 - 10분

1) 교사는 학생들에게 교재 18, 19쪽의 학습 활동에 대해 설명한다.

📖 "(18쪽의 계획서 예시 그림을 가리키며) 이게 뭐예요?"

📖 "계획서는 앞으로 할 일을 자세히 생각하여 정한 내용을 적은 것이에요. 어떤 계획서를 쓰느냐에 따라 구성과 내용이 조금씩 달라지기는 하지만, 계획서에는 보통 주제와 목표, 절차, 방법 등이 들어가요. 계획서를 구성할 때 대안과 기대 효과까지 생각해 두면 더 효과적으로 일을 진행할 수 있어요."

📖 "여러분은 어떤 계획서를 써 봤어요?"

📖 "학업 계획서, 봉사 활동 계획서, 여가 활동 계획서 등이 있어요."

📖 "계획서에는 무슨 내용이 들어가요?"

📖 "계획서에는 우선 주제와 목적을 써요. 계획서의 주제는 해야 할 일에서 중심이 되는 문제예요. 그리고 목적은 그 일을 해서 이루려고 하는 것을 말해요. 주제와 목적을 정한 다음에 그에 맞는 세부 목표를 정해야 해요."

교수-학습 지침

익힘책 13쪽에 계획서 활용 방안, 계획서 예시, 계획서 작성 시 유의해야 할 점이 추가로 제시되어 있다. 교사는 이를 고려하여 수업을 진행한다.

2) 교사는 학생들에게 학습하기 1에서 배울 학습 기능을 소개한다.

📖 "목적은 이루려고 하는 일의 방향을 말하고, 목표는 그 목적을 이루기 위해 구체적으로 해야 할 일을 말해요."

📖 "세부 목표 설정하기란 어떤 목적을 이루기 위해 필요한 문제 해결 방향과 방법을 정하는 것을 말해요. 어떤 일을 진행하기 전에 세부 목표를 세우면 자신이 이루고 싶은 것과 앞으로 일의 진행 방향에 대해 알 수 있어서 일을 진행하기 쉬워요."

📖 "학습하기 1에서는 글쓰기 계획서 작성하기에서 세부 목표를 설정하는 방법을 공부할 거예요."

교수-학습 지침

익힘책 14쪽에 일반적으로 세부 목표를 설정할 때 고려해야 할 것이 추가로 제시되어 있다. 교사는 이를 고려하여 수업을 진행한다.

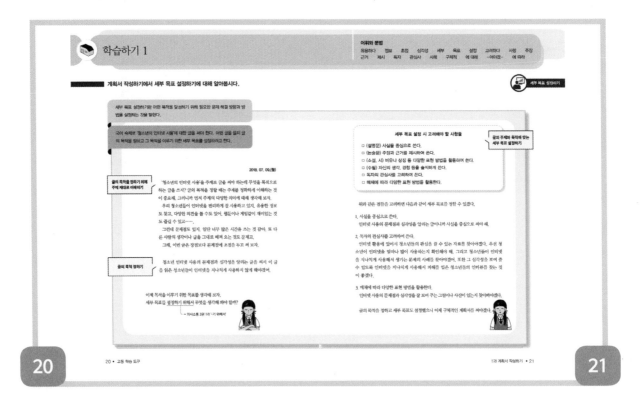

전개 - 35분

1) 교사는 다음에 제시되는 내용을 참고하여 학생들에게 어휘와 문법을 설명한다.

유용하다	◆ **정의** 쓸모가 있다. **예** 이 책은 혼자서 수학을 공부할 때 유용하다. ● **설명** "휴대 전화로 전화도 하고 인터넷도 하고 많은 것을 할 수 있어요. 휴대 전화는 유용해요. '유용하다'는 여러 가지로 쓸 수 있는 것을 말해요."
정보	◆ **정의** 어떤 사실이나 현상을 관찰하거나 측정하여 모은 자료를 정리한 지식. 또는 그 자료. **예** 요즘은 인터넷으로 숙제에 필요한 정보를 많이 얻는다. ● **설명** "숙제를 할 때 인터넷에서 모르는 것을 찾아요. 인터넷에서 여러분이 알고 싶은 것을 찾을 수 있어요. 인터넷에서 숙제에 필요한 정보를 찾을 수 있어요. '정보'는 어떤 사실에 대해 모은 자료를 말해요."
초점	◆ **정의** 사람들의 관심이 집중되는 대상이나 문제점. **예** 최근 고등학생들 사이에서 대학 입학시험이 대화의 초점이 되고 있다. ◆ **정보** (비슷한 말) 핀트, 중심, 중점 ● **설명** "내일은 체험학습이에요. 쉬는 시간에 친구들이 모두 체험학습에 대해 이야기했어요. 체험학습이 친구들 사이에서 대화의 초점이 됐어요. '초점'은 사람들의 관심이 집중되는 것을 말해요."

심각성	◆ **정의** 매우 깊고 중대하며 절박한 성질. **예** 학생들은 아직 환경 문제의 심각성을 잘 모르고 있다. ● **설명** "탐구 과제로 환경 오염에 대해 찾아봤어요. 요즘 자동차가 많아서 공기가 나빠졌어요. 그래서 마스크를 쓰고 다니는 사람들이 많아요. 환경 오염 문제의 심각성에 대해 알게 됐어요. '심각성'은 상태나 정도가 매우 깊고 중요한 것을 말해요."
세부	◆ **정의** 자세한 부분. **예** 시험공부를 어떻게 할지 세부 계획을 써서 벽에 붙였다. ● **설명** "다음 주에 시험을 봐요. 시험공부를 어떻게 할지 계획을 세워야 해요. 뭐부터 공부해요? 수학을 먼저 공부해요. 다음에 국어를 공부해요. 그 다음에 영어를 공부해요. 어떤 순서로 시험공부를 할지 계획을 세웠어요. 시험공부를 어떻게 할지 세부 계획을 세웠어요. '세부'는 자세한 부분을 말해요."
목표	◆ **정의** 어떤 목적을 이루기 위하여 도달해야 할 구체적인 대상. **예** 오늘 수업의 목표는 '피타고라스의 정리'에 대해 아는 것이다. ◆ **정보** (유의어) 목적 ● **설명** "다음 주에 영어 시험이 있어요. 여러분은 몇 점을 받는 게 목표예요? '목표'는 여러분이 이루려고 하는 것을 말해요."

설정	◆ **정의** 새로 만들어 정함. **예** 학급 회의 시간에 청소 구역을 새로 설정했다. ● **설명** "시험을 보기 전에 목표를 정했어요? 목표를 정하는 것을 목표 설정이라고 해요. '설정'은 새로 만들어서 정하는 것을 말해요."
고려하다	◆ **정의** 어떤 일을 하는 데 여러 가지 상황이나 조건을 신중하게 생각하다. **예** 과제의 주제를 정할 때는 자료를 찾을 수 있는지를 고려해야 한다. ● **설명** "방학 때 친구들과 여행을 가려고 해요. 그런데 친구들이 가고 싶은 곳이 모두 달라요. 모두의 의견을 고려해서 장소를 정해요. '고려하다'는 여러 조건을 조심스럽게 생각하는 것을 말해요."
사항	◆ **정의** 어떤 일이나 사실을 이루는 항목 또는 내용. **예** 선생님께서는 시험을 볼 때 조심해야 할 사항들에 대해 말씀해 주셨다. ● **설명** "학교생활을 하면서 불편한 것이 있어요? 불편 사항이 있으면 적어서 저에게 주세요. '사항'은 어떤 일의 내용이에요."
주장	◆ **정의** 자신의 의견이나 생각을 굳게 내세움. 또는 그런 의견이나 생각. **예** 학생은 책을 많이 읽어야 한다고 주장하는 사람이 있다. ● **설명** "우리는 사람들과 이야기할 때 다른 사람의 의견도 듣고 자신의 의견도 이야기해요. 이때 다른 사람에게 자신의 의견을 강하게 표현하는 것을 주장이라고 해요. '주장'은 자신의 의견이나 생각을 강하게 알리는 것을 말해요."
근거	◆ **정의** 어떤 일이나 의견 등의 근본이 됨. 또는 그런 까닭. **예** 자신의 의견을 말할 때는 그렇게 생각하는 근거도 함께 말하는 것이 좋다. ● **설명** "다른 사람에게 자신의 의견을 말할 때 내가 왜 그렇게 주장하는지 함께 이야기해요. 이것을 근거라고 해요. 예를 들어서 '물을 아껴 쓰자'라는 주장이 있어요. 이 주장의 근거는 '지구에서 우리가 사용할 수 있는 물의 양은 모자라다.', '환경 문제가 심각해지고 있다.' 등이에요. 이처럼 '근거'는 어떤 일이나 의견의 이유를 말해요."
제시	◆ **정의** 무엇을 하고자 하는 생각을 말이나 글로 나타내어 보임. **예** 그 사람은 영어 교육의 새로운 방향을 제시했다. ● **설명** "회의할 때 각자 자신의 의견을 말로 표현해요. 회의 시간에 학생들은 의견을 제시해요. '제시'는 무엇을 하려고 하는 생각을 말이나 글로 나타내는 것을 말해요."
독자	◆ **정의** 책이나 신문, 잡지 등을 읽는 사람. **예** 같은 책을 읽었지만 독자마다 책을 읽고 느낀 것이 다르다. ◆ **정보** (반대되는 말) 필자, 저자 ● **설명** "여러분은 책을 자주 읽어요? 여러분처럼 책을 읽는 사람을 독자라고 해요. '독자'는 책이나 신문, 잡지 등을 읽는 사람을 말해요. 반대로 책을 쓴 사람은 '필자' 또는 '저자'라고 해요."

관심사	◆ **정의** 관심을 끄는 일이나 대상. **예** 독자의 관심사를 고려하여 글의 주제를 정해야 한다. ◆ **정보** (비슷한 말) 관심거리 ● **설명** "여러분은 요즘 어떤 것에 관심이 많아요? 저는 요즘 음악에 관심이 많아요. 제 관심사가 뭐예요? '관심사'는 관심이 집중되는 일이나 대상을 말해요."
사례	◆ **정의** 이전에 진짜 일어난 예. **예** 나의 의견에 맞는 좋은 사례를 찾았다. ● **설명** "사람들에게 환경을 보호해야 하는 이유를 설명하고 싶어요. 이때 환경이 나빠져서 실제로 생기게 된 일을 같이 설명하면 좋아요. 이처럼 이전에 진짜 일어난 예를 '사례'라고 해요."
구체적	◆ **정의** 눈으로 직접 볼 수 있게 형태를 갖춘 것. 실제적이고 자세한 것. **예** 대회 참가 신청을 하기 전에 어떤 대회인지 구체적으로 알아보는 것이 좋다. ● **설명** "여러분은 주말 아침에 무엇을 해요? 저는 보통 주말에 7시에 일어나요. 그리고 7시부터 8시까지 운동을 하고 샤워를 해요. 그리고 8시부터 아침을 먹어요. 30분 정도 아침을 먹은 후 조금 쉬어요. 그리고 9시부터 책을 읽어요. 방금 제가 주말 아침에 무엇을 하는지 구체적으로 이야기했어요. 이처럼 실제적이고 자세한 것을 '구체적'이라고 해요."
에 대해	◆ **정의** 앞의 내용을 대상으로 하여 뒤에 상황이나 행동이 이루어짐을 나타내는 표현. **예** 친구들과 다음 주에 볼 시험에 대해 얘기했다. ◆ **정보** '에 대하여', '에 대해서'로 사용하기도 한다. 뒤에 오는 명사를 수식하는 구성으로 '에 대한'으로 사용하기도 한다. 구어보다는 문어에 많이 사용되고, 구어에 사용될 경우에는 격식적인 상황이나 공식적인 상황에서 주로 사용된다. ● **설명** "여러분 다음 주에 체육 대회를 해요. 체육 대회를 할 때 체육복을 입고 와야 해요. 지금 제가 무엇에 대해 이야기했어요? 이야기한 대상을 나타내는 '에 대해'를 써야 해요."
-어야겠-	◆ **정의** 어떤 행위나 상황에 대한 의지를 나타내는 표현. **예** 오늘 저녁에는 꼭 그 책을 다 읽어야겠다. ◆ **정보** 주로 구어에서 사용하고, 동사와만 결합한다. (의사소통 한국어 3권 1과 부가 문법) ● **설명** "여러분 벌써 12시예요. 저는 지금 배가 많이 고파요. 수업이 끝나면 바로 밥을 먹을 거예요. 수업이 끝나면 바로 밥을 먹어야겠어요. 어떤 행동을 꼭 하고 싶은 의지를 표현할 때는 '-어야겠-'을 사용해요."

에 따라	◆ **정의** 어떤 상황이나 사실, 기준에 근거하여 어떤 행위를 함을 나타내는 표현. 　예 계획표를 만들고 그것에 따라 시험을 준비하면 공부 효과를 높일 수 있다. ◆ **정보** '에 따라서'로 사용하기도 하고, 뒤에 오는 명사를 수식하는 구성으로 '에 따른'을 사용하기도 한다. ● **설명** "여러분 방학 때 어떻게 하면 시간을 잘 관리할 수 있을까요? 먼저 계획표를 만들어 보세요. 그리고 계획표에 따라서 생활을 해 보세요. 어떤 기준에 맞춰 행동을 할 때 '에 따라'를 사용해야 해요."

2) 교사는 학생들에게 교재 20, 21쪽에 제시된 내용을 읽게 한다.

　예 "유미가 국어 숙제로 '청소년의 인터넷 사용'에 대한 글을 써야 해요. 어떤 글을 쓸지 글의 목적을 정하고 그 목적을 이루기 위한 세부 목표를 정하려고 해요. 어떻게 목적과 세부 목표를 정하는지 한번 읽어 보세요."

3) 교사는 학생들에게 세부 내용을 확인하는 질문을 한다.

　예 "청소년들은 인터넷으로 무엇을 해요?"

　예 "유미는 인터넷에 대해 어떻게 생각해요?"

　예 "유미는 어떤 목적으로 글을 쓰려고 해요?"

　예 "글쓰기에서 세부 목표를 설정할 때 무엇을 고려해야 해요?"

　예 "글을 쓸 때는 글을 왜 쓰는지, 누가 읽을 것인지, 어떻게 전달할 것인지를 고려해야 해요."

　예 "글을 쓰는 목적에 따라 정보 전달의 글, 설득의 글, 문학적인 글, 자기표현의 글을 쓸 수 있어요. 정보를 전달하는 글을 '설명문'이라고 해요. 정보 전달의 글은 정보나 사실을 설명하는 글이기 때문에 사실을 중심으로 써야 해요. 다른 사람을 설득하는 글을 '논술문'이라고 해요. 설득의 글은 독자의 생각이나 행동 변화가 목적이기 때문에 주장과 이를 뒷받침할 수 있는 근거를 제시해야 해요. 문학적인 글에는 '소설, 시, 수필'이 있어요. 이 글은 여러 감정의 변화와 즐거움을 느끼게 하는 것이 목적이기 때문에 다양한 방법을 활용하여 쓸 수 있어요. 자기표현의 글은 글쓴이의 감정, 생각, 경험 등을 솔직하게 써야 해요."

　예 "글을 쓸 때는 읽는 사람의 관심사를 고려해야 해요. 읽는 사람이 흥미를 가질 수 있는 것을 고려하여 글을 쓰면 좋아요."

　예 "유미는 어떤 자료를 찾으려고 해요?"

　예 "유미는 세부 목표를 정한 후에 무엇을 하려고 해요?"

4) 교사는 학생들에게 학습 기능에 대해 확인하는 질문을 한다.

　예 "어떤 순서로 목표를 정했어요?"

　예 "먼저 글의 목적을 위해서는 주제를 제대로 이해해야 해요. 주제에 대해 다양하게 생각한 후에 어떤 글을 쓸지 글의 목적을 정해요. 그다음에 글의 주제와 목적에 맞는 세부 목표를 설정해요."

　예 "유미는 무엇을 고려해서 세부 목표를 정했어요?"

교사는 학습 내용을 정리하며 수업을 마무리한다.

　예 "유미는 글쓰기 계획서를 작성하는 과정에서 세부 목표를 설정했어요."

　예 "먼저 어떤 글을 쓸지 글의 목적을 정하기 위해 청소년이 인터넷을 어떻게 사용하는지 생각하며 주제를 제대로 이해했어요."

　예 "그리고 글의 목적을 정했어요. 유미는 청소년 인터넷 사용의 문제점과 심각성을 알리는 글을 쓰기로 했어요."

　예 "그다음에 청소년 인터넷 사용의 문제점과 심각성을 알리는 글을 쓰기 위해 무엇을 해야 하는지 세부 목표를 정했어요."

　예 "글의 종류, 독자, 매체를 고려하여 세부 목표를 설정할 수 있었어요."

　예 "계획서에 글의 목적과 목적을 이루기 위해 설정한 세부 목표를 구체적으로 쓰면 돼요."

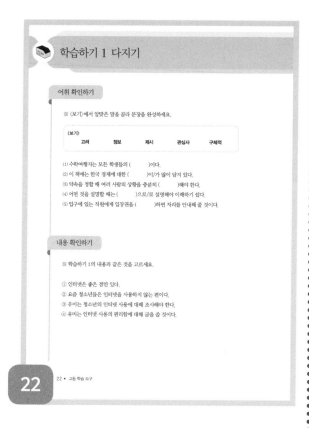

학습하기 1 다지기

어휘 확인하기

■ 〈보기〉에서 알맞은 말을 골라 문장을 완성하세요.

〈보기〉

| 고려 | 정보 | 제시 | 관심사 | 구체적 |

(1) 수학여행자는 모든 학생들의 (　　　)이다.
(2) 이 책에는 한국 경제에 대한 (　　　)이/가 많이 담겨 있다.
(3) 약속을 정할 때 여러 사람의 상황을 충분히 (　　　)해야 한다.
(4) 어떤 것을 설명할 때는 (　　　)으로/로 설명해야 이해하기 쉽다.
(5) 입구에 있는 직원에게 입장권을 (　　　)하면 자리를 안내해 줄 것이다.

내용 확인하기

■ 학습하기 1의 내용과 같은 것을 고르세요.

① 인터넷은 좋은 점만 있다.
② 요즘 청소년들은 인터넷을 사용하지 않는 편이다.
③ 유미는 청소년의 인터넷 사용에 대해 조사해야 한다.
④ 유미는 인터넷 사용의 편리함에 대해 글을 쓸 것이다.

22

● 2차시 (의사소통 〈꼭 배워요〉와 연계할 경우 8차시)

[학습 목표]

• 계획서 작성하기에서 세부 목표 설정하기에 대해 안다.

• 주제에 맞춰 글의 목적을 정하고 세부 목표를 설정할 수 있다.

어휘 확인하기 - 10분

1) 교사는 학생들에게 '어휘 확인하기' 문제를 풀게 한다.

　📖 "〈보기〉를 보세요. 앞에서 배운 어휘가 있어요."

　📖 "'고려'란 어떤 일을 하는 데 여러 가지 상황이나 조건에 대해 많이 생각하는 것이죠."

　📖 "'정보'란 어떤 사실을 관찰해서 모은 것을 정리한 자료예요."

　📖 "'제시'란 무엇을 하려고 하는 생각을 말이나 글로 나타내어 보여 주는 것이에요."

　📖 "'관심사'란 관심을 끄는 일이나 대상이에요."

　📖 "'구체적'이란 눈으로 직접 볼 수 있게 모습을 가진 것이나 실제적이고 자세한 것이에요."

　📖 "아래 문장을 읽고 알맞은 어휘를 골라 문장을 완성해 보세요."

2) 교사는 학생들과 함께 문제의 답을 확인한다.

> **정답**
> (1) 관심사　(2) 정보　(3) 고려　(4) 구체적　(5) 제시

내용 확인하기 - 5분

1) 교사는 학생들에게 '내용 확인하기' 문제를 풀게 한다.

　📖 "앞에서 유미가 청소년의 인터넷 사용에 대한 글을 쓰기 위해 글쓰기 목적과 목표를 정하는 과정을 봤어요. 학습하기 1의 내용과 같은 것을 고르세요."

2) 교사는 학생들과 함께 문제의 답을 확인한다.

　📖 "인터넷은 좋은 점만 있는 것은 아니에요. 인터넷은 유용한 정보도 찾고 재미있는 것도 즐길 수 있다는 장점도 있지만 문제점도 있어요."

　📖 "요즘 청소년들은 인터넷에 너무 많은 시간을 쓰고 있어요."

　📖 "유미는 청소년들의 관심을 끌 수 있는 자료를 찾기 위해 우선 청소년이 인터넷을 얼마나 많이 사용하는지 확인하려고 해요."

　📖 "유미는 인터넷 사용의 편리함이 아닌 인터넷 사용의 문제점과 심각성을 알리는 글을 쓰려고 해요."

　📖 "따라서 답은 ③번이에요."

> **정답**
> ③
> ① 인터넷은 장점도 있지만 문제점도 있다.
> ② 요즘 청소년들은 인터넷에 너무 많은 시간을 쓰고 있다.
> ③ (21쪽 본문) '우선 청소년이 인터넷을 얼마나 많이 사용하는지 확인해야 해.'라는 내용을 보면 알 수 있다.
> ④ 유미는 인터넷 사용의 문제점과 심각성을 알리는 글을 쓸 것이다.

정답
☑ (설명문) 사실을 중심으로 쓴다.
☐ (논술문) 주장과 근거를 제시하여 쓴다.
☐ (소설, 시) 비유나 상징 등 다양한 표현 방법을 활용하여 쓴다.
☐ (수필) 자신의 생각, 경험 등을 솔직하게 쓴다.
☑ 독자의 관심사를 고려하여 쓴다.
☑ 매체에 따라 다양한 표현 방법을 활용한다.

활동하기 - 25분

1) 교사는 학생들에게 '활동하기'의 방법을 설명한 후 활동을 하게 한다.

　🔲 "여러분이 '일회용품 사용'에 대한 글을 쓰면 어떤 글을 쓸 거예요?"

　🔲 "글의 목적이 뭐예요?"

　🔲 "글의 목적을 달성하기 위한 목표는 뭐예요?"

　🔲 "일회용품을 자주 사용해요?"

　🔲 "어떤 일회용품을 자주 사용해요?"

　🔲 "일회용품 사용에 대해 어떻게 생각해요?"

　🔲 "일회용품 사용을 사용하면 뭐가 좋아요?"

　🔲 "일회용품 사용 때문에 생길 수 있는 문제에는 뭐가 있을까요?"

　🔲 "여러분은 '일회용품 사용'과 관련하여 어떤 글을 쓰고 싶어요? 써 보세요."

교수-학습 지침
일회용품 사용과 관련하여 '카페 안에서 플라스틱 컵 사용 금지', '개인 컵 사용' 등과 같은 최근의 사회적 관심사를 이용하여 학습자의 관심을 유도할 수 있다.

2) 교사는 학생들과 함께 활동의 결과를 확인한다.

　🔲 "세부 목표 설정 시 무엇을 고려해요?"

　🔲 "목적을 달성하기 위해서 어떤 세부 목표가 필요해요?"

예시 답안	
주제	일회용품 사용
목적	일회용품 사용을 줄이기 위해 일회용품의 문제점과 심각성을 알리는 글을 쓰겠다.
목표	1. 사실을 중심으로 쓴다.　일회용품 사용의 문제점과 심각성을 알리는 글이니까 사실을 중심으로 써야 한다.　2. 독자의 관심사를 고려하여 쓴다.　사람들이 평소에 일회용품을 얼마나 사용하는지 자료를 찾는다. 일회용품을 많이 사용해서 생기는 문제의 사례를 찾는다.　3. 매체에 따라 다양한 표현 방법을 활용한다.　일회용품의 문제점과 심각성을 잘 보여 주는 그림이나 사진을 찾는다.

기능 확인하기 - 10분

1) 학습하기 1에서 배운 '세부 목표 설정하기' 기능을 정리한다.

　🔲 "앞에서 유미가 글을 쓰기 전에 글쓰기의 목적과 목표를 정하는 과정을 통해 글을 쓸 때의 세부 목표 설정하기에 대해 배웠어요. 어떤 일의 계획을 세울 때 그 일의 목적을 확인하는 것이 매우 중요해요. 목적이 정해지면 해당 목적을 달성하기 위한 세부 목표를 세워야 해요. 글쓰기에서의 세부 목표를 정할 때는 먼저 글의 목적에 맞는 장르를 선택해야 해요. 그리고 독자의 관심사를 고려하고 매체에 따라 다양한 표현 방법을 활용할 수 있어요."

2) 교사는 학생들에게 '기능 확인하기' 문제를 풀게 한다.

　🔲 "다음 중 학습하기 1에서 유미가 세부 목표 설정 시 고려한 사항으로 알맞은 것을 모두 고르세요."

3) 교사는 학생들과 함께 문제의 답을 확인한다.

　🔲 "유미는 청소년의 인터넷 사용의 문제점과 심각성을 알리는 글을 쓰기 위해 설명문, 논술문, 소설과 시, 수필 중에서 설명문으로 쓰기로 했어요. 그러니까 '사실을 중심으로 쓴다.'는 맞는 내용이에요. 그리고 독자의 관심사를 고려하여 청소년들이 관심을 가질 수 있는 자료를 찾으려고 해요. 그러므로 '독자의 관심사를 고려하여 쓴다.'도 고려한 내용이에요. 또 인터넷 사용이 문제점과 심각성을 잘 보여 주는 그림이나 사진을 찾으려고 해요. 따라서 '매체에 따라 다양한 표현 방법을 활용한다.'도 맞는 내용이에요. 이 세 가지가 모두 정답이에요."

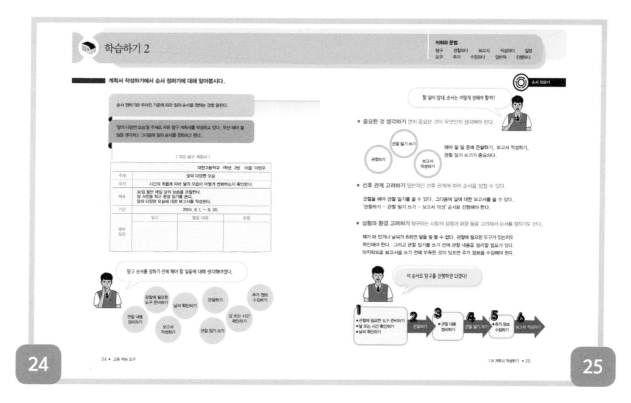

● 3차시 (의사소통 〈꼭 배워요〉와 연계할 경우 9차시)

[학습 목표]

- 계획서 작성하기에서 순서 정하기에 대해 안다.
- 자유 탐구 계획서를 작성할 때 순서를 정하는 방법에 대해 안다.

본문의 구성과 내용

- 본문은 **과학 교과**의 자유 탐구 **계획서 작성하기** 활동에서 하게 되는 **순서 정하기 학습 기능**을 보여 주고 있다.
- 본문의 내용은 민우가 '달의 다양한 모습'을 주제로 자유 탐구 계획서를 작성하는 과정 중 일부이다. 민우는 해야 할 일을 먼저 생각하고 그다음에 일의 순서를 정하고 있다.

도입 - 10분

1) 교사는 교재 18, 19쪽에서 배운 학습 활동에 대해 복습한다.

   📖 "앞으로 할 일을 자세히 생각하여 정한 내용을 적은 것을 뭐라고 해요?"

   📖 "계획서에는 무슨 내용이 들어가요?"

2) 교사는 학생들에게 학습하기 2에서 배울 학습 기능을 소개한다.

   📖 "계획서를 쓸 때 주제 및 목적, 목표가 정해지면 어떤 순서로 무엇을 할지 절차를 정해야 해요. 절차는 세부 목표와 활동 내용을 생각하여 활동의 순서와 세부 일정을 정하는 것을 말해요."

   📖 "순서를 정할 때는 중요하다고 생각하는 것부터 먼저 할

수도 있고, 일반적인 선후 관계를 따를 수도 있어요. 그리고 상황이나 환경을 고려하여 순서를 정할 수도 있어요. 이 방법들 중 하나의 방법만 사용하는 것이 아니라 이 방법들을 모두 활용하여 순서를 정할 수도 있어요. 예를 들면 먼저 해야 할 일들 중에서 중요한 것들의 순서를 정해요. 그다음에 남은 일들의 순서를 정할 때 선후 관계, 인과 관계 등을 고려하여 일반적인 순서로 정할 수 있어요. 마지막으로 일을 하는 사람의 상황과 환경 등을 고려해야 하는 일들의 순서를 정할 수 있어요."

📖 "순서 정하기란 주어진 기준에 따라 일의 순서를 정하는 것을 말해요. 학습하기 2에서는 자유 탐구 계획서를 작성할 때 탐구 순서를 정하는 것을 공부할 거예요."

교수-학습 지침

익힘책 16쪽에 중요도와 긴급도에 따른 일의 순서를 정하는 방법이 제시되어 있다. 교사는 이를 고려하여 수업을 진행한다.

1) 교사는 다음에 제시되는 내용을 참고하여 학생들에게 어휘와 문법을 설명한다.

탐구	◆ **정의** 무엇에 대해 파고들어 깊이 연구함. 예 많은 과학자들이 우주가 어떻게 만들어졌는지 우주의 생성 원리에 대해 탐구하고 있다. ◆ **정보** (비슷한 말) 연구 ● **설명** "여러분은 무언가 아주 깊이 공부하고 싶은 것이 있어요? 과학, 사회, 수학 등 여러분이 학교에서 공부하고 있는 모든 지식들은 누군가 아주 열심히 연구를 해서 알게 된 것이에요. 이처럼 아주 깊이 연구하는 것을 '탐구'라고 해요."
관찰하다	◆ **정의** 사물이나 현상을 주의 깊게 자세히 살펴보다. 예 방학 숙제로 콩나물이 자라는 과정을 관찰했다. ● **설명** "달의 모양이 매일매일 바뀌어요. 어떻게 알아요? 매일 달의 모양을 자세히 봐요. 매일 달의 모양을 관찰해요. '관찰하다'는 물건이나 어떤 일이 일어나는 것을 자세히 살펴보는 것을 말해요."
보고서	◆ **정의** 연구하거나 조사한 것의 내용이나 결과를 알리는 글. 예 과학 탐구 보고서를 써서 제출했다. ● **설명** "달의 모양이 바뀌는 것을 관찰했어요. 관찰한 내용을 글로 써요. '보고서'는 관찰하거나 조사한 것의 내용이나 결과를 다른 사람에게 알리기 위해 쓰는 글이에요."
작성하다	◆ **정의** 원고나 서류 등을 만들다. 예 책을 읽고 독후감을 작성해야 한다. ● **설명** "방과 후 수업 중 어떤 수업을 신청할 거예요? 신청서를 써요. 신청서를 작성해요. '작성하다'는 보고서를 쓰거나 서류를 만드는 것을 말해요."
일정	◆ **정의** 일정한 기간 동안 해야 할 일. 또는 그 일을 하기 위해 짜 놓은 계획. 예 수학여행 첫날 일정은 박물관에 가는 것이다. ● **설명** "주말에 여행을 가고 싶어요. 어디에 갈 거예요? 몇 시에 출발할 거예요? 거기에서 뭐 할 거예요? 뭐 먹을 거예요? 여행 일정을 짰어요. '일정'은 어떤 시간 안에 해야 할 일을 위해 세운 계획이에요."
도구	◆ **정의** 어떤 일을 할 때 쓰이는 기구. 또는 연장. 예 체육관을 청소하기 위해 학생들은 청소 도구를 들고 체육관에 모였다. ● **설명** "여러분 청소를 할 때 무엇을 사용해요? 빗자루와 쓰레받기, 걸레를 사용해요. 이렇게 청소할 때 쓰이는 것을 청소 도구라고 해요. '도구'는 어떤 일을 할 때 쓰이는 것을 말해요."
추가	◆ **정의** 나중에 더 보탬. 예 노래 동아리에서 회원을 추가로 모집한다. ● **설명** "동아리 모집 기간이 끝났어요. 그런데 동아리 회원이 부족해요. 어떻게 해요? 회원을 더 모아야 해요. 회원 모집이 끝난 후에 더 모집하는 것이 추가 모집이에요. '추가'는 나중에 더 더하는 것을 말해요."
수집하다	◆ **정의** 취미나 연구를 위하여 물건이나 자료 등을 찾아서 모으다. 예 과제에 필요한 정보를 책, 신문, 인터넷 등에서 수집할 수 있다. ● **설명** "여러분은 취미가 뭐예요? 물건을 모으는 취미가 있어요? 어떤 사람은 우표를 좋아해서 모아요. 이렇게 우표를 모으는 것이 우표 수집이에요. '수집하다'는 취미나 연구를 위해서 물건이나 자료를 찾아서 모으는 것을 말해요. 과제를 할 때 책이나 인터넷에서 정보를 수집할 수 있어요."
일반적	◆ **정의** 일부에 한정되지 않고 두루 해당될 수 있는 것. 예 모르는 단어가 있을 때 일반적으로 사전을 검색한다. ◆ **정보** (비슷한 말) 보편적 ● **설명** "모르는 단어가 있을 때는 어떻게 해요? 일반적으로 사전을 검색해서 모르는 단어를 찾아요. '일반적'은 사람들이 보통 하는 것을 말해요."
진행하다	◆ **정의** 일 등을 계속해서 해 나가다. 예 반장이 학급 회의를 진행한다. ● **설명** "언제 교실에서 회의해요? 회의할 때는 누가 앞에서 이야기해요? 반장이 어떤 이야기를 해요? 앞에서 회의 순서에 따라 반장이 여러분의 의견을 듣고 말해요. 이렇게 반장은 교실 앞에서 회의를 진행해요. '진행하다'는 일 등을 순서나 방법에 따라 해 나가는 것이에요."

2) 교사는 학생들에게 교재 24, 25쪽에 제시된 내용을 읽게 한다.

교 "민우가 '달의 다양한 모습'이라는 주제로 자유 탐구 계획서를 작성하고 있어요. 우선, 해야 할 일을 생각하고 그다음에 일의 순서를 정하려고 해요. 어떻게 세부 일정의 순서를 정하는지 한번 읽어 보세요."

3) 교사는 학생들에게 세부 내용을 확인하는 질문을 한다.

교 "민우의 자유 탐구 계획서의 주제가 뭐예요?"

교 "민우의 자유 탐구 계획서의 목적이 뭐예요?"

교 "민우는 목적을 이루기 위해 무엇을 하려고 해요?"

교 "민우는 얼마 동안 달을 관찰하려고 해요?"

교 "달의 다양한 모습을 관찰하는 탐구를 하려면 어떤 일을 해야 해요?"

교 "민우는 여러 가지 할 일 중에서 어떤 일이 중요하다고 생각했어요?"

교 "중요한 일 중에서 뭐부터 해야 해요?"

교 "상황과 환경을 고려해야 하는 일에는 뭐가 있어요?"

- "왜 날씨를 확인해야 해요?"
- "왜 달이 뜨는 시간을 확인해야 해요?"
- "관찰에 필요한 도구는 언제 확인해요?"
- "추가 정보는 언제 수집해요?"
- "민우는 어떤 순서로 탐구를 진행하려고 해요?"

4) 교사는 학생들에게 학습 기능에 대해 확인하는 질문을 한다.
- "민우가 탐구 순서를 정하기 전에 먼저 무엇을 했어요?"
- "해야 할 일들을 생각한 다음에 무엇을 했어요?"
- "먼저 무엇을 고려해서 순서를 정할 수 있어요?"
- "중요한 것을 생각한 다음에 어떻게 탐구 순서를 정했어요?"

정리 - 5분

교사는 학습 내용을 정리하며 수업을 마무리한다.
- "민우가 자유 탐구 계획서를 작성할 때 해야 할 일의 순서를 정하는 것을 배웠어요."
- "탐구 순서를 정하기 전에 먼저 해야 할 일들에 대해 생각했어요."
- "순서를 정할 때는 중요하다고 생각하는 것부터 먼저 할 수도 있고, 일반적인 선후 관계를 따를 수도 있어요. 그리고 상황이나 환경을 고려하여 순서를 정할 수도 있어요. 이 방법들 중 하나의 방법만 사용하는 것이 아니라 이 방법들을 모두 활용하여 순서를 정할 수도 있어요."
- "민우는 먼저 해야 할 일들 중에서 중요한 것이 무엇인지 생각했어요. 그리고 중요한 것들의 일반적인 선후 관계를 고려하여 순서를 정했어요."
- "마지막으로 탐구하는 상황과 환경을 고려하여 나머지 일들의 순서를 정했어요."

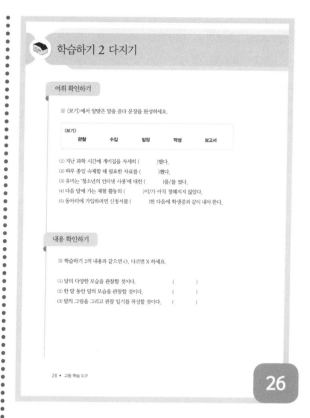

26 · 고등 학습 도구

26

● 4차시 (의사소통 〈꼭 배워요〉와 연계할 경우 10차시)

[학습 목표]
- 계획서 작성하기에서 순서 정하기에 대해 안다.
- 자유 탐구 계획서를 작성할 수 있다.

어휘 확인하기 - 10분

1) 교사는 학생들에게 '어휘 확인하기' 문제를 풀게 한다.
- "〈보기〉를 보세요. 앞에서 배운 어휘가 있어요."
- "'관찰'이란 사물이나 어떤 일을 주의 깊게 자세히 살펴보는 것이죠."
- "'수집'이란 취미나 연구를 위하여 물건이나 자료 등을 찾아서 모으는 것이에요."
- "'일정'은 어떤 기간 동안 해야 할 일이나 그 일을 하기 위해 짜 놓은 계획이에요."
- "'작성'은 글이나 서류 등을 만드는 것이에요."
- "'보고서'는 연구하거나 조사한 것의 내용이나 결과를 알리는 글이에요."
- "아래 문장을 읽고 알맞은 어휘를 골라 문장을 완성해 보세요."

2) 교사는 학생들과 함께 문제의 답을 확인한다.

> **정답**
> (1) 관찰 (2) 수집 (3) 보고서 (4) 일정 (5) 작성

내용 확인하기 - 5분

1) 교사는 학생들에게 '내용 확인하기' 문제를 풀게
   한다.
   - 📖 "앞에서 민우가 달을 관찰하기 위해 탐구 순서를 정하는
     과정을 봤어요. 학습하기 2의 내용과 같으면 O, 다르면 X
     하세요."

2) 교사는 학생들과 함께 문제의 답을 확인한다.
   - 📖 "민우는 시간의 흐름에 따라 달의 모습이 어떻게 변하는
     지 달의 다양한 모습을 관찰하려고 해요."
   - 📖 "민우는 30일, 즉 한 달 동안 달을 관찰할 계획이에요."
   - 📖 "민우는 달의 그림이 아니라 달의 사진을 찍으려고 해요."
   - 📖 "따라서 (1)번과 (2)번은 맞고 (3)번은 틀려요."

정답
(1) O (2) O (3) X
(1) (24쪽 본문) '주제: 달의 다양한 모습, 목적: 시간의 흐름에 따라
    달의 모습이 어떻게 변하는지 확인한다.'라는 내용을 보면 알
    수 있다.
(2) (24쪽 본문) '목표: 30일 동안 달의 모습을 관찰한다.'라는 내용
    을 보면 알 수 있다.
(3) 달의 사진을 찍을 것이다.

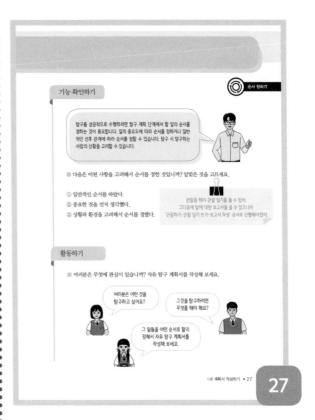

기능 확인하기 - 10분

1) 학습하기 2에서 배운 '순서 정하기' 기능을 정리한다.
   - 📖 "앞에서 민우가 탐구 순서를 정하는 과정을 통해 순서 정
     하기에 대해 배웠어요. 탐구를 성공적으로 수행하려면 탐
     구 계획 단계에서 할 일의 순서를 정하는 것이 중요해요.
     일의 중요도에 따라 순서를 정하거나 일반적인 선후 관계
     에 따라 순서를 정할 수 있어요. 탐구를 할 때 탐구하는
     사람의 상황을 고려할 수도 있어요."

2) 교사는 학생들에게 '기능 확인하기' 문제를 풀게
   한다.
   - 📖 "다음은 어떤 사항을 고려해서 순서를 정한 거예요? 알맞
     은 것을 고르세요."

3) 교사는 학생들과 함께 문제의 답을 확인한다.
   - 📖 "관찰을 해야 관찰 일기를 쓸 수 있고, 관찰 일기를 가지
     고 보고서를 쓸 수 있어요. 이것은 일반적인 순서를 따라
     순서를 정한 것이에요. 따라서 답은 ①번이에요."

정답
①

활동하기 - 25분

1) 교사는 학생들에게 '활동하기'의 방법을 설명한 후
   활동을 하게 한다.
   - 📖 "여러분은 어떤 것에 관심이 있어요? 어떤 것을 탐구하고
     싶어요?"

🔲 "그 탐구를 하려면 무엇을 해야 해요?"

🔲 "할 일 중에 뭐가 중요해요?"

🔲 "중요한 것 중에서 무엇부터 해야 해요?"

🔲 "상황과 환경을 고려해야 할 것이 있어요?"

교수-학습 지침

교사는 학생들에게 탐구 하고 싶은 주제를 찾게 한다. 이때 과학 교과서를 이용할 수 있다. 학습자들이 스스로 탐구하고 싶은 것이 없으면 '우리 주변의 다양한 식물'이라는 주제를 제시할 수 있다.

- 할 일: 관찰 내용 정리하기, 식물도감 만들기, 식물에 대한 자료 수집하기, 관찰에 필요한 도구 확인 및 준비하기, 관찰하기, 관찰 장소 선택하기, 식물 선택하기

- 중요한 것 생각하기: 식물도감 만들기, 관찰하기, 식물에 대한 자료 수집하기

- 선후 관계 고려하기: 관찰하기→식물에 대한 자료 수집하기→ 식물도감 만들기

- 상황을 고려한 최종 순서: 관찰 장소 선택→관찰에 필요한 도구 확인 및 준비하기→식물 선택하기→관찰하기→식물에 대한 자료 수집하기→관찰 내용 정리하기→식물도감 만들기

---

2) 교사는 학생들과 함께 활동의 결과를 확인한다.

🔲 "다 썼어요? 어떤 것을 탐구할지 이야기해 봐요."

● 메모

2과 협동 학습 하기

● 학습 목표

- 협동 학습의 절차와 방법에 대해 안다.
- 협동 학습에서 제안하기의 기능에 대해 이해한다.
- 협동 학습에서 의견을 조정하는 방법에 대해 안다.

● 단원 내용

1. 학습 활동: 협동 학습 하기
2. 학습 기능: 제안하기 - 학습 주제 제안하기
   조정하기 - 학습 방법 조정하기
3. 학습 주제: 살기 좋은 도시
   신재생 에너지

● 수업 개요

1·2차시(학습하기 1): 협동 학습에서 제안하기에 대해
   안다.
3·4차시(학습하기 2): 협동 학습에서 조정하기에 대해
   안다.

● 어휘 및 문법

[학습하기 1]

제안, 표현, 합리적, 발표, 조건, 발전하다, 관련되다, 자

료, 객관적, 특성

[학습하기 2]

조정하다, 무시하다, 상대방, 인정하다, 존중하다, 전달
하다, 에너지, 단점, 실제, 사물, 실현, 가능성, 참여하다,
동의하다, 이론

[알면 쓸모 있는 어휘(익힘책 20쪽)]

공동, 수행하다, 부여하다, 완수하다, 도달하다, 정기적

의사소통 3권 2과 〈꼭 배워요〉의 주요 내용

[어휘]

대청소를 하다, 창, 커튼을 치다, 바닥을 쓸다, 청소도구함, 걸레,
쓰레받기, 빗자루, 학사 일정, 학급 신문, 학급 게시판, 가정 통신
문, 학급 문고, 꾸미다, (정보를) 확인하다, 급훈을 정하다, 오리다,
접다, 미리, 방해, 재료, 질, 화분, 끝내다, 돕다, 붙이다, 쌓다, 옮기
다, 이기다, 자라다, 챙기다

[문법 1] '-도록'

예 나무가 잘 자라도록 매일 물을 주었습니다.

[문법 2] '-을 테니(까)'

예 기다리고 있을 테니까 천천히 다녀와.

[문법 3] '-는 대신에'

예 그 물건은 값이 싼 대신에 질이 안 좋아요.

[문법 4] '-어 놓다/두다'

예 옷걸이에 옷을 걸어 놓아요.

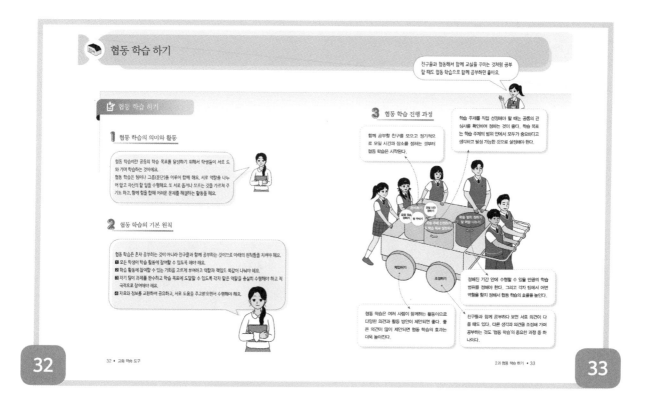

● 1차시 (의사소통 〈꼭 배워요〉와 연계할 경우 7차시)

[학습 목표]
- 협동 학습 하기에서 제안하기의 방법에 대해 안다.
- 협동 학습 하기에서 제안할 때 주의할 점에 대해 안다.

본문의 구성과 내용
- 본문은 **사회 교과의 협동 학습 하기 활동**에서 하게 되는 **제안하기 학습 기능**을 보여 주고 있다.
- 본문의 내용은 민우, 소연, 나나, 세인이가 '살기 좋은 도시 만들기'라는 주제로 협동 학습을 하는 과정 중 일부이다. 민우네 조는 살기 좋은 도시의 조건에 맞는 실제 도시를 조사하기로 했다. 어떤 도시에 대해 조사하는 것이 좋을지 서로 의견을 제안하고 있다.

도입 - 10분

1) 교사는 학생들에게 교재 32, 33쪽의 학습 활동에 대해 설명한다.
   - 🗐 "(33쪽의 수레를 함께 끄는 그림을 가리키며) 학생들이 뭐 하고 있어요?"
   - 🗐 "협동 학습이란 공동의 학습 목표를 달성하기 위해서 학생들이 서로 도와가며 학습하는 것이에요. 팀이나 그룹, 분단을 이루어 함께 하며 서로 역할을 나누어 맡아 자신의 할 일을 수행해요."
   - 🗐 "협동 학습을 해 봤어요?"
   - 🗐 "협동 학습은 어떻게 진행돼요?"
   - 🗐 "협동 학습을 할 때는 먼저 함께 공부할 친구를 모으고 정기적으로 모일 시간과 장소를 정해요. 그다음에 함께 공부할 학습 주제를 선정하고 학습 목표를 설정해요. 이때 학습 주제는 공통의 관심사를 확인하여 정하는 것이 좋

고, 학습 목표는 학습 주제의 범위 안에서 모두가 중요하다고 생각하고 달성 가능한 것으로 설정해야 해요. 정해진 기간 안에 수행할 수 있을 만큼의 학습 범위를 정하는 것도 중요해요. 그리고 각자 팀에서 어떤 역할을 할지 정해서 협동 학습의 효율을 높여요."
   - 🗐 "협동 학습을 할 때는 뭐가 중요해요?"
   - 🗐 "협동 학습을 할 때는 모든 학생이 학습 활동에 참여할 수 있도록 해야 하고, 학습 활동에 참여할 수 있는 기회를 고르게 부여하고 역할과 책임도 똑같이 나눠야 해요. 그리고 자기 팀이 과제를 완수하고 학습 목표에 도달할 수 있도록 각자 맡은 역할을 충실히 수행해야 하고 적극적으로 참여해야 해요. 이 과정에서 자료와 정보를 교환하여 공유하고, 서로 도움을 주고받으면서 수행해야 해요."

교수-학습 지침
익힘책 21쪽에 협동 학습의 장점, 효과적인 협동 학습 방법, 협동 학습 시 주의할 점이 추가로 제시되어 있다. 교사는 이를 고려하여 수업을 진행한다.

2) 교사는 학생들에게 학습하기 1에서 배울 학습 기능을 소개한다.
   - 🗐 "협동 학습은 여러 사람이 함께 하는 활동이므로 다양한 의견과 활동 방안이 제안되는 것이 좋아요. 좋은 의견이 많이 제안되면 협동 학습의 효과는 더욱 높아져요."
   - 🗐 "제안하기란 일을 좀 더 좋은 방향으로 이끌기 위해 의견을 내는 것을 말해요. 학습하기 1에서는 협동 학습을 할 때 학습 주제를 제안하는 방법을 공부할 거예요."

교수-학습 지침
익힘책 22쪽에 제안하는 상황에서 사용할 수 있는 표현이 제시되어 있다. 교사는 이를 고려하여 수업을 진행한다.

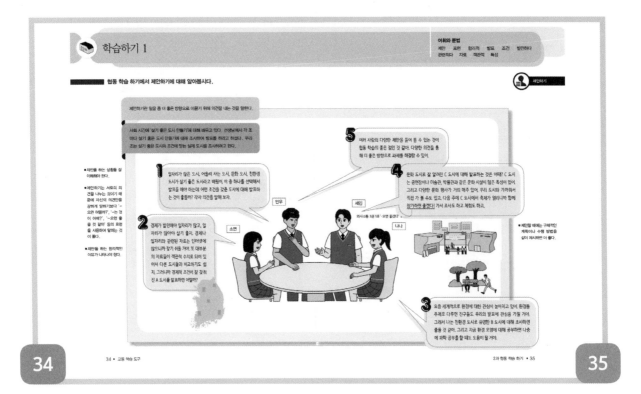

34 • 고등 학습 도구

2과 협동 학습 하기 • 35

전개 - 35분

1) 교사는 다음에 제시되는 내용을 참고하여 학생들에게 어휘와 문법을 설명한다.

제안	◆ **정의** 의견이나 안건으로 내놓음. **예** 체육 시간에 3반과 피구 경기를 하는 것을 제안했다. ● **설명** "다음 달에 소풍을 가요. 어디로 가고 싶어요? 의견을 이야기해요. 의견을 제안해요. '제안'은 내 생각이나 의견을 이야기하는 것을 말해요."
표현	◆ **정의** 느낌이나 생각 등을 말, 글, 몸짓 등으로 나타내어 겉으로 드러냄. **예** 상을 받아 행복한 기분을 말로 다 표현할 수가 없다. ● **설명** "여러분은 다양한 생각을 가지고 있어요. 그 생각을 말해요. 표정으로 기분을 나타내요. 말로 생각을 표현해요. 표정으로 기분을 표현해요. '표현'은 내가 가진 생각이나 느낌을 표정이나 글, 몸, 말로 나타내는 것을 말해요."
합리적	◆ **정의** 논리나 이치에 알맞은 것. **예** 반장은 학급 회의를 합리적으로 진행했다. ◆ **정보** (반대되는 말) 불합리적 ● **설명** "'합리적'은 바르게 생각하고 올바른 선택을 하는 것을 말해요. 반장이 학급 회의를 할 때 모두의 의견을 듣고 좋은 선택을 했어요. 반장이 학급 회의를 합리적으로 했어요."
발표	◆ **정의** 어떤 사실이나 결과, 작품 등을 세상에 드러내어 널리 알림. **예** 내일 조별 과제 한 것을 발표해야 한다. ● **설명** "우리가 사는 도시에 대해 조사했어요. 친구들 앞에 서서 조사한 것을 이야기해요. 친구들 앞에서 발표를 해요. '발표'는 어떤 사실이나 결과, 만든 작품을 다른 사람에게 알리는 것을 말해요."
조건	◆ **정의** 어떤 일을 하기에 앞서 내놓는 요구나 견해. **예** 계약을 하기 전에 서로의 조건을 제시했다. ◆ **정보** '조건을 달다, 조건을 붙이다, 조건을 제시하다'의 형태로 많이 사용된다. ● **설명** "오늘 숙제를 조금만 줄게요. 그 대신 수업을 열심히 들으세요. 수업을 열심히 들으면 숙제를 조금만 줄 거예요. 숙제를 조금 주는 대신 제가 조건을 제시했어요. '조건'은 어떤 일을 하기 위해서 해야 하는 다른 일을 말해요. '조건을 달다, 조건을 붙이다, 조건을 제시하다'의 표현으로 자주 사용해요."
발전하다	◆ **정의** 더 좋은 상태나 더 높은 단계로 나아가다. **예** 사회 시간에 한국의 경제가 발전한 것에 대해 배웠다. ◆ **정보** (비슷한 말) 발달 ● **설명** "옛날의 휴대 전화는 전화만 할 수 있었어요. 그다음에는 휴대 전화로 전화도 하고 사진도 찍을 수 있었어요. 요즘에는 휴대 전화로 인터넷도 할 수 있어요. 휴대 전화가 점점 더 좋아져요. 휴대 전화가 점점 발전했어요. '발전하다'는 더 좋은 상태로 나아가는 것을 말해요."

관련되다	◆ **정의** 둘 이상의 사람, 사물, 현상 등이 서로 영향을 주고받도록 관계를 맺고 있다. 📖 과학 공부를 하다가 신재생 에너지와 관련된 책을 찾아보았다. ◆ **정보** (비슷한 말) 연관되다 ● **설명** "기쁘면 웃어요. 입술 끝이 위로 올라가요. 슬프면 입술 끝이 밑으로 내려가요. 감정에 따라 표정이 바뀌어요. 기분과 표정은 관련되어 있어요. '관련되다'는 둘 이상의 사람, 물건, 어떤 일들이 영향을 주는 관계라는 것을 말해요."
자료	◆ **정의** 연구나 조사를 하는 데 기본이 되는 재료. 📖 하루 종일 컴퓨터에 앉아 숙제에 필요한 자료를 검색했다. ● **설명** "우리가 살고 있는 도시에 대해 발표를 해야 해요. 먼저 무엇을 해요? 책이나 인터넷에서 우리 도시에 대한 자료를 찾아요. '자료'는 연구나 조사를 할 때 기본이 되는 것을 말해요."
객관적	◆ **정의** 개인의 생각이나 감정에 치우치지 않고 사실이나 사물을 있는 그대로 보거나 생각하는 것. 📖 나나는 여러 대회에 나가서 자신의 실력을 객관적으로 평가받고 싶었다. ◆ **정보** (반대되는 말) 주관적 ● **설명** "시험을 보고 점수가 나왔어요. 이 시험은 컴퓨터가 채점을 했어요. 컴퓨터에 감정이 있어요? 없어요. 이 점수는 객관적이에요. '객관적'은 개인의 생각이나 감정에 따르지 않고 있는 그대로 보거나 생각하는 것을 말해요. '주관적'과 반대예요."
특성	◆ **정의** 일정한 사물에만 있는 보통과 매우 차이가 나게 다른 성질. 📖 과학 시간에 식물의 특성에 대해 배웠다. ◆ **정보** (비슷한 말) 특징 ● **설명** "식물에는 뿌리가 있어요. 사람에게도 뿌리가 있어요? 동물에게 뿌리가 있어요? 아니요. 없어요. 식물은 뿌리가 있다는 특성이 있어요. '특성'은 다른 것과 차이가 많이 나는 성질을 말해요. 다른 것에는 없는데 이 사물에만 있는 거예요."

2) 교사는 학생들에게 교재 34, 35쪽에 제시된 내용을 읽게 한다.
📖 "민우, 소연, 나나, 세인이가 사회 시간에 조별 활동을 하고 있어요. '살기 좋은 도시 만들기'에 대해 조사하여 발표해야 해요. 민우네 조는 살기 좋은 도시의 조건에 맞는 실제 도시를 조사하기로 했어요. 어떤 도시를 조사하는 것이 좋을지 서로 의견을 제안하고 있어요. 어떻게 의견을 제안하는지 한번 읽어 보세요."

3) 교사는 학생들에게 세부 내용을 확인하는 질문을 한다.
📖 "어떤 도시가 살기 좋은 도시예요?"
📖 "소연이는 어떤 조건의 도시를 발표하는 것을 제안했어요?"
📖 "왜 일자리가 많은 도시를 발표하는 것을 제안했어요?"
📖 "나나는 어떤 조건의 도시를 발표하는 것을 제안했어요?"

📖 "왜 친환경 도시를 발표하는 것을 제안했어요?"
📖 "세인이는 어떤 조건의 도시를 발표하는 것을 제안했어요?"
📖 "왜 문화 도시를 발표하는 것을 제안했어요?"

4) 교사는 학생들에게 학습 기능에 대해 확인하는 질문을 한다.
📖 "제안하기는 서로의 의견을 나누는 것이기 때문에 자신의 의견을 강하게 말하는 것보다 '-으면 어떨까?', '-는 것이 어때?', '-으면 좋을 것 같아' 등의 표현을 사용하여 말하는 것이 좋아요. 제안하기 표현을 사용한 부분을 찾아보세요."
📖 "제안할 때는 제안을 하는 합리적인 이유가 나타나야 해요. 소연이, 나나, 세인이는 어떤 이유를 말했어요?"
📖 "일자리가 많은 도시를 조사하면 자료를 찾기 쉽고 다른 도시와 비교해 볼 수 있어요. 친환경 도시를 조사하면 친구들이 관심을 가질 것이고 과학 공부할 때도 도움이 돼요. 문화 도시를 조사하면 직접 가 볼 수 있어요."
📖 "제안할 때 구체적인 계획이나 수행 방법을 같이 제시하면 더 좋아요. 누가 구체적 계획을 제시했어요?"
📖 "세인이가 '다음 주에 C 도시에서 축제가 열리니까 함께 참가하면 좋겠다.'라고 말했어요."

정리 - 5분

교사는 학습 내용을 정리하며 수업을 마무리한다.
📖 "민우, 소연, 나나, 세인이가 조별 활동을 하면서 어떤 도시를 조사하는 것이 좋을지 서로 의견을 제안했어요."
📖 "제안을 할 때는 합리적인 이유를 말해야 해요. 그리고 서로의 의견을 나누는 것이기 때문에 자신의 의견만을 강하게 말하기보다 '-으면 어떨까?', '-는 것이 어때?', '-으면 좋을 것 같아' 등의 표현을 사용하여 말하는 것이 좋아요. 제안을 할 때 구체적인 계획이나 수행 방법을 같이 제시하면 더 좋아요."
📖 "소연이는 A 도시가 인터넷에서 자료를 찾기도 쉽고 다른 도시와 비교하기도 쉽기 때문에 A 도시에 대해 발표할 것을 제안했어요."
📖 "나나는 B 도시를 발표하면 친구들이 관심을 가질 것이고 과학 공부할 때도 도움이 될 것이기 때문에 B 도시에 대해 발표할 것을 제안했어요."
📖 "세인이는 C 도시가 직접 가 볼 수 있어 실제적 자료를 얻기 좋기 때문에 C 도시에 대해 발표할 것을 제안했어요."
📖 "협동 학습을 할 때 다양한 제안을 들으면 더 좋은 방향으로 과제를 해결할 수 있어요."

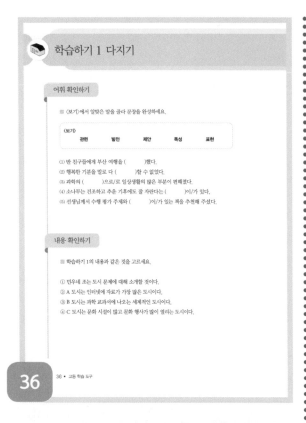

학습하기 1 다지기

어휘 확인하기

※ 〈보기〉에서 알맞은 말을 골라 문장을 완성하세요.

〈보기〉
| 관련 | 발전 | 제안 | 특성 | 표현 |

(1) 반 친구들에게 부산 여행을 (   )했다.
(2) 행복한 기분을 말로 다 (   )할 수 없었다.
(3) 과학의 (   )으로/로 일상생활의 많은 부분이 편해졌다.
(4) 소나무는 건조하고 추운 기후에도 잘 자란다는 (   )이/가 있다.
(5) 선생님께서 수행 평가 주제와 (   )이/가 있는 책을 추천해 주셨다.

내용 확인하기

※ 학습하기 1의 내용과 같은 것을 고르세요.

① 민우네 조는 도시 문제에 대해 소개할 것이다.
② A 도시는 인터넷에 자료가 가장 많은 도시이다.
③ B 도시는 과학 교과서에 나오는 세계적인 도시이다.
④ C 도시는 문화 시설이 많고 문화 행사가 많이 열리는 도시이다.

36 • 고등 학습 도구

● **2차시**(의사소통 〈꼭 배워요〉와 연계할 경우 8차시)

[학습 목표]

• 협동 학습 하기에서 제안하기에 대해 안다.
• 도시 문제 중에서 어떤 내용을 발표하면 좋을지 제안할 수 있다.

어휘 확인하기 - 10분

1) 교사는 학생들에게 '어휘 확인하기' 문제를 풀게 한다.
   📖 "〈보기〉를 보세요. 앞에서 배운 어휘가 있어요."
   📖 "'관련'이란 둘 이상의 사람, 사물, 어떤 일 등이 서로 영향을 주고받는 관계가 있는 것이죠."
   📖 "'발전'이란 더 좋은 상태나 더 높은 단계로 나아가는 것이에요."
   📖 "'제안'이란 의견이나 생각을 이야기하는 것이에요."
   📖 "'특성'이란 어떤 사물에만 있는 보통과 매우 차이가 나게 다른 것이에요."
   📖 "'표현'이란 느낌이나 생각 등을 말, 글, 몸짓 등으로 나타내어 겉으로 보이게 하는 것이에요."

2) 교사는 학생들과 함께 문제의 답을 확인한다.

정답
(1) 제안 (2) 표현 (3) 발전 (4) 특성 (5) 관련

내용 확인하기 - 5분

1) 교사는 학생들에게 '내용 확인하기' 문제를 풀게 한다.
   📖 "앞에서 민우네 조가 살기 좋은 도시 중에서 어떤 도시에 대해 조사하여 발표하는 것이 좋을지 서로 의견을 제안하는 과정을 봤어요. 학습하기 1의 내용과 같은 것을 고르세요."

2) 교사는 학생들과 함께 문제의 답을 확인한다.
   📖 "민우네 조는 도시의 문제가 아니라 살기 좋은 도시의 조건을 갖춘 도시에 대해서 하려고 해요."
   📖 "A 도시는 경제적 조건이 잘 갖춰진 도시예요. 경제나 일자리에 대한 자료가 인터넷에 많을 뿐이지 A 도시에 대한 자료가 가장 많은지는 알 수 없어요."
   📖 "B 도시는 친환경 도시예요. 과학 교과서에는 '환경 오염'에 대해서 나와요."
   📖 "C 도시는 문화 시설도 많고 거의 매주 문화 행사가 있어요."
   📖 "따라서 답은 ④번이에요."

정답
④
① 민우네 조는 살기 좋은 도시의 조건을 갖춘 도시에 대해 발표할 것이다.
② A 도시는 경제적 조건이 잘 갖춰진 도시이다.
③ 과학 교과서에는 '환경 오염'에 대해 나온다.
④ (35쪽 본문) 'C 도시에는 공연장이나 미술관, 박물관과 같은 문화 시설이 많아. 그리고 다양한 문화 행사가 거의 매주 있어.'라는 내용을 보면 알 수 있다.

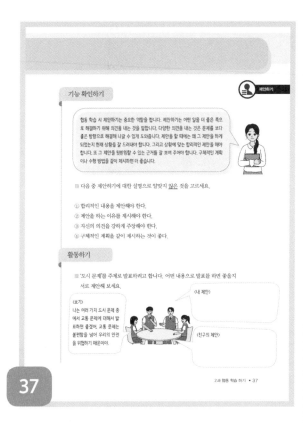

기능 확인하기 - 10분

1) 학습하기 1에서 배운 '제안하기' 기능을 정리한다.

　📖 "앞에서 민우네 조가 조별 활동을 하면서 서로 의견을 제안하는 과정을 통해 제안하기에 대해 배웠어요. 협동 학습을 할 때 제안하기는 중요한 역할을 해요. 제안하기는 어떤 일을 더 좋은 쪽으로 해결하기 위해 의견을 내는 것을 말해요. 다양한 의견을 내는 것은 문제를 보다 좋은 방향으로 해결해 나갈 수 있게 도와줘요. 제안을 할 때에는 왜 그 제안을 하게 되었는지 현재 상황을 잘 드러내야 해요. 그리고 상황에 맞는 합리적인 제안을 해야 해요. 또 그 제안을 뒷받침 할 수 있는 근거를 잘 보여 주어야 해요. 구체적인 계획이나 수행 방법을 같이 제시하면 더 좋아요."

2) 교사는 학생들에게 '기능 확인하기' 문제를 풀게 한다.

　📖 "다음 중 제안하기에 대한 설명으로 알맞지 않은 것을 고르세요."

3) 교사는 학생들과 함께 문제의 답을 확인한다.

　📖 "제안하기는 서로의 의견을 나누는 것이기 때문에 자신의 의견을 강하게 말하는 것보다 '-으면 어떨까?', '-는 것이 어때?', '-으면 좋을 것 같아' 등의 표현을 사용하여 말하는 것이 좋아요. 따라서 답은 ③번이에요."

> 정답
> ③

활동하기 - 25분

1) 교사는 학생들에게 '활동하기'의 방법을 설명한 후 활동을 하게 한다.

　📖 "여러분이 '도시 문제'에 대해 발표해야 해요. 어떤 내용을 발표하고 싶어요?"

　📖 "도시에는 어떤 문제가 있어요?"

　📖 "우리가 사는 지역에서는 어떤 문제가 있어요?"

교수-학습 지침

도시의 교통 문제, 쓰레기 문제, 소음 문제, 빛 공해, 주택 문제 등의 주제를 제시하여 학습자의 생각을 유도할 수 있다. 교통 문제에 대해서도 등하교 시간의 교통 체증, 어린이 보호 구역에서의 과속 문제, 주차 공간 부족 문제 등 다양한 문제에 대해 이야기할 수 있다.

2) 교사는 학생들과 함께 활동의 결과를 확인한다.

　📖 "여러분은 어떤 도시 문제에 대해 발표하고 싶어요? 그 이유는 뭐예요?"

교수-학습 지침

의견을 제안할 때는 그 근거와 함께 제안할 수 있도록 지시한다.

> 예시 답안
> 나도 교통 문제에 대해서 발표하면 좋겠어. 어린이 보호 구역에서도 차들이 너무 빨리 달리는 것 같아. 아이들이 다니기 너무 위험해.

　📖 "친구는 어떤 문제에 대해 발표하고 싶어요?"

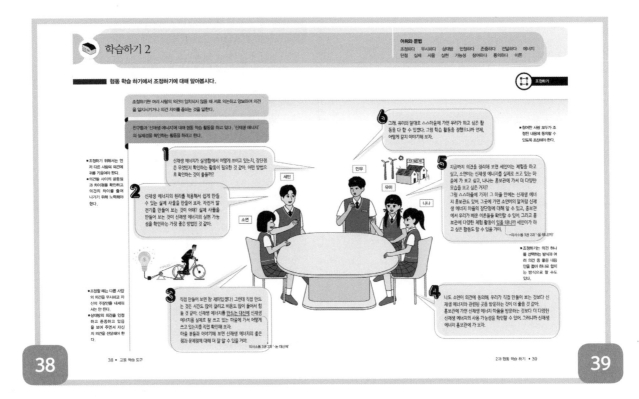

● 3차시 (의사소통 〈꼭 배워요〉와 연계할 경우 9차시)

[학습 목표]

- 협동 학습 하기에서 조정하기의 방법에 대해 안다.
- 협동 학습 활동에서 조정할 때 주의해야 할 점에 대해 안다.

본문의 구성과 내용

- 본문은 과학 교과의 협동 학습 하기 활동에서 하게 되는 조정하기 학습 기능을 보여 주고 있다.
- 본문의 내용은 민우, 세인, 소연, 나나, 유미가 '신재생 에너지'에 대해 협동 학습 활동을 하는 과정 중 일부이다. '신재생 에너지'의 실제성을 확인하는 활동을 하려고 한다. 친구들의 의견을 조정하여 하나의 활동을 정하려고 한다.

도입 - 10분

1) 교사는 교재 32, 33쪽에서 배운 학습 활동에 대해 복습한다.

　🔲 "공동의 학습 목표를 달성하기 위해서 학생들이 서로 도와가며 학습하는 것을 뭐라고 해요?"

　🔲 "협동 학습은 어떻게 진행돼요?"

　🔲 "협동 학습을 할 때 지켜야 할 원칙이 뭐예요?"

2) 교사는 학생들에게 학습하기 2에서 배울 학습 기능을 소개한다.

　🔲 "협동 학습을 하다 보면 서로 의견이 다를 때도 있어요. 서로 다른 생각과 의견을 조정해 가며 공부하는 것도 '협동 학습'의 중요한 과정 중 하나예요."

　🔲 "조정하기란 여러 사람의 의견이 일치되지 않을 때 서로 의논하고 양보하여 의견을 일치시키거나 의견 차이를 좁히는 것을 말해요. 학습하기 2에서는 협동 학습을 할 때 학습 방법을 조정하는 방법을 공부할 거예요."

교수-학습 지침

익힘책 24쪽에 조정하기의 방법이 제시되어 있다. 교사는 이를 고려하여 수업을 진행한다.

전개 - 35분

1) 교사는 다음에 제시되는 내용을 참고하여 학생들에게 어휘와 문법을 설명한다.

조정하다	◆ **정의** 여러 사람의 의견이 일치되지 않을 때 서로 의논하고 양보하여 의견을 일치시키거나 의견 차이를 좁히는 것.
	🔳 **예** 학생들의 의견을 모아 청소 구역을 조정하는 것은 쉬운 일이 아니다.
	◆ **정보** (비슷한 말) 조절하다
	◆ **설명** "주말에 친구들과 만날 거예요. 나나는 3시에 만나고 싶어 해요. 세인이는 5시에 만나고 싶어 해요. 수호가 '그럼 4시에 만나요.'라고 말했어요. 두 친구는 좋다고 했어요. 수호가 두 사람의 약속 시간을 조정했어요. '조정하다'는 의견이 다를 때 서로 의논하여 의견을 같게 하거나 차이를 좁히는 것을 말해요."

무시하다	◆ **정의** 중요하게 생각하지 않다. ㉠ 다른 사람의 의견은 무시하면서 자신의 생각만 말하는 것은 토의의 자세가 아니다. ● **설명** "친구는 영화를 보고 싶어 해요. 저는 PC방에 가고 싶어요. 그래서 친구의 말을 안 들었어요. 계속 내가 하고 싶은 것만 이야기 했어요. 친구의 말을 무시했어요. '무시하다'는 다른 것을 중요하게 생각하지 않는 것을 말해요."
상대방	◆ **정의** 일을 하거나 말을 할 때 짝을 이루는 사람. ㉠ 탁구 수행 평가를 할 때 상대방과 공을 잘 주고받는 것이 중요하다. ◆ **정보** (비슷한 말) 상대편 ● **설명** "배드민턴을 치고 싶어요. 혼자 칠 수 없어요. 다른 사람이 필요해요. 상대방이 필요해요. '상대방'은 일을 하거나 말을 할 때 같이 하는 사람을 말해요."
인정하다	◆ **정의** 어떤 것이 확실하다고 여기거나 받아들이다. ㉠ 수호의 운동 실력은 모두가 인정한다. ● **설명** "수호는 축구를 정말 잘해요. 모두가 다 알아요. 다 그렇게 생각해요. 모두가 수호의 축구 실력을 인정해요. '인정하다'는 어떤 것이 확실하다고 생각하거나 받아들이는 것을 말해요."
존중하다	◆ **정의** 의견이나 사람을 높이어 귀중하게 여기다. ㉠ 친구와 의견이 다를 때는 친구의 의견도 존중해야 한다. ● **설명** "소연이는 아침에 운동하는 것이 좋다고 생각해요. 민우는 저녁에 운동하는 것이 좋다고 생각해요. 소연이와 민우는 생각이 달라요. 하지만 다른 사람의 생각도 좋다고 생각해요. 다른 사람의 의견을 존중해요. '존중하다'는 의견이나 사람을 소중하게 생각하는 것을 말해요."
전달하다	◆ **정의** 내용이나 뜻을 전하여 알게 하다. 또는 사물을 다른 대상에게 전하여 받게 하다. ㉠ 자신이 말하고 싶은 것을 독자에게 잘 전달하기 위해서는 글을 간단하고 정확하게 써야 한다. ● **설명** "오늘 세인이가 안 왔어요. 세인이에게 오늘 숙제를 말해 주세요. 세인이에게 숙제를 전달해 주세요. '전달하다'는 내가 듣거나 알게 된 내용을 다른 사람에게 이야기하는 것을 말해요. 물건을 다른 사람에게 전한다는 뜻으로도 써요."
에너지	◆ **정의** 어떠한 것이 가지고 있는, 일을 할 수 있는 힘. ㉠ 우리 동아리에서는 에너지 절약 캠페인을 하기로 했다. ● **설명** "컴퓨터를 하고 싶어요. 컴퓨터를 켜려면 전기 에너지가 필요해요. '에너지'는 사람이나 물건이 가지고 있는, 일을 할 수 있는 힘을 말해요."

단점	◆ **정의** 모자라거나 흠이 되는 점. ㉠ 나의 가장 큰 단점은 집중력이 부족하다는 것이다. ◆ **정보** (비슷한 말) 나쁜 점 (반대되는 말) 장점 ● **설명** "저는 말을 잘 해요. 발표도 잘해요. 그런데 목소리가 조금 작아요. 목소리가 조금 작은 것이 제 단점이에요. '단점'은 부족하거나 잘못된 부분을 말해요. 비슷한 말은 '나쁜 점'이 있어요. 반대되는 말은 '장점'이에요."
실제	◆ **정의** 있는 그대로의 상태나 사실. ㉠ 진짜 있었던 일을 바탕으로 한 소설이라도 실제와 완전히 똑같은 것은 아니다. ● **설명** "뉴스에서는 정말 있는 일을 사람들에게 전달해요. 뉴스에서는 실제 이야기를 전달해요. '실제'는 있는 그대로의 사실을 말해요."
사물	◆ **정의** 직접 보거나 만질 수 있게 일정한 모양과 성질을 갖추고 있는 세상의 온갖 물건. ㉠ 같은 사물을 볼 때도 사람에 따라 시각적인 차이가 있다. ● **설명** "책상을 만질 수 있어요. 책상의 모양이 있어요. 연필을 만질 수 있어요. 연필의 모양이 있어요. 책상과 연필은 사물이에요. '사물'은 직접 보거나 만질 수 있고 어떤 모양을 가지고 있는 물건을 말해요."
실현	◆ **정의** 꿈이나 계획 등을 실제로 이룸. ㉠ 우리 반이 체육 대회에서 1등 하는 것은 실현 가능성이 높은 일이다. ◆ **정보** (비슷한 말) 달성, 성취 ● **설명** "저는 오랫동안 선생님이 되기를 꿈꿨어요. 선생님을 목표로 많은 계획을 세웠어요. 그리고 지금 선생님이 되었어요. 제 꿈이 실현되었어요. '실현'은 꿈이나 계획을 실제로 이루는 것을 말해요."
가능성	◆ **정의** 어떤 일이 앞으로 이루어질 수 있는 성질. ㉠ 일기 예보를 봤는데 소풍 가는 날에 비가 올 가능성은 없다고 했다. ● **설명** "오늘 날씨가 흐려요. 비가 올 것 같아요. 비가 올 가능성이 있어요. '가능성'은 어떤 일이 앞으로 이루어질 수 있는 것을 말해요."
참여하다	◆ **정의** 여러 사람이 같이 하는 어떤 일에 끼어들어 함께 일하다. ㉠ 주말에 도서관 책을 정리하는 봉사 활동에 참여했다. ◆ **정보** (비슷한 말) 참가하다 ● **설명** "체육 대회를 해요. 체육 대회에서 나나는 달리기를 해요. 수호는 축구를 해요. 나나는 달리기에 참여하고 수호는 축구에 참여해요. '참여하다'는 여러 사람이 하는 일에 들어가 함께 일하는 것을 말해요."

동의하다	◆ **정의** 같은 의견을 가지다. 　　例 나는 민우의 생각에 동의한다. ◆ **정보** (비슷한 말) 찬성하다 　　　　(반대되는 말) 반대하다 ● **설명** "유미는 수업이 끝나고 도서관에 가면 좋겠다고 했어요. 저도 그 생각이 좋아요. 그 생각에 동의해요. '동의하다'는 같은 의견을 가지는 것을 말해요."
이론	◆ **정의** 어떤 이치나 지식을 논리적으로 일반화한 명제의 체계. 　　例 수학 선생님은 새로운 수학 이론을 쉽게 설명해 주셨다. ● **설명** "'이론'은 어떤 지식이나 일을 일반적인 것으로 결론을 내리고 정리한 거예요. 물 로켓을 만들려면 페트병 두 개를 자르고 테이프를 붙인 다음에 그 안에 물을 반쯤 넣고 공기를 넣으면 돼요. 물 로켓 만드는 방법을 알고 있는 것은 물 로켓을 만드는 이론을 알고 있는 것이에요. 이 이론으로 직접 물 로켓을 만들어 보면 이론을 실천했다고 말할 수 있어요. 여러분은 어떤 이론을 알고 있어요?"

2) 교사는 학생들에게 교재 38, 39쪽에 제시된 내용을 읽게 한다.

　　📺 "민우, 세인, 소연, 나나, 유미가 '신재생 에너지'에 대해 협동 학습 활동을 하고 있어요. 신재생 에너지가 실생활에 어떻게 쓰이고 있는지, 장단점은 무엇인지 확인하는 활동을 하려고 해요. 각자 어떤 활동이 좋을지 의견을 제시하고 그 의견들을 조정해서 하나의 활동을 결정하려고 해요. 어떻게 의견을 조정하는지 한번 읽어 보세요."

3) 교사는 학생들에게 세부 내용을 확인하는 질문을 한다.

　　📺 "세인이는 어떤 활동을 제안했어요? 왜 그 활동을 제안했어요?"

　　📺 "소연이는 어떤 활동을 제안했어요? 왜 그 활동을 제안했어요?"

　　📺 "나나는 어떤 활동을 제안했어요? 왜 그 활동을 제안했어요?"

　　📺 "유미는 어떤 활동을 제안했어요? 왜 그 활동을 제안했어요?"

　　📺 "민우와 친구들은 어떤 활동을 하려고 해요?"

　　📺 "왜 그 활동을 하려고 해요?"

4) 교사는 학생들에게 학습 기능에 대해 확인하는 질문을 한다.

　　📺 "조정할 때는 다른 사람의 의견을 무시하고 자신의 주장만을 내세워서는 안 돼요. 상대방의 의견을 존중하고 있음을 보여 주면서 자신의 의견을 나타내야 해요. 상대방의 의견을 존중하고 있음을 보여 주는 표현을 찾아보세요."

　　📺 "소연이가 '직접 만들어 보면 참 재미있겠다!'라고 말하면서 세인이의 의견을 존중하고 있어요. 그리고 나나가 '나도 소연이의 의견에 동의해'라고 말하면서 소연이의 의견에 동의하고 있음을 보여 주고 있어요."

📺 "제안할 때는 제안을 하는 합리적인 이유가 나타나야 해요. 소연이, 나나, 세인이는 어떤 이유를 말했어요?"

📺 "조정하기는 의견 하나를 선택하는 방식과 여러 의견의 좋은 내용만을 뽑아 하나로 합치는 방식으로 할 수도 있어요. 여러 의견을 하나로 합친 부분을 찾아보세요."

📺 "유미가 세인이, 소연이, 나나의 의견을 모두 모아서 친구들이 하고 싶어 하는 활동을 다 해 볼 수 있는 '△△마을'을 방문하는 의견을 냈어요."

정리 - 5분

교사는 학습 내용을 정리하며 수업을 마무리한다.

📺 "민우, 세인, 소연, 나나, 유미가 '신재생 에너지'에 대해 협동 학습 활동을 하고 있어요. 신재생 에너지가 실생활에 어떻게 쓰이고 있는지, 장단점은 무엇인지 확인하는 활동을 추가로 하려고 했어요."

📺 "조정은 의견들 사이의 공통점과 차이점을 확인하고 의견의 차이를 줄여 나가는 과정이에요. 그래서 조정할 때는 다른 사람의 의견을 무시하고 자신의 주장만을 내세워서는 안 돼요. 자신의 의견을 말하기 전에 상대방의 의견을 존중하고 있음을 보여 주면 좋아요."

📺 "세인이는 신재생 에너지 원리를 적용해서 실제 사물을 만들어 보는 것을 제안했어요."

📺 "소연이는 신재생 에너지를 실제로 잘 쓰고 있는 마을을 가는 것을 제안했어요."

📺 "나나는 신재생 에너지 홍보관에 가서 더 다양한 신재생 에너지의 사용 가능성을 확인하는 것을 제안했어요."

📺 "유미는 친구들이 하고 싶은 것을 다 할 수 있는 △△마을 가는 것을 제안했어요."

📺 "이처럼 조정할 때는 가장 좋은 하나의 의견을 선택할 수도 있지만 여러 의견 중에서 좋은 의견들만 뽑아 새로운 의견을 만들 수도 있어요."

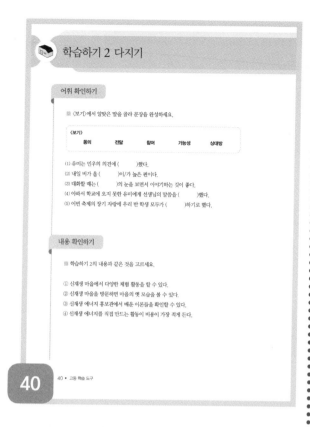

학습하기 2 다지기

어휘 확인하기

■ 〈보기〉에서 알맞은 말을 골라 문장을 완성하세요.

〈보기〉

| 동의 | 전달 | 참여 | 가능성 | 상대방 |

(1) 유미는 민우의 의견에 ( )했다.
(2) 내일 비가 올 ( )이/가 높은 편이다.
(3) 대화할 때는 ( )의 눈을 보면서 이야기하는 것이 좋다.
(4) 아파서 학교에 오지 못한 유미에게 선생님의 말씀을 ( )했다.
(5) 이번 축제의 장기 자랑에 우리 반 학생 모두가 ( )하기로 했다.

내용 확인하기

■ 학습하기 2의 내용과 같은 것을 고르세요.

① 신재생 마을에서 다양한 체험 활동을 할 수 있다.
② 신재생 마을을 방문하면 마을의 옛 모습을 볼 수 있다.
③ 신재생 에너지 홍보관에서 배운 이론들을 확인할 수 있다.
④ 신재생 에너지를 직접 만드는 활동이 비용이 가장 적게 든다.

40 • 고등 학습 도구

40

● 4차시 (의사소통 〈꼭 배워요〉와 연계할 경우 10차시)

[학습 목표]

• 협동 학습 하기에서 조정하기에 대해 안다.
• 친구들이 모임을 할 장소를 조정을 통해 정할 수 있다.

어휘 확인하기 - 10분

1) 교사는 학생들에게 '어휘 확인하기' 문제를 풀게 한다.

📖 "〈보기〉를 보세요. 앞에서 배운 어휘가 있어요."

📖 "'동의'란 같은 의견을 가지는 것이죠."

📖 "'전달'이란 내용이나 뜻을 전하여 알게 하는 것이에요."

📖 "'참여'란 여러 사람이 같이 하는 어떤 일에 들어가서 함께 일하는 것이에요."

📖 "'가능성'이란 어떤 일이 앞으로 이루어질 수 있는 것이에요."

📖 "'상대방'이란 일을 하거나 말을 할 때 같이 하는 사람이에요."

2) 교사는 학생들과 함께 문제의 답을 확인한다.

┌─────────────────────────────────┐
정답
(1) 동의 (2) 가능성 (3) 상대방 (4) 전달 (5) 참여
└─────────────────────────────────┘

내용 확인하기 - 5분

1) 교사는 학생들에게 '내용 확인하기' 문제를 풀게 한다.

📖 "앞에서 민우와 친구들이 협동 학습 활동 중에 신재생 에너지와 관련된 활동을 하기 위해 의견을 조정하는 과정을 봤어요. 학습하기 2의 내용과 같은 것을 고르세요."

2) 교사는 학생들과 함께 문제의 답을 확인한다.

📖 "다양한 체험 활동을 할 수 있는 곳은 신재생 에너지 홍보관이에요."

📖 "신재생 마을에 가면 마을의 옛 모습이 아니라 신재생 에너지를 실제로 사용하고 있는 모습을 볼 수 있어요."

📖 "신재생 에너지 홍보관에 가면 배운 이론들을 확인할 수 있고 다양한 체험 활동을 할 수 있어요."

📖 "직접 만들어 보는 것은 시간도 많이 걸리고 비용도 많이 들어요."

📖 "따라서 답은 ③번이에요."

┌─────────────────────────────────┐
정답
③
① 다양한 체험 활동을 할 수 있는 곳은 신재생 에너지 홍보관이다.
② 신재생 마을을 방문하면 신재생 에너지를 실제로 사용하고 있는 모습을 볼 수 있다.
③ (39쪽 본문) '홍보관에서 우리가 배운 이론들을 확인할 수 있어.' 라는 내용을 보면 알 수 있다.
④ 직접 만드는 것은 시간도 많이 걸리고 비용이 많이 든다.
└─────────────────────────────────┘

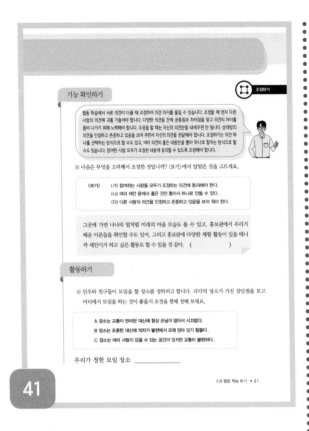

41

활동하기 - 25분

1) 교사는 학생들에게 '활동하기'의 방법을 설명한 후 활동을 하게 한다.
   - "민우와 친구들이 모임을 할 장소를 정하려고 해요. 어디에서 모이는 게 좋을까요?"
   - "A 장소는 어때요?"
   - "B 장소는 어때요?"
   - "C 장소는 어때요?"
   - "각 장소의 장점과 단점은 뭐예요?"

2) 교사는 학생들과 함께 활동의 결과를 확인한다.
   - "여러분은 어디에서 모임을 하고 싶어요?"
   - "친구는 어디에서 모임을 하고 싶어요?"
   - "여러분은 어디에서 만날 계획이에요?"

교수-학습 지침
실제로 학생들이 자주 가는 장소들을 이용하여 모임 장소를 조정하게 하는 활동을 추가로 할 수 있다.

기능 확인하기 - 10분

1) 학습하기 2에서 배운 '조정하기' 기능을 정리한다.
   - "앞에서 민우와 친구들이 협동 학습 활동을 하면서 서로 의견을 조정하는 과정을 통해 조정하기에 대해 배웠어요. 협동 학습을 할 때 제안하기는 중요한 역할을 해요. 협동 학습에서 서로 의견이 다를 때 조정하여 의견 차이를 줄일 수 있어요. 조정할 때 먼저 다른 사람의 의견에 귀를 기울여야 해요. 다양한 의견들 간에 공통점과 차이점을 찾고 의견의 차이를 줄여 나가기 위해 노력해야 해요. 조정을 할 때는 자신의 의견만을 내세우면 안 돼요. 상대방의 의견을 인정하고 존중하고 있음을 보여 주면서 자신의 의견을 전달해야 해요. 조정하기는 의견 하나를 선택하는 방식으로 할 수도 있고, 여러 의견의 좋은 내용만을 뽑아 하나로 합치는 방식으로도 할 수도 있어요. 참여한 사람 모두가 조정된 내용에 동의할 수 있도록 조정해야 해요."

2) 교사는 학생들에게 '기능 확인하기' 문제를 풀게 한다.
   - "다음은 무엇을 고려해서 조정한 거예요? 〈보기〉에서 알맞은 것을 고르세요."

3) 교사는 학생들과 함께 문제의 답을 확인한다.
   - "친구들이 말한 제안을 모두 할 수 있는 곳을 골랐으니까 답은 '(나) 여러 제안 중에서 좋은 것만 뽑아서 하나로 만들 수 있다.'예요."

정답
(나)

● 메모

44 **45**

3과 보고서 쓰기

● 학습 목표

- 보고서의 작성 과정과 보고서에 쓸 내용을 안다.
- 자료에서 필요한 정보를 찾아 내용을 요약할 수 있다.
- 정보를 정교화할 수 있다.

● 단원 내용

1. 학습 활동: 보고서 쓰기
2. 학습 기능: 요약하기
   　　　　　　정교화하기
3. 학습 주제: 의사소통의 자세
   　　　　　　비둘기집 원리

● 수업 개요

1·2차시(학습하기 1): 보고서 쓰기에서 요약하기에 대
　　　　　　　　　　　해 안다.
3·4차시(학습하기 2): 보고서 쓰기에서 정교화하기에
　　　　　　　　　　　대해 안다.

● 어휘 및 문법

[학습하기 1]
요약하다, 예, 삭제하다, 재구성하다, 존재, 평가하다, 유형, 판단하다, 효과적, 반응하다, 주의하다, 추측하다, 의사소통, 의사, 출처, 에 비해

[학습하기 2]
원리, 대표적, 추론하다, 확률, 예시, 완성도

[알면 쓸모 있는 어휘(익힘책 28쪽)]
결과, 덧붙이다

의사소통 3권 3과 〈꼭 배워요〉의 주요 내용

[어휘]
과제, 독후감, 보고서, 영상, 발표, 개인 과제, 모둠 과제, 자료 조사, 검색하다, 조사하다, 참고하다, 작성하다, 파일을 저장하다, 마우스, 키보드, 제출하다, 조별, 두통, 피로, 풀리다, 얼른, 서두르다, 제대로, 담다, 하나하나, 학부모, 바뀌다

[문법 1] '-잖아요'
　　📕 선생님은 쉬는 시간에 교무실에 계시잖아.
[문법 2] '-어 가다'
　　📕 과제 준비가 거의 다 되어 가요.
[문법 3] '-으려면'
　　📕 광화문에 가려면 몇 번 버스를 타야 해요?
[문법 4] '-어도'
　　📕 약을 먹어도 두통이 낫지 않아요.

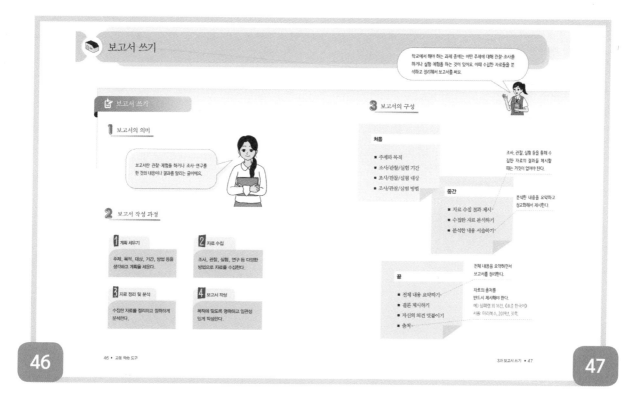

• **1차시**(의사소통 〈꼭 배워요〉와 연계할 경우 7차시)

[학습 목표]
- 보고서 쓰기에서 요약하기의 방법에 대해 안다.
- 보고서 쓰기에서 요약할 때 주의할 점에 대해 안다.

본문의 구성과 내용
- 본문은 국어 교과의 보고서 쓰기 활동에서 하게 되는 **요약하기 학습 기능**을 보여 주고 있다.
- 본문의 내용은 민우가 '의사소통'에 대한 보고서를 작성하는 과정 중 일부이다. 민우는 보고서를 작성하기 위해 말하는 방법, 듣는 방법에 대한 자료를 찾았다. 각각의 자료에서 중요한 내용만을 요약하여 보고서를 작성하려고 한다.

도입 - 10분

1) 교사는 학생들에게 교재 46, 47쪽의 학습 활동에 대해 설명한다.
  - "보고서란 관찰·체험을 하거나 조사·연구를 한 것의 내용이나 결과를 알리는 글이에요."
  - "보고서를 써 봤어요?"
  - "보고서는 계획 세우기, 자료 수집하기, 자료 정리하기 및 분석하기, 보고서 쓰기의 과정으로 작성해요."
  - "'계획 세우기' 단계에서는 주제, 목적, 대상, 기간, 방법 등을 생각하고 계획을 세워요. '자료 수집' 단계에서는 조사, 관찰, 실험, 연구 등 다양한 방법으로 자료를 수집해요. '자료 정리 및 분석' 단계에서는 수집한 자료를 정리하고 정확하게 분석해요. 마지막으로 목적에 맞도록 명확하고 일관성 있게 보고서를 작성해요."
  - "보고서는 처음, 중간, 끝 세 부분으로 구성해요. 처음에는 보고서의 주제와 목적과 조사/관찰/실험의 기간, 대상, 방법을 써요. 중간에는 자료 수집의 결과와 수집한 자료를 분석한 내용을 써요. 끝에는 전체 내용을 요약하고 결론을 제시하면서 자신의 의견을 덧붙여요. 그리고 마지막에 자료의 출처도 꼭 밝혀야 해요."

교수-학습 지침
익힘책 29쪽에 보고서의 형식이 추가로 제시되어 있다. 교사는 이를 고려하여 수업을 진행한다.

2) 교사는 학생들에게 학습하기 1에서 배울 학습 기능을 소개한다.
  - "요약하기란 말이나 글에서 중요한 것을 골라 짧고 간단하게 정리하는 것을 말해요. 학습하기 1에서는 보고서를 쓸 때 요약하는 방법을 공부할 거예요."

교수-학습 지침
익힘책 30쪽에 글을 요약할 때 주의할 점이 제시되어 있다. 교사는 이를 고려하여 수업을 진행한다.

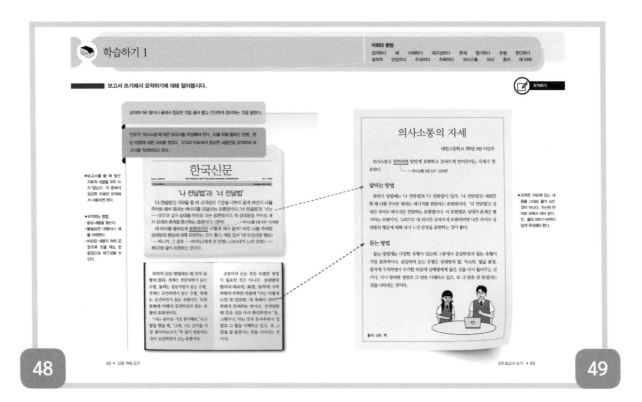

전개 - 35분

1) 교사는 다음에 제시되는 내용을 참고하여 학생들에게 어휘와 문법을 설명한다.

요약하다	◆ **정의** 말이나 글에서 중요한 것을 골라 짧게 만들다. 📕 이 소설의 내용을 요약해서 말하면 부모님의 말을 잘 들어야 한다는 것이다. ● **설명** "글의 내용이 너무 길어요. 글의 내용을 짧게 줄여요. 내용을 요약해요. '요약하다'는 말이나 글에서 중요한 것을 골라 짧게 만드는 것을 말해요."
예	◆ **정의** 어떤 것을 설명하거나 주장하기 위한 실제 본보기가 되는 것을 말한다. 📕 '산 넘어 산'은 일이 점점 더 힘들어지는 것을 말한다. 예를 들어 수행 평가를 다 했지만 아직 중간고사가 남았을 때 사용할 수 있다. ● **설명** "운동이 뭐예요? 운동은 건강을 위해서 몸을 움직이는 것이에요. 예를 들어 운동은 축구, 농구, 달리기예요. 이렇게 '예'는 어떤 것을 설명하기 위해 실제로 그것을 말하는 것이에요."
삭제하다	◆ **정의** 없애거나 지우다. 📕 이 문장은 필요가 없기 때문에 삭제하는 것이 좋다. ● **설명** "사진 폴더에 사진이 너무 많아요. 다시 안 볼 사진을 지워요. 다시 안 볼 사진을 삭제해요. '삭제하다'는 없애거나 지우는 것을 말해요."
재구성하다	◆ **정의** 한 번 구성하였던 것을 다시 새롭게 구성하다. 📕 이 영화는 실제로 있었던 일을 재구성하여 만든 것이다. ● **설명** "이 영화는 만화를 영화로 새롭게 만들었어요. 만화를 재구성해서 영화로 만들었어요. '재구성하다'는 한 번 만들었던 것을 다시 새롭게 만드는 것을 말해요."
존재	◆ **정의** 실제로 있음. 또는 그런 대상. 📕 반장은 우리 반에서 없어서는 안 될 존재이다. ● **설명** "A 씨에게 오빠는 아빠 같아요. 오빠는 아빠 같은 존재예요. '존재'는 실제로 있거나 그런 대상을 말해요."
평가하다	◆ **정의** 사물의 값이나 가치, 수준 등을 헤아려 정하다. 📕 친구들은 나나의 노래 실력을 높게 평가하고 있다. ● **설명** "이 그림이 어때요? 잘 그렸어요? 못 그렸어요? 평가해 보세요. '평가하다'는 사물이나 값, 가치, 수준을 보고 정하는 것이에요. 여러분은 그림을 잘 그려요? 못 그려요? 자신의 그림 실력을 평가해 보세요."
유형	◆ **정의** 성질이나 특징, 모양 등이 비슷한 것끼리 묶은 하나의 무리. 또는 그 무리에 속하는 것. 📕 수학 문제를 풀기 위해서는 문제의 유형을 파악하는 것이 중요하다. ◆ **정보** (비슷한 말) 종류 ● **설명** "살아 있는 것은 크게 동물과 식물 두 가지로 나눌 수 있어요. 생물은 동물과 식물 두 가지 유형으로 나눌 수 있어요. '유형'은 성질이나 특징, 모양이 비슷한 것끼리 묶은 것이에요."

판단하다	◆ **정의** 논리나 기준에 따라 어떠한 것에 대한 생각을 정하다. **예** 사람을 겉모습만 보고 판단할 수는 없다. ◆ **정보** (비슷한 말) 판별하다, 판정하다 ● **설명** "얼굴만 보고 좋은 사람인지 나쁜 사람인지 결정하면 안 돼요. 사람을 얼굴만 보고 판단하면 안 돼요. '판단하다'는 논리나 기준에 따라 어떠한 것에 대한 생각을 정하는 것이에요."
효과적	◆ **정의** 어떠한 것을 하여 좋은 결과가 얻어지는 것. **예** 과일을 자주 먹는 것은 감기 예방에 효과적인 방법이다. ◆ **정보** (비슷한 말) 효율적 ● **설명** "이 약을 먹으면 감기가 금방 나아요. 이 약은 감기에 효과적이에요. '효과적'은 어떠한 것을 해서 좋은 결과를 얻는 것을 말해요."
반응하다	◆ **정의** 어떤 자극에 대하여 일정한 동작이나 태도를 보이다. **예** 아기는 엄마의 목소리에 가장 잘 반응한다. ● **설명** "친구가 저에게 장난을 쳤어요. 친구의 장난에 기분이 나빴어요. 그래서 표정이 안 좋았어요. 표정으로 친구의 장난에 반응할 수 있어요. '반응하다'는 어떤 일에 대해 동작이나 태도를 보이는 것을 말해요."
주의하다	◆ **정의** 어떤 상태나 일에 관심을 집중하다. **예** 농구하기 전에 체육 선생님의 말을 주의하여 들었다. ● **설명** "여기는 길이 울퉁불퉁해서 넘어지기 쉬워요. 그러니까 걸을 때 바닥에 문제가 없는지 잘 봐야 해요. 걸을 때 주의하세요. '주의하다'는 어떤 상태나 일에 관심을 집중하는 것을 말해요."
추측하다	◆ **정의** 어떤 사실이나 보이는 것을 통해서 다른 무엇을 미루어 짐작하다. **예** 중간고사가 쉬웠으니까 기말고사가 어려울 것이라고 추측했다. ◆ **정보** (비슷한 말) 예측하다, 짐작하다 ● **설명** "어제 하늘을 보니 구름이 많았어요. 비가 왔어요. 오늘은 날씨가 어때요? 오늘 구름이 어때요? 하늘 색깔이 어때요? 내일 날씨는 어떨까요? 추측해 보세요. '추측하다'는 어떤 사실이나 눈에 보이는 것을 통해 다른 것을 생각하는 것을 말해요."
의사소통	◆ **정의** 생각이나 말 등이 서로 통함. **예** 우리는 보통 말로 의사소통을 한다. ● **설명** "여러분의 생각을 다른 사람에게 어떻게 전달해요? 다른 사람의 생각을 어떻게 알아요? 다른 사람과 어떻게 의사소통해요 '의사소통'은 생각이나 말을 서로 이해하는 것을 말해요."

의사	◆ **정의** 무엇을 하고자 마음먹은 생각. **예** 그는 자신의 의사를 분명하게 표현한다. ◆ **정보** (비슷한 말) 생각, 뜻, 의지 ● **설명** "주말에 친구와 같이 노래방에 가고 싶어요. 친구는 여러분과 같이 노래방에 가고 싶어요? 친구의 생각은 어때요? 친구의 의사를 물어봐야 해요. '의사'는 무엇을 하려고 결심한 생각이에요."
출처	◆ **정의** 말이나 사물이 생기거나 나온 곳. **예** 다른 사람이 쓴 내용을 가지고 와서 보고서에 쓸 때에는 그 출처를 반드시 밝혀야 한다. ● **설명** "보고서에 쓴 자료를 어디에서 찾았어요? 어디에서 찾았는지 써요. 출처를 써요. '출처'는 말이나 사물이 생기거나 나온 곳을 말해요."
에 비해	◆ **정의** 비교의 대상 또는 기준을 나타내는 표현. **예** 다른 과목에 비해 쓰기가 어려웠다. ◆ **정보** '에 비하여', '에 비해서', '에 비하면'으로 사용하기도 한다. ● **설명** "(예전의 과자 사진과 지금의 과자 사진을 보여 주며) 예전에는 과자가 한 봉지에 많이 있었어요. 그런데 요즘에는 한 봉지에 이만큼만 있어요. 예전에 비해 과자의 양이 적어요. '에 비해'는 비교의 대상 또는 기준을 나타낼 때 사용해요."

2) 교사는 학생들에게 교재 48, 49쪽에 제시된 내용을 읽게 한다.

> 🔊 "민우가 '의사소통'에 대한 보고서를 작성해야 해요. 말하는 방법, 듣는 방법에 대한 자료를 찾았어요. 이 자료들로 어떻게 보고서를 작성했는지 한번 읽어 보세요."

3) 교사는 학생들에게 세부 내용을 확인하는 질문을 한다.

> 🔊 "신문에서 무엇을 찾았어요?"
>
> 🔊 "'나 전달법'은 뭐예요?"
>
> 🔊 "'너 전달법'은 뭐예요?"
>
> 🔊 "내 의사를 올바르게 표현하려면 어떻게 해야 해요?"
>
> 🔊 "책에서 무엇을 찾았어요?"
>
> 🔊 "듣는 방법에는 몇 가지 유형이 있어요?"
>
> 🔊 "어떤 유형이 가장 효과적이에요?"
>
> 🔊 "공감하며 듣는 것은 어떻게 듣는 것이에요?"

4) 교사는 학생들에게 학습 기능에 대해 확인하는 질문을 한다.

> 🔊 "보고서를 쓸 때는 찾은 자료를 다 써야 해요?"
>
> 🔊 "어떻게 요약해요?"
>
> 🔊 "말하는 방법은 어떻게 요약했어요?"
>
> 🔊 "예를 삭제하고 비슷한 내용을 한 문장으로 재구성해서 요약했어요."
>
> 🔊 "듣는 방법은 어떻게 요약했어요?"
>
> 🔊 "가장 효과적인 유형만 선택해서 요약했어요."

교사는 학습 내용을 정리하며 수업을 마무리한다.

📖 "민우는 자료를 찾고 각각의 자료에서 중요한 내용을 요약해서 보고서를 작성했어요."

📖 "민우는 말하는 방법과 듣는 방법에 대한 자료를 신문과 책에서 찾았어요."

📖 "말할 때는 '너 전달법'보다 '나 전달법'으로 말하는 것이 좋아요."

📖 "들을 때는 상대방의 말에 공감하면서 듣는 것이 가장 효과적이에요."

📖 "보고서를 쓸 때는 찾은 자료를 모두 다 쓰지 않아도 돼요. 중요한 내용만 요약해서 쓰면 돼요. 요약할 때는 먼저 중심 내용을 찾는 것이 중요해요. 중심 내용을 중심으로 불필요한 내용과 예를 삭제해요. 그리고 비슷한 내용을 한 문장으로 재구성할 수 있어요."

📖 "민우는 보고서를 쓸 때 찾은 자료의 내용을 그대로 쓰지 않았어요. 글의 의미가 바뀌지 않게 주의하면서 자신의 말로 바꿔서 썼어요."

학습하기 1 다지기

어휘 확인하기

▣ 〈보기〉에서 알맞은 말을 골라 문장을 완성하세요.

〈보기〉
| 삭제 | 요약 | 의사 | 존재 | 추측 |

(1) 지구에는 수많은 생명체가 (   )한다.
(2) 컴퓨터에서 필요 없는 파일을 (   )했다.
(3) 수업이 끝난 후에 배운 내용을 (   )해서 공책에 썼다.
(4) 주인공이 왜 그런 행동을 했을지 (   )하면서 소설을 읽으면 훨씬 재미있다.
(5) 전화와 인터넷을 이용해서 다른 사람에게 자신의 (   )을/를 더 빨리 전달할 수 있다.

내용 확인하기

▣ 학습하기 1의 내용과 같은 것을 고르세요.

① 의사소통을 잘하려면 말만 잘하면 된다.
② 나 전달법은 상대의 존재를 평가하는 것이 좋다.
③ 듣기의 여러 유형 중에서 판단하면서 듣는 것이 가장 좋다.
④ 공감하며 듣는 것은 상대방의 말에 반응하며 듣는 것이다.

50 · 고등 학습 도구

50

[학습 목표]

• 보고서 쓰기에서 요약하기에 대해 안다.
• 진정한 친구에 대한 글을 읽고 글의 내용을 요약할 수 있다.

어휘 확인하기 - 10분

1) 교사는 학생들에게 '어휘 확인하기' 문제를 풀게 한다.

📖 "〈보기〉를 보세요. 앞에서 배운 어휘가 있어요."

📖 "'삭제'란 없애거나 지우는 것이죠."

📖 "'요약'이란 말이나 글에서 중요한 것을 골라 짧게 만드는 것이에요."

📖 "'의사'란 무엇을 하려고 결심한 생각이에요."

📖 "'존재'란 실제로 있거나 그런 대상이에요."

📖 "'추측'이란 어떤 사실이나 보이는 것을 통해서 다른 무엇을 생각하는 것이에요."

2) 교사는 학생들과 함께 문제의 답을 확인한다.

> **정답**
> (1) 존재 (2) 삭제 (3) 요약 (4) 추측 (5) 의사

내용 확인하기 - 5분

1) 교사는 학생들에게 '내용 확인하기' 문제를 풀게 한다.

📖 "앞에서 민우가 말하는 방법과 듣는 방법에 대한 자료를 찾고 이 자료를 요약해서 의사소통에 대한 보고서를 작성하는 과정을 봤어요. 학습하기 1의 내용과 같은 것을 고르세요."

2) 교사는 학생들과 함께 문제의 답을 확인한다.

📖 "의사소통을 잘하는 것은 말만 잘하는 것이 아니에요. 의사소통을 잘하기 위해서는 잘 들어야 해요."

📖 "'나 전달법'은 나를 주어로 해서 원하는 메시지를 전달하는 표현법이에요. 상대방의 존재를 평가하는 것은 '너 전달법'이에요."

📖 "듣기 유형 중에서 공감하면서 듣는 유형이 효과적이에요."

📖 "공감하면서 듣는 유형은 상대방의 말에 반응하면서 듣는 것이에요."

📖 "따라서 답은 ④번이에요."

> **정답**
> ④
> ① 의사소통을 잘하려면 말을 잘하는 것뿐만 아니라 잘 들어야 한다.
> ② 상대방의 존재를 평가하는 것은 '너 전달법'이다.
> ③ 다른 유형에 비해서 공감하며 듣는 유형이 효과적이다.
> ④ (48쪽 본문) ''저는 음악을 가장 좋아해요.'라고 말을 했을 때, '그래, 너는 음악을 가장 좋아하는구나.'와 같이 반응하는 것이 공감하면서 듣는 유형이다.'라는 내용을 보면 알 수 있다.

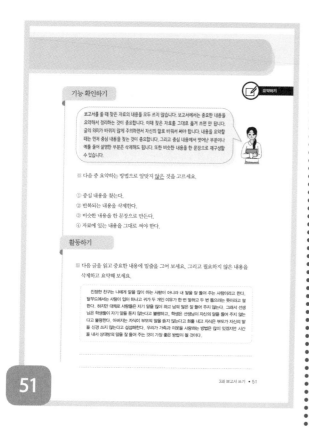

기능 확인하기 - 10분

1) 학습하기 1에서 배운 '요약하기' 기능을 정리한다.

🔲 "앞에서 민우가 요약하여 보고서를 작성하는 과정을 통해 요약하기에 대해 배웠어요. 보고서를 쓸 때 찾은 자료의 내용을 모두 다 쓰지 않아요. 보고서에서는 중요한 내용을 요약해서 정리하는 것이 중요해요. 이때 찾은 자료를 그대로 옮겨 쓰면 안 돼요. 글의 의미가 바뀌지 않게 주의하면서 자신의 말로 바꿔서 써야 해요. 내용을 요약할 때는 먼저 중심 내용을 찾는 것이 중요해요. 그리고 중심 내용에서 벗어난 부분이나 예를 들어 설명한 부분은 삭제해도 돼요. 또한 비슷한 내용을 한 문장으로 재구성할 수 있어요."

2) 교사는 학생들에게 '기능 확인하기' 문제를 풀게 한다.

🔲 "다음 중 요약하는 방법으로 알맞지 않은 것을 고르세요."

3) 교사는 학생들과 함께 문제의 답을 확인한다.

🔲 "자료에 있는 내용을 그대로 옮겨 쓰면 안 돼요. 의미가 바뀌지 않게 주의하면서 중요한 내용을 자신의 말로 바꿔서 요약해야 해요. 따라서 답은 ④번이에요."

```
정답
④
```

활동하기 - 25분

1) 교사는 학생들에게 '활동하기'의 방법을 설명한 후 활동을 하게 한다.

🔲 "'진정한 친구'에 대한 글이 있어요. 이 글을 요약해 볼 거예요. 먼저 글을 읽어 보세요."

🔲 "'진정하다'는 거짓이 없고 올바른 것을 말해요. 주로 '진정한'의 형태로 많이 사용해요."

🔲 "진정한 친구가 누구예요?"

🔲 "탈무드에서 왜 귀가 두 개라고 했어요?"

🔲 "대체로 사람들은 말하는 것과 듣는 것 중에 무엇을 많이 해요?"

🔲 "사람들은 무엇을 불평해요?"

🔲 "가족과 이웃을 사랑하는 방법 중에서 가장 좋은 방법이 뭐예요?"

🔲 "이 글의 중요한 내용을 찾아보세요."

🔲 "그리고 중요한 내용을 요약해서 써 보세요."

교수-학습 지침

학생들이 중요하다고 생각하는 내용을 찾아서 자유롭게 요약해 보게 한다. 중요한 내용을 찾는 것을 어려워하면 예시를 삭제하고 남은 내용으로 요약하는 방향을 제시해 준다. 본문의 내용을 그대로 쓰지 말고 자신의 말로 바꿔서 써 보는 것을 연습할 수 있게 한다.

2) 교사는 학생들과 함께 활동의 결과를 확인한다.

🔲 "꼭 필요하지 않은 내용이나 예를 삭제하면 중요한 내용을 확인할 수 있죠."

예시 답안

진정한 친구는 나에게 말을 많이 하는 사람이 아니라 내 말을 잘 들어 주는 사람이라고 한다. 탈무드에서는 사람이 입이 하나고 귀가 두 개인 이유가 한 번 말하고 두 번 들으라는 뜻이라고 말한다. 하지만 대체로 사람들은 자기 말을 많이 하고 남의 말은 잘 들어 주지 않는다. 그래서 선생님은 학생들이 자기 말을 듣지 않는다고 불평하고, 학생은 선생님이 자신의 말을 들어 주지 않는다고 불평한다. 아버지는 자식이 부모의 말을 듣지 않는다고 화를 내고 자식은 부모가 자신의 말을 신경 쓰지 않는다고 섭섭해한다. 우리가 가족과 이웃을 사랑하는 방법은 많이 있겠지만 시간을 내서 상대방의 말을 잘 들어 주는 것이 가장 좋은 방법이 될 것이다.

🔲 "중요한 내용을 쓸 때는 그대로 쓰는 것보다 여러분이 이해한 말로 바꿔서 쓰면 더 좋아요."

예시 답안

진정한 친구는 나에게 말을 많이 하는 사람이 아니라 내 말을 잘 들어 주는 사람이다. 그래서 시간을 내서 상대방의 말을 잘 들어 주는 것이 가족과 이웃을 사랑하는 가장 좋은 방법이다.

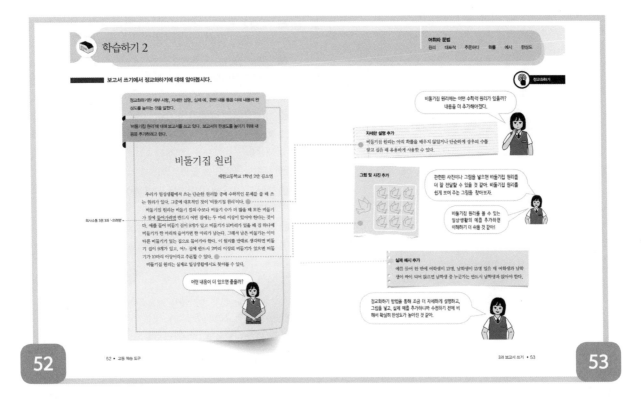

● 3차시 (의사소통 〈꼭 배워요〉와 연계할 경우 9차시)

[학습 목표]
- 보고서 쓰기에서 정교화하기의 방법에 대해 안다.
- 보고서 쓰기에서 정교화하기의 효과에 대해 안다.

본문의 구성과 내용
- 본문은 **수학 교과**의 **보고서 쓰기** 활동에서 하게 되는 **정교화하기** 학습 기능을 보여 주고 있다.
- 본문의 내용은 소연이가 '비둘기집 원리'에 대한 보고서를 작성하는 과정 중 일부이다. 소연이는 보고서의 완성도를 높이기 위해 내용을 정교화하고 있다.

도입 - 10분

1) 교사는 교재 46, 47쪽에서 배운 학습 활동에 대해 복습한다.
   - 📖 "관찰·체험을 하거나 조사·연구를 한 것의 내용이나 결과를 알리는 글을 뭐라고 해요?"
   - 📖 "보고서는 어떤 순서로 작성해요?"
   - 📖 "보고서는 어떻게 구성해야 해요?"
2) 교사는 학생들에게 학습하기 2에서 배울 학습 기능을 소개한다.
   - 📖 "보고서를 쓸 때 찾은 자료나 분석한 내용을 그대로 쓰지 않고 정교화하여 제시하면 보고서의 내용이 더 풍부해질 수 있어요."
   - 📖 "정교화하기란 세부 사항, 자세한 설명, 실제 예, 관련 내

용, 자료 등을 더해 내용의 완성도를 높이는 것을 말해요. 학습하기 2에서는 보고서를 쓸 때 정교화하는 방법을 공부할 거예요."

교수-학습 지침
익힘책 32쪽에 글을 정교화할 때 주의할 점이 제시되어 있다. 교사는 이를 고려하여 수업을 진행한다.

전개 - 35분

1) 교사는 다음에 제시되는 내용을 참고하여 학생들에게 어휘와 문법을 설명한다.

원리	◆ **정의** 사물 또는 일의 본질이나 바탕이 되는 법칙. 📗 실험을 통해 과학의 원리를 이해할 수 있었다. ◆ **정보** (비슷한 말) 법칙 ● **설명** "시소를 타요. 무거운 쪽이 아래로 내려가요. 무슨 규칙 때문에 무거운 쪽이 아래로 내려갈까요? 무슨 원리일까요? '원리'는 행위의 바탕이 되는 법칙을 말해요."
대표적	◆ **정의** 어떤 집단이나 분야를 대표할 만큼 가장 두드러지거나 뛰어난 것. 📗 한옥은 한국의 대표적인 전통 가옥이다. ● **설명** "한국의 옷이라는 말을 들으면 무엇이 생각나요? 한복이 생각나요. 한복은 한국의 대표적인 옷이에요. '대표적'은 어떤 집단이나 분야를 대표할 만큼 가장 뛰어난 것을 말해요."

추론하다	◆ **정의** 미루어 생각하여 옳고 그름을 따지다. 　🔢 이번 시험에는 단순한 어휘의 의미를 묻는 문제보다 글을 읽고 추론하는 문제가 많이 나왔다. ◆ **정보** (비슷한 말) 추리하다 ● **설명** "탐정 소설을 읽어 봤어요? 소설에서 나오는 증거를 보고 범인이 누구인지 생각해요. 범인을 추론해요. '추론하다'는 이미 나온 것들을 보고 생각해서 옳고 틀린 것을 따지는 것을 말해요."
확률	◆ **정의** 일정한 조건 아래에서 어떤 일이 일어날 수 있는 가능성의 정도. 또는 그 정도를 계산한 수치. 　🔢 다음 경기에서 이긴다면 우리 반의 우승 확률이 높아진다. ● **설명** "일기예보를 봤어요? 내일 비가 올 가능성이 높아요. 내일 비가 올 확률이 높아요. '확률'은 일정한 조건에서 어떤 일이 일어날 수 있는 가능성의 정도를 말해요."
예시	◆ **정의** 예를 들어 보임. 　🔢 이 책은 재미있는 그림이 예시되어 있어 보기가 편하다. ◆ **정보** (비슷한 말) 사례 ● **설명** "속도가 느린 동물을 알아요? 거북이, 달팽이는 천천히 움직여요. 속도가 느린 동물의 예시에는 거북이, 달팽이가 있어요. '예시'는 예를 들어 보이는 것을 말해요."
완성도	◆ **정의** 어떤 일이나 예술 작품 등이 질적인 면에서 이루어진 정도. 　🔢 소연이가 미술 시간에 그린 그림은 완성도가 높다는 평가를 받고 있다. ● **설명** "물감으로 기린을 그리고 있었어요. 그런데 물감이 부족해서 기린의 다리를 그리지 못했어요. 그림의 완성도가 부족해요. '완성도'는 어떤 일이나 예술 작품 등이 이루어진 정도를 말해요. '완성도가 높다', '완성도가 낮다', '완성도가 뛰어나다'의 표현으로 자주 사용해요."

2) 교사는 학생들에게 교재 52, 53쪽에 제시된 내용을 읽게 한다.

　📖 "소연이가 '비둘기집 원리'에 대해 보고서를 쓰고 있어요. 보고서의 완성도를 높이기 위해 내용을 추가하려고 해요. 어떤 내용을 추가하여 보고서를 완성했는지 한번 읽어 보세요."

교사 지식

비둘기집 원리는 두루마리로 된 문서를 칸으로 나누어진 서랍장에 하나씩 넣어서 보관하던 것에서 탄생했다. 하나의 칸에 하나의 문서를 보관하는 모습이 마치 비둘기가 비둘기집에 들어가는 모습과 같아서 비둘기집 원리로 불리게 되었다. 비둘기집 원리는 '디리클레의 서랍 원리'로도 잘 알려져 있다. 비둘기집의 원리는 수학뿐만 아니라 여러 학문에서 존재성의 증명을 위해 매우 중요하게 사용되고 있다.

3) 교사는 학생들에게 세부 내용을 확인하는 질문을 한다.

　📖 "일상생활에서 볼 수 있는 대표적인 수학적 원리에 뭐가 있어요?"

　📖 "비둘기집 원리가 뭐예요?"

　📖 "비둘기집 원리는 비둘기집의 수보다 비둘기 수가 더 많을 때 모든 비둘기가 집에 들어가려면 반드시 어떤 집에는 두 마리 이상이 있어야 한다는 것이에요."

　📖 "비둘기집 원리로 무엇을 추론할 수 있어요?"

　📖 "비둘기의 집이 9개가 있고, 어느 집에 반드시 2마리 이상의 비둘기가 있으면 비둘기가 10마리 이상이라고 추론할 수 있어요."

4) 교사는 학생들에게 학습 기능에 대해 확인하는 질문을 한다.

　📖 "어떻게 정교화할 수 있어요?"

　📖 "소연이는 어떤 방법으로 내용을 정교화했어요?"

　📖 "자세한 설명을 추가하고 그림을 추가하고 실제 예시를 추가했어요."

　📖 "어떤 설명을 추가했어요?"

　📖 "어떤 그림을 추가했어요?"

　📖 "비둘기집이 사용된 어떤 예시를 추가했어요?"

　📖 "여러분이 소연이면 어떤 예시를 추가하고 싶어요?"

　📖 "이렇게 보고서 내용을 정교화해서 완성하니까 어때요?"

　📖 "수정하기 전에 비해서 완성도가 높아졌어요."

정리 - 5분

교사는 학습 내용을 정리하며 수업을 마무리한다.

　📖 "소연이가 비둘기집 원리에 대한 보고서를 쓰면서 보고서의 완성도를 높이기 위해 내용을 정교화했어요."

　📖 "우리가 일상생활에서 쓰는 단순한 원리들 중에 수학적인 문제를 풀 때 쓰는 원리가 있어요. 바로 비둘기집 원리예요."

　📖 "비둘기집 원리는 아직 확률을 배우지 않았거나 단순하게 경우의 수를 알고 싶을 때 유용하게 사용할 수 있어요."

　📖 "비둘기집 원리는 비둘기집의 수보다 비둘기 수가 더 많을 때 모든 비둘기가 집에 들어가려면 반드시 어떤 집에는 두 마리 이상이 있어야 한다는 것이에요. 이 원리를 반대로 생각하면 비둘기집이 9개가 있고, 어느 집에 반드시 2마리 이상의 비둘기가 있으면 비둘기가 10마리 이상이라고 추론할 수 있어요."

　📖 "소연이는 자세한 설명, 그림 및 사진, 실제 예시를 추가했어요."

　📖 "이처럼 내용을 정교화하면 보고서의 완성도를 높일 수 있어요."

학습하기 2 다지기

어휘 확인하기

■ 〈보기〉에서 알맞은 말을 골라 문장을 완성하세요.

〈보기〉

| 예시 | 원리 | 확률 | 대표적 | 완성도 |

(1) 명동은 서울의 (   )인 관광지이다.
(2) 김 작가의 그림은 (   )이/가 뛰어나다.
(3) 과학 시간에 새가 하늘을 나는 (   )에 대해 배웠다.
(4) 이번 경기에서 우리 반이 이길 (   )이/가 매우 높다.
(5) 적절한 (   )은/는 설명을 이해할 때 큰 도움이 된다.

내용 확인하기

■ 학습하기 2의 내용과 같으면 O, 다르면 X 하세요.

(1) '비둘기집 원리'는 일상생활에서도 활용된다. (   )
(2) '비둘기집 원리'는 경우의 수를 따질 때 사용할 수 있다. (   )
(3) '비둘기집 원리'는 비둘기 수와 집의 수가 동일할 때 적용된다. (   )

54

54 • 고등 학습 도구

● 4차시 (의사소통 〈꼭 배워요〉와 연계할 경우 10차시)

[학습 목표]
• 보고서 쓰기에서 정교화하기에 대해 안다.
• 그래프에 대한 글을 정교화할 수 있다.

어휘 확인하기 - 10분

1) 교사는 학생들에게 '어휘 확인하기' 문제를 풀게 한다.
   🔲 "〈보기〉를 보세요. 앞에서 배운 어휘가 있어요."
   🔲 "'예시'란 예를 들어 보이는 것이죠."
   🔲 "'원리'란 사물 또는 일의 본질이나 바탕이 되는 법칙이에요."
   🔲 "'확률'이란 일정한 조건 아래에서 어떤 일이 일어날 수 있는 가능성의 정도예요."
   🔲 "'대표적'이란 어떤 집단이나 분야를 대표할 만큼 가장 뚜렷하게 드러나거나 뛰어난 것이에요."
   🔲 "'완성도'란 어떤 일이나 예술 작품 등이 이루어진 정도예요."
2) 교사는 학생들과 함께 문제의 답을 확인한다.

정답
(1) 대표적 (2) 완성도 (3) 원리 (4) 확률 (5) 예시

내용 확인하기 - 5분

1) 교사는 학생들에게 '내용 확인하기' 문제를 풀게 한다.
   🔲 "앞에서 소연이가 비둘기집 원리로 보고서를 작성하는 과

정을 봤어요. 학습하기 2의 내용과 같으면 O, 다르면 X 하세요."

2) 교사는 학생들과 함께 문제의 답을 확인한다.
   🔲 "비둘기집 원리는 일상생활에서 수학적인 문제를 해결할 때 사용할 수 있는 수학적인 원리예요."
   🔲 "비둘기집 원리는 아직 확률을 배우지 않았거나 단순하게 경우의 수를 알고 싶을 때 유용하게 사용할 수 있어요."
   🔲 "비둘기집 원리는 비둘기집의 수보다 비둘기 수가 더 많을 때 반드시 어떤 집에는 두 마리 이상의 비둘기가 있어야 한다는 것이에요."
   🔲 "따라서 (1)번과 (2)번은 맞고 (3)번은 틀려요."

정답
(1) O (2) O (3) X
(1) (52쪽 본문) '우리가 일상생활에서 쓰는 단순한 원리들 중에 수학적인 문제를 해결할 때 쓰는 원리가 있다. 그중에 대표적인 것이 '비둘기집 원리'이다.'라는 내용을 보면 알 수 있다.
(2) (53쪽 본문) '비둘기집 원리는 아직 확률을 배우지 않았거나 단순하게 경우의 수를 알고 싶을 때 유용하게 사용할 수 있다.'라는 내용을 보면 알 수 있다.
(3) '비둘기집 원리'는 비둘기 집의 수보다 비둘기가 더 많을 때 적용된다.

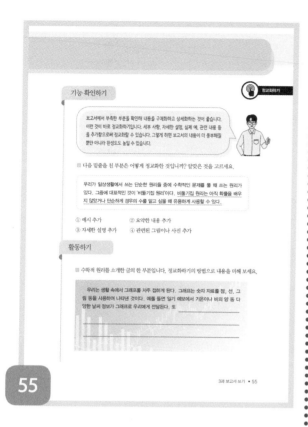

기능 확인하기

보고서에서 부족한 부분을 확인해 내용을 구체화하고 상세화하는 것이 좋습니다. 이런 것이 바로 정교화하기입니다. 세부 사항, 자세한 설명, 실제 예, 관련 내용 등을 추가함으로써 정교화할 수 있습니다. 그렇게 하면 보고서의 내용이 더 풍부해질 뿐만 아니라 완성도도 높일 수 있습니다.

☐ 다음 밑줄 친 부분은 어떻게 정교화한 것입니까? 알맞은 것을 고르세요.

우리 일상생활에서 쓰는 단순한 원리 중에 수학적인 문제를 풀 때 쓰는 원리가 있다. 그중에 대표적인 것이 '비둘기집 원리'이다. 비둘기집 원리는 아직 확률을 배우지 않았거나 단순하게 경우의 수를 알고 싶을 때 유용하게 사용할 수 있다.

① 예시 추가   ② 요약한 내용 추가
③ 자세한 설명 추가   ④ 관련된 그림이나 사진 추가

활동하기

☐ 수학적 원리를 소개한 글의 한 부분입니다. 정교화하기의 방법으로 내용을 더해 보세요.

우리는 생활 속에서 그래프를 자주 접하게 된다. 그래프는 숫자 자료를 점, 선, 그림 등을 사용하여 나타낸 것이다. 예를 들면 일기 예보에서 기온이나 비의 양 등 다양한 날씨 정보가 그래프로 우리에게 전달된다. 또 _____

55

☐ "그래프가 뭐예요?"

☐ "그래프는 수량이나 수치의 변화를 직선, 곡선, 점선, 막대 등으로 나타낸 그림을 말해요. '그림표'나 도표'와 비슷해요."

☐ "그래프를 어디에서 볼 수 있어요?"

☐ "또 일상생활 중 어디에서 그래프가 사용될까요? 정교화하기 방법으로 내용을 더 써 보세요."

교수-학습 지침

학생들이 일상생활의 예를 생각하지 못하면 성적, 휴대 전화 요금 등 변화를 그래프로 표현할 수 있는 것을 알려 주고 학생들이 문장을 완성하게 할 수 있다.

2) 교사는 학생들과 함께 활동의 결과를 확인한다.

☐ "다 썼어요? 어떻게 내용을 정교화했는지 이야기해 봐요."

예시 답안

휴대 전화 요금 청구서에서 휴대 전화 요금의 변화가 그래프로 전달된다. 그래프로 지난달보다 휴대 전화 요금을 많이 썼는지 적게 썼는지를 쉽게 알 수 있다.

기능 확인하기 - 10분

1) 학습하기 2에서 배운 '정교화하기' 기능을 정리한다.

☐ "앞에서 소연이가 보고서를 완성하는 과정을 통해 정교화하기에 대해 배웠어요. 보고서에서 부족한 부분을 확인해 내용을 구체화하고 상세화하는 것이 좋아요. 이런 것이 바로 정교화하기예요. 세부 사항, 자세한 설명, 실제 예, 관련 내용 등을 추가함으로써 정교화할 수 있어요. 그렇게 하면 보고서의 내용이 더 풍부해질 뿐만 아니라 완성도도 높일 수 있어요."

2) 교사는 학생들에게 '기능 확인하기' 문제를 풀게 한다.

☐ "다음 밑줄을 친 부분은 어떻게 정교화한 거예요? 알맞은 것을 고르세요."

3) 교사는 학생들과 함께 문제의 답을 확인한다.

☐ "비둘기집 원리가 무엇인지 설명을 더 추가하여 정교화한 것이에요. 따라서 답은 ③번이에요."

정답
③

활동하기 - 25분

1) 교사는 학생들에게 '활동하기'의 방법을 설명한 후 활동을 하게 한다.

☐ "여기 수학적 원리를 소개한 글의 한 부분이 있어요. 먼저 이 글을 읽어 보세요."

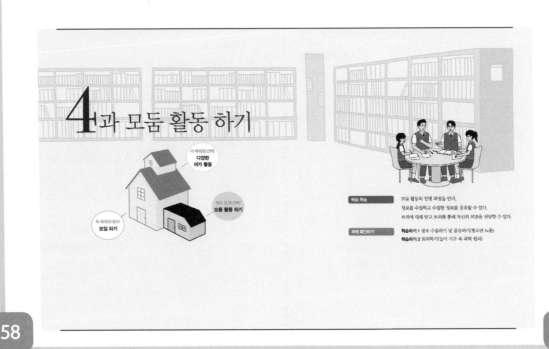

4과 　모둠 활동 하기

● 학습 목표

- 모둠 활동의 진행 과정을 안다.
- 정보를 수집하고 수집한 정보를 공유할 수 있다.
- 토의에 대해 알고 토의를 통해 자신의 의견을 전달할 수 있다.

● 단원 내용

1. 학습 활동: 모둠 활동 하기
2. 학습 기능: 정보 수집하기 및 공유하기
   　　　　　　토의하기
3. 학습 주제: 청소년 노동
   　　　　　　놀이 기구 속 과학 원리

● 수업 개요

1·2차시(학습하기 1): 모둠 활동 하기에서 정보 수집
하기 및 공유하기에 대해 안다.

3·4차시(학습하기 2): 모둠 활동 하기에서 토의하기에
대해 안다.

● 어휘 및 문법

[학습하기 1]

조사, 설문, 대상, 특정, 현장, 기록, 현황, 해결, 공유하다, 분석하다, 가치, 연장, 제공하다, 수정하다

[학습하기 2]

토의, 살펴보다, 보존, 법칙, 감소하다, 작용, 이동하다, 종합하다, 에 의해

[알면 쓸모 있는 어휘(익힘책 36쪽)]

소요, 최선, 배분하다, 돌아보다, 조율하다

의사소통 3권 4과 〈꼭 배워요〉의 주요 내용

[어휘]

여가 활동을 즐기다, 공연 관람, 야외 활동, 캠프, 마음을 나누다, 우정, 기쁨, 어려움, 오해하다, 당황하다, 실망하다, 속상하다, 마음이 무겁다, 사이가 나빠지다, 사과하다, 긴장되다, 화해하다, 마음이 가볍다, 감정, 기회, 공연장, 뮤지컬, 봉사 활동, 신청자, 들다, 모집하다, 마치다, 지다

[문법 1] '-자마자'

　예 저는 보통 밥을 먹자마자 이를 닦아요.

[문법 2] '-고 말다'

　예 늦잠을 자서 학교에 지각하고 말았다.

[문법 3] '-는다고'

　예 내일은 날씨가 많이 춥다고 해.

[문법 4] '-느냐고'

　예 의사 선생님이 나에게 어디가 아프냐고 물어보셨어요.

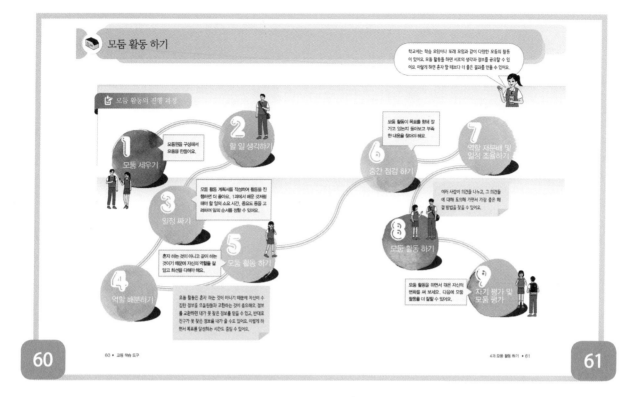

● 1차시 (의사소통 〈꼭 배워요〉와 연계할 경우 7차시)

[학습 목표]

• 모둠 활동 하기에서 정보를 수집하는 다양한 방법에 대해 안다.
• 모둠 활동 하기에서 정보를 공유하는 것의 중요성과 그 방법에 대해 안다.

본문의 구성과 내용

• 본문은 **사회 교과**의 **모둠 활동 하기 활동**에서 하게 되는 **정보 수집하기 및 공유하기 학습 기능**을 보여 주고 있다.
• 본문의 내용은 나나네 모둠이 '청소년 아르바이트의 현황 및 문제'에 대한 발표를 준비하는 과정 중 일부이다. 나나네 모둠은 발표를 준비하기 위해 각자 자료를 수집하고 수집한 자료를 공유하고 있다.

도입 - 10분

1) 교사는 학생들에게 교재 60, 61쪽의 학습 활동에 대해 설명한다.
   ㉠ "(60, 61쪽의 순서가 그려진 그림을 가리키며) 무슨 순서일까요?"
   ㉠ "모둠 활동이란 같은 목적을 가진 사람들이 모여 그 목적을 이루기 위해 함께 하는 것을 말해요."
   ㉠ "모둠 활동을 해 봤어요?"
   ㉠ "모둠 활동은 어떻게 진행돼요?"

㉠ "모둠 활동은 같은 목적을 가진 사람들이 모여 그 목적을 이루기 위해 함께 하는 것이에요. 모둠 활동은 모둠 세우기, 할 일 생각하기, 일정 짜기, 역할 배분하기, 모둠 활동 하기, 중간 점검 하기, 역할 재분배하기 및 일정 조율하기, 모둠 활동 하기, 자기 평가하기 및 모둠 평가하기의 순서로 진행돼요."

㉠ "모둠 활동은 혼자 하는 것이 아니기 때문에 자신이 수집한 정보를 모둠원들과 교환하는 것이 중요해요. 정보를 교환하면 내가 못 찾은 정보를 얻을 수 있고, 반대로 친구가 못 찾은 정보를 내가 줄 수도 있어요. 이렇게 하면서 목표를 달성하는 시간도 줄일 수 있어요."

교수-학습 지침

익힘책 37쪽에 모둠 활동을 하는 이유, 모둠 구성원의 역할, 모둠 활동 시 주의할 점이 추가로 제시되어 있다. 교사는 이를 고려하여 수업을 진행한다.

2) 교사는 학생들에게 학습하기 1에서 배울 학습 기능을 소개한다.
   ㉠ "정보 수집 및 공유하기는 필요한 자료를 찾아서 모으고, 모은 자료를 다른 사람들과 함께 나누어 가지는 것이에요. 학습하기 1에서는 모둠 활동을 할 때 정보를 수집하고 공유하는 방법을 공부할 거예요."

교수-학습 지침

익힘책 38쪽에 정보 수집 시 고려할 사항이 제시되어 있다. 교사는 이를 고려하여 수업을 진행한다.

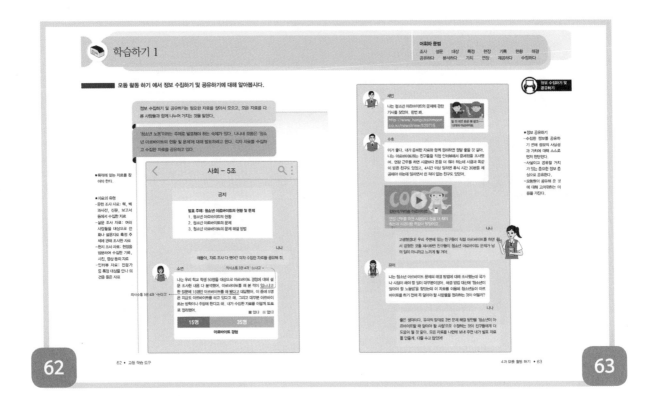

전개 - 35분

1) 교사는 다음에 제시되는 내용을 참고하여 학생들에게 어휘와 문법을 설명한다.

<table>
<tr><td rowspan="3">조사</td><td>◆ 정의 어떤 일이나 사물의 내용을 알기 위하여 자세히 살펴보거나 찾아봄.</td></tr>
<tr><td>📋 경찰은 교통사고의 원인을 밝히기 위해 조사 중이다.</td></tr>
<tr><td>● 설명 "학교 앞에서 자동차 사고가 났어요. 사고가 왜 났어요? 무슨 일이 있었는지 자세히 살펴봐요. 무슨 일이 있었는지 조사해요. '조사'는 어떤 일이나 사물의 내용을 알기 위해 자세히 살펴보거나 찾아본다는 뜻이에요."</td></tr>
<tr><td rowspan="3">설문</td><td>◆ 정의 어떤 사실을 조사하기 위해서 여러 사람에게 질문함. 또는 그러한 질문.</td></tr>
<tr><td>📋 학생들에게 학교 급식에 대해 설문 조사했다.
◆ 정보 '설문 조사'의 형태로 많이 사용한다.</td></tr>
<tr><td>● 설명 "우리 반 친구들은 초코우유를 더 좋아해요? 딸기우유를 더 좋아해요? 궁금해서 우리 반 친구들 여러 명에게 질문했어요. 우리 반 친구들에게 설문 조사를 했어요. '설문'은 어떤 사실을 조사하기 위해서 여러 사람에게 질문한다는 뜻이에요. 보통 '설문 조사'로 많이 사용해요."</td></tr>
<tr><td rowspan="2">대상</td><td>◆ 정의 어떤 일이나 행동의 상대. 또는 목표가 되는 사람이나 물건.
📋 고등학생을 대상으로 설문 조사를 진행할 예정이다.</td></tr>
<tr><td>● 설명 "우리 반 친구들은 나중에 어느 대학교에 가고 싶어요? 우리 반 친구들에게 물어봤어요. 우리 반 친구들을 대상으로 물어봤어요. '대상'은 어떤 일이나 행동의 상대, 또는 목표가 되는 사람이나 물건이라는 뜻이에요."</td></tr>
<tr><td rowspan="3">특정</td><td>◆ 정의 특별히 가리켜 분명하게 정함.
📋 보고서는 특정한 형식을 맞춰서 작성해야 한다.</td></tr>
<tr><td>◆ 정보 (반대되는 말) 불특정</td></tr>
<tr><td>● 설명 "사투리를 알아요? 부산에는 부산 사투리가, 경상도에는 경상도 사투리가, 전라도에는 전라도 사투리가 있어요. 특정 지역에는 특정 사투리가 있어요. '특정'은 특별히 가리켜 분명히 정한다는 뜻이에요."</td></tr>
<tr><td rowspan="2">현장</td><td>◆ 정의 사물이 현재 있는 곳. 또는 일이 실제로 진행되는 곳.
📋 축제 현장에는 많은 학생들이 모여 있었다.</td></tr>
<tr><td>● 설명 "기자가 무슨 일을 하는지 궁금해요. 그래서 기자가 일하는 곳에 직접 갔어요. 기자가 일 하는 현장에 갔어요. '현장'은 일이 실제로 진행되는 곳이라는 뜻이에요."</td></tr>
</table>

기록	◆ **정의** 어떤 사실이나 생각을 적거나 영상으로 남김. 또는 그런 글이나 영상. 예 유미는 매일 공부한 내용을 기록으로 남겨 놓는다. ● **설명** "학급 회의를 하면 회의 내용을 다 기억하기 힘들어요. 학급 회의를 기록하면 나중에 회의 내용을 알기 쉬워요. '기록'은 나중에 보기 위해 어떤 사실이나 생각을 적거나 영상으로 남긴다는 뜻이에요."
현황	◆ **정의** 현재의 상황. 예 선생님은 오늘 수행 평가 제출 현황을 조사했다. ● **설명** "한 달 전에 등산을 가고 싶은 학생이 5명 있었어요. 지금은 어때요? 지금 등산을 가고 싶은 학생은 몇 명이에요? 등산 가고 싶은 사람의 현황이 궁금해요. '현황'은 현재의 상황이라는 뜻이에요."
해결	◆ **정의** 사건이나 문제, 일 등을 잘 처리해 끝을 냄. 예 환경 오염 문제를 해결하기 위해 우리 모두가 노력해야 한다. ● **설명** "수호는 영화를 보고 싶고, 소연이는 자전거를 타고 싶어요. 서로 하고 싶은 것이 달라서 문제예요. 그래서 자전거를 먼저 타고 영화를 보기로 했어요. 문제가 해결됐어요. '해결'은 사건이나 문제, 일을 잘 끝낸다는 뜻이에요."
공유하다	◆ **정의** 두 사람 이상이 어떤 것을 함께 가지고 있다. 예 같은 조 친구들과 과제에 대한 자료를 공유했다. ● **설명** "조별 과제를 해야 해요. 같은 조 친구들끼리는 모은 자료를 함께 가지고 있어야 해요. 각자 찾은 자료를 공유해야 해요. '공유하다'는 두 사람 이상이 어떤 것을 함께 가지고 있다는 뜻이에요."
분석하다	◆ **정의** 더 잘 이해하기 위하여 어떤 현상이나 사물을 여러 요소나 성질로 나누다. 예 세인이가 분석한 문학 작품은 김유정의 동백꽃이다. ● **설명** "세인이가 책을 읽었어요. 책을 더 잘 이해하기 위해서 작가가 이 책을 언제 썼는지, 주인공이 누구인지, 책에 또 누가 나오는지, 주인공은 뭘 좋아하는지 등으로 나눠서 분석했어요. '분석하다'는 더 잘 이해하기 위해 어떤 일이나 사물을 여러 가지 부분이나 특성으로 나눈다는 뜻이에요."
가치	◆ **정의** 의미나 중요성. 예 역사 시간에 보호할 가치가 높은 유물에 대해 배웠다. ● **설명** "문화재는 큰 의미나 중요성이 있어요. 문화재는 큰 가치가 있어요. '가치'는 의미나 중요성이라는 뜻이에요."
연장	◆ **정의** 길이나 시간, 거리 등을 본래보다 길게 늘림. 예 나나는 오늘 도서관에 가서 대출 연장 신청을 했다. ● **설명** "도서관에서 책을 빌렸어요. 30일까지 반납해야 해요. 그런데 책을 더 보고 싶어요. 그래서 반납일을 15일로 미뤘어요. 반납일을 연장했어요. '연장'은 길이나 시간, 거리 등을 원래보다 길게 늘린다는 뜻이에요."

제공하다	◆ **정의** 무엇을 내주거나 가져다주다. 예 컴퓨터는 우리에게 많은 정보를 제공하고 있다. ● **설명** "점심에 급식실에서 여러분에게 점심을 줘요. 급식실에서 점심을 제공해요. '제공하다'는 무엇을 주거나 가져다준다는 뜻이에요."
수정하다	◆ **정의** 잘못된 것을 바로잡거나 다듬어서 바르게 고치다. 예 수호는 숙제를 제출하기 전에 틀린 부분을 수정했다. ● **설명** "수호가 받아쓰기 시험을 봤는데 글씨를 잘못 썼어요. 그래서 저에게 주기 전에 잘못 쓴 글씨를 바르게 고쳤어요. 잘못 쓴 글씨를 수정했어요. '수정하다'는 잘못된 것을 바르게 고친다는 뜻이에요."

2) 교사는 학생들에게 교재 34, 35쪽에 제시된 내용을 읽게 한다.

📖 "'청소년 노동'이라는 주제로 발표를 하는 과제가 있어요. 나나네 모둠은 '청소년 아르바이트의 현황 및 문제'에 대해 발표하려고 해요. 각자 자료를 수집하고 수집한 자료를 공유하고 있어요. 어떻게 자료를 수집하고 공유하는지 한번 읽어 보세요."

3) 교사는 학생들에게 세부 내용을 확인하는 질문을 한다.

📖 "발표 주제가 뭐예요?"

📖 "어떤 내용을 조사하려고 해요?"

📖 "소연이는 어떤 자료를 찾았어요?"

📖 "세인이는 어떤 자료를 찾았어요?"

📖 "수호는 어떤 자료를 찾았어요?"

📖 "수호 친구들이 직접 겪은 문제는 뭐예요?"

📖 "유미는 어떤 자료를 찾았어요?"

📖 "나나는 무엇을 하려고 해요?"

4) 교사는 학생들에게 학습 기능에 대해 확인하는 질문을 한다.

📖 "자료는 유형별로 어떻게 나눌 수 있어요?"

📖 "찾은 정보를 공유할 때는 어떻게 해야 해요?"

📖 "모둠원이 공유해 준 것에 대해 고마워하는 마음을 표현한 사람은 누구예요?"

📖 "나나가 '고생했겠다!'라고 말하면서 고마움을 표현했어요."

📖 "수집한 정보를 공유하기 전에 정보의 사실성과 가치에 대해 스스로 판단한 사람은 누구예요?"

📖 "유미가 청소년 아르바이트 문제의 해결 방법에 대해 조사했는데 국가나 사장이 해야 할 일이 대부분이었어요. 그래서 해결 방법 대신에 '청소년이 알아야 할 노동법'을 찾았어요."

교사는 학습 내용을 정리하며 수업을 마무리한다.

📖 "나나네 모둠은 '청소년 아르바이트의 현황 및 문제'에 대해 발표하기 위해서 각자 자료를 수집하고 수집한 자료를 공유했어요."

📖 "정보를 수집할 때는 문헌 조사, 설문 조사, 현지 조사, 인터뷰 중에서 모둠 활동의 목적에 맞는 정보를 찾는 것이 중요해요. 소연이는 직접 설문조사를 했고, 세인이는 기사를 찾았고, 수호는 아르바이트를 하고 있는 친구들을 인터뷰했고, 유미는 청소년 아르바이트 문제의 해결 방법과 청소년이 알아야할 노동법에 대해 조사했어요. 그리고 나나는 친구들이 찾은 자료로 발표 자료를 만들려고 해요."

📖 "정보를 공유할 때에는 활동의 목표에 알맞고, 공유할 가치가 있는 중요한 정보를 중심으로 공유해야 해요. 따라서 정보를 공유하기 전에 우선 스스로 그 정보의 사실성과 가치에 대해 판단해야 해요. 유미가 정보를 공유하기 전에 정보의 가치에 대해 판단하고 추가로 정보를 더 찾았어요."

📖 "이처럼 모둠 활동은 혼자 하는 것이 아니기 때문에 자신이 수집한 정보를 모둠원들과 교환하는 것이 중요해요."

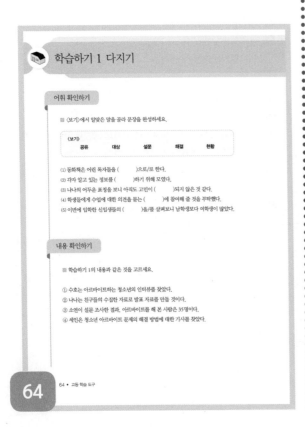

● 2차시 (의사소통 〈꼭 배워요〉와 연계할 경우 8차시)

[학습 목표]

• 모둠 활동 하기에서 정보 수집하기 및 공유하기에 대해 안다.
• 생활 속 과학 원리에 대한 정보를 수집하고 친구들과 정보를 공유할 수 있다.

어휘 확인하기 - 10분

1) 교사는 학생들에게 '어휘 확인하기' 문제를 풀게 한다.
   📖 "〈보기〉를 보세요. 앞에서 배운 어휘가 있어요."
   📖 "'공유'란 두 사람 이상이 어떤 것을 함께 가지고 있다는 것이죠."
   📖 "'대상'이란 어떤 일이나 행동의 상대나 목표가 되는 사람이나 물건이에요."
   📖 "'설문'이란 어떤 사실을 조사하기 위해서 여러 사람에게 질문하거나 그러한 질문이에요."
   📖 "'해결'이란 사건이나 문제, 일 등을 잘 끝내는 것이에요."
   📖 "'현황'이란 현재의 상황이에요."

2) 교사는 학생들과 함께 문제의 답을 확인한다.

> **정답**
> (1) 대상 (2) 공유 (3) 해결 (4) 설문 (5) 현황

내용 확인하기 - 5분

1) 교사는 학생들에게 '내용 확인하기' 문제를 풀게 한다.
   📖 "앞에서 나나네 모둠이 '청소년 아르바이트의 현황 및 문제'에 대해 발표하기 위해 각자 자료를 수집하고 수집한 자료를 공유하는 과정을 봤어요. 학습하기 1의 내용과 같은 것을 고르세요."

2) 교사는 학생들과 함께 문제의 답을 확인한다.
   📖 "수호는 아르바이트하는 친구들을 직접 인터뷰했어요."
   📖 "나나는 친구들이 수집한 자료로 발표 자료를 만들려고 해요."
   📖 "소연이는 소연이네 학교 학생들을 대상으로 설문 조사를 했어요. 그 결과 아르바이트를 해 본 학생이 15명이었어요."
   📖 "세인이는 청소년 아르바이트 문제의 해결 방법에 대한 기사가 아니라 청소년 아르바이트의 문제에 대한 기사를 찾았어요."
   📖 "따라서 답은 ②번이에요."

> **정답**
> ②
> ① 수호는 아르바이트 하는 친구들을 직접 인터뷰했다.
> ② (63쪽 본문) '모은 자료를 나한테 보내 주면 내가 발표 자료를 만들게.'라는 내용을 보면 알 수 있다.
> ③ 아르바이트를 해 본 사람은 15명이다.
> ④ 세인은 청소년 아르바이트의 문제에 대한 기사를 찾았다.

65

기능 확인하기 - 10분

1) 학습하기 1에서 배운 '정보 수집하기 및 공유하기' 기능을 정리한다.

　📖 "앞에서 나나네 모둠이 정보를 수집하고 공유하는 과정을 통해 정부 수집하기 및 공유하기에 대해 배웠어요. 모둠 활동에서는 정보를 수집하고 찾은 정보를 모둠원들과 공유하는 것이 중요해요. 정보를 수집할 때는 목적에 맞는 자료를 찾아야 해요. 자료는 종류에 따라 문헌 조사 자료, 설문 조사 자료, 현지 조사 자료, 인터뷰 자료가 있어요. 수집한 자료를 공유하기 전에 찾은 정보가 사실인지, 가치가 있는지를 판단해야 해요. 사실이고 공유할 가치가 있는 자료를 중심으로 공유하고 모둠원이 공유해 준 것에 대해 고마워하는 마음을 가져야 해요."

2) 교사는 학생들에게 '기능 확인하기' 문제를 풀게 한다.

　📖 "다음 중 정보 수집하기 및 공유하기에 대한 설명으로 알맞지 않은 것을 고르세요."

3) 교사는 학생들과 함께 문제의 답을 확인한다.

　📖 "먼저 공유해야 하는 자료는 정해져 있지 않아요. 따라서 답은 ③번이에요."

> 정답
> ③

활동하기 - 25분

1) 교사는 학생들에게 '활동하기'의 방법을 설명한 후 활동을 하게 한다.

　📖 "여러분은 어떤 생활 속 과학 원리를 알아요?"

　📖 "여기 생활 속 과학 원리가 있어요. 한번 읽어 보세요."

　📖 "어떤 과학 원리를 설명하고 있어요?"

　📖 "작용과 반작용이 뭐예요?"

　📖 "어디에서 작용과 반작용을 느낄 수 있어요?"

　📖 "생활 속에서 볼 수 있는 과학 원리를 찾아보세요."

교수-학습 지침

1. 학생들이 과학 원리를 어려워하면 4과 '지식 더하기' 과학의 '운동량'과 '질량'의 QR 코드를 활용하여 개념을 이해시킬 수 있다.

2. 학생들이 과학 원리를 생각하지 못하면 학습하기 2에서 제시되는 '에너지 보존의 법칙'과 '중력', '원심력'에 대해 찾아보게 할 수 있다.

- 에너지 보존의 법칙: 에너지는 발생하거나 소멸하는 일 없이 열, 전기, 자기, 빛, 역학적 에너지 등 서로 형태만 바뀌고 총량은 일정하다는 법칙.

　예 손바닥을 비비면 손바닥이 뜨거워지는 것, 건전지, 헤어드라이기, 형광등, 라디오 등

- 중력: 지구가 지구 위의 물체를 끌어당기는 힘.

　예 사람들이 서 있는 것, 모든 물체가 아래로 떨어지는 것, 물이 아래로 떨어져 폭포가 되는 것 등

- 원심력: 원을 도는 운동을 하는 물체가 중심에서 바깥으로 나아가려는 힘.

　예 탈수기, 버스가 오른쪽으로 갈 때 몸이 오른쪽으로 쏠리는 것 등

2) 교사는 학생들과 함께 활동의 결과를 확인한다.

　📖 "친구에게 내가 찾은 과학 원리를 소개해 보세요."

　📖 "친구는 어떤 과학 원리를 찾았어요? 친구가 찾은 과학 원리를 써 보세요."

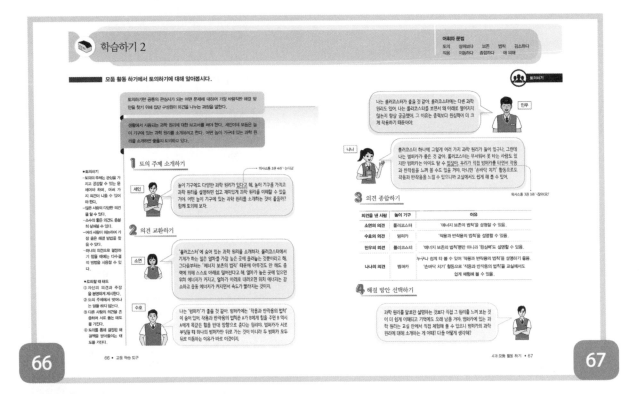

● 3차시 (의사소통 〈꼭 배워요〉와 연계할 경우 9차시)

[학습 목표]

- 모둠 활동 하기에서 토의하기의 효과에 대해 안다.
- 모둠 활동 하기에서 토의할 때의 태도에 대해 안다.

본문의 구성과 내용

- 본문은 **과학 교과의 모둠 활동 하기 활동**에서 하게 되는 **토의하기 학습 기능**을 보여 주고 있다.
- 본문의 내용은 세인이네 모둠이 '생활에서 사용되는 과학 원리'에 대한 보고서를 준비하는 과정 중 일부이다. 세인이네 모둠은 어떤 놀이 기구에 있는 과학 원리를 소개하면 좋을지 토의하고 있다.

도입 - 10분

1) 교사는 교재 62, 63쪽에서 배운 학습 활동에 대해 복습한다.
   - 🔲 "같은 목적을 가진 사람들이 모여 그 목적을 이루기 위해 함께 하는 것을 뭐라고 해요?"
   - 🔲 "모둠 활동은 어떻게 진행돼요?"
   - 🔲 "모둠 활동을 하면 뭐가 좋아요?"

2) 교사는 학생들에게 학습하기 2에서 배울 학습 기능을 소개한다.
   - 🔲 "한 사람의 지식이나 정보의 양, 생각할 수 있는 범위에는 한계가 있어요. 모둠 활동을 할 때 문제가 있으면 여러 사람이 의견을 나누고, 그 의견들에 대해 토의해 가면서 가장 좋은 해결 방법을 찾을 수 있어요."

- 🔲 "토의의 주제는 찬성과 반대로 나뉘는 주제가 아니라 다양한 의견이 나올 수 있는 주제여야 해요. 또한 모둠원이 모두 관심을 가지고 공감할 수 있는 것이어야 해요. 토의 주제에 대한 결론은 여러 가지가 될 수 있어요."
- 🔲 "토의하기란 공동의 관심사가 되는 어떤 문제에 대하여 가장 바람직한 해결 방법을 찾기 위해 집단 구성원이 의견을 나누는 과정을 말해요. 학습하기 2에서는 모둠 활동을 할 때 토의하는 과정과 방법을 공부할 거예요."

교수-학습 지침

익힘책 40쪽에 토의의 종류가 제시되어 있다. 교사는 이를 고려하여 수업을 진행한다.

전개 - 35분

1) 교사는 다음에 제시되는 내용을 참고하여 학생들에게 어휘와 문법을 설명한다.

토의	◆ **정의** 여러 사람이 어떤 문제에 대해 자세히 따지고 의논함. 🔳 민우는 이번 토의 주제와 관련이 없는 이야기를 하고 있다. ● **설명** "점심에 무엇을 먹고 싶어요? 민우는 중국집에 가고 싶어요. 세인이는 분식을 먹고 싶어요. 수호는 급식을 먹고 싶어요. 세 명이 왜 이 음식을 먹고 싶은지에 대해 이야기를 했어요. 그리고 수호는 민우의 설명을 듣고 민우의 의견에 동의해서 생각을 바꿨어요. 세 사람은 점심에 무엇을 먹을지 토의했어요. '토의'는 여러 사람이 어떤 문제에 대해 서로의 의견을 나눈다는 뜻이에요."

살펴보다	◆ **정의** 자세히 따져서 생각하다. 예 시험을 볼 때 문제를 잘 살펴봐야 한다. ◆ **정보** (비슷한 말) 살피다 ● **설명** "유미는 소연이가 어떻게 생겼는지 눈, 코, 입, 귀 등 얼굴의 모양을 자세히 보고 생각했어요. 유미는 소연이가 어떻게 생겼는지 살펴봤어요. '살펴보다'는 자세히 생각한다는 뜻이에요."
보존	◆ **정의** 중요한 것을 잘 보호하여 그대로 남김. 예 우리 학교의 첫 졸업 앨범은 지금까지도 잘 보존이 되어 있다. ◆ **정보** '보존되다' 또는 '보존하다'의 형태로 많이 사용한다. ● **설명** "우리 도시에 100년 된 한옥이 있어요. 이 한옥은 옛날 사람들이 어떻게 살았는지 알 수 있는 중요한 자료예요. 이 한옥을 잘 보존해야 해요. '보존'은 중요한 것을 잘 보호하여 그대로 남긴다는 뜻이에요."
법칙	◆ **정의** 어떤 현상을 설명하기 위한 보편적 원리라고 믿어지는 원칙. 예 수학 문제를 풀기 위해서는 여러 가지 법칙을 알고 있어야 한다. ● **설명** "'법칙'이란 어떤 일을 설명하기 위해 모든 것에 공통되는 원리라고 믿어지는 규칙이에요. 여러분 덧셈의 교환 법칙을 알아요? 20+35와 35+20의 결과는 같아요. 더하는 수의 순서를 바꾸어도 그 결과는 같다는 규칙이에요. 여러분은 또 어떤 법칙을 알아요?"
감소하다	◆ **정의** 양이나 수가 줄어들다. 또는 양이나 수를 줄이다. 예 올해 동아리 활동을 하는 학생들의 수가 크게 감소했다. ◆ **정보** (반대되는 말) 증가하다 ● **설명** "날씨가 너무 춥거나 너무 더우면 점점 운동을 안 해요. 운동하는 양이 감소해요. '감소하다'는 양이나 수가 줄어든다는 뜻이에요."
작용	◆ **정의** 어떠한 현상이나 행동을 일으키거나 영향을 줌. 예 숯은 공기를 맑게 하는 정화 작용 능력이 있다고 알려져 있다. ● **설명** "양파를 물에서 키워 봤어요? 양파를 물에서 키우면 뿌리가 물을 먹어요. 이것을 흡수 작용이라고 해요. '작용'은 어떠한 현상이나 행동을 일으키거나 영향을 준다는 뜻이에요."
이동하다	◆ **정의** 움직여서 옮기다. 또는 움직여서 자리를 바꾸다. 예 다음 시간은 체육 시간이어서 학생들이 운동장으로 이동했다. ● **설명** "젊은 사람들은 시골에서 도시로 많이 옮겨 가요. 젊은 사람들은 시골에서 도시로 이동해요. '이동하다'는 움직여서 옮기거나 자리를 바꾼다는 뜻이에요."

종합하다	◆ **정의** 관련되는 여러 가지를 모아 하나로 합치다. 예 나나는 중간고사 성적과 기말고사 성적을 종합해서 평균을 냈다. ● **설명** "학교 신문부에서는 학교에서 일어나는 소식들을 모아요. 그리고 하나로 합쳐서 신문을 만들어요. 학교에서 일어나는 소식을 종합해서 신문을 만들어요. '종합하다'는 관련되는 여러 가지를 모아 하나로 합친다는 뜻이에요."
에 의해	◆ **정의** 뒤에 오는 상황이 이루어지게 되는 방법이나 수단, 상황이나 기준임을 나타내는 표현. 예 학교 규칙에 의해 수업 시간에 휴대 전화를 사용할 수 없다. ◆ **정보** '에 의하여'의 형태로도 사용된다. ● **설명** "반장은 어떻게 정해요? 반장은 학생들이 투표를 해서 정해요. 반장은 학생들의 투표에 의해 정해져요. '에 의해'는 뒤에 오는 상황이 만들어지게 되는 방법이나 상황, 기준임을 나타낼 때 사용해요."

2) 교사는 학생들에게 교재 38, 39쪽에 제시된 내용을 읽게 한다.

   교 "세인이네 모둠이 생활에서 사용되는 과학 원리에 대해 보고서를 써야 해요. 세인이네 모둠은 놀이 기구에 있는 과학 원리를 소개하려고 해요. 어떤 놀이 기구에 있는 과학 원리를 소개하면 좋을지 토의하고 있어요. 어떻게 토의하는지 한번 읽어 보세요."

3) 교사는 학생들에게 세부 내용을 확인하는 질문을 한다.

   교 "왜 놀이 기구에 있는 과학 원리를 설명하려고 해요?"

   교 "놀이 기구의 과학 원리를 설명하면 쉽고 재미있게 과학 원리를 이해할 수 있을 거예요."

   교 "소연이는 어떤 놀이 기구를 소개하는 것을 제안했어요?"

   교 "롤러코스터에 어떤 과학 원리가 숨겨져 있어요?"

   교 "에너지 보존의 법칙이 뭐예요?"

   교 "수호는 어떤 놀이 기구를 소개하는 것을 제안했어요?"

   교 "범퍼카에는 어떤 과학 원리가 숨겨져 있어요?"

   교 "작용과 반작용의 법칙이 뭐예요?"

   교 "민우는 어떤 놀이 기구를 소개하는 것을 제안했어요?"

   교 "왜 그 놀이 기구를 소개하자고 했어요?"

   교 "나나는 어떤 놀이 기구를 소개하는 것을 제안했어요?"

   교 "왜 그 놀이 기구를 소개하는 것을 제안했어요?"

   교 "세인이네 조는 어떤 놀이 기구에 있는 과학 원리를 소개하려고 해요? 왜요?"

4) 교사는 학생들에게 학습 기능에 대해 확인하는 질문을 한다.

   교 "토의를 하면 뭐가 좋아요?"

   교 "어떤 순서로 토의를 진행했어요?"

   교 "어떤 태도로 토의해야 해요?"

교사는 학습 내용을 정리하며 수업을 마무리한다.

🔲 "세인이네 모둠에서 어떤 놀이 기구에 있는 과학 원리를 소개하면 좋을지 토의했어요."

🔲 "토의하기는 공동의 관심사가 되는 어떤 문제에 대하여 가장 바람직한 해결 방법을 찾기 위해 집단 구성원이 의견을 나누는 과정이에요."

🔲 "토의는 토의 주제 소개하기, 의견 교환하기, 의견 종합하기, 해결 방안 선택하기의 순서로 진행됐어요."

🔲 "소연이는 에너지 보존의 법칙을 설명할 수 있는 롤러코스터를 소개했으면 좋겠다고 했어요."

🔲 "수호는 작용과 반작용의 법칙을 설명할 수 있는 범퍼카를 소개했으면 좋겠다고 했어요."

🔲 "민우는 에너지 보존의 법칙뿐만 아니라 원심력도 설명할 수 있는 롤러코스터를 소개했으면 좋겠다고 했어요."

🔲 "나나는 누구나 쉽게 타 볼 수 있어 작용과 반작용의 법칙을 설명하기도 쉽고 손바닥 치기 활동으로 교실에서도 작용과 반작용의 법칙을 쉽게 체험해 볼 수 있는 범퍼카를 소개했으면 좋겠다고 했어요."

🔲 "이처럼 모둠 활동을 할 때 문제가 있으면 여러 사람이 의견을 나누고, 그 의견들에 대해 토의해 가면서 가장 좋은 해결 방법을 찾을 수 있어요."

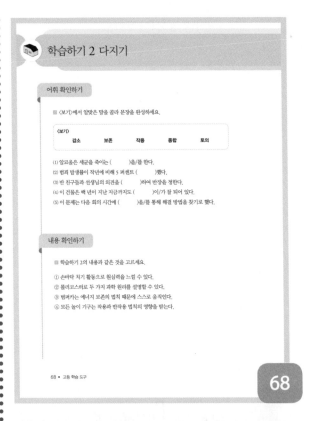

학습하기 2 다지기

어휘 확인하기

■ 〈보기〉에서 알맞은 말을 골라 문장을 완성하세요.

〈보기〉				
감소	보존	작용	종합	토의

(1) 알코올은 세균을 죽이는 (　　　)을/를 한다.
(2) 범죄 발생률이 작년에 비해 5 퍼센트 (　　　)했다.
(3) 반 친구들과 선생님의 의견을 (　　　)하여 반장을 정한다.
(4) 이 건물은 백 년이 지난 지금까지도 (　　　)이/가 잘 되어 있다.
(5) 이 문제는 다음 회의 시간에 (　　　)을/를 통해 해결 방법을 찾기로 했다.

내용 확인하기

■ 학습하기 2의 내용과 같은 것을 고르세요.

① 손바닥 치기 활동으로 원심력을 느낄 수 있다.
② 롤러코스터로 두 가지 과학 원리를 설명할 수 있다.
③ 범퍼카는 에너지 보존의 법칙 때문에 스스로 움직인다.
④ 모든 놀이 기구는 작용과 반작용 법칙의 영향을 받는다.

68

● 4차시 (의사소통 〈꼭 배워요〉와 연계할 경우 10차시)

[학습 목표]

• 모둠 활동 하기에서 토의하기에 대해 안다.
• 휴대 전화 사용의 문제점을 해결할 수 있는 방법에 대해 친구들과 토의할 수 있다.

어휘 확인하기 - 10분

1) 교사는 학생들에게 '어휘 확인하기' 문제를 풀게 한다.

🔲 "〈보기〉를 보세요. 앞에서 배운 어휘가 있어요."

🔲 "'감소'란 양이나 수가 줄어드는 것 또는 양이나 수를 줄이는 것이에요."

🔲 "'보존'이란 중요한 것을 잘 보호하여 그대로 남기는 것이에요."

🔲 "'작용'이란 어떠한 현상이나 행동을 만들거나 영향을 주는 것이에요."

🔲 "'종합'이란 관련되는 여러 가지를 모아 하나로 합치는 것이에요."

🔲 "'토의'란 여러 사람이 어떤 문제에 대해 서로의 의견을 나누는 것이에요."

2) 교사는 학생들과 함께 문제의 답을 확인한다.

정답
(1) 작용　(2) 감소　(3) 종합　(4) 보존　(5) 토의

내용 확인하기 - 5분

• 1) 교사는 학생들에게 '내용 확인하기' 문제를 풀게 한다.

🔟 "앞에서 세인이네 모둠이 생활에서 사용되는 과학 원리에 대한 보고서를 쓰기 위해 어떤 놀이 기구에 있는 과학 원리를 소개하면 좋을지 토의하는 과정을 봤어요. 학습하기 2의 내용과 같은 것을 고르세요."

2) 교사는 학생들과 함께 문제의 답을 확인한다.

🔟 "손바닥 치기 활동으로 작용과 반작용을 느낄 수 있어요."

🔟 "롤러코스터를 통해서 에너지보존의 법칙과 원심력을 알 수 있어요."

🔟 "범퍼카를 통해 작용과 반작용의 법칙을 알 수 있어요. 에너지 보존의 법칙 때문에 스스로 움직이는 것은 롤러코스터예요."

🔟 "놀이 기구에는 다양한 과학 원리가 있어요. 모든 놀이 기구가 작용과 반작용의 법칙에 영향을 받지는 않아요. 각자 다른 과학 원리가 있어요."

🔟 "따라서 답은 ②번이에요."

정답

②

① 손바닥 치기 활동으로 작용과 반작용을 느낄 수 있다.
② (67쪽 본문) '나는 롤러코스터가 좋을 것 같아. 롤러코스터에는 다른 과학 원리도 있어.'라는 내용을 보면 알 수 있다.
③ 에너지 보존의 법칙 때문에 스스로 움직이는 것은 롤러코스터이다.
④ 모든 놀이 기구가 작용과 반작용 법칙의 영향을 받지 않는다. 모든 놀이 기구는 과학 원리의 영향을 받는다.

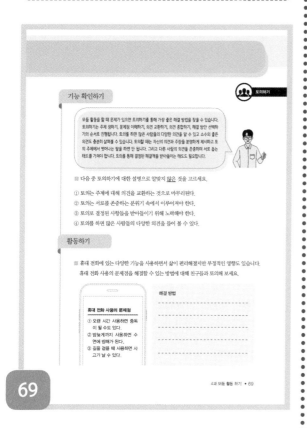

기능 확인하기 - 10분

1) 학습하기 2에서 배운 '토의하기' 기능을 정리한다.

🔟 "앞에서 세인이네 모둠이 어떤 놀이 기구에 있는 과학 원리에 대해 소개할지 토의하는 과정을 통해 토의하기에 대해 배웠어요. 모둠 활동을 할 때 문제가 있으면 토의하

기를 통해 가장 좋은 해결 방법을 찾을 수 있어요. 토의하기는 주제 정하기, 문제점 이해하기, 의견 교환하기, 의견 종합하기, 해결 방안 선택하기의 순서로 진행돼요. 토의를 하면 많은 사람들의 다양한 의견을 알 수 있고 소수의 좋은 의견도 충분히 살펴볼 수 있어요. 토의할 때는 자신의 의견과 주장을 분명하게 제시하고 토의 주제에서 벗어나는 말을 하면 안 돼요. 그리고 다른 사람의 의견을 존중하며 서로 돕는 태도를 가져야 해요. 토의를 통해 결정된 해결책을 받아들이는 태도도 필요해요."

2) 교사는 학생들에게 '기능 확인하기' 문제를 풀게 한다.

🔟 "다음 중 토의하기에 대한 설명으로 알맞지 않은 것을 고르세요."

3) 교사는 학생들과 함께 문제의 답을 확인한다.

🔟 "토의를 할 때는 먼저 토의 주제를 정해요. 그리고 문제점을 이해하고 그에 대한 의견을 교환해요. 여러 의견을 종합해서 해결 방안을 선택해요. 토의할 때는 서로 존중하며 돕는 태도를 가져야 해요. 그리고 결정된 해결책을 받아들이고 실제로 실행하기 위해서 노력해야 해요. 토의를 하면 많은 사람들의 다양한 의견을 들어 볼 수 있어요. 따라서 답은 ①번이에요."

정답

①

활동하기 - 25분

1) 교사는 학생들에게 '활동하기'의 방법을 설명한 후 활동을 하게 한다.

🔟 "휴대 전화 사용에 대해 토의해 볼 거예요."

🔟 "여러분은 휴대 전화를 많이 사용해요?"

🔟 "휴대 전화를 사용하면 어떤 점이 좋아요?"

🔟 "휴대 전화에 있는 다양한 기능을 사용하면서 삶이 편해졌어요. 여러분은 어떤 기능을 많이 사용해요?"

🔟 "하지만 휴대 전화를 사용하는 것에 부정적인 영향도 있어요. 휴대 전화 사용에 어떤 문제가 있어요?"

🔟 "오랜 시간 사용하면 중독이 될 수도 있어요. '중독'은 어떤 사상이나 사물에 빠져서 정상적인 생각이나 판단을 할 수 없는 상태를 말해요."

🔟 "그리고 밤늦게까지 사용하면 수면에 방해가 돼요. '수면'은 잠자는 것을 말해요."

🔟 "길을 걸을 때 사용하면 사고가 날 수도 있어요."

🔟 "어떻게 하면 이 문제점들을 해결할 수 있을까요? 친구들과 해결 방법에 대해 토의해 보세요."

2) 교사는 학생들과 함께 활동의 결과를 확인한다.

🔟 "토의했어요? 여러분들이 토의를 통해 결정한 해결 방법은 무엇인지 이야기해 봐요."

예시 답안

- 휴대 전화를 사용하는 시간을 정한다.
- 밤늦게까지 휴대 전화를 사용하지 않는다.
- 걸으면서 휴대 전화를 보지 않는다.

5과 　책 읽기

● 학습 목표

- 책 읽기의 과정과 방법에 대해 안다.
- 글의 주제를 확인할 수 있다.
- 추론하며 읽을 수 있다.

● 단원 내용

1. 학습 활동: 책 읽기
2. 학습 기능: 주제 찾기
　　　　　　　추론하기
3. 학습 주제: 책 읽기의 가치
　　　　　　　진짜 엄마 찾기

● 수업 개요

1·2차시(학습하기 1): 책 읽기에서 주제 찾기에 대해
　　　　　　　　　　안다.
3·4차시(학습하기 2): 책 읽기에서 추론하기에 대해
　　　　　　　　　　안다.

● 어휘 및 문법

[학습하기 1]

문명, 역할, 포함하다, 사회적, 소통, 시대, 지역, 집단, 연구하다, 비판하다, 과정, 능동적, 구성하다

[학습하기 2]

결론, 증거, 원칙, 인과, 원인, 유추, 반면, 보호하다, 안정, 심리, 구별하다, 논리적

[알면 쓸모 있는 어휘(익힘책 44쪽)]

배경지식, 활성화, 깨닫다, 교양, 자극하다, 수준

의사소통 3권 5과 〈꼭 배워요〉의 주요 내용

[어휘]

꺼내다, 꽂다, 권하다, 반납하다, 대출하다, 프린터, 복사하다, 제목, 저자, 인물, 배경, 줄거리, 감상, 공감하다, 감동이다, 지루하다, 대형, 도서, 목록, 벨, 열, 벌써, 꼼짝, 드디어, 놓다, 누르다

[문법 1] '-나 보다'

　　예 와니가 전화를 안 받아. 벌써 자나 봐.

[문법 2] '-을 텐데'

　　예 책이 많아서 무거울 텐데 내가 같이 들어 줄까?

[문법 3] '-으라고'

　　예 반장이 이 책을 읽으라고 추천해 줬어.

[문법 4] '-자고'

　　예 친구들에게 떡볶이를 먹자고 했어요.

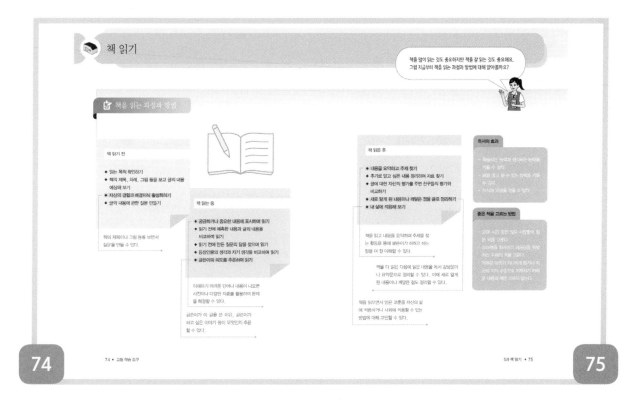

책 읽기

책을 많이 읽는 것도 중요하지만 책을 잘 읽는 것도 중요해요. 그럼 지금부터 책을 읽는 과정과 방법에 대해 알아볼까요?

책을 읽는 과정과 방법

책 읽기 전
- 읽는 목적 확인하기
- 책의 제목, 차례, 그림 등을 보고 글의 내용 예상해 보기
- 자신의 경험과 배경지식 활성화하기
- 글의 내용에 관한 질문 만들기

책의 제목이나 그림 등을 보면서 질문을 만들 수 있다.

책 읽는 중
- 궁금하거나 중요한 내용에 표시하며 읽기
- 읽기 전에 예측한 내용과 글의 내용 비교하며 읽기
- 읽기 전에 만든 질문의 답을 찾으며 읽기
- 등장인물의 생각과 자기 생각을 비교하며 읽기
- 글쓴이의 의도를 추론하며 읽기

이해하기 어려운 단어나 내용이 나오면 사전이나 다양한 자료를 활용하여 문제를 해결할 수 있다.

글쓴이가 이 글을 쓴 이유, 글쓴이가 하고 싶은 이야기 등이 무엇인지 추론할 수 있다.

책 읽은 후
- 내용을 요약하고 주제 찾기
- 추가로 알고 싶은 내용 정리하여 자료 찾기
- 글에 대한 자신의 평가를 주변 친구들의 평가와 비교하기
- 새로 알게 된 내용이나 깨달은 점을 글로 정리하기
- 내 삶에 적용해 보기

책을 읽고 내용을 요약하여 주제를 찾는 활동을 통해 글쓴이가 하려고 하는 말을 더 잘 이해할 수 있다.

책을 다 읽은 다음에 읽은 내용을 독서 감상문이나 요약문으로 정리할 수 있다. 이때 새로 알게 된 내용이나 깨달은 점도 정리할 수 있다.

책을 읽으면서 얻은 교훈을 자신의 삶에 적용하거나 사회에 적용할 수 있는 방법에 대해 고민할 수 있다.

독서의 효과
- 학습하는 능력과 생각하는 능력을 키울 수 있다.
- 글을 읽고 쓸 수 있는 능력을 키울 수 있다.
- 지식과 교양을 쌓을 수 있다.

좋은 책을 고르는 방법
- 오랫동안 많은 사람들이 읽은 책을 고른다.
- 상상력과 호기심이 커지거나 궁금한 주제의 책을 고른다.
- 어려운 어휘가 지나치게 많거나 자신의 수준보다 높은 내용의 책은 고르지 않는다.

74 • 고등 학습 도구

5과 책 읽기 • 75

● 1차시 (의사소통 〈꼭 배워요〉와 연계할 경우 7차시)

[학습 목표]
- 책 읽기에서 주제 찾기에 대해 안다.
- 책을 읽으면서 글의 주제를 찾는 방법에 대해 안다.

본문의 구성과 내용
- 본문은 **국어 교과의 책 읽기 활동**에서 하게 되는 **주제 찾기 학습 기능**을 보여 주고 있다.
- 본문의 내용은 유미가 책을 읽고 독서 일기를 쓰는 과정 중 일부이다. 유미는 먼저 글의 주제를 찾고 글의 주제문을 작성하려고 한다.

도입 - 10분

1) 교사는 학생들에게 교재 74, 75쪽의 학습 활동에 대해 설명한다.

📖 "여러분은 책을 잘 읽기 위해서 자신만의 책 읽는 방법이 있어요?"

📖 "책을 읽는 과정에는 책 읽기 전, 책 읽는 중, 책 읽은 후의 세 가지 단계가 있어요. 각 단계에서 어떻게 하면 책을 잘 이해할 수 있는지 단계별로 책 읽는 방법에 대해서 알아볼 거예요."

📖 "먼저 책 읽기 전에는 읽는 목적을 확인하고 책의 제목, 차례, 그림 등을 보고 글의 내용을 예상해 볼 수 있어요. 그리고 자신의 경험과 배경지식을 활발하게 할 수 있고 글의 내용에 대한 질문을 만들 수 있어요."

📖 "책을 읽으면서 궁금하거나 중요한 내용에 표시하며 읽기

도 하고 읽기 전에 예상한 내용과 글의 내용을 비교하며 읽을 수도 있어요. 또한 읽기 전에 만든 질문의 답을 찾으며 읽을 수 있어요. 책에 등장하는 인물의 생각과 자신의 생각을 비교하며 읽을 수 있어요. 그리고 글쓴이가 글을 쓴 이유, 글쓴이가 하고 싶은 이야기가 무엇인지 생각해 보면서 읽기도 해요."

📖 "마지막으로 책 읽은 후에는 책 내용을 요약하고 주제를 찾아요. 책의 내용을 요약하고 글의 주제를 찾으면 글쓴이가 하려고 하는 말을 더 잘 이해할 수 있어요. 추가로 알고 싶은 내용을 정리하여 자료를 찾기도 하고 글에 대한 자신의 평가를 주변 친구들의 평가와 비교해도 좋아요. 책을 읽고 나서 새로 알게 된 내용이나 깨달은 점을 글로 정리할 수도 있어요. 또한 책을 읽으면서 얻은 교훈을 자신의 삶이나 사회에 적용하는 방법에 대해 고민해 볼 수 있어요."

📖 "독서를 하면 뭐가 좋을까요?"

📖 "책을 읽으면 학습하는 능력과 생각하는 능력을 키울 수 있어요. 또한 글을 읽고 쓸 수 있는 능력을 키울 수도 있고 지식과 교양을 쌓을 수 있어요."

📖 "그럼 좋은 책을 고르려면 어떻게 해야 할까요?"

📖 "오랫동안 많은 사람들이 읽은 책을 고르는 게 좋아요. 그리고 스스로 상상하게 만들고 궁금하게 만드는 주제의 책을 골라요. 마지막으로 어려운 어휘가 너무 많거나 지금 자신의 수준보다 높은 내용의 책은 고르지 않는 게 좋아요."

교수-학습 지침
익힘책 45쪽에 도서 분류와 책 읽는 방법이 추가로 제시되어 있다. 교사는 이를 고려하여 수업을 진행한다.

2) 교사는 학생들에게 학습하기 1에서 배울 학습 기능

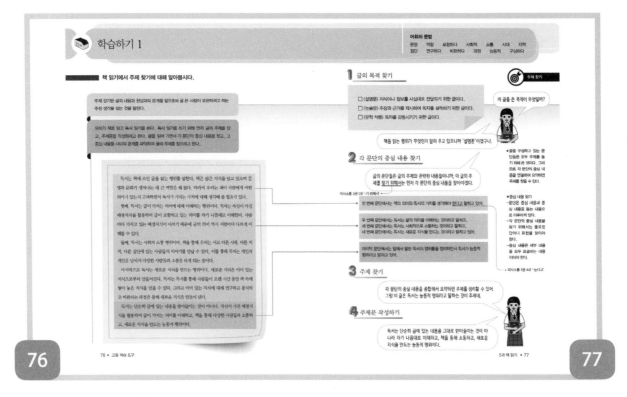

을 소개한다.

🔲 "책을 읽으면서 주제를 찾으면 내용을 더 명확히 이해할 수 있고 글쓴이가 하고 싶은 말이 무엇인지 알 수 있어요."

🔲 "주제 찾기란 글을 쓴 사람이 표현하려고 하는 중심 생각을 찾는 것을 말해요. 학습하기 1에서는 책 읽기에서 주제 찾는 방법을 공부할 거예요."

교수-학습 지침
익힘책 46쪽에 주제와 문단에 대한 설명이 제시되어 있다. 교사는 이를 고려하여 수업을 진행한다.

전개 - 35분

1) 교사는 다음에 제시되는 내용을 참고하여 학생들에게 어휘와 문법을 설명한다.

문명	◆ **정의** 사람의 물질적, 기술적, 사회적 생활이 발전한 상태. 📖 사회 시간에 과학 문명의 발달에 대해서 배웠다. ● **설명** "농사를 지을 때 물이 필요해요. 그래서 사람들이 강 근처에 모여 살기 시작했어요. 삶이 편해졌어요. 점점 예술품에도 관심이 생겼어요. 옛날의 문명은 모두 강에서 발생했어요. 문명이 발전하기 시작했어요. '문명'은 사람의 물질적, 기술적, 사회적 생활이 발전한 상태라는 뜻이에요."

역할	◆ **정의** 맡은 일 또는 해야 하는 일. 📖 학생들이 학교생활을 잘 하게 도와주는 것도 선생님이 해야 할 역할 중 하나이다. ● **설명** "학교에서는 각자 맡은 일이 있어요. 선생님은 여러분이 학교생활을 잘 할 수 있게 도와줘요. 저의 역할은 여러분이 학교생활을 잘 할 수 있게 도와주는 거예요. '역할'은 맡은 일이나 해야 하는 일이라는 뜻이에요."
포함하다	◆ **정의** 어떤 무리나 범위에 함께 들어가게 하거나 함께 넣다. 📖 선생님께서 수업 태도를 성적 평가에 포함하겠다고 말씀하셨다. ◆ **정보** (반대되는 말) 제외하다 ● **설명** "오늘 제가 설명한 것은 기말시험에 나올 거예요. 기말시험 범위에 포함될 거예요. '포함하다'는 어떤 범위에 들어가게 하거나 같이 넣는 거예요."
사회적	◆ **정의** 사회에 관계되는 것이나 사회성을 지닌 것. 📖 선생님께서는 사회적 문제에 대해 알고 싶으면 신문을 보라고 하셨다. ● **설명** "요즘 사람들이 일자리 구하는 것이 점점 어려워지고 있어요. 우리가 같이 살고 있는 사람들이 큰 문제라고 생각하고 있어요. 사회직으로 큰 문제라고 생각하고 있어요. '사회적'은 사회에 관계되는 것이라는 뜻이에요."

소통	◆ **정의** 오해가 없도록 뜻이나 생각이 서로 잘 통함. **예** 사용하는 언어가 다른 사람들끼리 소통하는 것은 어렵다. ● **설명** "저는 동생이랑 정말 친해요. 그래서 말을 많이 하지 않아도 서로 생각이 잘 통해요. 말을 많이 하지 않아도 소통이 잘 돼요. '소통'은 오해가 없도록 뜻이나 생각이 서로 잘 통한다는 뜻이에요."
시대	◆ **정의** 역사적으로 어떤 특징을 기준으로 나눈 일정한 기간. **예** 오늘 한국사 시간에는 조선 시대 왕들이 한 일에 대해 공부했다. ◆ **정보** (비슷한 말) 때 ● **설명** "역사는 문자가 만들어지기 이전 시대와 문자를 만들어 쓰기 시작한 이후의 시대로 나누어 볼 수 있어요. '시대'는 역사적으로 어떤 특징을 기준으로 나눈 일정한 기간이라는 뜻이에요."
지역	◆ **정의** 어떤 특징이나 일정한 기준에 따라 범위를 나눈 땅. **예** 이번 사회 숙제는 우리 지역을 소개하는 보고서를 써서 내는 것이다. ● **설명** "사과나무가 잘 자라는 곳이 있어요. 그리고 쌀이 잘 자라는 곳이 있어요. 사과가 유명한 지역과 쌀이 유명한 지역이 있어요. '지역'은 어떤 특징이나 일정한 기준에 따라 나눈 땅이라는 뜻이에요."
집단	◆ **정의** 여럿이 모여서 이룬 무리나 단체. **예** 과학 시간에 개미와 벌은 집단을 이루고 산다고 배웠다. ◆ **정보** (반대되는 말) 개인 ● **설명** "혼자서 일을 하는 것이 어려울 때가 있어요. 그때 사람을 모아서 집단을 만들 수 있어요. '집단'은 여럿이 모여서 이룬 단체라는 뜻이에요."
연구하다	◆ **정의** 어떤 사물이나 일에 관련된 사실을 밝히기 위해 그에 대해 자세히 조사하고 분석하다. **예** 그는 조선 시대 여자들의 의복을 연구하고 있다. ● **설명** "개미는 어떻게 살고 있을까? 개미는 무엇을 먹을까? 사실을 알고 싶어서 개미에 대해서 자세히 조사하고 분석해요. 개미를 연구해요. '연구하다'는 어떤 사물이나 일에 관련된 사실을 알기 위해 자세히 조사하고 분석한다는 뜻이에요."
비판하다	◆ **정의** 무엇에 대해 자세히 따져 옳고 그름을 밝히거나 잘못된 점을 지적하다. **예** 이 시는 사회 현실을 비판하는 내용을 담고 있다. ● **설명** "세인이는 요즘 게임만 해요. 공부도 안 하고 친구도 안 만나요. 나는 세인이의 행동을 자세히 보고 생각하다가 세인이의 행동에서 잘못된 점을 이야기했어요. 세인이의 행동을 비판했어요. '비판하다'는 무언가에 대해 잘못된 점을 분명하게 가리켜 말한다는 뜻이에요."

과정	◆ **정의** 어떤 일이나 현상이 계속 진행되는 동안 혹은 그 사이에 일어난 일. **예** 체험학습에서 더러운 물이 깨끗한 물로 바뀌는 과정을 직접 봤다. ● **설명** "유미는 방학 동안 꽃을 키웠어요. 씨앗이 자라고 새싹이 자라고 줄기가 자라고 꽃이 피는 것을 봤어요. 꽃이 피는 과정을 봤어요. '과정'은 어떤 일이나 현상이 진행되는 동안 또는 그 사이 일어난 일이라는 뜻이에요."
능동적	◆ **정의** 자기 스스로 판단하여 적극적으로 움직이는 것. **예** 나나는 모든 일에 능동적으로 참여한다. ◆ **정보** (반대되는 말) 수동적 ● **설명** "민우는 모둠 활동을 할 때 다른 사람이 시키지 않아도 스스로 할 일을 했어요. 할 일을 능동적으로 했어요. '능동적'은 자기 스스로 판단하여 적극적으로 움직이는 것이라는 뜻이에요."
구성하다	◆ **정의** 몇 가지의 부분 혹은 요소를 모아서 하나의 전체를 이루다. **예** 문장을 구성하는 요소들을 문장 성분이라고 한다. ● **설명** "꽃은 뿌리, 줄기, 잎으로 이루어져 있어요. 꽃은 뿌리, 줄기, 잎으로 구성되어 있어요. '구성하다'는 몇 가지 부분들이 모여서 하나의 전체를 이룬다는 뜻이에요."

2) 교사는 학생들에게 교재 76, 77쪽에 제시된 내용을 읽게 한다.

🔲 "유미가 책을 읽고 독서 일기를 써요. 독서 일기를 쓰기 위해 먼저 글의 주제를 찾고, 주제문을 작성하려고 해요. 어떻게 주제를 찾는지 한번 읽어 보세요."

3) 교사는 학생들에게 세부 내용을 확인하는 질문을 한다.

🔲 "독서가 뭐예요?"

🔲 "여기에서 독서의 3가지 행위가 나왔어요. 독서는 어떤 행위예요?"

🔲 "같은 책을 읽는 사람은 모두 같은 내용을 이해해요?"

🔲 "왜 같은 책을 읽어도 글의 의미를 다르게 이해해요?"

🔲 "책을 읽는 사람은 누구와 소통할 수 있어요?"

🔲 "어떻게 새로운 지식을 만들어요?"

🔲 "이 글의 주제는 뭐예요?"

4) 교사는 학생들에게 학습 기능에 대해 확인하는 질문을 한다.

🔲 "글의 읽고 무엇을 했어요?"

🔲 "이 글의 목적은 뭐예요?"

🔲 "이 글은 책을 읽는 행위를 알려 주는 설명문이에요."

🔲 "글의 목적을 찾은 다음에 무엇을 했어요?"

🔲 "왜 각 문단의 중심 내용을 찾았어요?"

🔲 "어떻게 중심 내용을 찾을 수 있어요?"

🔲 "각 문단의 중심 내용을 찾고 무엇을 했어요?"

🔲 "주제문은 어떻게 작성해요?"

🔲 "주제문은 주제가 잘 드러나게 내용을 요약하면 돼요."

교사는 학습 내용을 정리하며 수업을 마무리한다.

📖 "유미가 독서 일기를 쓰기 위해 글의 주제를 찾고 주제문을 작성했어요."

📖 "유미가 읽은 글에서는 독서는 단순히 책에 쓰는 글을 읽는 행위가 아니라 글이 가지는 의미를 이해하고, 사회적으로 소통하고, 새로운 지식을 만드는 행위라고 했어요. 즉, 독서가 능동적 행위라고 말하는 것이 이 글의 주제였어요."

📖 "유미는 글을 읽어 가면서 각 문단의 중심 내용을 찾고, 그 중심 내용들 사이의 관계를 파악하여 종합하면 글의 주제가 무엇인지 알 수 있었어요."

📖 "각 문단의 중요한 단어나 표현을 찾아 그 문단의 중심 내용을 파악할 수 있어요. 중심 내용은 세부 내용을 모두 담을 수 있는 내용이어야 하기 때문에 중심 문장이 명확하게 드러나지 않을 때는 문단의 내용을 종합하여 중심 생각을 찾아야 해요."

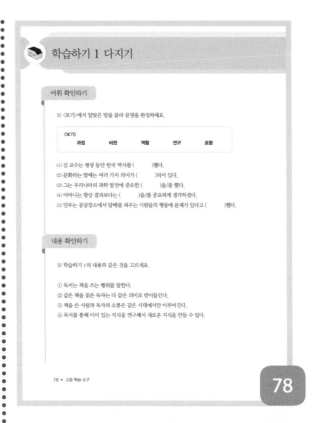

● **2차시**(의사소통 〈꼭 배워요〉와 연계할 경우 8차시)

[학습 목표]

• 책 읽기에서 주제 찾기에 대해 안다.
• 뇌에 대한 글을 읽고 글의 주제를 찾을 수 있다.

어휘 확인하기 - 10분

1) 교사는 학생들에게 '어휘 확인하기' 문제를 풀게 한다.

📖 "〈보기〉를 보세요. 앞에서 배운 어휘가 있어요."

📖 "'과정'이란 어떤 일이나 현상이 계속 진행되는 동안 혹은 그 사이에 일어난 일이죠."

📖 "'비판'이란 무엇에 대해 잘못된 점을 분명하게 가리켜 말하는 것이에요."

📖 "'역할'이란 맡은 일이나 해야 하는 일이에요."

📖 "'연구'란 어떤 사물이나 일에 관련된 사실을 밝히기 위해 그에 대해 자세히 조사하고 분석하는 것이에요."

📖 "'포함'이란 어떤 범위에 함께 들어가게 하거나 함께 넣는 것이에요."

2) 교사는 학생들과 함께 문제의 답을 확인한다.

┌─────────────────────────────────────┐
│ **정답** │
│ (1) 연구 (2) 포함 (3) 역할 (4) 과정 (5) 비판 │
└─────────────────────────────────────┘

1) 교사는 학생들에게 '내용 확인하기' 문제를 풀게 한다.
   📖 "앞에서 유미가 독서에 대한 책을 읽고 글의 주제를 찾는 과정을 봤어요. 학습하기 1의 내용과 같은 것을 고르세요."

2) 교사는 학생들과 함께 문제의 답을 확인한다.
   📖 "독서는 책을 쓰는 행위가 아니라 책을 읽는 행위예요."
   📖 "사람마다 가지고 있는 배경지식이 다르기 때문에 같은 책을 읽어도 사람마다 다르게 이해할 수 있어요."
   📖 "책을 통해 서로 다른 시대, 다른 지역, 다른 집단에 있는 사람들과 소통할 수 있어요."
   📖 "책을 읽으면서 이미 있는 지식에 대해 연구하고 분석하고 비판하는 과정을 통해 새로운 지식을 만들어 낼 수 있어요."
   📖 "따라서 답은 ④번이에요."

정답
④
① 독서는 책을 읽는 행위를 말한다.
② 사람마다 가지고 있는 배경지식이 다르기 때문에 같은 책을 읽어도 사람마다 다르게 이해할 수 있다.
③ 서로 다른 시대, 다른 지역, 다른 집단에 있는 사람들과 소통할 수 있다.
④ (76쪽 본문) '이미 있는 지식에 대해 연구하고 분석하고 비판하는 과정을 통해 새로운 지식을 만들어 낸다.'라는 내용을 보면 알 수 있다.

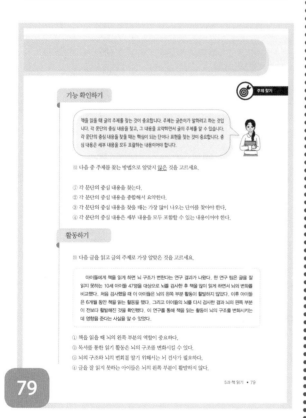

79

1) 학습하기 1에서 배운 '주제 찾기' 기능을 정리한다.
   📖 "앞에서 유미가 글을 읽고 글의 주제를 찾는 과정을 통해 주제 찾기에 대해 배웠어요. 책을 읽을 때 글의 주제를 찾는 것이 중요해요. 주제는 글쓴이가 말하려고 하는 것이에요. 각 문단의 중심 내용을 찾고, 그 내용을 요약하면서 글의 주제를 알 수 있어요. 각 문단의 중심 내용을 찾을 때는 핵심이 되는 단어나 표현을 찾는 것이 중요해요. 중심 내용은 세부 내용을 모두 포함하는 내용이어야 해요."

2) 교사는 학생들에게 '기능 확인하기' 문제를 풀게 한다.
   📖 "다음 중 주제를 찾는 방법으로 알맞지 않은 것을 고르세요."

3) 교사는 학생들과 함께 문제의 답을 확인한다.
   📖 "각 문단의 중심 내용을 찾을 때는 가장 많이 나오는 단어가 아닌 핵심이 되는 단어나 표현을 찾아야 해요."

정답
③

1) 교사는 학생들에게 '활동하기'의 방법을 설명한 후 활동을 하게 한다.
   📖 "'뇌'에 대한 글이 있어요. '뇌'는 느끼고 생각하고 행동하고 기억하는 기능을 관리하는 머리뼈 안쪽의 기관을 말해요. 이 글을 읽어 보세요."
   📖 "어떤 연구 결과가 있어요?"
   📖 "연구 팀은 아이들에게 무엇을 하게 했어요?"
   📖 "그 결과 뇌가 어떻게 변했어요?"
   📖 "책이 무엇에 영향을 줬어요? '영향'은 어떤 것의 효과나 작용이 다른 것에 미치는 것을 말해요."
   📖 "이 글의 주제는 무엇일까요? 주제는 글의 내용과 같은 것이 아니에요. 모든 내용을 다 포함할 수 있는 것이어야 해요. 이 글의 주제로 가장 알맞은 것을 고르세요."

2) 교사는 학생들과 함께 활동의 결과를 확인한다.
   📖 "이 글에서는 책을 읽는 활동이 뇌 구조를 변화시키는 데 영향을 준다는 것을 말하고 있어요. 따라서 답은 ②번이에요."

정답
②
① '책을 잘 읽지 못하는 아이들은 뇌의 왼쪽 부분이 활발하지 않다.'는 내용으로 뇌의 왼쪽 부분의 역할이 중요하다고 생각할 수 있지만 이 문장은 글의 모든 내용을 포함하지 않는다.
③ 뇌의 구조와 변화를 알기 위해서 뇌 검사가 필요한 것은 아니다. 뇌 검사를 통해 뇌의 구조와 변화를 알 수 있다.
④ 맞는 문장이지만 글의 내용을 모두 포함하지 않는다.

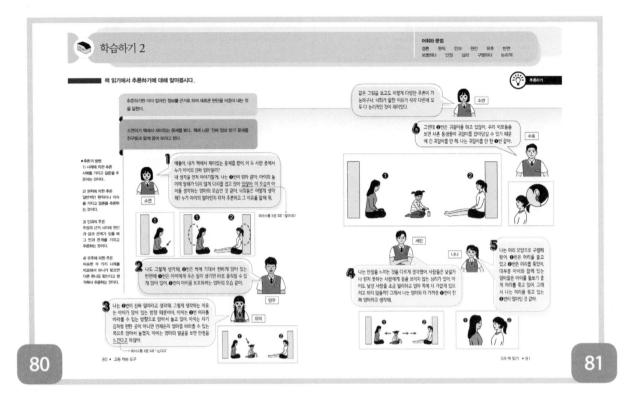

● 3차시 (의사소통 〈꼭 배워요〉와 연계할 경우 9차시)

[학습 목표]
• 책 읽기에서 추론하기에 대해 안다.
• 책에 나온 문제를 풀면서 추론하는 방법에 대해 안다.

본문의 구성과 내용
• 본문은 심리학자 '앤스워스'가 아이와 엄마 사이의 특별한 상호 작용과 정서적 관계를 설명하기 위해 만든 문제였으나 FBI의 추리력 기출문제로 나오면서 유명해진 문제이다. **책 읽기 활동**에서 하게 되는 **추론하기 학습 기능**을 보여 주고 있다.
• 본문의 내용은 소연이와 친구들이 '진짜 엄마 찾기 문제'를 푸는 과정 중 일부이다. 각자 엄마가 누구인지 추론하고 그 이유를 이야기하고 있다.

도입 - 10분

1) 교사는 교재 74, 75쪽에서 배운 학습 활동에 대해 복습한다.

   📖 "책을 잘 읽으려면 책 읽기 전에 어떤 것을 하면 좋아요?"

   📖 "책의 내용을 요약하고 글의 주제를 찾는 건 책 읽기의 과정 중 언제 하는 거예요?"

   📖 "책을 읽으면 어떤 효과가 있어요?"

   📖 "좋은 책을 고르는 방법에는 뭐가 있어요?"

2) 교사는 학생들에게 학습하기 2에서 배울 학습 기능을 소개한다.

   📖 "추론하며 글을 읽으면 글에 직접 드러나지 않은 내용에 대해서 생각해 볼 수 있어서 글을 더 잘 이해할 수 있어

요. 추론하며 읽기란 글에 드러나 있는 않은 내용까지도 미루어 파악해 내는 읽기 방법이에요."

📖 "추론하기란 이미 알려진 정보를 근거로 하여 새로운 판단을 이끌어 내는 것을 말해요. 학습하기 2에서는 책을 읽을 때 추론하는 방법을 공부할 거예요."

교수-학습 지침
익힘책 48쪽에 추론을 할 때 주의할 점이 제시되어 있다. 교사는 이를 고려하여 수업을 진행한다.

전개 - 35분

1) 교사는 다음에 제시되는 내용을 참고하여 학생들에게 어휘와 문법을 설명한다.

결론	◆ **정의** 어떤 문제에 대하여 마지막으로 내린 판단. 또는 말이나 글을 마무리하는 부분. 📖 오랜 시간 회의를 했지만 서로의 생각이 달라 결론을 내리지 못했다. ◆ **정보** (비슷한 말) 마무리 '서론', '본론'을 함께 제시할 수 있다. ● **설명** "체육 대회에 대해 학급 회의를 했어요. 반장이 학생들의 의견을 모아 체육 대회를 어떻게 할지 결론을 내렸어요. '결론'은 어떤 문제에 대하여 마지막으로 내린 결정이라는 뜻이에요."

증거	◆ **정의** 어떤 사건이나 사실을 확인할 수 있는 근거. 예 다 쓴 공책과 연필은 내가 열심히 공부했다는 증거다. ● **설명** "누가 빵을 몰래 먹었어요. 나나의 입술에 빵가루가 있어요. 빵가루는 나나가 빵을 먹은 증거예요. '증거'는 어떤 사건이나 사실을 확인할 수 있는 거라는 뜻이에요."
원칙	◆ **정의** 어떤 행동이나 이론 등에서 일관되게 지켜야 하는 기본적인 규칙이나 법칙. 예 좋은 글을 쓰기 위해서는 글쓰기의 기본 원칙을 따르는 것이 좋다. ● **설명** "뉴스는 항상 정확해야 해요. 뉴스에는 항상 지켜야 하는 원칙이 있어요. '원칙'은 어떤 행동이나 이론에서 항상 지켜야하는 기본 규칙이라는 뜻이에요."
인과	◆ **정의** 원인과 결과. 예 두 사건은 인과 관계에 있는 것으로 보인다. ● **설명** "아파서 밤에 잠을 못 잤어요. 그래서 아침에 늦게 일어났어요. 아침에 늦게 일어난 것은 결과예요. 왜 늦게 일어났어요? 원인이 뭐예요? 아파서 밤에 잠을 못 잤어요. 원인이에요. 원인과 결과가 있어요. 인과가 있어요. '인과'는 원인과 결과라는 뜻이에요."
원인	◆ **정의** 어떤 일이 일어나게 하거나 어떤 사물의 상태를 바꾸는 근본이 된 일이나 사건. 예 도시의 인구가 증가한 원인은 시골에 있는 사람들이 도시로 이동했기 때문이다. ◆ **정보** (반대되는 말) 결과 ● **설명** "매일 밤 많이 먹었어요. 그래서 살이 쪘어요. 왜 살이 쪘어요? 밤에 많이 먹었어요. 살이 찐 원인은 밤에 많이 먹었기 때문이에요. '원인'은 어떤 일이 일어나게 된 일이나 사건이라는 뜻이에요."
유추	◆ **정의** 같거나 비슷한 성질을 가진 것을 통해 다른 사물이나 현상을 미루어 짐작함. 예 다음 상황을 보고 주인공이 어떻게 행동할지 유추해 보세요. ● **설명** "저는 요리를 잘 못해요. 떡볶이를 만들었어요. 맛이 없어요. 김밥을 만들었어요. 맛이 없어요. 비빔밥을 만들었어요. 비빔밥의 맛이 어떨까요? 비빔밥의 맛이 어떨지 유추해 보세요. '유추'는 같거나 비슷한 일을 보고 다른 일이 어떨지 생각해 본다는 뜻이에요."
반면	◆ **정의** 뒤에 오는 말이 앞의 내용과는 반대임. 예 봉사 활동은 힘이 드는 반면에 보람이 있다. ◆ **정보** '반면에'의 형태로 많이 사용한다. ● **설명** "제 친구는 공부는 안 좋아해요. 그런데 운동은 좋아해요. 제 친구는 공부는 안 좋아하는 반면에 운동은 좋아해요. '반면'은 뒤에 오는 말이 앞의 내용과는 반대라는 의미예요. '반면에'로 많이 사용해요."

보호하다	◆ **정의** 위험하거나 곤란하지 않게 지키고 보살피다. 예 환경을 보호하기 위해 우리가 할 수 있는 일에 대해 토의했다. ● **설명** "제 동생은 아직 어려요. 혼자 있으면 위험해요. 그래서 제가 잘 지키고 보살펴야 해요. 제가 동생을 보호해야 해요. '보호하다'는 위험하거나 어려운 일이 생기지 않게 지키고 보살핀다는 뜻이에요."
안정	◆ **정의** 몸과 마음을 편안하고 조용하게 함. 예 정리가 잘된 공간에 있으면 안정을 느끼고 집중이 잘된다. ● **설명** "저는 조용한 곳에 있으면 몸과 마음이 편안해져요. 저는 조용한 곳에 있으면 몸과 마음이 안정돼요. '안정'은 몸과 마음을 편안하게 한다는 뜻이에요."
심리	◆ **정의** 마음의 움직임이나 의식의 상태. 예 이 책은 주인공의 심리를 잘 표현했다. ● **설명** "저는 학생의 마음이 어떻게 움직이는지, 무슨 생각을 하는지 잘 알아요. 저는 학생의 심리를 잘 알아요. '심리'는 마음의 움직임이나 생각의 상태라는 뜻이에요."
구별하다	◆ **정의** 성질이나 종류에 따라 갈라놓다. 예 어떤 학자들은 사람의 성격을 몇 가지 유형으로 구별하기도 한다. ◆ **정보** (비슷한 말) 구분하다 ● **설명** "저는 빨래를 할 때 색을 나눠요. 검은색 바지와 검은색 티를 같이 빨래하고, 밝은 색 옷을 같이 빨래해요. 옷 색깔을 구별해서 빨래해요. '구별하다'는 특징이나 종류에 따라 나눠 놓는다는 뜻이에요."
논리적	◆ **정의** 논리에 맞는 것. 예 논설문은 어떤 문제에 대한 자기의 주장을 논리적으로 말하여 독자가 자신의 생각을 이해하게 하는 글이다. ◆ **정보** (반대되는 말) 비논리적 ● **설명** "논리적인 글은 그 사람의 쓴 것이 글의 주제와 맞고, 그 사람이 말하는 것의 근거도 맞아요. 그리고 알맞은 순서로 자신의 의견을 잘 정리했다는 뜻이에요. '논리적'은 논리에 맞는 것이에요."

2) 교사는 학생들에게 교재 80, 81쪽에 제시된 내용을 읽게 한다.

　　📖 "소연이가 책에서 재미있는 문제를 봤어요. 책에 나온 '진짜 엄마 찾기' 문제를 친구들과 함께 풀어 보려고 해요. 친구들이 어떻게 추론하고 있는지 한번 읽어 보세요."

3) 교사는 학생들에게 세부 내용을 확인하는 질문을 한다.

　　📖 "소연이는 누가 진짜 엄마라고 생각해요? 왜요?"

　　📖 "민우는 누가 진짜 엄마라고 생각해요? 왜 그렇게 생각해요?"

　　📖 "유미는 누가 진짜 엄마라고 생각해요? 그렇게 생각하는 이유는 뭐예요?"

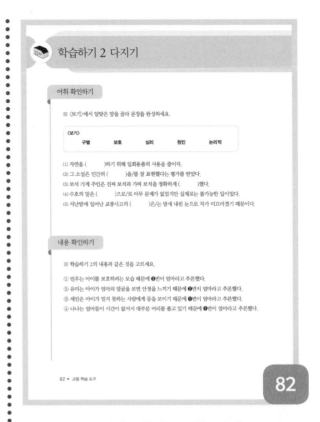

📖 "세인이는 누가 진짜 엄마라고 생각해요? 왜요?"

📖 "나나는 누가 진짜 엄마라고 생각해요? 왜 그렇게 생각해요?"

📖 "수호는 누가 진짜 엄마라고 생각해요? 그렇게 생각하는 이유는 뭐예요?"

4) 교사는 학생들에게 학습 기능에 대해 확인하는 질문을 한다.

📖 "어떻게 추론할 수 있어요?"

📖 "추론의 방법에는 사례에 의한 추론, 원칙에 의한 추론, 인과적 추론, 유추에 의한 추론이 있어요."

📖 "사례에 의한 추론이 뭐예요?"

📖 "원칙에 의한 추론이 뭐예요?"

📖 "인과적 추론이 뭐예요?"

📖 "유추에 의한 추론은 뭐예요?"

📖 "친구들은 어떤 추론 방법을 사용해서 추론했어요?"

📖 "소연이와 민우, 유미, 세인이 모두 일반적인 지식을 가지고 추론했어요. 즉, 원칙에 의해 추론했어요."

📖 "나나와 수호는 추론의 이유로 대부분 엄마의 예와 이모의 예를 들었어요. 사례에 의해 추론했어요."

정리 - 5분

교사는 학습 내용을 정리하며 수업을 마무리한다.

📖 "소연이와 친구들이 누가 진짜 엄마인지 추론했어요."

📖 "추론할 때는 이미 알려진 정보를 이용하여 판단하는 것이 중요해요. 추론의 방법에는 사례에 의한 추론, 원칙에 의한 추론, 인과적 추론, 유추에 의한 추론이 있어요. 알고 있는 사례와 원칙을 이용하여 추론할 수 있고, 알려진 정보 사이의 인과를 이용하여 추론할 수도 있어요."

📖 "소연이는 ❶번이 아이가 놀 때 방해가 되지 않게 다리를 접고 있기 때문에 ❶번이 진짜 엄마라고 생각했어요."

📖 "민우는 ❶번은 아이에게 무슨 일이 생기면 바로 움직일 수 있게 앉아 있기 때문에 ❶번이 진짜 엄마라고 생각했어요."

📖 "유미는 아이가 ❷번 여자를 바라볼 수 있는 방향으로 앉아서 놀고 있기 때문에 ❷번이 진짜 엄마라고 생각했어요."

📖 "세인이는 아이가 ❶번하고 더 가까이 있기 때문에 ❶번이 진짜 엄마라고 생각했어요."

📖 "나나는 대부분 아이와 함께 있는 엄마들은 머리를 묶고 있기 때문에 ❷번이 진짜 엄마라고 생각했어요."

📖 "수호는 ❶번이 귀걸이를 안 하고 있기 때문에 ❶번이 진짜 엄마라고 생각했어요."

📖 "이처럼 같은 정보를 보고도 다양하게 추론할 수 있어요. 추론할 때는 합리적인 이유를 말하는 것이 중요해요."

● 4차시 (의사소통 〈꼭 배워요〉와 연계할 경우 10차시)

[학습 목표]

• 책 읽기에서 추론하기에 대해 안다.

• 추론을 통해 결혼한 사람을 찾을 수 있다.

어휘 확인하기 - 10분

1) 교사는 학생들에게 '어휘 확인하기' 문제를 풀게 한다.

📖 "〈보기〉를 보세요. 앞에서 배운 어휘가 있어요."

📖 "'구별'이란 성질이나 종류에 따라 나누는 것이죠."

📖 "'보호'란 위험하지 않게 지키고 보살피는 것이에요."

📖 "'심리'란 마음의 움직임이나 의식의 상태예요."

📖 "'원인'이란 어떤 일이 일어나게 하거나 어떤 사물의 상태를 바꾸는 바탕이 된 일이나 사건이에요."

📖 "'논리적'이란 논리에 맞는 것이에요."

2) 교사는 학생들과 함께 문제의 답을 확인한다.

> 정답
> (1) 보호 (2) 심리 (3) 구별 (4) 논리적 (5) 원인

1) 교사는 학생들에게 '내용 확인하기' 문제를 풀게 한다.

　📖 "앞에서 소연이와 친구들이 진짜 엄마가 누구인지 추론하는 과정을 봤어요. 학습하기 2의 내용과 같은 것을 고르세요."

2) 교사는 학생들과 함께 문제의 답을 확인한다.

　📖 "민우는 아이를 보호하려는 모습 때문에 ❶번이 엄마라고 추론했어요."

　📖 "유미는 아이가 엄마의 얼굴을 보면 안정을 느끼기 때문에 ❷번이 엄마라고 추론했어요."

　📖 "세인이는 아이가 믿는 사람에게 등을 보이기 때문에 ❶번이 엄마라고 추론했어요."

　📖 "나나는 대부분의 엄마들은 머리를 묶고 있기 때문에 ❷번이 엄마라고 추론했어요."

　📖 "따라서 답은 ②번이에요."

```
정답
②
① 민우는 아이를 보호하려는 모습 때문에 1번이 엄마라고 추론했다.
② (80쪽 본문) '아이는 2번 여자를 바라볼 수 있는 방향으로 앉아서
   놀고 있어. 아이는 자기 집처럼 편한 곳이 아니면 언제든지 엄마
   를 바라볼 수 있는 쪽으로 앉아서 놀겠지. 아이는 엄마의 얼굴을
   보면 안정을 느낀다고 하잖아.'라는 내용을 보면 알 수 있다.
③ 세인은 아이가 믿는 사람에게 등을 보이기 때문에 1번이 엄마라
   고 추론했다.
④ 나나는 대부분의 엄마들은 머리를 묶고 있기 때문에 2번이 엄마
   라고 추론했다.
```

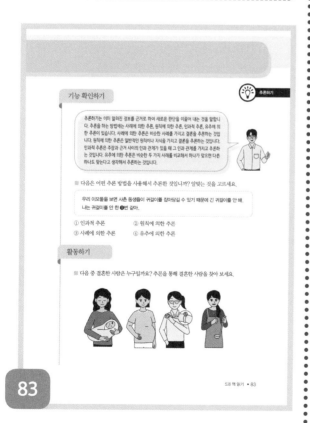

1) '학습하기 2에서 배운 '추론하기' 기능을 정리한다.

　📖 "앞에서 소연이와 친구들이 추론하는 과정을 통해 추론하기에 대해 배웠어요. 추론하기는 이미 알려진 정보를 근거로 하여 새로운 판단을 이끌어 내는 것을 말해. 추론을 하는 방법에는 사례에 의한 추론, 원칙에 의한 추론, 인과적 추론, 유추에 의한 추론이 있어요. 사례에 의한 추론은 비슷한 사례를 가지고 결론을 추론하는 것이에요. 원칙에 의한 추론은 일반적인 원칙이나 지식을 가지고 결론을 추론하는 것이에요. 인과적 추론은 주장과 근거 사이의 인과 관계가 있을 때 그 인과 관계를 가지고 추론하는 것이에요. 유추에 의한 추론은 비슷한 두 가지 사례를 비교해서 하나가 맞으면 다른 하나도 맞는다고 생각해서 추론하는 것이에요."

2) 교사는 학생들에게 '기능 확인하기' 문제를 풀게 한다.

　📖 "다음의 추론하기에서는 어떤 추론의 방법을 사용했어요? 알맞은 것을 고르세요."

3) 교사는 학생들과 함께 문제의 답을 확인한다.

　📖 "자신의 이모에 대한 이야기로 추론한 것은 사례에 의해 추론한 거예요. 따라서 답은 ③번이에요."

```
정답
③
```

1) 교사는 학생들에게 '활동하기'의 방법을 설명한 후 활동을 하게 한다.

　📖 "그림에 여자 4명이 있어요. 이 중에서 결혼한 사람은 한 명이에요. 결혼한 사람은 누구일까요? 추론해 보세요."

교수-학습 지침

정해진 답은 없고 논리적인 이유만 제시하면 성공적으로 추론한 것이므로 교사는 학생들이 자유롭게 자신의 의견을 이야기하도록 한다.

2) 교사는 학생들과 함께 활동의 결과를 확인한다.

　📖 "추론했어요? 누가 결혼한 사람 같은지 이야기해 봐요."

```
예시 답안
예1) 1번의 아이는 조카나 다른 사람의 아이일 수 있다. 3번은
반지는 결혼하지 않아도 낄 수 있다. 4번은 혼자 사는 사람도
집안일을 해야 하니까 그냥 혼자 사는 사람일 수 있다. 2번은
팔과 다리에는 살이 없고 배만 나온 것을 보니 임신을 한 것 같
다. 그러므로 결혼한 사람은 2번일 것이다.
예2) 1번은 아이는 조카나 다른 사람의 아이일 수 있다. 2번은
임신이 아니라 그냥 살이 찐 것일 수 있다. 4번은 혼자 사는 사
람일 수 있다. 3번은 네 번째 손가락에 반지를 끼고 있다. 보통
이 자리는 커플링이나 결혼반지를 끼는 자리라 패션 반지로는
잘 끼지 않는다. 그러므로 결혼한 사람은 3번일 것이다.
```

6과 필기하기

● 학습 목표

- 수업을 들으면서 필기하는 방법에 대해 안다.
- 필기할 때 메모하기를 활용할 수 있다.
- 핵심 개념을 중심으로 정보를 분류할 수 있다.

● 단원 내용

1. 학습 활동: 필기하기
2. 학습 기능: 메모하기
　　　　　　분류하기
3. 학습 주제: 정보화 사회
　　　　　　물질의 상태 변화

● 수업 개요

1·2차시(학습하기 1): 필기하기에서 메모하기에 대해
　　　　　　　　　　　안다.
3·4차시(학습하기 2): 필기하기에서 분류하기에 대해
　　　　　　　　　　　안다.

● 어휘 및 문법

[학습하기 1]

공간, 양식, 변화, 통신, 가상, 형성되다, 방식, 기술, 발달, 핵심, 기호, 증가하다, 소비, 확대되다, 이란

[학습하기 2]

분류하다, 기준, 성질, 물질, 구분하다, 특징, 일정하다, 명확하다

[알면 쓸모 있는 어휘(익힘책 52쪽)]

집중, 보충하다, 요약정리, 코넬식 필기법

의사소통 3권 6과 〈꼭 배워요〉의 주요 내용

[어휘]

검색창, 인터넷 화면, 로그인, 아이디, 비밀번호, 로그아웃, 버튼, 올리다, 파일, 보내다, 다운로드하다(내려받다), 보내다, 공유하다, 소식을 주고받다, 동영상, 범위, 빈자리, 사용법, 서비스, 설명서, 수도, 수도꼭지, 새벽, 온라인, 응급실, 새로, 맞다, 불만족스럽다

[문법 1] '-고 나다'

　　🔲 화장실을 사용하고 나서 불을 꺼 주세요.

[문법 2] '-는 중이다'

　　🔲 동생은 지금 세수하는 중이에요.

[문법 3] '-는다면'

　　🔲 이 일에 찬성한다면 큰 박수를 보내 주세요.

[문법 4] '-을 수밖에 없다'

　　🔲 약속에 늦어서 택시를 탈 수밖에 없다.

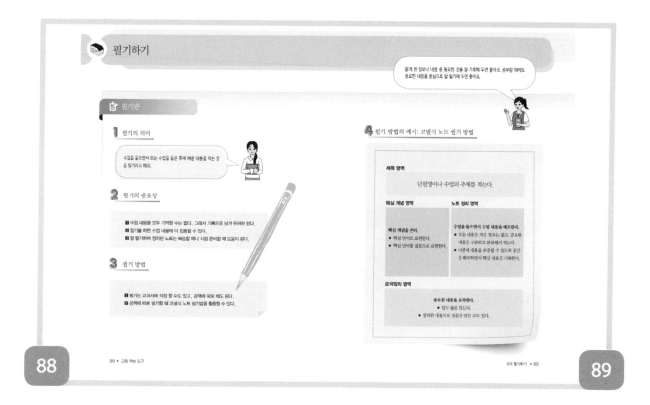

● 1차시 (의사소통 〈꼭 배워요〉와 연계할 경우 7차시)

[학습 목표]

• 필기하기에서 메모하기에 대해 안다.
• 수업을 들으면서 메모하는 방법에 대해 안다.

본문의 구성과 내용

• 본문은 **사회 교과의 필기하기 활동**에서 하게 되는 **메모하기 학습 기능**을 보여 주고 있다.
• 본문의 내용은 나나가 정보화와 관련된 사회 수업을 듣는 과정 중 일부이다. 나나는 수업을 들으면서 메모하고 있다.

도입 - 10분

1) 교사는 학생들에게 교재 88, 89쪽의 학습 활동에 대해 설명한다.

📖 "필기가 뭐예요?"

📖 "필기란 수업을 들으면서 또는 수업을 들은 후에 배운 내용을 적는 것을 말해요."

📖 "필기를 해 봤어요?"

📖 "왜 필기해요?"

📖 "우리는 수업을 듣고 수업의 내용을 모두 기억할 수 없어요. 그래서 수업 내용에 대해 그 기록을 남겨야 해요. 수업을 들으면서 필기를 하면 수업 내용에 더 집중할 수 있어요."

📖 "어떻게 필기해요?"

📖 "필기는 교과서에 직접 할 수도 있고, 공책에 따로 해도 돼요."

교수-학습 지침

익힘책 53쪽에 필기를 잘하는 방법과 과목별 필기법이 추가로 제시되어 있다. 교사는 이를 고려하여 수업을 진행한다.

2) 교사는 학생들에게 학습하기 1에서 배울 학습 기능을 소개한다.

📖 "수업을 들으면서 필기할 때 수업 내용을 메모해요. 메모하기란 어떤 내용을 잊어버리지 않기 위해 중요한 점을 간단하고 짧게 적어 두는 것을 말해요. 학습하기 1에서는 필기하기에서 메모하는 방법을 공부할 거예요."

교수-학습 지침

익힘책 54쪽에 독서하면서 메모를 하면 좋은 점과 독서하면서 책의 빈 공간에 메모하면 좋을 내용이 제시되어 있다. 교사는 이를 고려하여 수업을 진행한다.

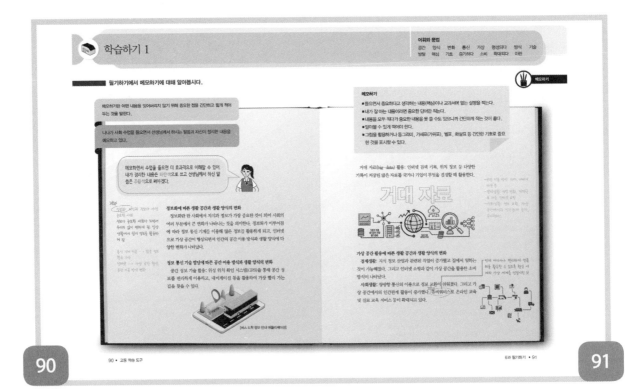

90 · 고등 학습 도구

6과 필기하기 · 91

전개 - 35분

1) 교사는 다음에 제시되는 내용을 참고하여 학생들에게 어휘와 문법을 설명한다.

공간	◆ **정의** 아무것도 없는 빈 곳이나 자리. 또는 어떤 일을 하기 위한 장소. 예 선생님께서는 교실의 깨끗한 공기를 위해 빈 공간에 화분을 놓아두었다. ● **설명** "교실에서 물고기를 키울 거예요. 어항을 놓을 수 있는 빈자리가 있어요? 어항을 놓을 수 있는 공간이 있어요? '공간'은 아무것도 없는 빈 곳이나 빈자리라는 뜻이에요."
양식	◆ **정의** 오랜 시간을 거쳐 오면서 자연스럽게 정해진 공통의 방식. 예 사람들의 생활 양식은 자연환경에 영향을 받는다. ● **설명** "보고서를 쓸 때는 공통으로 정한 방식을 지켜야 해요. 보고서를 쓸 때는 양식을 지켜야 해요. '양식'은 오랜 시간이 지나면서 자연스럽게 정해진 공통의 방법이라는 뜻이에요."
변화	◆ **정의** 무엇의 모양이나 상태, 성질 등이 달라짐. 예 수호는 고등학교에 들어간 뒤 태도에 변화가 생겼다. ● **설명** "중학교에서 고등학교에 가면 마음이 달라져요. 마음의 변화가 있어요. '변화'는 무엇의 모양이나 상태, 성질이 달라진다는 뜻이에요. 여러분은 고등학생이 되고 뭐가 변했어요?"
통신	◆ **정의** 우편이나 전신, 전화 등으로 정보나 소식 등을 전달함. 예 수업 시간에 통신 기기를 사용하면 안 된다. ● **설명** "옛날에는 멀리 있는 사람에게 연락하기가 힘들었어요. 요즘은 전화로 언제 어디서나 누구와 통신이 가능해요. '통신'은 우편이나 전화로 정보나 소식을 전한다는 뜻이에요."
가상	◆ **정의** 사실이 아닌 것을 지어내어 사실처럼 생각함. 예 학교에 가상 현실 체험 기계가 설치되어 체험해 보기로 했다. ● **설명** "여러분은 지금 운전할 수 없어요. 그런데 요즘 진짜 운전을 하는 것처럼 가상 체험을 할 수 있어요. '가상'은 사실이 아닌 것을 만들어서 사실처럼 생각한다는 뜻이에요."
형성되다	◆ **정의** 어떤 모습이나 모양이 갖추어지다. 예 사람들이 모여 살면서 도시가 형성되었다. ● **설명** "어린아이가 자라면서 여러 사람을 만나요. 다양한 사람을 만나면서 성격이 만들어져요. 성격이 형성돼요. '형성되다'는 어떤 모습이 만들어진다는 뜻이에요."
방식	◆ **정의** 일정한 방법이나 형식. 예 민우가 수학 문제를 쉽게 푸는 방식을 알려 줬다. ● **설명** "수학 문제를 푸는 방식을 알면 수학 문제를 쉽게 풀 수 있어요. '방식'은 방법이라는 뜻이에요"

기술	◆ **정의** 과학 이론을 실제로 적용하여 인간 생활에 쓸모가 있게 하는 수단.
	예 과학 기술 때문에 인간의 삶은 과거에 비해 훨씬 더 편리해졌다.
	● **설명** "자동차 기술이 좋아져서 이제 자동차가 혼자 운전도 해요. '기술'은 과학 이론을 실제로 사용해서 생활에 도움이 되게 하는 것이에요."

발달	◆ **정의** 학문, 기술, 문명, 사회 등의 현상이 보다 높은 수준에 이름.
	예 통신의 발달로 언제 어디서나 인터넷이 가능하게 되었다.
	◆ **정보** (비슷한 말) 발전
	● **설명** "옛날에는 비행기가 없었어요. 다른 나라에 가려면 걷거나 말을 탔어요. 그리고 배를 타고 바다를 건넜어요. 그리고 비행기가 생겼어요. 비행기로 다른 나라에 빨리 갈 수 있어요. 교통이 발달되었어요. '발달'은 학문, 기술, 문명, 사회 등이 더 좋아진다는 뜻이에요."

핵심	◆ **정의** 가장 중심이 되거나 중요한 내용.
	예 이 보고서는 팀원들이 모은 자료에서 내용만 정리한 것이다.
	◆ **정보** (비슷한 말) 요점
	● **설명** "시험을 보는 날 교과서를 전부 다 볼 시간이 없어요. 가장 중심이 되거나 중요한 부분만 보는 것이 좋아요. 핵심 내용을 주로 봐야 해요. '핵심'은 가장 중심이 되거나 중요한 내용이라는 뜻이에요."

기호	◆ **정의** 어떤 뜻을 나타내기 위해 쓰는 여러 가지 표시.
	예 수학에는 곱하기, 루트 등 여러 가지를 기호가 사용된다.
	● **설명** (하트 모양(♥)을 보여 주며) 사랑은 이렇게 표시할 수 있어요. '기호'는 어떤 뜻을 나타내기 위해 쓰는 여러 가지 표시예요. 중요한 것을 표시할 때 어떤 기호를 사용해요?"

증가하다	◆ **정의** 수나 양이 더 늘어나거나 많아지다.
	예 올해 우리 동아리의 학생 수가 크게 증가했다.
	◆ **정보** (반대되는 말) 감소하다
	● **설명** "기타 동아리 회원이 5명 있었어요. 올해에 15명이 들어와서 20명이 되었어요. 기타 동아리 회원이 증가했어요. '증가하다'는 수나 양이 더 늘어나거나 많아진다는 뜻이에요."

소비	◆ **정의** 돈, 물건, 시간, 노력, 힘 등을 써서 없앰.
	예 학교에서 물 소비를 줄이기 위해 물 아껴 쓰기 운동을 하고 있다.
	◆ **정보** (반대되는 말) 생산
	● **설명** "저는 돈을 많이 사용했어요. 돈을 많이 사용해서 없앴어요. 저는 돈을 많이 소비했어요. '소비'는 돈, 물건, 시간, 노력 등을 써서 없앤다는 뜻이에요."

확대되다	◆ **정의** 모양이나 규모 등이 원래보다 더 커지다.
	예 공정한 선거를 위한 시민운동이 전 국민이 참여하는 운동으로 확대되었다.
	◆ **정보** (반대되는 말) 축소되다
	● **설명** "이 축제에 우리 학교만 참여했어요. 그런데 지금은 다른 학교도 같이 참여해요. 그래서 점점 넓어지고 커졌어요. 축제가 확대됐어요. '확대되다'는 모양이나 규모 등이 원래보다 더 커진다는 뜻이에요."

이란	◆ **정의** 어떤 대상을 특별히 들어 화제로 삼음을 나타내는 조사.
	예 진정한 친구란 어려울 때 도와주는 사람이다.
	◆ **정보** 명사의 끝음절에 받침이 있으면 '이란'을 쓰고, 명사의 끝음절에 받침이 없으면 '란'을 쓴다. '은'을 사용하는 것보다 '이란'을 사용하면 화제가 더 강조되는 경향이 있다.
	● **설명** "진짜 친구는 어떤 친구예요? 제가 생각하는 친구란 힘들 때 도와주는 사람이에요. '이란'은 어떤 대상을 특별한 주제로 놓고 말하려고 할 때 사용해요."

2) 교사는 학생들에게 교재 90, 91쪽에 제시된 내용을 읽게 한다.

　🔲 "나나가 사회 수업을 들으면서 선생님께서 하시는 말씀과 자신이 정리한 내용을 메모하고 있어요. 어떻게 메모했는지 한번 읽어 보세요."

3) 교사는 학생들에게 세부 내용을 확인하는 질문을 한다.

　🔲 "정보화 사회가 뭐예요?"

　🔲 "정보화 사회에서는 무엇을 많이 이용해요?"

　🔲 "정보화에 따라 무엇이 변해요?"

　🔲 "공간 정보 기술을 이용하면 뭐가 좋아요?"

　🔲 "거대 자료를 누가 활용해요?"

　🔲 "가상 공간 활용에 따라 뭐가 변해요?"

　🔲 "경제생활은 어떻게 변해요?"

　🔲 "사회생활은 어떻게 변해요?"

4) 교사는 학생들에게 학습 기능에 대해 확인하는 질문을 한다.

　🔲 "메모할 때에는 어떤 것을 적어야 해요?"

　🔲 "나나는 어떻게 메모했어요?"

　🔲 "나나가 정리한 내용은 파란색으로 쓰고 선생님께서 사용하는 말씀은 주황색으로 썼어요. 그리고 중요한 내용에 동그라미와 별표를 하고 단어를 이용하여 간단하게 정리했어요."

　🔲 "'유비쿼터스'를 어떻게 메모했어요?"

　🔲 "유비쿼터스를 기호로 표시하고 그림을 이용하여 유비쿼터스를 정리했어요."

교사는 학습 내용을 정리하며 수업을 마무리한다.

- 📖 "나나가 사회 수업을 들으면서 선생님께서 하시는 말씀과 자신이 정리한 내용을 메모했어요."
- 📖 "정보화는 지식과 정보가 가장 중요한 사회예요."
- 📖 "정보 통신 기술 발달에 따라 공간 이용 방식과 생활 양식이 변했어요. 집에서 일하는 것이 가능해졌고, 가상 공간에서의 인간관계 활동이 증가했어요."
- 📖 "이처럼 수업을 들으면서 중요하다고 생각하는 내용(핵심)이나 교과서에 없는 설명을 적을 수 있어요. 이때 모든 내용을 적을 필요가 없어요. 알아볼 수 있게 간단하게 적는 것이 중요해요. 그리고 글씨 색깔을 다르게 하거나 동그라미, 별표 등 간단한 기호를 이용하여 중요한 것을 표시할 수 있어요."

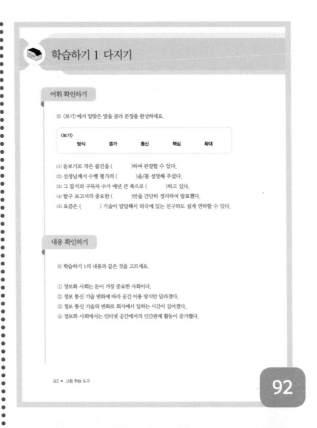

[학습 목표]

- 필기하기에서 메모하기에 대해 안다.
- 산업화에 대한 영상을 보면서 메모할 수 있다.

어휘 확인하기 - 10분

1) 교사는 학생들에게 '어휘 확인하기' 문제를 풀게 한다.
   - 📖 "〈보기〉를 보세요. 앞에서 배운 어휘가 있어요."
   - 📖 "'방식'이란 일정한 방법이나 형식이죠."
   - 📖 "'증가'란 수나 양이 더 늘어나거나 많아지는 것이에요."
   - 📖 "'통신'이란 우편이나 전신, 전화 등으로 정보나 소식 등을 전달하는 것이에요."
   - 📖 "'핵심'이란 가장 중심이 되거나 중요한 부분이에요."
   - 📖 "'확대'란 모양이나 규모 등이 원래보다 더 커지는 것이에요."
2) 교사는 학생들과 함께 문제의 답을 확인한다.

> 정답
> (1) 확대 (2) 방식 (3) 증가 (4) 핵심 (5) 통신

내용 확인하기 - 5분

1) 교사는 학생들에게 '내용 확인하기' 문제를 풀게 한다.

🔲 "앞에서 나나가 정보화에 관한 수업을 들으면서 메모하는 과정을 봤어요. 학습하기 1의 내용과 같은 것을 고르세요."

2) 교사는 학생들과 함께 문제의 답을 확인한다.

🔲 "정보화 사회는 돈이 아니라 정보가 가장 중요한 사회예요."

🔲 "정보 통신 기술 변화에 따라 공간 이용 방식과 생활 양식이 변했어요."

🔲 "정보 통신 기술의 변화로 집에서 일하는 것이 가능해졌어요."

🔲 "정보화 사회에서는 인터넷이라는 가상 공간에서의 인간관계 활동이 증가했어요."

🔲 "따라서 답은 ④번이에요."

정답

④

① 정보화 사회에서는 정보가 가장 중요하다.

② 정보 통신 기술 변화에 따라 공간 이용 방식과 생활 양식이 변했다.

③ 통신 기술의 변화로 집에서 일하는 것이 가능해졌다.

④ (91쪽 본문) '그리고 가상 공간에서의 인간관계 활동이 증가했다.'라는 내용을 보면 알 수 있다.

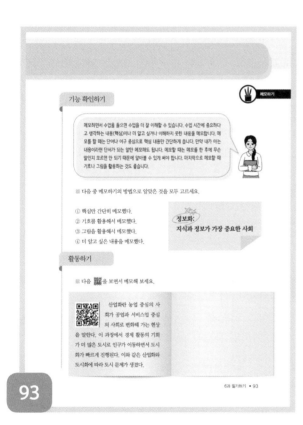

93

기능 확인하기 - 10분

1) 학습하기 1에서 배운 '메모하기' 기능을 정리한다.

🔲 "앞에서 나나가 수업을 들으면서 메모하는 과정을 통해 메모하기에 대해 배웠어요. 메모하면서 수업을 들으면 수업을 더 잘 이해할 수 있어요. 수업 시간에 중요하다고 생각하는 내용(핵심)이나 더 알고 싶거나 이해하지 못한 내용을 메모해요. 메모를 할 때는 단어나 어구 중심으로 핵

심 내용만 간단하게 써요. 만약 내가 아는 내용이라면 단서가 되는 말만 메모해도 돼요. 메모할 때는 메모를 한 후에 무슨 말인지 모르면 안 되기 때문에 알아볼 수 있게 써야 해요. 마지막으로 메모할 때 기호나 그림을 활용하는 것도 좋아요."

2) 교사는 학생들에게 '기능 확인하기' 문제를 풀게 한다.

🔲 "다음 중 메모하기의 방법으로 알맞은 것을 모두 고르세요."

3) 교사는 학생들과 함께 문제의 답을 확인한다.

🔲 "정보화가 무엇인지 핵심만 간단하게 메모했어요. 그리고 동그라미와 별표를 사용하여 중요하다는 것을 표시했어요. 따라서 답은 ①번과 ②번이에요."

정답

①, ②

활동하기 - 25분

1) 교사는 학생들에게 '활동하기'의 방법을 설명한 후 활동을 하게 한다.

🔲 "산업화에 대한 글과 수업 영상이 있어요. 글을 읽고 수업 영상을 보면서 메모해 볼 거예요. 먼저 글을 읽어 보세요."

🔲 "산업화가 뭐예요?"

🔲 "산업화의 과정에서 사람들이 어디로 이동했어요?"

🔲 "산업화에 따라 무엇이 일어났어요?"

🔲 "도시화가 일어났어요. 도시화는 도시의 문화가 전해져서 도시가 아닌 곳이 도시처럼 되는 것이에요."

🔲 "도시 문제는 왜 생겼어요?"

🔲 "산업화에 대한 수업 영상이 있어요. 이제 수업 영상을 보면서 메모해 보세요."

교수-학습 지침

학생들이 배운 메모 방법을 이용하여 자유롭게 메모해 보게 한다. 잘 못하는 학생들이 있으면 QR 코드 영상에서 말한 중요한 내용을 찾아 표시하게 하는 활동을 진행해도 좋다.

2) 교사는 학생들과 함께 활동의 결과를 확인한다.

🔲 "메모했어요? 어떻게 메모했는지 확인해 봐요."

예시 답안

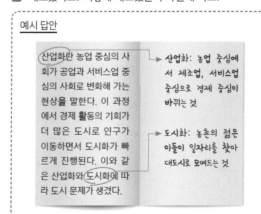

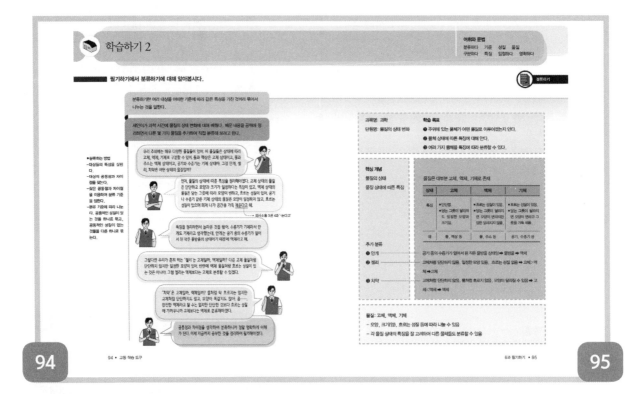

● 3차시 (의사소통 〈꼭 배워요〉와 연계할 경우 9차시)

[학습 목표]

- 필기하기에서 분류하기에 대해 안다.
- 수업 시간에 배운 내용을 분류하여 필기하는 방법에 대해 안다.

본문의 구성과 내용

- 본문은 **과학 교과의 필기하기 활동**에서 하게 되는 **분류하기 학습 기능**을 보여 주고 있다.
- 본문의 내용은 세인이가 과학 시간에 배운 물질의 상태 변화의 내용을 코넬식 노트 필기 방법으로 정리하는 과정 중 일부이다. 세인이는 배운 내용을 활용하여 몇 가지 물질을 추가로 직접 분류하고 있다.

도입 - 10분

1) 교사는 교재 88, 89쪽에서 배운 학습 활동에 대해 복습한다.
    🔲 "(89쪽의 코넬식 노트 필기 방법 그림을 가리키며) 이게 뭐예요?"
    🔲 "필기는 교과서에 직접 할 수도 있고 공책에 따로 해도 돼요. 잘 정리한 필기는 복습할 때나 시험 준비할 때 도움이 돼요. 공책에 필기하는 방법 중에 코넬식 노트 필기 방법이 있어요. 코넬식 노트 필기 방법은 원명이나 수업의 주제를 쓰는 '제목 영역', 중요한 단어를 쓰는 '핵심 개념 영역', 핵심 개념 내용을 설명하는 '노트 정리 영역'과 배운 내용을 정리하는 '요약정리 영역'으로 나누어서 내용을 정리하는 것이에요. 노트 정리할 때 중요한 내용을 분류해

서 적으면 나중에 보기 편해요."

2) 교사는 학생들에게 학습하기 2에서 배울 학습 기능을 소개한다.
    🔲 "필기를 할 때에 공통점이 있는 것끼리 묶어서 분류해서 정리하면 특징을 더 잘 이해할 수 있어요."
    🔲 "분류하기란 여러 대상을 어떤 기준에 따라 같은 특성을 가진 것끼리 묶어서 나누는 것을 말해요. 학습하기 2에서는 필기를 할 때 분류하는 방법을 공부할 거예요."

교수-학습 지침

익힘책 56쪽에 분류와 분석의 차이가 제시되어 있다. 교사는 이를 고려하여 수업을 진행한다.

전개 - 35분

1) 교사는 다음에 제시되는 내용을 참고하여 학생들에게 어휘와 문법을 설명한다.

분류하다	◆ **정의** 여럿을 종류에 따라서 나누다. 　　🔲 우리 반은 항상 쓰레기를 분류해서 버린다. ◆ **설명** "플라스틱병이랑 종이랑 같이 버리면 안돼요. 플라스틱이랑 종이를 종류에 따라서 나눠야 해요. 종류에 따라 분류해야 해요. '분류하다'는 여러 가지를 종류에 따라서 나눈다는 뜻이에요."

기준	◆ **정의** 구별하거나 정도를 판단하기 위하여 그것과 비교하도록 정한 대상이나 잣대. 　🔢 선생님께서 수행 평가의 평가 기준을 설명해 주셨다. ● **설명** "글쓰기 대회에서 누구에게 상을 줘야 할까요? 많은 내용을 길게 쓴 사람에게 줄까요, 짧아도 새롭게 쓴 사람에게 줘야 할까요? 상을 주는 정확한 기준이 필요해요. '기준'은 어떤 것에 대한 생각을 정하기 위한 것이에요."
성질	◆ **정의** 사물이나 현상이 가지고 있는 고유의 특징. 　🔢 액체는 높은 곳에서 낮은 곳으로 흐르는 성질이 있어요. ● **설명** "물은 손에 잡히지 않아요. 위에서 물을 쏟으면 아래로 내려가는 특징이 있어요. 물은 위에서 아래로 흐르는 성질이 있어요. '성질'은 사물이나 현상이 원래부터 가지고 있는 특징이라는 뜻이에요."
물질	◆ **정의** 공간의 일부를 차지하고 질량을 갖는 요소. 　🔢 빛은 유리와 같이 투명한 물질을 쉽게 통과한다. ◆ **정보** (비슷한 말) 물체 ● **설명** "아이들 장난감에서 몸에 안 좋은 것이 나왔어요. 몸에 안 좋은 물질이 나왔어요."
구분하다	◆ **정의** 어떤 기준에 따라 전체를 몇 개의 부분으로 나누다. 　🔢 나는 이미 읽은 책과 아직 읽지 않은 책을 구분하여 책장에 정리했다. ◆ **정보** (비슷한 말) 구별하다 　(반대되는 말) 종합하다 ● **설명** "여기 책이 많이 있어요. 읽은 책과 안 읽은 책으로 구분해 보세요. '구분하다'는 어떤 기준에 따라 전체를 몇 개 부분으로 나눈다는 뜻이에요."
특징	◆ **정의** 다른 것에 비해 특별히 달라 눈에 띄는 점. 　🔢 우리 반 친구들은 자기만의 개성과 특징을 가지고 있다. ◆ **정보** (비슷한 말) 특색 ● **설명** "한국에는 다양한 김치가 있어요. 김치는 지방마다 맛이 달라요. 강원도 지방은 바다와 가까워서 김치를 만들 때 해산물을 사용하기도 해요. 강원도에는 오징어 김치도 있어요. 강원도 지방의 김치는 싱싱한 해산물을 활용하는 것이 특징이에요. '특징'은 다른 것과 비교해서 특별히 달라 눈에 보이는 점이라는 뜻이에요."
일정하다	◆ **정의** 여럿의 크기, 모양, 시간, 범위 등이 하나로 정해져서 똑같다. 　🔢 민우는 책상을 일정한 간격으로 정리하였다. ● **설명** "엄마가 사과를 자를 때 똑같은 모양으로 잘라요. 엄마가 사과를 자를 때 일정한 모양으로 잘라요. '일정하다'는 여러 가지의 크기, 모양, 시간, 범위가 정해져서 똑같다는 뜻이에요."

명확하다	◆ **정의** 분명하고 확실하다. 　🔢 인간이 언제부터 언어를 쓰기 시작했는지는 명확하게 알 수 없다. ◆ **정보** (반대되는 말) 불명확하다 ● **설명** "자신의 의견을 이야기할 때는 분명하고 확실하게 해야 해요. 자신의 의견을 이야기할 때는 명확하게 말해야 해요. '명확하다'는 분명하고 확실하다는 뜻이에요."

2) 교사는 학생들에게 교재 94, 95쪽에 제시된 내용을 읽게 한다.

　📖 "세인이가 과학 시간에 물질의 상태 변화에 대해 배웠어요. 배운 내용을 공책에 정리하면서 다른 몇 가지 물질을 추가로 직접 분류해 보려고 해요. 어떻게 분류했는지 한번 읽어 보세요."

3) 교사는 학생들에게 세부 내용을 확인하는 질문을 한다.

　📖 "물질은 상태에 따라 어떻게 구분할 수 있어요?"

　📖 "돌, 책상, 물, 주스, 공기, 수증기는 어떻게 구분할 수 있어요?"

　📖 "고체, 액체, 기체의 특징은 뭐예요?"

　📖 "세인이는 추가로 무엇을 분류했어요?"

　📖 "안개, 젤리, 치약을 분류했어요."

　📖 "안개는 고체, 액체, 기체 중에 뭐예요?"

　📖 "젤리는 무엇으로 분류할 수 있어요?"

　📖 "치약은 무엇으로 분류할 수 있어요?"

　📖 "세인이는 안개, 젤리, 치약을 분류한 다음에 무엇을 했어요?"

　📖 "코넬식 노트 필기 방법을 이용하여 필기했어요."

4) 교사는 학생들에게 학습 기능에 대해 확인하는 질문을 한다.

　📖 "어떻게 분류할 수 있어요?"

　📖 "안개, 젤리, 치약처럼 분류 기준에 정확하게 맞지 않으면 어떻게 해요?"

　📖 "분류할 것이 분류 기준에 정확하게 맞지 않으면 가까운 특징으로 분류할 수 있어요."

교사는 학습 내용을 정리하며 수업을 마무리한다.

🔟 "세인이가 과학 시간에 물질의 상태 변화에 대해 배운 후에 배운 내용을 공책에 정리하면서 다른 몇 가지 물질을 추가로 분류해 봤어요."

🔟 "우리 주변의 물체는 고체, 액체, 기체로 구분할 수 있어요."

🔟 "고체는 단단하고 담는 그릇이 달라져도 모양과 크기가 일정하다는 특징이 있어요. 액체는 흐르는 성질이 있고 담는 그릇이 달라지면 모양이 변하지만 양은 달라지지 않는다는 특징이 있어요. 기체는 흐르는 성질이 있고, 담는 그릇이 달라지면 모양이 변하고 그릇을 가득 채운다는 특징이 있어요."

🔟 "세인이는 안개, 젤리, 치약을 추가로 분류했어요."

🔟 "분류할 때는 먼저 대상의 특성을 살피어 공통점과 차이점을 찾아요. 그리고 찾은 공통점과 차이점을 이용하여 분류의 기준을 세우고, 그 기준에 따라 대상을 나눠요."

🔟 "세인이는 물질 상태의 특징과 추가로 분류할 대상의 특징을 비교하여 공통점이 있는 것으로 분류했어요."

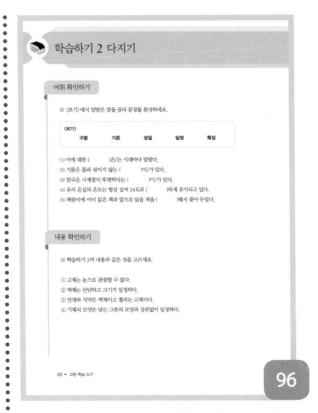

96

● **4차시**(의사소통 〈꼭 배워요〉와 연계할 경우 10차시)

[학습 목표]
• 필기하기에서 분류하기에 대해 안다.
• 기준에 따라 동물을 분류할 수 있다.

어휘 확인하기 - 10분

1) 교사는 학생들에게 '어휘 확인하기' 문제를 풀게 한다.

🔟 "〈보기〉를 보세요. 앞에서 배운 어휘가 있어요."

🔟 "'구분'이란 어떤 기준에 따라 전체를 몇 개의 부분으로 나누는 것이죠."

🔟 "'기준'이란 구별하거나 정도를 판단하기 위하여 그것과 비교하도록 정한 대상이에요."

🔟 "'성질'이란 사물이나 현상이 가지고 있는 원래의 특징이에요."

🔟 "'일정'이란 여럿의 크기, 모양, 시간, 범위 등이 하나로 정해져서 똑같은 것이에요."

🔟 "'특징'이란 다른 것에 비해 특별히 달라 눈에 띄는 점이에요."

2) 교사는 학생들과 함께 문제의 답을 확인한다.

> **정답**
> (1) 기준 (2) 성질 (3) 특징 (4) 일정 (5) 구분

1) 교사는 학생들에게 '내용 확인하기' 문제를 풀게 한다.
   - 🖥 "앞에서 세인이가 과학 시간에 배운 물질의 상태 변화를 이용하여 다른 물질들을 분류하는 과정을 봤어요. 학습하기 2의 내용과 같은 것을 고르세요."

2) 교사는 학생들과 함께 문제의 답을 확인한다.
   - 🖥 "돌과 책상이 고체예요. 고체는 눈으로 관찰할 수 있어요."
   - 🖥 "단단하고 크기가 일정한 것은 액체가 아니라 고체예요."
   - 🖥 "안개와 치약은 액체로 분류할 수 있고 젤리는 고체로 분류할 수 있어요."
   - 🖥 "기체는 담는 그릇에 따라 모양이 달라져요."
   - 🖥 "따라서 답은 ③번과 ④번이에요."

> **정답**
> ③,④
> ① 돌, 책상 등과 같은 고체는 눈으로 관찰할 수 있다.
> ② 단단하고 크기가 일정한 것은 고체이다.
> ③ (94쪽 본문) '안개는 공기 중의 수증기가 얼어서 된 작은 물방울의 상태이기 때문에 액체라고 해.', '젤리는 액체보다 고체로 분류할 수 있겠다.', '치약은 완전한 액체라고 할 수 없지만 단단한 것보다 흐르는 성질에 가까우니까 고체보다는 액체로 분류해야겠다.'라는 내용을 보면 알 수 있다.
> ④ (95쪽 본문) '기체: 담는 그릇이 달라지면 모양이 변하고 그릇을 가득 채움'이라는 내용을 보면 알 수 있다.

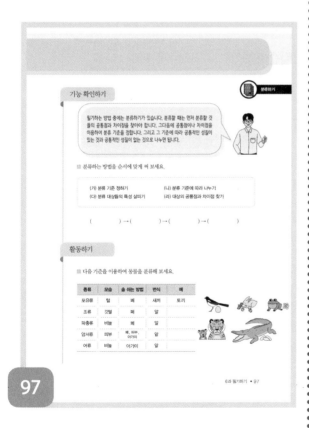

97

1) 학습하기 2에서 배운 '분류하기' 기능을 정리한다.
   - 🖥 "앞에서 세인이가 배운 내용을 공책에 정리하면서 직접 물질을 분류하는 과정을 통해 분류하기에 대해 배웠어

요. 필기하는 방법 중에는 분류하기가 있어요. 분류할 때는 먼저 분류할 것들의 공통점과 차이점을 찾아야 해요. 그다음에 공통점이나 차이점을 이용하여 분류 기준을 정해요. 그리고 그 기준에 따라 공통적인 성질이 있는 것과 공통적인 성질이 없는 것으로 나누면 돼요."

2) 교사는 학생들에게 '기능 확인하기' 문제를 풀게 한다.
   - 🖥 "분류하는 방법을 순서에 맞게 써 보세요."

3) 교사는 학생들과 함께 문제의 답을 확인한다.
   - 🖥 "분류할 때는 먼저 분류하는 대상들의 특성을 살펴요. 그리고 대상의 공통점과 차이점을 찾아요. 그다음에 공통점과 차이점 중에서 하나의 특성을 분류 기준으로 정해요. 마지막으로 분류 기준에 따라서 대상을 나눠요. 따라서 답은 '(다)→(라)→(가)→(나)'예요."

> **정답**
> (다) → (라) → (가) → (나)

1) 교사는 학생들에게 '활동하기'의 방법을 설명한 후 활동을 하게 한다.
   - 🖥 "여기 여러 동물들이 있어요. 분류 기준을 이용하여 동물을 분류할 거예요."
   - 🖥 "어떤 동물이 있어요?"
   - 🖥 "까치, 토끼, 호랑이, 개구리, 악어가 있어요."
   - 🖥 "동물은 어떻게 나눌 수 있어요?"
   - 🖥 "동물은 포유류, 조류, 파충류, 양서류, 어류로 나눌 수 있어요."
   - 🖥 "토끼처럼 같이 온몸이 털로 덮여 있고, 폐로 숨을 쉬고, 새끼를 낳아 젖을 먹여 기르는 동물을 '포유류'라고 해요."
   - 🖥 "제시된 기준을 이용하여 '까치, 호랑이, 개구리, 악어'를 분류해 보세요."

2) 교사는 학생들과 함께 활동의 결과를 확인한다.
   - 🖥 "까치는 모습이 어때요? 털이에요? 깃털이에요? 비늘이에요? 피부예요? 까치는 모습이 깃털이에요. 그래서 까치는 조류예요."
   - 🖥 "호랑이는 털이 있어요. 그래서 포유류예요."
   - 🖥 "개구리는 모습이 피부예요. 그래서 양서류예요."
   - 🖥 "악어는 모습이 비늘이에요. 비늘이 있는 것은 파충류와 어류가 있어요. 그럼 악어는 어떻게 숨을 쉬어요? 악어는 폐로 숨을 쉬어요. 그래서 악어는 파충류예요."

> **정답**
>
> | 종류 | 모습 | 숨쉬는 방법 | 번식 | 예 |
> |------|------|------------|------|-----|
> | 포유류 | 털 | 폐 | 새끼 | 토끼, 호랑이 |
> | 조류 | 깃털 | 폐 | 알 | 까치 |
> | 파충류 | 비늘 | 폐 | 알 | 악어 |
> | 양서류 | 피부 | 폐, 피부, 아가미 | 알 | 개구리 |
> | 어류 | 비늘 | 아가미 | 알 | × |

7과 　복습하기

● 학습 목표

- 복습의 필요성과 복습 방법에 대해 안다.
- 배운 내용에서 구성 요소와 속성을 확인할 수 있다.
- 배운 내용에서 핵심적인 내용을 분석할 수 있다.

● 단원 내용

1. 학습 활동: 복습하기
2. 학습 기능: 구성 요소와 속성 확인하기 – 배운 내용
　　　　　　전반에 대한 내용 확인 하기
　　　　　　핵심 정리하기 – 핵심 내용 분석해 내기
3. 학습 주제: 국가의 개념
　　　　　　멘델의 법칙

● 수업 개요

1·2차시(학습하기 1): 복습하기에서 구성 요소와 속성
　　　　　　　　　　확인하기에 대해 안다.

3·4차시(학습하기 2): 복습하기에서 핵심 정리하기에
　　　　　　　　　　대해 안다.

● 어휘 및 문법

[학습하기 1]

요소, 속성, 부가적, 조직, 주체, 포괄적, 개념, 범위, 영역, 교류

[학습하기 2]

파악하다, 실험, 대립, 현상, 예상하다, 체계적, 단원, 발견하다

[알면 쓸모 있는 어휘(익힘책 60쪽)]

규칙적, 주기, 꾸준히, 떠올리다, 합치다, 소모하다

의사소통 3권 7과 〈꼭 배워요〉의 주요 내용

[어휘]

자유 여행, 단체 여행, 배낭여행, 짐을 싸다, 세면도구, 비상약, 여행 안내서, 경비, 숙소, 민박, 호텔, 볼거리, 먹을거리, 기념품, 경치가 멋지다, 꽃밭, 박, 올림픽, 정문, 주인아주머니, 천년, 기대하다, 빠뜨리다, 아끼다, 입원하다, 젖다, 체하다, 심하다, 저렴하다

[문법 1] '-어 가지고'

　　예 늦게 일어나 가지고 지각했어요.

[문법 2] '-어 오다'

　　예 드디어 기대해 온 배낭여행을 갈 수 있게 되었어요.

[문법 3] '-거든'

　　예 정호는 인기가 많아. 생각도 깊고 마음도 넓거든.

[문법 4] '-어 있다'

　　예 양말이 아직도 젖어 있어요.

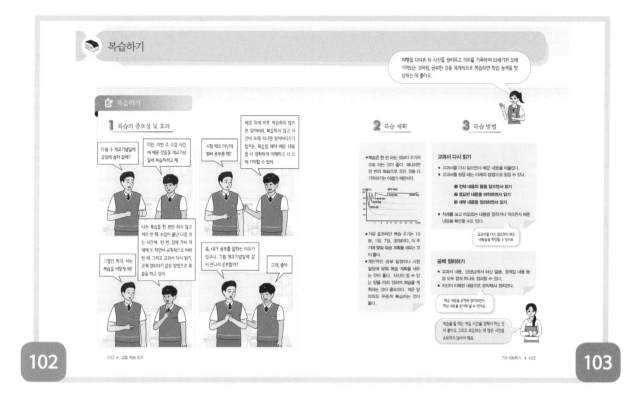

● 1차시 (의사소통 〈꼭 배워요〉와 연계할 경우 7차시)

[학습 목표]

• 복습하기에서 구성 요소와 속성 확인하기에 대해 안다.

• 복습할 때 구성 요소와 속성을 확인하는 방법에 대해 안다.

본문의 구성과 내용

• 본문은 **사회 교과의 복습하기 활동에서 하게 되는 구성 요소와 속성 확인하기 학습 기능**을 보여 주고 있다.

• 본문의 내용은 소연이가 사회 시간에 배운 '국가'의 개념을 복습하는 과정 중 일부이다. 국가의 개념을 이해하기 위해 국가를 이루는 구성 요소와 속성을 확인하고 있다.

도입 - 10분

1) 교사는 학생들에게 교재 102, 103쪽의 학습 활동에 대해 설명한다.

🔲 "복습을 해 봤어요?"

🔲 "복습은 어떤 효과가 있을까요?"

🔲 "배운 뒤에 복습을 하지 않으면 잊어버리기 쉬워요. 그래서 배운 내용을 더 정확하게 이해하고 더 오래 기억하기 위해서는 복습을 해야 해요."

🔲 "복습은 한 번 하는 것보다 여러 번 하는 것이 더 좋아요. 왜냐하면 한 번의 복습으로 모든 것을 다 기억하기는 어렵기 때문이에요. 가장 효과적인 복습 주기는 10분, 1일, 7일, 30일이에요. 이 주기에 맞춰서 복습 계획을 세우는 게 좋아요. 그리고 복습할 때는 적은 양이라도 꾸준히 하는 게 좋아요."

🔲 "복습 방법에는 어떤 방법들이 있어요?"

🔲 "복습 방법에는 교과서 다시 읽기와 공책 정리하기 방법이 있어요."

🔲 "교과서를 다시 읽으면서 복습을 하면 배운 내용을 확인할 수 있어요. 교과서를 다시 읽을 때는 전체 내용의 틀을 잡으면서 읽기, 중요한 내용을 파악하면서 읽기, 세부 내용을 정리하면서 읽기의 방법으로 진행할 수 있어요."

🔲 "교과서 앞부분에 있는 차례를 보고 떠오르는 내용을 말하거나 적으면서 배운 내용을 확인해 볼 수도 있어요."

🔲 "공책을 정리하면서 복습할 때는 교과서 내용, 수업 시간에 선생님께서 하신 말씀, 문제집 내용 등을 모두 합쳐 하나로 정리할 수 있어요. 이때 자신이 이해한 내용으로 요약해서 정리하면 보기도 쉽고 시험 보기 전에 도움이 될 거예요."

교수-학습 지침

익힘책 61쪽에 교과서로 복습하는 방법과 다른 복습 방법이 추가로 제시되어 있다. 교사는 이를 고려하여 수업을 진행한다.

2) 교사는 학생들에게 학습하기 1에서 배울 학습 기능을 소개한다.

🔲 "복습할 때 구성 요소와 속성 확인을 통해 개념을 더 정확히 이해할 수 있어요."

🔲 "구성 요소와 속성 확인하기란 대상이 어떤 부분들로 이루어져 있는지를 알고 그것들의 특징을 분명하게 확인하는 것을 말해요. 학습하기 1에서는 복습하기에서 구성 요소와 속성을 확인하는 방법을 공부할 거예요."

교수-학습 지침

익힘책 62쪽에 구성 요소와 속성의 의미, 한글의 구성 요소와 속성이 제시되어 있다. 교사는 이를 고려하여 수업을 진행한다.

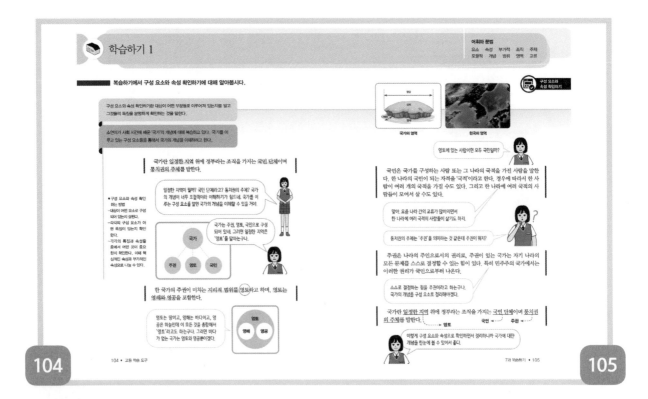

전개 - 35분

1) 교사는 다음에 제시되는 내용을 참고하여 학생들에게 어휘와 문법을 설명한다.

요소	◆ **정의** 무엇을 이루는 데 반드시 있어야 할 중요한 성분이나 조건. **예** 인물, 사건, 배경은 소설에서 반드시 필요한 3대 요소이다. ● **설명** "성공을 할 때 반드시 있어야 하는 중요한 조건이 뭐예요? 저는 노력과 성실이라고 생각해요. 성공의 요소가 노력과 성실이라고 생각해요. '요소'는 무엇을 이루는 데 반드시 있어야 할 중요한 조건이라는 뜻이에요."
속성	◆ **정의** 사물이 본래부터 가지고 있는 특징이나 성질. **예** 인간은 사회적 속성과 자연적 속성을 모두 가지고 있다. ● **설명** "어떤 사람은 인간이 사회적 속성을 가지고 있다고 해요. 이것은 사람이 혼자 있는 것보다 다른 사람들과 함께 있는 것을 좋아하여 단체에 들어가고 싶어 한다는 것이에요. '속성'은 사물이 원래 가지고 있는 특징이나 성질이라는 뜻이에요."
부가적	◆ **정의** 주된 것에 덧붙는 것 또는 이미 있는 것에 더한 것. **예** 이 여행 안내서에는 혼자 여행할 때 알면 좋은 부가적인 정보가 들어 있다. ● **설명** "과학 책에서 우주가 만들어진 원리에 대한 부분을 읽었는데 잘 모르겠어요. 조금 더 설명이 필요해요. 부가적인 설명이 있으면 좋겠어요. '부가적'은 중요하거나 이미 있는 것에 내용을 더 더한 것이에요."

조직	◆ **정의** 어떤 목표를 이루기 위해 여럿이 모여 체계 있는 집단을 이룸. 또는 그 집단. **예** 두레는 어려운 일이 있을 때 서로 돕고 함께 일하기 위해 농촌에서 만든 전통 조직이다. ● **설명** "학교에서 다른 친구들과 함께 공부하고 있어요. 학교에서 조직 생활을 하고 있어요. '조직'은 어떤 목표를 이루기 위해 여럿이 모인 집단이라는 뜻이에요."
주체	◆ **정의** 어떤 단체나 물건의 중심이 되는 부분. 또는 움직임이나 행동의 중심이 되는 것. **예** 학교 축제는 학생들이 주체가 되어 진행됐다. ● **설명** "이번 축제는 선생님의 도움 없이 학생들이 중심이 되어서 해 보기로 했어요. 이번 축제의 주체는 학생들이에요. '주체'는 일이나 행동의 중심이 되는 것이라는 뜻이에요."
포괄적	◆ **정의** 어떤 대상이나 현상을 하나의 범위 안에 묶어 넣는 것. **예** 모든 학생이 동등한 교육을 받을 수 있는 포괄적인 교육 과정이 개발됐다. ● **설명** "언어는 한국어, 영어, 중국어 등 여러 나라의 말을 모두 포괄하는 단어예요. '포괄적'은 어떤 대상을 포함하는 것이에요."
개념	◆ **정의** 어떤 사실이나 관념, 사물에 대한 많은 구체적인 예나 특성을 통해 얻은 일반적인 지식이나 생각. **예** 용어의 개념을 알고 문제를 풀면 문제를 풀기가 더 쉽다. ● **설명** "어린 아이는 아직 돈에 대한 개념이 없어요. 돈이 무엇인지, 돈으로 무엇을 할 수 있는지 지식이 없어요. '개념'은 어떤 사실이나 생각, 사물에 대한 일반적인 지식이나 생각이라는 뜻이에요."

범위	◆ **정의** 일정하게 한정된 구역. 또는 어떤 힘이 미치는 한계.
	🔲 중간고사의 시험 범위가 너무 넓다.
	● **설명** "이번 시험에서 과학 1과부터 5과에서 배운 내용이 나와요. 1과부터 5과까지가 시험 범위예요. '범위'는 일정하게 정해진 부분이에요."
영역	◆ **정의** 영토, 영해, 영공 등 한 나라의 주권이 미치는 범위.
	🔲 경주는 삼국 시대에 신라의 영역이어서 그때의 유물이 많이 남아 있다.
	● **설명** "'영역'은 영토, 영해, 영공 등 한 나라의 힘이 미치는 범위라는 뜻이에요. 바다에도 각 나라의 영역이 있어요. 바다는 어떻게 영역을 나눴을까요? 바다의 영역은 영토에서 약 22km(12해리)까지예요."
교류	◆ **정의** 문화나 사상 등이 서로 오감.
	🔲 교통이 발달함에 따라 지구촌은 서로 가까워졌으며 세계 문화의 교류도 활발해졌다.
	● **설명** "인터넷이 많이 발전했어요. 그래서 다른 사람 사람들과 생각을 주고 받거나 다른 나라의 문화를 주고받기가 쉬워졌어요. 다른 나라 사람들과 교류가 많아졌어요. '교류'는 문화나 생각 등이 서로 오고 간다는 뜻이에요."

2) 교사는 학생들에게 교재 104, 105쪽에 제시된 내용을 읽게 한다.
- 🔲 "소연이가 사회 시간에 배운 '국가'의 개념을 복습하고 있어요. 국가를 이루고 있는 구성 요소들을 통해서 국가의 개념을 이해하려고 해요. 어떻게 구성 요소와 속성을 확인하는지 한번 읽어 보세요."

3) 교사는 학생들에게 세부 내용을 확인하는 질문을 한다.
- 🔲 "국가가 뭐예요?"
- 🔲 "국가의 구성 요소에는 뭐가 있어요?"
- 🔲 "영토가 뭐예요?"

교사 지식
흔히 토지로 이루어진 국가 영역을 '영토'라고 하나, 영해와 영공을 포함하여 국제법에서 국가의 통치권이 미치는 구역 또한 '영토'라고 한다.

- 🔲 "영토의 속성에는 뭐가 있어요?"
- 🔲 "모든 국가는 다 영토, 영해, 영공이 있어요?"
- 🔲 "국민은 누구예요?"
- 🔲 "한 사람은 하나의 국적만 있어요?"
- 🔲 "한 나라에는 그 나라 국적의 사람들만 살 수 있어요?"
- 🔲 "주권이 뭐예요?"
- 🔲 "주권이 있는 나라는 자기 나라는 무엇을 할 수 있어요?"

4) 교사는 학생들에게 학습 기능에 대해 확인하는 질문을 한다.
- 🔲 "구성 요소와 속성을 확인하려면 먼저 무엇을 해야 해요?"

- 🔲 "대상의 구성 요소를 확인한 다음에 무엇을 해요?"
- 🔲 "각각의 특징과 속성들 중에서 중요도에 따라 어떻게 나눌 수 있어요?"
- 🔲 "영토에서 핵심적인 속성은 뭐예요?"
- 🔲 "모든 것을 종합해서 '영토'라고 하기 때문에 영토, 영해, 영공 중에서 '영토'가 핵심적인 속성이에요."

정리 - 5분

교사는 학습 내용을 정리하며 수업을 마무리한다.
- 🔲 "소연이가 복습을 하면서 국가를 이루고 있는 구성 요소들을 통해서 국가의 개념을 자세히 이해했어요."
- 🔲 "국가란 일정한 지역 위에 정부라는 조직을 가지는 국민 단체이며 통치권의 주체를 말해요."
- 🔲 "구성 요소와 속성을 확인하려면 먼저 대상이 어떤 요소로 구성되어 있는지 확인해야 해요. 국가는 주권, 영토, 국민으로 구성되어 있어요."
- 🔲 "그다음에 각각의 구성 요소가 어떤 특징이 있는지 확인했어요."
- 🔲 "영토는 한 국가의 주권이 미치는 지리적 범위로 영토에는 땅인 영토와, 바다인 영해, 하늘인 영공이 있어요. 이 모든 것을 종합해서 영토라고 해요."
- 🔲 "그리고 각각의 특징과 속성들 중에서 어떤 것이 중요한지 확인해요. 이때 속성은 핵심적인 속성과 부가적인 속성으로 나눌 수 있어요. 영토가 영토(땅), 영해, 영공을 모두 포함하기 때문에 핵심적인 속성이라고 할 수 있어요."
- 🔲 "국민은 국적을 가진 사람이에요. 한 사람이 여러 개의 국적을 가질 수도 있고, 한 나라에 여러 국적의 사람들이 모여 살 수도 있어요."
- 🔲 "주권은 나라의 주인으로서의 권리예요. 주권이 있는 나라는 자기 나라의 모든 문제를 스스로 결정할 수 있어요."
- 🔲 "이처럼 구성 요소와 속성을 확인하면서 정리하면 국가에 대한 개념을 한눈에 볼 수 있어요."

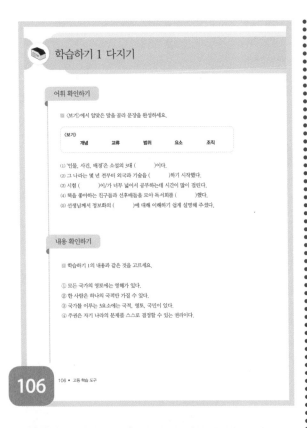

● 2차시 (의사소통 〈꼭 배워요〉와 연계할 경우 8차시)

[학습 목표]

• 복습하기에서 구성 요소와 속성 확인하기에 대해 안다.

• 대화와 관련된 글을 읽고 대화의 구성 요소를 찾을 수 있다.

어휘 확인하기 - 10분

1) 교사는 학생들에게 '어휘 확인하기' 문제를 풀게 한다.

📖 "〈보기〉를 보세요. 앞에서 배운 어휘가 있어요."

📖 "'개념'이란 어떤 사실이나 생각에 대한 일반적인 지식이나 생각이죠."

📖 "'교류'란 문화나 사상 등이 서로 오고 가는 것이에요."

📖 "'범위'란 일정하게 정해진 부분이에요."

📖 "'요소'란 무엇을 이루는 데 반드시 있어야 할 중요한 조건이에요."

📖 "'조직'이란 어떤 목표를 이루기 위해 여럿이 모인 집단이에요."

2) 교사는 학생들과 함께 문제의 답을 확인한다.

```
정답
(1) 요소  (2) 교류  (3) 범위  (4) 조직  (5) 개념
```

내용 확인하기 - 5분

1) 교사는 학생들에게 '내용 확인하기' 문제를 풀게 한다.

📖 "앞에서 소연이가 구성 요소들을 통해서 국가의 개념을 이해하는 과정을 봤어요. 학습하기 1의 내용과 같은 것을 고르세요."

2) 교사는 학생들과 함께 문제의 답을 확인한다.

📖 "영토는 그 나라의 땅으로 영토(땅), 영공, 영해가 있어요. 바다가 없는 나라에는 영해가 없어요."

📖 "국민은 국적을 가져요. 경우에 따라서 여러 개의 국적을 가질 수도 있어요."

📖 "국가를 이루는 3요소는 주권, 영토, 국민이에요."

📖 "주권은 나라의 주인으로서의 권리로, 주권이 있는 국가는 자기 나라의 문제를 스스로 결정할 수 있는 힘이 있어요."

📖 "따라서 답은 ④번이에요."

```
정답
④
① 바다가 없는 나라에는 영해가 없다.
② 경우에 따라서 한 사람이 여러 개의 국적을 가질 수도 있다.
③ 국가의 3요소는 주권, 영토, 국민이다.
④ (105쪽 본문) '주권은 나라의 주인으로서의 권리로, 주권이 있는
  국가는 자기 나라의 모든 문제를 스스로 결정할 수 있는 힘이 있
  다.'라는 내용을 보면 알 수 있다.
```

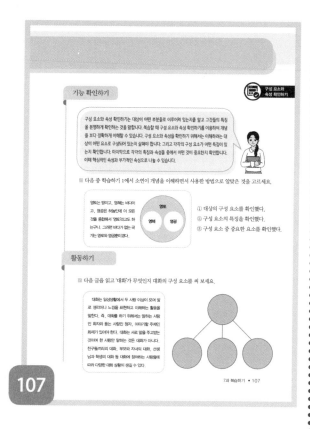

107

1) 교사는 학생들에게 '활동하기'의 방법을 설명한 후 활동을 하게 한다.

🔲 "다음 글을 읽고 '대화'의 구성 요소를 써 볼 거예요. 먼저 글을 읽어 보세요."

🔲 "대화가 뭐예요?"

🔲 "화자는 누구예요?"

🔲 "청자는 누구예요?"

🔲 "화제가 뭐예요?"

🔲 "어떤 대화 상황이 있어요?"

🔲 "'대화'의 구성 요소를 찾아서 써 보세요."

2) 교사는 학생들과 함께 활동의 결과를 확인한다.

🔲 "다 썼어요? 함께 문제의 답을 확인해 봐요."

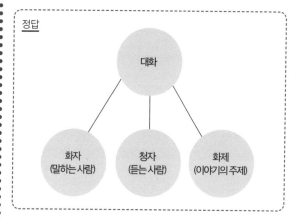

기능 확인하기 - 10분

1) 학습하기 1에서 배운 '구성 요소와 속성 확인하기' 기능을 정리한다.

🔲 "앞에서 소연이가 구성 요소를 통해 국가의 개념을 이해 하는 과정을 통해 구성 요소와 속성 확인하기에 대해 배 웠어요. 구성 요소와 속성 확인하기는 대상이 어떤 부분 들로 이루어져 있는지를 알고 그것들의 특징을 분명하게 확인하는 것을 말해요. 복습할 때 구성 요소와 속성 확인 하기를 이용하여 개념을 보다 정확하게 이해할 수 있어 요. 구성 요소와 속성을 확인하기 위해서는 이해하려는 대상이 어떤 요소로 구성되어 있는지 살펴야 해요. 그리 고 각각의 구성 요소가 어떤 특징이 있는지 확인해요. 마 지막으로 각각의 특징과 속성들 중에서 어떤 것이 중요한 지 확인해요. 이때 핵심적인 속성과 부가적인 속성으로 나눌 수 있어요."

2) 교사는 학생들에게 '기능 확인하기' 문제를 풀게 한다.

🔲 "다음 중 학습하기 1에서 소연이가 개념을 이해하면서 사 용한 방법으로 알맞은 것을 고르세요."

3) 교사는 학생들과 함께 문제의 답을 확인한다.

🔲 "'영토'는 땅을 의미하기도 하지만 영토, 영해, 영공을 종 합해서 '영토'라고도 하기 때문에 구성 요소 중 '영토'가 중 요한 요소임을 알 수 있어요. 따라서 답은 ③번이에요."

정답
③

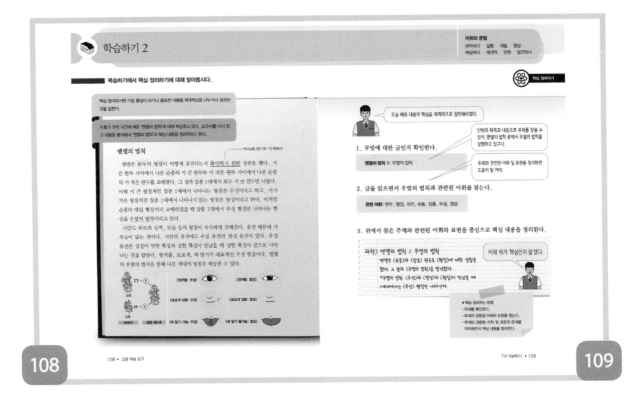

● 3차시 (의사소통 〈꼭 배워요〉와 연계할 경우 9차시)

[학습 목표]
- 복습하기에서 핵심 정리하기에 대해 안다.
- 수업 시간에 배운 내용을 복습할 때 핵심 내용을 정리하는 방법에 대해 안다.

본문의 구성과 내용
- 본문은 **과학 교과의 복습하기 활동**에서 하게 되는 **핵심 내용 정리하기 학습 기능**을 보여 주고 있다.
- 본문의 내용은 수호가 과학 시간에 배운 '멘델의 법칙'에 대해 복습하는 과정 중 일부이다. 수호는 교과서를 다시 읽고 내용을 분석해 '멘델의 법칙'의 핵심 내용을 정리하고 있다.

도입 - 10분

1) 교사는 교재 102, 103쪽에서 배운 학습 활동에 대해 복습한다.
   - 🔲 "복습은 왜 해야 할까요?"
   - 🔲 "복습을 하면 어떤 효과가 있어요?"
   - 🔲 "복습 계획은 어떻게 세우는 게 좋아요?"
   - 🔲 "복습 방법에는 무엇이 있어요?"
2) 교사는 학생들에게 학습하기 2에서 배울 학습 기능을 소개한다.
   - 🔲 "복습할 때 핵심 내용을 분석해서 정리할 수 있어요. 핵심은 가장 중심이 되거나 중요한 부분이에요. 정해진 시간 내에 모든 내용을 외울 수 없으니까 핵심이 무엇인지

판단하여 중요한 내용을 집중적으로 공부하는 것이 필요해요."
   - 🔲 "핵심 정리하기란 가장 중심이 되거나 중요한 내용을 체계적으로 나누거나 모으는 것을 말해요. 학습하기 2에서는 복습하기에서 핵심을 정리하는 방법을 공부할 거예요."

교수-학습 지침
익힘책 64쪽에 핵심 정리하는 방법이 제시되어 있다. 교사는 이를 고려하여 수업을 진행한다.

전개 - 35분

1) 교사는 다음에 제시되는 내용을 참고하여 학생들에게 어휘와 문법을 설명한다.

파악하다	◆ **정의** 어떤 일이나 대상의 내용이나 상황을 확실하게 이해하여 알다.
	🔲 우리 반에서 달리기를 잘하는 친구의 수를 파악해서 선생님께 알려드렸다.
	● **설명** "나나 씨는 감정 표현을 잘 안 해요. 그래서 성격을 확실히 이해하고 알기 어려워요. 나나 씨의 성격을 파악하기 어려워요. '파악하다'는 어떤 일이나 내용, 상황을 확실히 이해해서 안다는 뜻이에요."

실험	◆ **정의** 과학에서 어떤 이론이 옳은지 알아보기 위해 일정한 조건이나 상황을 만들어서 그 현상을 관찰하고 측정함. 📗 실험이 진행되는 동안에는 장난을 치지 말아야 한다. ● **설명** "물이 100도가 되면 끓어요. 어떻게 알아요? 직접 물을 끓여 봐요. 직접 관찰하고 알아봐요. 실험을 해 봐요. '실험'은 어떤 이론이 맞는지 알아보기 위해 실제로 해 보는 것이에요."
대립	◆ **정의** 생각이나 의견, 입장이 서로 반대되거나 맞지 않음. 📗 어제 조별 과제의 주제에 대해 이야기할 때 수호와 의견 대립이 있었다. ● **설명** "모든 사람들의 생각이 같을 수는 없어요. 의견이 다를 때가 있어요. 반대되는 의견이 있을 때 '의견 대립이 있다.'라고 해요. '대립'은 생각이나 의견이 서로 반대되어 맞지 않는다는 뜻이에요."
현상	◆ **정의** 인간이 알아서 깨달을 수 있는, 사물의 모양이나 상태. 📗 선생님께서는 아직 우주에서 일어나는 현상이 모두 밝혀지지 않았다고 하셨다. ● **설명** "큰 도시에만 사람들이 많이 사는 현상이 일어나고 있어요. '현상'은 사물의 모양이나 일의 상태라는 뜻이에요."
예상하다	◆ **정의** 앞으로 있을 일이나 상황을 미리 짐작하다. 📗 이번 시험에서 예상하지 못한 점수를 받았다. ◆ **정보** (비슷한 말) 예측하다 예상이 맞지 않을 때는 '예상이 빗나갔다', '예상을 깨다'의 표현을 사용할 수 있다. ● **설명** "세인이는 이번에 공부를 열심히 했어요. 그래서 시험 점수가 좋을 거라고 예상했어요. '예상하다'는 앞으로 있을 일이나 상황을 미리 보고 생각한다는 뜻이에요. 여러분은 이번 시험 성적이 어떨 것이라고 예상해요?"
체계적	◆ **정의** 전체가 일정한 원리에 따라 단계적으로 잘 짜여진 것. 📗 글의 내용을 조금 더 체계적으로 구성할 필요가 있다. ● **설명** "시험공부를 할 때는 체계적으로 공부하는 것이 좋아요. 예를 들어, 시험 한 달 전에는 공책 정리를 하고, 일주일 전에는 정리한 것을 외우고, 하루 전에는 정리한 것을 다시 봐요. 이렇게 어떤 일을 단계로 나눠서 잘 하는 것을 '체계적'이라고 해요."
단원	◆ **정의** 서로 관련이 있는 주제나 내용을 중심으로 묶은 학습 단위. 📗 이번 단원에서는 한글의 역사에 대해 배웠다. ● **설명** "한 단원이 끝날 때 마다 시험을 봐요. '단원'은 서로 관련 있는 주제나 내용을 중심으로 묶은 학습 단위라는 뜻이에요. 이번 단원의 제목은 뭐예요?"

발견하다	◆ **정의** 아직 찾아내지 못했거나 세상에 알려지지 않은 것을 처음으로 찾아내다. 📗 뉴턴은 나무에서 떨어지는 사과를 보고 만유인력(萬有引力)을 발견하게 되었다. ◆ **정보** (비슷한 말) 알아내다 ● **설명** "콜럼버스가 처음으로 '아메리카'라는 땅을 발견했어요. 이 땅에 사람이 살고 있었지만, 다른 나라의 사람들은 이 땅을 몰랐어요. '발견하다'는 아직 찾아내지 못했거나 세상에 알려지지 않은 것을 처음으로 찾아낸다는 뜻이에요."

2) 교사는 학생들에게 교재 108, 109쪽에 제시된 내용을 읽게 한다.

📺 "수호가 과학 시간에 배운 '멘델의 법칙' 대해 복습하고 있어요. 교과서를 다시 읽고 내용을 분석해서 '멘델의 법칙'의 핵심 내용을 정리하려고 해요. 어떻게 핵심 내용을 정리했는지 한번 읽어 보세요."

3) 교사는 학생들에게 세부 내용을 확인하는 질문을 한다.

📺 "멘델은 왜 실험을 했어요?"

📺 "어떤 실험을 했어요?"

📺 "순종의 키 큰 완두와 순종의 키 작은 완두를 교배한 결과가 어땠어요?"

📺 "잡종 1세대에서 나타나는 형질을 뭐라고 해요?"

📺 "우열의 법칙이 뭐예요?"

📺 "사람의 어떤 형질이 자식에게 전해져요?"

📺 "성격, 모습 등이 유전돼요?"

📺 "사람에게도 우성 유전과 열성 유전이 있어요?"

📺 "우성 유전에는 어떤 것이 있어요?"

교수-학습 지침

학생들이 과학 원리를 어려워하면 7과 지식 더하기 과학의 '교배'와 '형질'의 QR 코드를 활용하여 개념을 이해시킬 수 있다.

4) 교사는 학생들에게 학습 기능에 대해 확인하는 질문을 한다.

📺 "핵심 내용을 정리하려면 먼저 무엇을 해야 해요?"

📺 "무엇에 대한 글인지 확인해요. 단원의 제목과 내용을 보면 글의 주제를 찾을 수 있어요."

📺 "글의 주제를 찾은 후에는 무엇을 해요?"

📺 "주제와 관련된 어휘를 찾은 후에는 무엇을 해요?"

정리 - 5분

교사는 학습 내용을 정리하며 수업을 마무리한다.

📺 "수호가 교과서를 다시 읽고 내용을 분석해서 '멘델의 법칙'의 핵심 내용을 정리했어요."

📺 "핵심 내용을 정리하기 위해서는 먼저 전체적인 내용을 파악했어요. 단원의 제목과 내용으로 멘델의 법칙 중에서 우열의 법칙을 설명하고 있는 것을 알 수 있었어요."

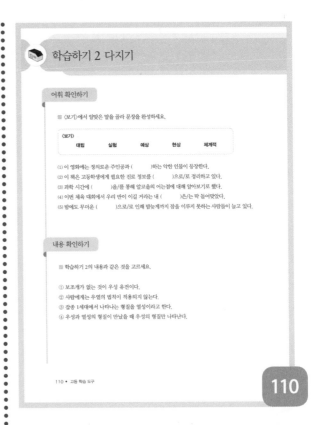

🔲 "순종의 대립 형질끼리 교배하였을 때 잡종 1대에서 우성 형질만 나타나는 현상을 우열의 법칙이라고 해요."

🔲 "주제를 확인한 다음에 주제와 관련된 어휘와 표현을 찾았어요."

🔲 "멘델이 완두의 형질이 어떻게 유전되는지 알아보기 위해 순종 완두들을 교배했어요. 그 결과 잡종 1세대에서 우성의 형질이 나타나는 것을 알 수 있었어요. 이를 통해 주제와 관련된 단어로 완두, 형질, 유전, 순종, 잡종, 우성, 열성을 찾을 수 있었어요."

🔲 "사람도 우성 유전과 열성 유전이 있어요."

🔲 "마지막으로 주제와 관련된 어휘와 표현을 중심으로 핵심 내용을 정리했어요."

● 4차시 (의사소통 〈꼭 배워요〉와 연계할 경우 10차시)

[학습 목표]
- 복습하기에서 핵심 정리하기에 대해 안다.
- 뉴턴의 관성의 법칙에 대한 글을 읽고 핵심 내용을 찾아서 정리할 수 있다.

어휘 확인하기 - 10분

1) 교사는 학생들에게 '어휘 확인하기' 문제를 풀게 한다.

  🔲 "〈보기〉를 보세요. 앞에서 배운 어휘가 있어요."

  🔲 "'대립'이란 생각이나 의견, 입장이 서로 반대되거나 맞지 않은 것이죠."

  🔲 "'실험'이란 어떤 이론이 맞는지 알아보기 위해 실제로 해 보는 것이에요."

  🔲 "'예상'이란 앞으로 있을 일이나 상황을 미리 생각하는 것이에요."

  🔲 "'현상'이란 인간이 알아서 깨달을 수 있는, 사물의 모양이나 일의 상태를 말해요."

  🔲 "'체계적'이란 전체가 일정한 원리에 따라 단계적으로 잘 만들어진 것이에요."

2) 교사는 학생들과 함께 문제의 답을 확인한다.

> **정답**
> (1) 대립 (2) 체계적 (3) 실험 (4) 예상 (5) 현상

1) 교사는 학생들에게 '내용 확인하기' 문제를 풀게 한다.

　📱 "앞에서 수호가 과학 시간에 배운 '멘델의 법칙'을 복습하면서 핵심 내용을 정리하는 과정을 봤어요. 학습하기 2의 내용과 같은 것을 고르세요."

2) 교사는 학생들과 함께 문제의 답을 확인한다.

　📱 "보조개가 있는 것이 우성 유전이에요."

　📱 "사람도 우열의 법칙이 적용이 돼요."

　📱 "잡종 1세대에 나타나는 형질을 우성이라고 해요."

　📱 "우열의 법칙은 순종의 대립 형질끼리 교배했을 때 잡종 1세대에서 우성 형질만 나타나는 현상을 말해요."

　📱 "따라서 답은 ④번이에요."

정답

④

① 보조개가 있는 것이 우성 유전이다.

② 사람에게도 우열의 법칙이 적용된다.

③ 잡종 1세대에 나타나는 형질을 우성이라고 한다.

④ (108쪽 본문) '이처럼 순종의 대립 형질끼리 교배하였을 때 잡종 1대에서 우성 형질만 나타나는 현상을 우열의 법칙이라고 한다.' 라는 내용을 보면 알 수 있다.

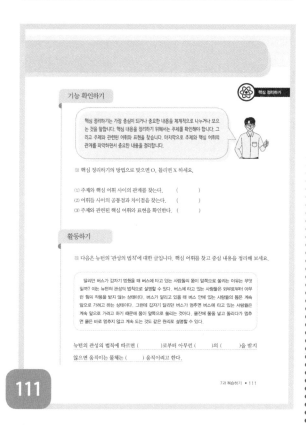

111

1) 학습하기 2에서 배운 '핵심 정리하기' 기능을 정리한다.

　📱 "앞에서 수호가 교과서를 다시 읽고 내용을 분석해서 '멘델의 법칙'의 핵심 내용을 정리하는 과정을 통해 핵심 정리하기에 대해 배웠어요. 핵심 정리하기는 가장 중심이 되거나 중요한 내용을 체계적으로 나누거나 모으는 것을 말해요. 핵심 내용을 정리하기 위해서는 주제를 확인해야 해요. 그리고 주제와 관련된 어휘와 표현을 찾아요. 마지막으로 주제와 핵심 어휘의 관계를 파악하면서 중요한 내용을 정리해요."

2) 교사는 학생들에게 '기능 확인하기' 문제를 풀게 한다.

　📱 "핵심 정리하기의 방법으로 맞으면 O, 틀리면 X 하세요."

3) 교사는 학생들과 함께 문제의 답을 확인한다.

　📱 "핵심 내용을 정리하기 위해서 주제와 관련된 어휘나 표현을 찾아요. 그리고 주제와 핵심 어휘의 관계를 파악하면서 중요한 내용을 정리해요. 어휘들 사이의 공통점과 차이점은 찾지 않아도 돼요. 따라서 (1)번과 (3)번은 맞고 (2)번은 틀려요."

정답

(1) O (2) X (3) O

---

1) 교사는 학생들에게 '활동하기'의 방법을 설명한 후 활동을 하게 한다.

　📱 "'뉴턴의 관성의 법칙'에 대한 글이 있어요. 글을 읽고 핵심 어휘를 찾고 중심 내용을 정리해 볼 거예요. 먼저 글을 읽어 보세요."

　📱 "달리던 버스가 갑자기 멈췄을 때 왜 버스에 타고 있는 사람들이 몸이 앞쪽으로 쏠려요?"

　📱 "여러분도 버스에서 관성의 법칙을 느껴 봤어요?"

　📱 "또 어떤 것을 이 원리로 설명할 수 있어요?"

　📱 "이 글의 핵심 어휘가 뭐예요?"

　📱 "핵심 어휘를 찾고 중심 내용을 정리해 보세요."

2) 교사는 학생들과 함께 활동의 결과를 확인한다.

　📱 "다 찾았어요? 함께 문제의 답을 확인해 봐요."

정답

뉴턴의 관성의 법칙에 따르면 (외부)로부터 아무런 (힘)의 (작용)을 받지 않으면 움직이는 물체는 (계속) 움직이려고 한다.

8과 점검하기

● 학습 목표

- 점검하기의 중요성과 점검하는 방법에 대해서 안다.
- 일의 양상을 확인할 수 있다.
- 구성 요소들 간의 관계를 파악할 수 있다.

● 단원 내용

1. 학습 활동: 점검하기
2. 학습 기능: 양상 확인하기
   관계 파악하기
3. 학습 주제: 청소년의 언어 사용
   가축 사육과 환경

● 수업 개요

1·2차시(학습하기 1): 점검하기에서 양상 확인하기에
대해 안다.
3·4차시(학습하기 2): 점검하기에서 관계 파악하기에
대해 안다.

● 어휘 및 문법

[학습하기 1]

바탕, 실태, 갈등, 유발하다, 요인, 비율

[학습하기 2]

필연적, 실제, 기능적, 공존, 모순, 양, 생산하다, 발생하다, 영향

[알면 쓸모 있는 어휘(익힘책 68쪽)]

점검하다, 살피다, 사고, 보완하다, 항목, 생각 그물

> **의사소통 3권 8과 〈꼭 배워요〉의 주요 내용**
>
> **[어휘]**
> 줄넘기, 조깅, 오래달리기, 볼링, 배구, 체조, 요가, 씨름, 벌리다, 돌리다, 굽히다, 펴다, 숨이 차다, 땀이 나다, 근육이 생기다, 공포, 덜, 모기, 무조건, 저축, 평소, 피하다
>
> **[문법 1]** '만 아니면'
>   **예** 매운 음식만 아니면 다 잘 먹어요.
>
> **[문법 2]** '-었더니'
>   **예** 조깅을 했더니 숨이 차요.
>
> **[문법 3]** '-는 만큼'
>   **예** 운동을 하는 만큼 체력이 좋아질 거예요.
>
> **[문법 4]** '-느라고'
>   **예** 길을 찾느라고 약속 시간에 늦었어요.

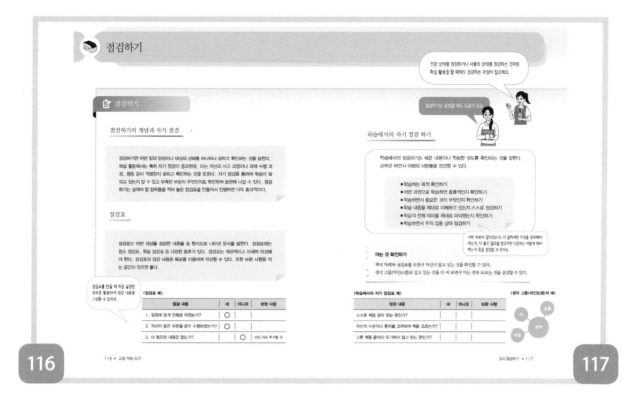

● 1차시 (의사소통 〈꼭 배워요〉와 연계할 경우 7차시)

[학습 목표]

- 점검하기에서 양상 확인하기에 대해 안다.
- 과제를 점검하면서 양상을 확인하는 방법에 대해 안다.

본문의 구성과 내용

- 본문은 **국어 교과의 점검하기 활동**에서 하게 되는 **양상 확인하기 학습 기능**을 보여 주고 있다.
- 본문의 내용은 유미와 수호가 청소년 언어 사용 문제에 대한 과제를 하는 과정 중 일부이다. 최신 기사를 살펴보고 친구들과의 문자 내용을 확인하면서 청소년의 언어 사용 양상을 확인하고 있다.

도입 - 10분

1) 교사는 학생들에게 교재 116, 117쪽의 학습 활동에 대해 설명한다.

📖 "(116쪽에 점검표 예시 그림을 가리키며) 이게 뭐예요?"

📖 "점검하기란 어떤 일의 양상이나 대상의 상태를 하나하나 살피고 확인하는 것을 말해요. 이때 점검표를 만들어서 진행하면 더욱 효과적이에요. 점검표는 점검한 내용을 표로 나타낸 것을 말해요."

📖 "언제 자기 점검을 해요?"

📖 "학습 활동에서는 자기 점검이 특히 중요해요. 자신의 사고 과정이나 과제 수행 과정, 행동 등이 적절한지 살피고 확인하는 것을 말해요. 자기 점검을 통하여 학습이 잘되

고 있는지 알 수 있고 부족한 부분이 무엇인지도 확인하여 보완해 나갈 수 있어요. 예를 들어서 모둠 활동하는 과정 중에서 중간 점검을 할 때 점검표를 활용하면 현재 일이 진행되고 있는 모습과 상황을 파악할 수 있어요."

📖 "점검표를 작성해 봤어요?"

📖 "점검표에는 청소 점검표, 학습 점검표 등이 있어요."

📖 "점검표를 어떻게 작성해요?"

📖 "점검표를 작성할 때는 객관적이고 자세히 작성해야 해요. 그리고 점검표의 점검 내용은 목표를 이용하여 작성할 수 있어요. 보완 사항을 적는 공간이 있으면 더 좋아요."

📖 "(117쪽에 학습에서의 자기 점검표 예시 그림을 가리키며) 이게 뭐예요?"

📖 "공부를 할 때도 자기 점검을 할 수 있어요. 배운 내용이나 학습한 정도를 확인해요. 공부를 하면서 학습 목적, 효율적인 학습 방법, 학습하면서 중요한 것 등을 점검할 수 있어요. 어떤 부분이 잘 학습되었는지, 더 잘하려면 무엇을 공부해야 하는지, 더 좋은 결과를 얻으려면 다음에는 어떻게 해야 하는지 등을 알 수 있어요."

📖 "학습에서 어떻게 자기 점검을 해요?"

📖 "아는 것을 확인하는 자기 점검표를 이용하거나 생각 그물(마인드맵)로 아는 것을 다 써 보면 아는 것과 모르는 것을 점검할 수 있어요."

교수-학습 지침

익힘책 69쪽에 점검하기의 필요성, 학습 점검표와 글쓰기 점검표의 예가 추가로 제시되어 있다. 교사는 이를 고려하여 수업을 진행한다.

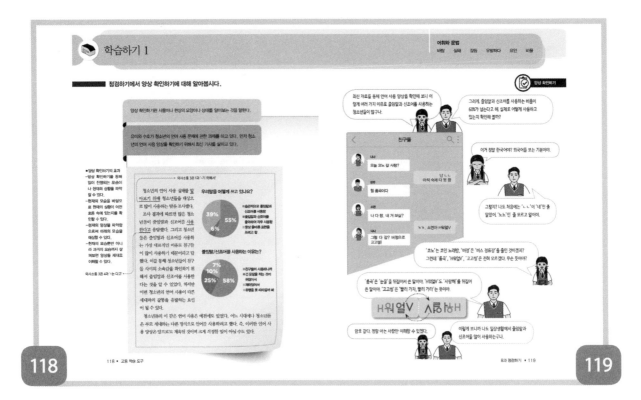

2) 교사는 학생들에게 학습하기 1에서 배울 학습 기능을 소개한다.

> 📖 "양상 확인하기란 사물이나 현상의 모양이나 상태를 알아보는 것을 말해요. 학습하기 1에서는 점검하기에서 양상 확인을 통해 얻을 수 있는 효과를 공부할 거예요."

교수-학습 지침
익힘책 70쪽에 양상의 설명이 제시되어 있다. 교사는 이를 고려하여 수업을 진행한다.

전개 - 35분

1) 교사는 다음에 제시되는 내용을 참고하여 학생들에게 어휘와 문법을 설명한다.

바탕	◆ 정의 사물이나 현상을 이루는 근본. 📝 나는 내 경험을 바탕으로 글을 쓰기 시작했다. ● 설명 "이 영화는 작가가 직접 경험한 일을 바탕으로 만든 것이에요. 작가가 경험한 일을 기초로 하여 새로운 이야기를 만들었어요. '바탕'은 사물이나 현상을 이루는 바탕이라는 뜻이에요."
실태	◆ 정의 있는 그대로의 상태. 📝 친구들의 컴퓨터 사용 실태를 알아보기 위해 설문 조사를 해 봤다. ◆ 정보 '실태를 파악하다'의 형태로 자주 사용된다. ● 설명 "서울시가 교통 카드 이용 결과를 보고 시민들의 대중교통 이용 실태를 발표했어요. '실태'는 있는 그대로의 상태라는 뜻이에요."
갈등	◆ 정의 서로 생각이 달라 부딪치는 것. 또는 마음속에서 어떻게 할지 결정을 못 한 채 괴로워하는 것. 📝 세인이와 나나가 같이 체육 수행 평가를 준비하는 과정에서 갈등이 생겼다. ◆ 정보 (비슷한 말) 다툼, 고민 ● 설명 "조별 과제를 하면서 친구와 서로 생각이 달라서 싸울 수 있어요. 조별 과제를 하면 갈등이 있을 수 있어요. '갈등'은 서로 생각이 달라 부딪치는 것이라는 뜻이에요. 어떤 일을 할지 말지 혼자 갈등할 수 있어요. 이때는 '고민하다'와 의미가 비슷해요."
유발하다	◆ 정의 어떤 것이 원인이 되어 다른 사건이나 현상을 일어나게 하다. 📝 선생님께서는 일회용품 사용이 환경 오염을 유발한다고 하셨다. ◆ 정보 (비슷한 말) 일으키다 ● 설명 "빨리 운전하면 사고가 날 수 있어요. 빨리 운전하는 것은 교통사고를 유발하는 원인 중에 하나예요. '유발하다'는 어떤 것이 원인이 되어 다른 사건이나 현상을 일어나게 한다는 뜻이에요."
요인	◆ 정의 사물이나 사건 등이 성립되는 중요한 원인. 📝 우리 팀이 이번 대회 예선에서 탈락한 요인을 분석했다. ◆ 정보 (비슷한 말) 원인, 이유 ● 설명 "유미가 시험공부를 열심히 했는데 성적이 많이 오르지 않았어요. 성적이 많이 오르지 않은 요인이 뭘까요? '요인'은 어떤 것이 이루어지는 중요한 원인이라는 뜻이에요."

비율	◆ **정의** 기준이 되는 수나 양에 대한 어떤 값의 비.
	예 이번 시험은 객관식 30%, 단답형 40%, 서술형 30%의 비율로 출제되었다.
	● **설명** "우리 반에 학생이 몇 명 있어요? 그 중에 남자와 여자는 각각 몇 명이에요? 남자가 몇 퍼센트 있어요? 남자의 비율이 어떻게 돼요? '비율'은 기준이 되는 수나 양에 대한 어떤 값의 비라는 뜻이에요."

🔲 "줄임말과 신조어를 사용하는 이유로 친구들이 사용하기 때문이라는 대답이 가장 많았어요. 수호와 친구들도 줄임말과 신조어를 많이 사용하고 있었어요."

🔲 "청소년들의 줄임말과 신조어 사용 문제는 현재의 문제만이 아니에요. 예전에도 있는 문제였어요. 앞으로도 이러한 언어 사용 양상은 앞으로도 계속될 것이며 크게 걱정할 일이 아닐 수도 있어요."

2) 교사는 학생들에게 교재 118, 119쪽에 제시된 내용을 읽게 한다.

🔲 "유미와 수호가 청소년의 언어 사용 문제에 관한 과제를 하고 있어요. 청소년의 언어 사용 양상을 확인하기 위해서 먼저 최신 기사를 살피고 있어요. 어떻게 양상을 확인하는지 한번 읽어 볼까요?"

3) 교사는 학생들에게 세부 내용을 확인하는 질문을 한다.

🔲 "유미와 수호는 청소년 언어 사용의 양상을 확인하기 위해 무엇을 했어요?"

🔲 "신문 기사에서 청소년의 언어 사용 실태를 알아보기 위해서 무엇을 조사했어요?"

🔲 "청소년들이 어떤 말을 많이 사용해요?"

🔲 "왜 줄임말과 신조어를 사용해요?"

🔲 "청소년들의 언어 사용에 어떤 문제가 있어요?"

🔲 "청소년의 줄임말과 신조어 사용 문제는 현재의 문제예요?"

🔲 "현재의 양상을 파악함으로써 미래의 모습을 예상할 수 있어요. 이러한 양상은 앞으로도 계속될까요?"

🔲 "여러분은 어떻게 생각해요? 앞으로도 줄임말과 신조어를 사용하는 청소년들이 많을까요?"

🔲 "수호와 친구들은 줄임말과 신조어를 많이 사용해요?"

🔲 "여러분은 어때요? 줄임말과 신조어를 많이 사용해요?"

4) 교사는 학생들에게 학습 기능에 대해 확인하는 질문을 한다.

🔲 "양상을 확인하면 무엇을 파악할 수 있어요?"

🔲 "양상을 제대로 이해하려면 무엇을 살펴봐야 해요?"

정리 - 5분

교사는 학습 내용을 정리하며 수업을 마무리한다.

🔲 "유미와 수호는 청소년 언어 사용의 양상을 확인하기 위해 신문 기사를 읽고 실제로 자신들은 어떻게 사용하고 있는지를 확인했어요."

🔲 "양상 확인하기를 통해 일이 진행되고 있는 모습이나 현재의 상황을 파악할 수 있어요. 현재의 모습을 바탕으로 현재의 상황이 어떤 흐름 속에 있는지를 확인할 수 있어요. 현재의 모습뿐만 아니라 과거의 모습까지 살펴보면 양상을 제대로 이해할 수 있어요. 그리고 현재의 양상을 파악함으로써 미래의 모습을 예상할 수 있어요."

🔲 "신문에서 청소년들을 대상으로 많이 사용하는 말을 조사한 결과, 습관적으로 줄임말과 신조어를 사용하는 청소년들이 가장 많았어요."

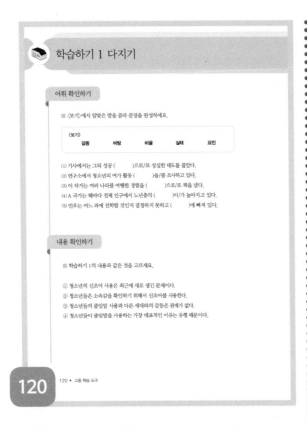

학습하기 1 다지기

어휘 확인하기

■ 〈보기〉에서 알맞은 말을 골라 문장을 완성하세요.

〈보기〉
갈등　　　바탕　　　비율　　　실태　　　요인

(1) 기사에서는 그의 성공 (　　　)으로/로 성실한 태도를 꼽았다.
(2) 연구소에서 청소년의 여가 활동 (　　　)을/를 조사하고 있다.
(3) 이 작가는 여러 나라를 여행한 경험을 (　　　)으로/로 책을 냈다.
(4) A 국가는 해마다 전체 인구에서 노년층의 (　　　)이/가 높아지고 있다.
(5) 민우는 어느 과에 진학할 것인지 결정하지 못하고 (　　　)에 빠져 있다.

내용 확인하기

■ 학습하기 1의 내용과 같은 것을 고르세요.

① 청소년의 신조어 사용은 최근에 새로 생긴 문제이다.
② 청소년들은 소속감을 확인하기 위해서 신조어를 사용한다.
③ 청소년들의 줄임말 사용과 다른 세대와의 갈등은 관계가 없다.
④ 청소년들이 줄임말을 사용하는 가장 대표적인 이유는 유행 때문이다.

120

● 2차시 (의사소통 〈꼭 배워요〉와 연계할 경우 8차시)

[학습 목표]

• 점검하기에서 양상 확인하기에 대해 안다.
• 우리 반 학생들의 언어 사용 양상을 확인할 수 있다.

어휘 확인하기 - 10분

1) 교사는 학생들에게 '어휘 확인하기' 문제를 풀게 한다.
　📖 "〈보기〉를 보세요. 앞에서 배운 어휘가 있어요."
　📖 "'갈등'이란 서로 생각이 달라 부딪치거나 마음속에서 어떻게 할지 결정을 못 한 채 괴로워하는 것이죠."
　📖 "'바탕'이란 사물이나 현상을 이루는 근본이에요."
　📖 "'비율'이란 기준이 되는 수나 양에 대한 어떤 값의 비예요."
　📖 "'실태'란 있는 그대로의 상태예요."
　📖 "'요인'이란 사물이나 사건 등이 성립되는 중요한 원인이에요."

2) 교사는 학생들과 함께 문제의 답을 확인한다.

정답
(1) 요인　(2) 실태　(3) 바탕　(4) 비율　(5) 갈등

내용 확인하기 - 5분

1) 교사는 학생들에게 '내용 확인하기' 문제를 풀게 한다.
　📖 "앞에서 유미와 수호가 청소년의 언어 사용 양상을 확인하기 위해 최신 기사를 읽고 실제 언어 사용을 살피는 과정을 봤어요. 학습하기 1의 내용과 같은 것을 고르세요."

2) 교사는 학생들과 함께 문제의 답을 확인한다.
　📖 "청소년들의 신조어 사용 문제는 지금의 문제만이 아니에요. 예전에도 있었어요."
　📖 "청소년들은 친구들 사이의 소속감을 확인하기 위해서 줄임말과 신조어를 사용해요."
　📖 "청소년들의 줄임말 사용은 다른 세대와의 갈등을 유발하는 요인이 될 수 있어요."
　📖 "청소년들은 줄임말과 신조어를 사용하는 이유에 대해 설문 조사한 결과 친구들이 사용하기 때문이라는 응답이 가장 많았어요."
　📖 "따라서 답은 ②번이에요."

정답
②
① 청소년의 신조어 사용 문제는 예전에도 있었다.
② (118쪽 본문) '이를 통해 청소년들이 친구들 사이의 소속감을 확인하기 위해서 줄임말과 신조어를 사용한다는 것을 알 수 있었다.'라는 내용을 보면 알 수 있다.
③ 청소년들의 줄임말 사용은 다른 세대와의 갈등을 유발하는 요인이 될 수 있다.
④ 청소년들이 줄임말을 사용하는 가장 대표적인 이유는 친구들이 사용하기 때문이다.

기능 확인하기

양상 확인하기란 사물이나 현상의 모양이나 상태를 알아보는 것을 말합니다. 점검하기에서 양상 확인하기를 통해 일이 진행되고 있는 모습이나 현재의 상황을 파악할 수 있습니다. 그리고 현재의 모습을 바탕으로 현재의 상황이 어떤 흐름 속에 있는지를 확인할 수 있습니다. 나아가 현재의 양상을 파악함으로써 미래의 모습도 예상할 수 있습니다. 현재의 모습뿐만 아니라 과거의 모습까지 살펴보면 양상을 더 잘 이해할 수 있습니다.

■ 다음 중 양상 확인하기에 대한 설명으로 알맞지 <u>않은</u> 것을 고르세요.

① 현재의 상황이나 일이 진행되는 모습을 파악할 수 있다.
② 현재의 양상을 파악함으로써 과거의 모습을 예상할 수 있다.
③ 현재의 모습뿐만 아니라 과거의 모습까지 보면 더 잘 이해할 수 있다.
④ 현재의 모습을 바탕으로 현재의 상황이 어떤 흐름 속에 있는지 확인할 수 있다.

활동하기

■ 여러분은 어떤 줄임말이나 신조어를 사용하고 있습니까? 여러분이 많이 사용하는 표현과 그 의미를 써 보세요. 그리고 다른 나라에서 사용하는 줄임말이나 신조어를 찾아보세요.

많이 사용하는 표현	다른 언어에서 사용하는 표현

기능 확인하기 - 10분

1) 학습하기 1에서 배운 '양상 확인하기' 기능을 정리한다.

📖 "앞에서 유미와 수호가 청소년의 언어 사용 양상을 확인하는 과정을 통해 양상 확인하기에 대해 배웠어요. 양상 확인하기란 사물이나 현상의 모양이나 상태를 알아보는 것을 말해요. 점검하기에서 양상 확인하기를 통해 일이 진행되고 있는 모습이나 현재의 상황을 파악할 수 있어요. 그리고 현재의 모습을 바탕으로 현재의 상황이 어떤 흐름 속에 있는지를 확인할 수 있어요. 나아가 현재의 양상을 파악함으로써 미래의 모습도 예상할 수 있어요. 현재의 모습뿐만 아니라 과거의 모습까지 살펴보면 양상을 더 잘 이해할 수 있어요."

2) 교사는 학생들에게 '기능 확인하기' 문제를 풀게 한다.

📖 "다음 중 양상 확인하기에 대한 설명으로 알맞지 않은 것을 고르세요."

3) 교사는 학생들과 함께 문제의 답을 확인한다.

📖 "현재의 양상을 파악함으로써 과거의 모습이 아니라 미래의 모습을 예상할 수 있어요. 따라서 답은 ②번이에요."

정답
②

활동하기 - 25분

1) 교사는 학생들에게 '활동하기'의 방법을 설명한 후 활동을 하게 한다.

📖 "여러분은 어떤 줄임말/신조어를 알아요?"

📖 "어떤 줄임말/신조어를 많이 사용해요?"

📖 "다른 나라에서 사용하는 줄임말/신조어를 알아요? 찾아서 써 보세요."

교수-학습 지침
학생들이 많이 사용하는 줄임말/신조어가 없으면 한국 학생들이 많이 사용하는 줄임말/신조어를 찾아보게 하는 활동을 할 수 있다.

2) 교사는 학생들과 함께 활동의 결과를 확인한다.

📖 "다 찾았어요? 어떤 줄임말/신조어가 있는지 자신이 찾은 것을 이야기해 봐요."

예시 답안
[많이 사용하는 표현]
- 갑분싸: 갑자기 분위기 싸해진다.
- TMI: Too Much Information
- 럴루: Really, 리얼
- 커엽다: 귀엽다
- 별다줄: 별 걸 다 줄인다.
- 남아공: 남아서 공부나 해
[다른 언어에서 사용하는 표현]
- BTW: by the way, 그런데
- THX: Thanks, 고마워
- CU: see you, 또 보자
- L8R: later, 나중에
- 4ever: forever, 영원히

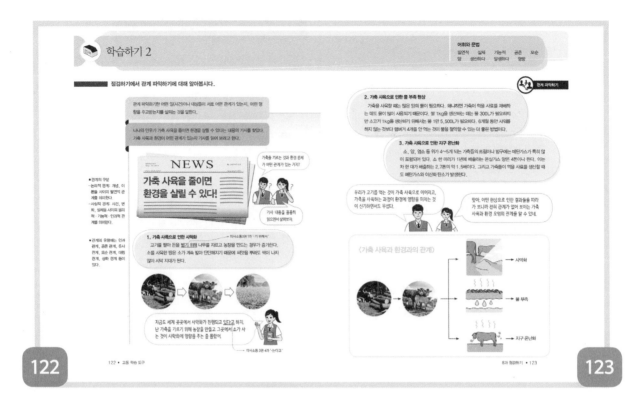

● 3차시 (의사소통 〈꼭 배워요〉와 연계할 경우 9차시)

[학습 목표]

- 점검하기에서 관계 파악하기에 대해 안다.
- 기사를 읽을 때 관계를 파악하는 방법에 대해 안다.

본문의 구성과 내용

- 본문은 과학 교과의 점검하기 활동에서 하게 되는 **관계 파악하기 학습 기능**을 보여 주고 있다.
- 본문의 내용은 나나와 민우가 가축 사육을 줄이면 환경을 살릴 수 있다는 내용의 기사를 읽는 과정 중 일부이다. 두 사람은 기사를 읽으면서 가축 사육과 환경의 관계를 파악하고 있다.

도입 - 10분

1) 교사는 교재 116, 117쪽에서 배운 학습 활동에 대해 복습한다.
   📖 "어떤 일의 양상이나 대상의 상태를 하나하나 살피고 확인하는 것을 뭐라고 해요?"
   📖 "언제 점검해요?"
   📖 "점검한 내용을 표로 나타낸 것을 뭐라고 해요?"
   📖 "점검표에는 어떤 내용이 들어가요?"
   📖 "공부하면서 자기 점검을 할 때는 무엇을 점검해요?"

2) 교사는 학생들에게 학습하기 2에서 배울 학습 기능을 소개한다.
   📖 "학습을 하면서 학습하는 목적 확인하기, 어떤 과정으로 학습하면 효율적인지 확인하기, 학습하면서 중요한 것이 무엇인지 확인하기, 학습 내용을 제대로 이해하고 있는지

스스로 점검하기, 학습의 전체 의미를 제대로 파악했는지 확인하기, 학습하면서 주의집중 상태 점검하기 등을 통해 자기 점검할 수 있어요. 어떤 부분이 잘 되었는지, 더 잘하려면 무엇을 공부해야 하는지, 더 좋은 결과를 얻으려면 다음에는 어떻게 해야 하는지 등을 점검하여 그 관계들을 파악할 수 있어요."

📖 "관계 파악하기란 어떤 일(사건)이나 대상들이 서로 어떤 관계가 있는지, 어떤 영향을 주고받는지를 살피는 것을 말해요. 어떤 대상을 점검할 때 관계를 파악하면 대상을 제대로 이해할 수 있어요. 학습하기 2에서는 점검하기에서 관계를 파악하는 방법을 공부할 거예요."

교수-학습 지침

익힘책 72쪽에 관계의 유형의 예가 제시되어 있다. 교사는 이를 고려하여 수업을 진행한다.

전개 - 35분

1) 교사는 다음에 제시되는 내용을 참고하여 학생들에게 어휘와 문법을 설명한다.

필연적	◆ **정의** 어떤 일의 결과나 사물의 관계가 반드시 그렇게 될 수밖에 없는 것. 📖 이야기의 흐름상 두 인물은 필연적으로 다시 만나게 될 것이다. ◆ **정보** (반대되는 말) 우연적 ● **설명** "요즘에는 인터넷에서 많은 정보를 찾을 수 있기 때문에 인터넷을 많이 이용할 수밖에 없어요. 요즘 사회에서는 인터넷 사용이 필연적이에요. '필연적'은 어떤 일의 결과나 사물의 관계가 반드시 그렇게 될 수밖에 없는 것이라는 뜻이에요."

실체	◆ **정의** 어떤 사물이나 일의 실제 모습이나 상태. 예 그 사건의 실체가 경찰에 의해 드디어 밝혀졌다. ◆ **정보** '실체를 파악하다', '실체가 밝혀졌다'의 형태로 자주 사용된다. ● **설명** "누가 만들었는지 모르지만 옛날부터 사람들이 자주 불러서 전해진 노래가 있어요. 얼마 전에 이 노래의 악보가 발견되었어요. 그동안 입으로 전해진 노래의 실체가 드러났어요. '실체'는 어떤 사물이나 일의 실제 모습이나 상태라는 뜻이에요."
기능적	◆ **정의** 일정한 역할이나 작용과 관련된 것. 예 수호가 산 휴대 전화는 디자인은 좋은데 기능적인 부분에서는 조금 아쉽다. ● **설명** "겨울옷을 고를 때는 예쁜 것보다 따뜻한 것을 골라야 해요. 디자인보다 기능적인 면을 고려해야 해요. '기능적'은 일정한 역할이나 작용과 관련된 것이라는 뜻이에요."
공존	◆ **정의** 두 가지 이상의 현상이나 성질, 사물이 함께 존재함. 예 이번에 현장 학습을 간 곳은 현재의 모습과 과거의 모습이 공존하는 도시다. ● **설명** "다문화 사회에서는 다양한 인종, 민족, 종교, 계급에 따른 다양한 문화가 함께 존재해요. 다양한 문화가 공존해요. '공존'은 두 가지 이상의 현상이나 성질, 사물이 함께 존재한다는 뜻이에요."
모순	◆ **정의** 어떤 사실의 앞뒤, 또는 두 사실이 서로 어긋나 이치에 맞지 않음. 예 이 소설은 현대 사회의 모순을 잘 드러내고 있다. ● **설명** "배가 고픈데 아무것도 먹기 싫어요. 이 말은 앞뒤가 맞지 않아요. 이 말은 모순됐어요. '모순'은 어떤 사실의 앞뒤가 맞지 않는다는 뜻이에요."
양	◆ **정의** 세거나 잴 수 있는 분량이나 수량. 예 이번 숙제는 양이 많아서 시간이 좀 걸릴 것 같다. ◆ **정보** (반대되는 말) 질 ● **설명** "저는 음식이 맛있는 것보다 많이 있는 것이 중요해요. 저는 음식이 맛있는 것보다 양이 많은 것이 중요해요. '양'은 세거나 잴 수 있는 수나 양이라는 뜻이에요."
생산하다	◆ **정의** 사람이 생활하는 데 필요한 물건을 만들다. 예 그 회사가 국내 최초로 흑백 텔레비전을 생산했다. ◆ **정보** (반대되는 말) 소비하다 ● **설명** "자동차 공장에서는 자동차를 만들어요. 자동차 공장에서는 자동차를 생산해요. '생산하다'는 사람이 생활하는 데 필요한 물건을 만든다는 뜻이에요."
발생하다	◆ **정의** 어떤 일이 일어나거나 사물이 생겨나다. 예 학교를 오는데 사고가 발생해서 지각했다. ◆ **정보** (비슷한 말) 나다 ● **설명** "가을 겨울에는 건조해서 화재가 생기기 쉬워요. 화재가 발생하기 쉬워요. '발생하다'는 어떤 일이 일어나거나 사물이 생겨난다는 뜻이에요."

영향	◆ **정의** 어떤 것의 효과나 작용이 다른 것에 미치는 것. 예 환경의 변화가 동물이 살아가는 모습에 큰 영향을 끼쳤다. ● **설명** "부모의 성격에 따라 아이의 성격이 달라요. 부모가 부지런하면 아이도 부지런할 수 있어요. 부모가 아이의 성격에 영향을 주는 것이에요. '영향'은 어떤 것의 효과나 작용이 다른 것에 미치는 것이라는 뜻이에요. 어떤 것에 영향을 주는 것을 '영향을 미치다'라고도 해요."

2) 교사는 학생들에게 교재 122, 123쪽에 제시된 내용을 읽게 한다.
- 교 "나나와 민우가 가축 사육을 줄이면 환경을 살릴 수 있다는 내용의 기사를 찾았어요. 가축 사육과 환경이 어떤 관계가 있는지 기사를 읽어 보려고 해요. 어떻게 관계를 파악하는지 한번 읽어 볼까요?"

3) 교사는 학생들에게 세부 내용을 확인하는 질문을 한다.
- 교 "왜 농장을 만드는 경우가 증가하고 있어요?"
- 교 "고기를 팔아 돈을 벌기 위해서 농장을 만들고 있어요."
- 교 "가축 사육과 사막화가 무슨 관계가 있어요?"
- 교 "가축 사육과 물 부족 현상은 무슨 관계가 있어요?"
- 교 "왜 가축을 사육할 때 많은 물이 필요해요?"
- 교 "가축의 트림이나 방구에 뭐가 많아요?"
- 교 "가축 사육과 지구 온난화가 무슨 관계가 있어요?"

4) 교사는 학생들에게 학습 기능에 대해 확인하는 질문을 한다.
- 교 "관계는 어떻게 구분할 수 있어요?"
- 교 "논리적 관계는 뭐예요?"
- 교 "사실적 관계는 무엇을 의미해요?"
- 교 "관계의 유형에는 무엇이 있어요?"
- 교 "가축 사육과 환경이 어떤 관계가 있어요?"
- 교 "가축을 사육하면서 농장을 만들고, 소가 살고, 소가 먹을 사료를 재배하는 과정에서 환경에 영향을 미쳐요. 그 결과 사막화 현상, 물 부족 현상, 지구 온난화가 발생해요."

정리 - 5분

교사는 학습 내용을 정리하며 수업을 마무리한다.
- 교 "나나와 민우가 기사를 읽으면서 가축 사육과 환경의 관계를 파악했어요."
- 교 "소를 사육한 땅은 소가 계속 밟아 단단해지기 때문에 씨앗을 뿌려도 싹이 나지 않아서 사막 지대가 돼요."
- 교 "가축을 사육할 때 많은 물이 필요해요. 그리고 가축을 먹을 사료를 재배하는 데도 물이 많이 사용돼요. 그 결과 가축을 사육하면 물 부족 현상이 발생해요."
- 교 "가축이 배출하는 온실가스의 양이 많아요. 그리고 가축들이 먹을 사료를 생산하면서 메탄가스와 이산화탄소가 발생해요. 그리고 가축을 사육하면 지구 온난화에 영향을 줘요."
- 교 "이처럼 어떤 일이나 대상들이 서로 어떤 관계가 있는지, 어떤 영향을 주고받는지를 살피면 서로 관계가 없어 보이는 것들의 관계를 알 수 있어요."

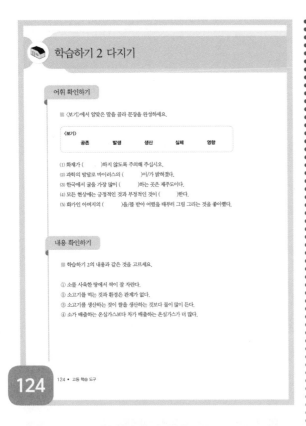

1) 교사는 학생들에게 '내용 확인하기' 문제를 풀게 한다.

📖 "앞에서 나나와 민우가 신문을 읽으면서 가축 사육과 환경의 관계를 파악하는 과정을 봤어요. 학습하기 2의 내용과 같은 것을 고르세요."

2) 교사는 학생들과 함께 문제의 답을 확인한다.

📖 "소를 사육한 땅은 소가 계속 밟아 단단해지기 때문에 싹이 나지 않아요. 그래서 그 지역은 사막 지대가 돼요."

📖 "소고기를 먹는 것은 환경과 관계가 있어요. 소를 키우는 과정이 환경에 영향을 주기 때문이에요."

📖 "소가 먹을 사료를 재배하는 데에도 물이 사용되기 때문에 쌀을 생산하는 것보다 소를 생산하는 것이 물이 더 많이 들어요."

📖 "소의 트림이나 방구에 메탄가스가 많이 포함되어 있어서 차보다 소가 배출하는 온실가스가 약 1.5배 더 많아요."

📖 "따라서 답은 ③번이에요."

> 정답
> ③
> ① 소를 사육한 땅에서 싹이 나지 않는다.
> ② 소고기를 먹는 것과 환경은 관계가 있다.
> ③ (123쪽 본문) '쌀 1kg을 생산하는 데는 물 300L가 필요하지만 소고기 1KG을 생산하기 위해서는 물 1만 5,500L가 필요하다.'라는 내용을 보면 알 수 있다.
> ④ 차보다 소가 배출하는 온실가스가 약 1.5배 더 많다.

● 4차시 (의사소통 〈꼭 배워요〉와 연계할 경우 10차시)

[학습 목표]

· 점검하기에서 관계 파악하기에 대해 안다.
· 플라스틱 빨대 사용과 바다 생물 보호의 관계를 파악할 수 있다.

어휘 확인하기 - 10분

1) 교사는 학생들에게 '어휘 확인하기' 문제를 풀게 한다.

📖 "〈보기〉를 보세요. 앞에서 배운 어휘가 있어요."

📖 "'공존'이란 두 가지 이상의 현상이나 성질, 사물이 함께 존재하는 것이죠."

📖 "'발생'이란 어떤 일이 일어나거나 사물이 생겨나는 것이에요."

📖 "'생산'이란 사람이 생활하는 데 필요한 물건을 만드는 것이에요."

📖 "'실체'란 어떤 사물이나 일의 실제 모습이나 상태예요."

📖 "'영향'이란 어떤 것의 효과나 작용이 다른 것에 미치는 것이에요."

2) 교사는 학생들과 함께 문제의 답을 확인한다.

> 정답
> (1) 발생 (2) 실체 (3) 생산 (4) 공존 (5) 영향

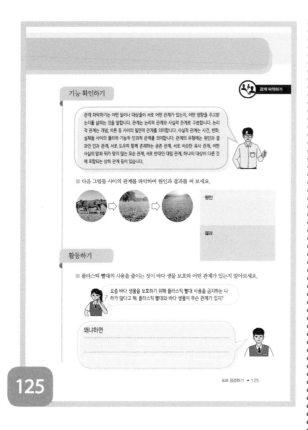

기능 확인하기 - 10분

1) 학습하기 2에서 배운 '관계 파악하기' 기능을 정리한다.
- 🖥 "앞에서 나나와 민우가 신문을 읽으면서 가축 사육과 환경의 관계를 파악하는 과정을 통해 관계 파악하기에 대해 배웠어요. 관계 파악하기는 어떤 일이나 대상들이 서로 어떤 관계가 있는지, 어떤 영향을 주고받는지를 살피는 것을 말해요. 관계는 논리적 관계와 사실적 관계로 구분해요. 논리적 관계는 개념, 이론 등 사이의 필연적 관계를 의미하는 해요. 사실적 관계는 사건, 변화, 실체들 사이의 물리적·기능적·인과적 관계를 의미해요. 관계에는 원인과 결과인 인과 관계, 서로 도우며 함께 존재하는 공존 관계, 서로 비슷한 유사 관계, 어떤 사실의 앞과 뒤가 맞지 않는 모순 관계, 서로 반대인 대립 관계, 하나의 대상이 다른 것에 포함되는 상하 관계 등이 있어요."

2) 교사는 학생들에게 '기능 확인하기' 문제를 풀게 한다.
- 🖥 "다음 그림들 사이에 관계를 파악하여 원인과 결과를 써 보세요."

3) 교사는 학생들과 함께 문제의 답을 확인한다.
- 🖥 "소를 사육한 땅은 소가 끊임없이 밟아 단단해지기 때문에 씨앗을 뿌려도 싹이 나지 않아요. 그 결과 그 지역은 사막 지대가 돼요."

> **정답**
> - 원인: 소를 사육한 땅은 소가 끊임없이 밟아 단단해지기 때문에 씨앗을 뿌려도 싹이 나지 않는다.
> - 결과: 사막 지대가 된다.

활동하기 - 25분

1) 교사는 학생들에게 '활동하기'의 방법을 설명한 후 활동을 하게 한다.
- 🖥 "플라스틱 빨대의 사용을 줄이는 것이 바다 생물 보호와 관계가 있다고 해요. 어떤 관계가 있을까요?"
- 🖥 "여러분은 플라스틱 빨대를 언제 사용해요? 많이 사용해요?"
- 🖥 "바다 생물을 보호하기 위해서는 어떻게 해야 할까요?"
- 🖥 "요즘 바다 생물을 보호하기 위해 플라스틱 빨대 사용을 금지하는 나라가 많다고 해요. 플라스틱 빨대 사용을 줄이는 것이 바다 생물 보호와 어떤 관계가 있는지 알아보세요."

> **교수-학습 지침**
> 학생들이 관련 자료를 잘 찾지 못하면 플라스틱 빨대와 관련된 기사를 제시하고 기사를 읽으며 플라스틱 빨대와 바다 생물 보호의 관계를 파악하게 할 수 있다.
> - 예시 신문 기사 : [중앙일보] 해양 오염 주범 플라스틱 빨대···"매년 800만 톤 쓰레기로"
>   [KBS NEWS] 인간이 만든 재앙 '플라스틱의 역습'
>   [OBS NEWS] 죽은 고래 배에서 플라스틱 쓰레기 '와르르'
>   [헤럴드 경제] ① 플라스틱, '新문물'에서 '애물단지'로

2) 교사는 학생들과 함께 활동의 결과를 확인한다.
- 🖥 "다 찾았어요? 플라스틱 빨대의 사용과 바다 생물 보호가 어떤 관계가 있는지 이야기해 봐요."

> **예시 답안**
> 왜냐하면 플라스틱 빨대 종류가 6개라서 재활용이 어렵기 때문이다. 그래서 매년 800만 톤의 플라스틱 빨대가 바다에 버려지고 있다. 바다에 버려진 플라스틱 빨대는 바다 생물의 코에 꽂히기도 하고 바다 생물들이 먹기도 한다.

9과　문제 풀기

● 학습 목표

- 문제 해결 능력을 키운다.
- 문제 풀이 과정에서 범한 오류를 확인하고 정리하는 방법을 안다.

● 단원 내용

1. 학습 활동: 문제 풀기
2. 학습 기능: 문제 해결하기
   　　　　　　오류 확인하기
3. 학습 주제: 수필의 특징
   　　　　　　최소 공배수와 방정식

● 수업 개요

1·2차시(학습하기 1): 문제 풀기에서 문제 해결하기에 대해 안다.

3·4차시(학습하기 2): 문제 풀기에서 오류 확인하기에 대해 안다.

● 어휘 및 문법

[학습하기 1]

방안, 적절하다, 형식, 드러나다, 현실, 반영하다, 소재, 가치관, 독특하다, 관점, -을 법하다

[학습하기 2]

오류, 분배하다, 최소, 공식, 접근하다

[알면 쓸모 있는 어휘(익힘책 76쪽)]

길잡이, 단락, 범주, 본문, 속하다, 정답

의사소통 4권 1과 〈꼭 배워요〉의 주요 내용

[어휘]

귀를 기울이다, 집중하다, 공통점, 찾아내다, 차이점, 구별하다, 필기하다, 공식, 암기하다, 요점 정리, 참고서, 살펴보다, 오답 노트, 인터넷 강의, 단골, 렌즈, 용어, 우승, 원리, 작품, 일교차, 꼼꼼히, 오히려, 넘치다, 맞히다, 서운하다, 솔직하다, 신중하다, 사랑스럽다

[문법 1] '-어서 그런지'

　📝 깔끔한 건 좋은데 그림이 별로 없어서 그런지 좀 재미없어 보여.

[문법 2] '-는 줄 알다/모르다'

　📝 참고서를 가지고 온 줄 알았는데 찾아 보니까 가방에 없네.

[문법 3] '-었더라면'

　📝 수학 공식을 외웠더라면 몇 문제는 더 답을 맞힐 수 있었을 것 같은데.

[문법 4] '-으려다가'

　📝 신청해서 들으려다가 귀찮아서 신청 안 했어.

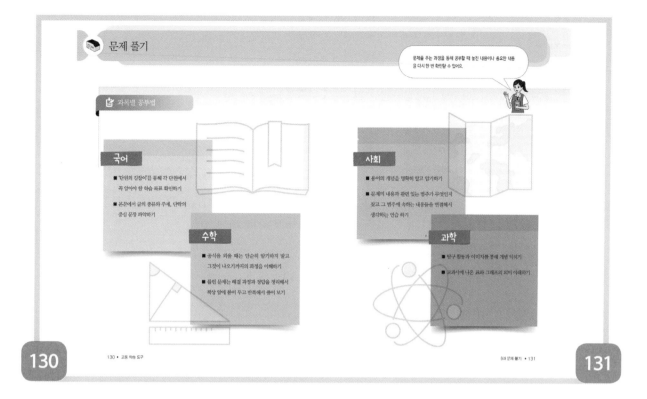

• 1차시 (의사소통 〈꼭 배워요〉와 연계할 경우 7차시)

[학습 목표]

- 문제 풀기에서 문제 해결하기에 대해 안다.
- 과목별 공부법과 문제를 해결하는 방법에 대해 안다.

본문의 구성과 내용

- 본문은 **국어 교과의 문제 풀기 활동**에서 하게 되는 **문제 해결하기 학습 기능**을 보여 주고 있다.
- 본문의 내용은 유미가 자습 시간에 국어 문제집에 있는 '수필의 특징'에 대한 문제를 푸는 과정 중의 일부이다. 유미는 문제에 나오는 주제, 화제, 소재 등을 확인하여 '문제 해결하기'를 하고 있다.

도입 - 10분

1) 교사는 학생들에게 교재 130, 131쪽의 학습 활동에 대해 설명한다.

   📖 "문제를 잘 풀기 위해 과목별로 어떻게 공부해야 할까요?"

   📖 "'국어'의 경우 단원 길잡이를 통해 각 단원에서 꼭 알아야 할 학습 목표를 확인해야 해요. 단순히 문학 작품이나 글을 읽기보다는 그 문학 작품을 읽고 무엇에 대해 생각해야 하는지 어떤 글을 왜 읽어야 하는지 등을 학습 목표를 통해 확실히 알 수 있어요."

   📖 "본문을 공부할 때는 글의 종류와 주제, 단락의 중심 문장을 파악한 이후에 주어진 과제들을 해결하다 보면 공부가 보다 쉬워질 거예요."

   📖 "'수학'의 경우 공식을 외울 때 단순히 암기하지 말고 그것이 나오기까지의 과정을 이해해야 해요."

   📖 "틀린 문제는 해결 과정과 정답을 정리해서 책상 앞에 붙여 두고 반복해서 풀면 같은 실수를 반복하지 않게 돼요."

   📖 "'사회'의 경우 용어의 개념을 명확히 알고 이해하는 것이 좋아요."

   📖 "그리고 문제의 내용과 관련 있는 범주가 무엇인지 찾고 그 범주에 속하는 내용들을 연결해서 생각하는 연습을 해야 해요."

   📖 "'과학'의 경우 탐구 활동과 이미지를 통해 개념을 익히면 좋아요."

   📖 "그리고 교과서에 나온 표와 그래프의 의미를 이해하는 것이 중요해요."

교수-학습 지침

익힘책 77쪽에 문제 풀기, 문제 풀기의 기본, 여러 가지 문제 유형과 표현 방식이 추가로 제시되어 있다. 교사는 이를 고려하여 수업을 진행한다.

2) 교사는 학생들에게 학습하기 1에서 배울 학습 기능을 소개한다.

   📖 "문제를 풀기 위해 먼저 무엇을 해야 할까요?"

   📖 "문제를 풀기 전에 먼저 문제를 이해하는 것이 중요해요. 문제를 명확하게 이해하면 문제가 요구하는 것이 무엇인지 알 수 있고 어떻게 문제를 해결할지 방법을 찾을 수 있어요."

   📖 "과목별 공부법을 확인하다 보면 각 과목의 문제를 어떻게 해결할 수 있는지 알 수 있어요. 문제 해결하기란 문제의 원인을 밝히고 그 원인을 근거로 삼아 해결 방안을 제시하는 것을 말해요. 학습하기 1에서는 문제 풀기에서 문제를 해결하는 방법을 공부할 거예요."

교수-학습 지침

익힘책 78쪽에 문제 해결 과정이 추가로 제시되어 있다. 교사는 이를 고려하여 수업을 진행한다.

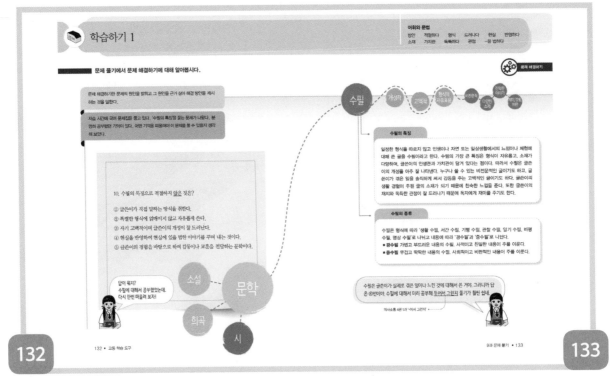

전개 - 35분

1) 교사는 다음에 제시되는 내용을 참고하여 학생들에게 어휘와 문법을 설명한다.

방안	◆ **정의** 일을 처리할 방법이나 계획. 　**예** 정부는 고령화 문제를 해결할 방안을 찾고 있는 중이다. ◆ **정보** (비슷한 말) 방책 ● **설명** "일을 하는 도중에 어떤 문제가 생겼어요. 그럼 그 문제를 해결하기 위한 방법을 찾아야 해요. 일을 계속 이어가려면 해결 방안을 찾아야 해요. '방안'은 일을 처리할 방법이나 계획을 말해요."
적절하다	◆ **정의** 아주 딱 알맞다. 　**예** 그 영화는 가족들이 함께 보기에 적절하다. ◆ **정보** (비슷한 말) 알맞다, 적합하다 　　　　(반대되는 말) 부적절하다 ● **설명** "날씨가 아주 맑고 따뜻해요. 여행을 가면 정말 좋을 거예요. 이런 날씨는 여행을 가기에 아주 적절해요. '적절하다'는 아주 딱 알맞다는 의미예요."

형식	◆ **정의** 일을 할 때 일정한 절차나 양식. 또는 여러 사물이 공통적으로 갖춘 모양. 　**예** 요즘 기존 것과는 다른 새로운 형식의 작품을 만드는 데 열중하고 있다. ◆ **정보** (반대되는 말) 내용 ● **설명** "일기를 쓸 때 꼭 지켜야 하는 것이 있어요? 일기는 자신이 직접 겪은 일이나 느낀 점을 쓰는 글이에요. 특별한 형식이 있는 것은 아니라서 자유롭게 쓰면 돼요. '형식'은 어떤 일을 할 때 정해진 순서나 방식을 얘기해요. 또 여러 가지 사물이 공통적으로 갖춘 모양을 말하기도 해요."
드러나다	◆ **정의** 태도나 감정, 개성 등이 표현되다. 　**예** 이 책은 작가의 개성이 잘 드러나 있다. ◆ **정보** (비슷한 말) 나타나다 ● **설명** "(행복한 표정을 짓고 있는 인물 사진을 보여 주며) 이 사진을 보세요. 이 사람의 표정이 어때요? 이 사람은 아주 행복해 보여요. 이 사람의 얼굴에는 행복한 감정이 잘 드러나 있어요. '드러나다'는 태도나 감정, 개성 등이 표현되는 것을 말해요."
현실	◆ **정의** 현재 실제로 있는 사실이나 상태. 　**예** 공상 과학 영화를 보면 잠시나마 현실에서 벗어나는 기분이 든다. ◆ **정보** (비슷한 말) 실제, 사실 　　　　(반대되는 말) 공상, 이상 ● **설명** "여러분은 자주 꿈을 꾸거나 상상을 해요? 꿈과 상상은 진짜인가요? 꿈과 상상은 실제 사실이 아니에요. 꿈과 상상의 반대를 바로 '현실'이라고 해요. '현실'은 현재 실제로 있는 사실이나 상태를 의미해요."

반영하다	◆ **정의** 다른 사람의 의견이나 사실, 상황 등으로부터 영향을 받아 어떤 현상을 드러내다. 📵 언어는 사회와 문화를 반영한다. ● **설명** "좋은 문학 작품의 조건에는 무엇이 있어요? 그 시대의 모습이 잘 나타나 있는 작품은 좋은 작품이라고 할 수 있어요. 좋은 문학 작품의 조건 중의 하나는 실제 사회의 모습을 잘 반영하는 것이에요. '반영하다'는 다른 사람의 의견이나 사실, 상황 등으로부터 영향을 받아 어떤 현상을 드러내는 것을 말해요."
소재	◆ **정의** 어떤 것을 만드는 데 바탕이 되는 재료. 글의 내용을 이루는 재료. 📵 '가족'을 소재로 수필을 썼다. ● **설명** "여러분은 어떤 영화를 좋아해요? 저는 가족이나 사랑에 대한 이야기를 다룬 영화를 좋아해요. 저는 가족이나 사랑을 소재로 한 영화를 좋아해요. '소재'는 어떤 것을 만드는 데 바탕이 되는 재료나 대상을 말해요."
가치관	◆ **정의** 사람이 어떤 것의 가치에 대하여 가지는 태도나 판단의 기준. 📵 나는 봉사 활동을 시작하면서부터 삶에 대한 가치관이 크게 바뀌었다. ● **설명** "여행을 좋아해요? 여행을 다니면 지금까지 생활하면서 겪지 못한 새로운 경험을 많이 할 수 있어요. 그럼 인생의 가치를 다시 한번 생각해 볼 수 있죠. 어떤 사람들은 여행을 하면서 인생의 가치가 크게 바뀌기도 해요. '가치관'은 사람이 어떤 것의 가치에 대하여 가지는 태도나 판단의 기준을 말해요."
독특하다	◆ **정의** 다른 것과 비교하여 특별하게 다르다. 📵 이 채소는 향이 독특해서 좋아하는 사람과 못 먹는 사람이 확실히 나뉜다. ◆ **정보** (비슷한 말) 특별하다, 특이하다 (반대되는 말) 평범하다 ● **설명** "(아주 독특한 디자인의 옷을 보여 주며) 이 사진을 보세요. 이 옷이 어때요? 주변에서 이런 옷을 입은 사람을 자주 볼 수 있어요? 이 옷은 사람들이 자주 입는 디자인의 옷은 아니에요. 이 옷은 아주 독특한 디자인을 하고 있어요. '독특하다'는 다른 것과 비교하여 특별하게 다른 것을 말해요."
관점	◆ **정의** 사물이나 현상을 보고 생각하는 개인의 입장 또는 태도. 📵 선생님은 객관적인 관점에서 내 잘못을 알려 주셨다. ● **설명** "같은 책을 보더라도 읽는 사람에 따라 느끼는 점이나 책에 대한 생각이 다를 수도 있어요. 같은 내용이라도 관점에 따라 다르게 이해할 수 있기 때문이에요. '관점'은 사물이나 현상을 보고 생각하는 개인의 입장 또는 태도를 말해요."

-을 법하다	◆ **정의** 앞에 오는 말이 나타내는 상황과 같을 가능성이 있다고 판단함을 나타내는 표현. 📵 수호의 할아버지 댁은 영화에 나올 법한 아름다운 곳에 있었다. ◆ **정보** 'ㄹ'을 제외한 받침 있는 동사와 형용사 또는 '-었-' 뒤에 붙여 쓴다. '이다', 받침이 없거나 'ㄹ' 받침인 동사와 형용사 또는 '-으시-' 뒤에는 '-ㄹ 법하다'를 붙여 쓴다. 뒤에 오는 명사를 수식하는 구성으로 '을 법한'을 사용하기도 한다. ● **설명** "(경치가 좋은 곳에 있는 예쁜 집 사진을 보여 주며) 이 사진을 보세요. 이 집이 어때요? 경치가 좋은 곳에 있는 아주 예쁜 집이에요. 마치 영화에서 나올 것 같아요. 이 집은 영화에 나올 법한 예쁜 집이에요. '-을 법하다'는 앞에 오는 말이 나타내는 상황과 같을 가능성이 있다고 판단할 때 사용하는 표현이에요."

2) 교사는 학생들에게 교재 132, 133쪽에 제시된 내용을 읽게 한다.

　📖 "유미가 자습 시간에 국어 문제집을 풀고 있어요. 132쪽에 유미가 풀어야 하는 문제가 있어요. 이 문제는 국어 시간에 배운 수필에 대한 문제예요. 그리고 133쪽에는 수필의 특징과 종류에 대한 글이 있어요. 먼저 132쪽에 있는 문제를 읽어 보세요. 그리고 133쪽에 있는 수필의 특징과 종류에 대한 글을 읽고 문제를 풀기 위해 필요한 단서를 찾아보세요."

3) 교사는 학생들에게 세부 내용을 확인하는 질문을 한다.

　📖 "수필은 무엇에 대해 쓴 글이에요?"

　📖 "수필의 가장 큰 특징은 뭐예요?"

　📖 "수필은 글쓴이의 어떠한 점을 아주 잘 나타내요?"

　📖 "수필을 쓰는 사람은 특별한 자격이 필요해요?"

　📖 "수필은 사람들에게 어떻게 감동을 줘요?"

　📖 "수필의 주된 소재는 뭐예요?"

　📖 "수필의 어떤 부분이 독자들에게 재미를 줘요?"

　📖 "수필은 형식에 따라 어떻게 나눌 수 있어요?"

　📖 "수필은 내용에 따라 어떻게 나눌 수 있어요?"

　📖 "경수필의 특징은 뭐예요?"

　📖 "중수필의 특징은 뭐예요?"

4) 교사는 학생들에게 학습 기능에 대해 확인하는 질문을 한다.

　📖 "이 문제는 어떤 문제예요?"

　📖 "이 문제는 수필의 특징에 대해 묻는 문제예요."

　📖 "유미는 문제를 풀기 위해 어떻게 했어요?"

　📖 "먼저 이 문제에서 묻는 것이 무엇인지 파악했어요. 그리고 예전에 수필에 대해서 공부했던 내용들을 떠올려 봤어요."

정리 - 5분

교사는 학습 내용을 정리하며 수업을 마무리한다.

　📖 "본문에 제시된 문제는 문학 작품 중 하나인 수필의 특징

에 대해 묻고 있어요."

📖 "문학 작품에는 소설, 희곡, 시, 수필 등이 있어요. 수필은 형식이 자유롭고 자기 고백적이며 글쓴이의 개성이 잘 드러나요. 글쓴이의 경험을 바탕으로 하여 감동이나 교훈을 전달해요."

📖 "수필은 글쓴이가 실제로 겪었던 일이나 느낌 것에 대해서 쓴 글이에요. 그러니까 문제의 답은 ④번이에요."

📖 "문제를 해결하려면 우선 그 문제에서 묻는 것이 무엇인지 확인해야 해요. 그리고 문제가 무엇인지 알았다면 문제를 해결하기 위한 단서를 찾아야 합니다. 문제의 주제, 화제, 소재 등을 파악하고, 그와 관련된 정보들을 떠올려서 문제를 해결할 수 있어요. 이것이 '문제 해결하기'의 절차와 방법이에요."

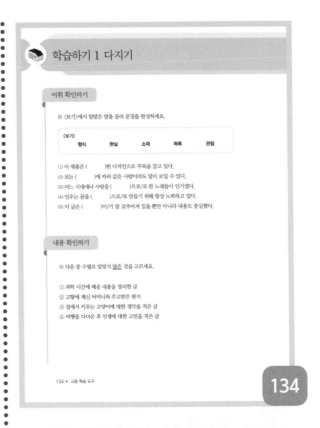

● 2차시 (의사소통 〈꼭 배워요〉와 연계할 경우 8차시)

[학습 목표]
- 문제 풀기에서 문제 해결하기에 대해 안다.
- 문제의 원인을 파악하고 문제를 해결할 수 있다.

어휘 확인하기 - 10분

1) 교사는 학생들에게 '어휘 확인하기' 문제를 풀게 한다.

　📖 "〈보기〉를 보세요. 앞에서 배운 어휘가 있어요."

　📖 "'형식'이란 일을 할 때 일정한 절차나 양식 또는 여러 사물이 공통적으로 갖춘 모양이에요."

　📖 "'현실'이란 현재 실제로 있는 사실이나 상태예요."

　📖 "'소재'란 무엇을 만드는 데 바탕이 되는 재료예요."

　📖 "'독특하다'는 다른 것과 비교하여 특별하게 다르다는 뜻이에요."

　📖 "'관점'이란 사물이나 현상을 보고 생각하는 개인의 입장 또는 태도예요."

　📖 "아래 문장을 읽고 알맞은 어휘를 골라 문장을 완성해 보세요."

2) 교사는 학생들과 함께 문제의 답을 확인한다.

정답
(1) 독특하다　(2) 관점　(3) 소재　(4) 현실　(5) 형식

내용 확인하기 - 5분

1) 교사는 학생들에게 '내용 확인하기' 문제를 풀게 한다.

　📖 "앞에서 수필의 특징과 종류에 대해서 공부했어요. 다음 중 수필로 알맞지 않은 것을 하나 고르세요."

2) 교사는 학생들과 함께 문제의 답을 확인한다.

　📖 "수필의 특징과 종류에 대해 생각해 봐요. 수필은 인생이나 자연 또는 일상생활에서의 느낌이나 체험에 대해 쓴 글을 말해요. 수필은 형식에 따라 생활 수필, 서간(편지) 수필, 기행(여행) 수필, 관찰 수필, 일기 수필, 비평 수필, 명상 수필 등으로 나눌 수 있어요."

　📖 "과학 시간에 배운 내용을 정리한 글은 수필이 아니에요. 따라서 답은 ①번이에요."

정답
①
① 수필은 인생이나 자연, 일상생활에서의 느낌이나 체험에 대해서 쓴 글이므로 과학 시간에 배운 내용을 정리한 글은 수필이 아니다.
② (133쪽 본문) 수필의 종류 중 서간 수필이 있다.
③ (133쪽 본문) 수필의 종류 중 생활 수필이 있다.
④ (133쪽 본문) 수필의 종류 중 기행 수필이 있다.

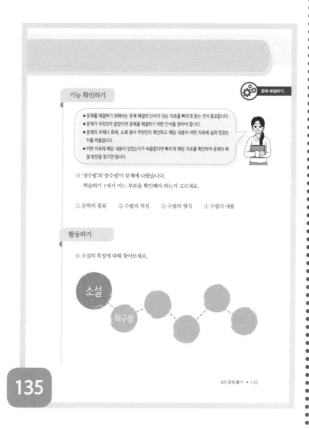

135

기능 확인하기 - 10분

1) 학습하기 1에서 배운 '문제 해결하기' 기능을 정리한다.

　📖 "앞에서 유미가 공부한 내용을 떠올려 문제를 푸는 과정

을 통해 문제 해결하기에 대해 배웠어요. 문제를 해결하기 위해서는 우선 문제에서 묻고 있는 것이 무엇인지를 파악하는 것이 중요해요. 그리고 문제를 해결하기 위한 단서를 찾아야 해요. 주제나 화제, 소재 등을 확인하고, 그와 관련된 정보들을 찾아 문제를 해결할 수 있어요."

2) 교사는 학생들에게 '기능 확인하기' 문제를 풀게 한다.

　📖 "만약에 여러분이 '경수필'과 '중수필'에 관한 문제를 접했다고 상상해 봐요. 오늘 우리가 읽은 본문의 어떤 부분을 떠올려야 문제를 풀 수 있을까요?"

3) 교사는 학생들과 함께 문제의 답을 확인한다.

　📖 "본문에서 수필은 내용에 따라 '경수필'과 '중수필'로 나눌 수 있다고 했어요. 그래서 답은 ④번이에요."

정답
④

활동하기 - 25분

1) 교사는 학생들에게 '활동하기'의 방법을 설명한 후 활동을 하게 한다.

　📖 "앞에서 유미가 '수필'에 대해 공부한 내용을 떠올려서 문제를 해결하는 과정을 봤어요."

　📖 "만약 여러분이 국어 문제집을 푸는데 '소설의 특징'에 대한 문제가 나왔다고 생각해 보세요. 어떤 내용을 떠올려야 문제를 풀 수 있을까요?"

　📖 "여러분이 가지고 있는 책이나 인터넷에서 소설에 대한 정보를 찾아보세요. '소설의 특징'에 대한 정보를 찾아 빈 칸을 채워 보세요."

2) 교사는 학생들과 함께 활동의 결과를 확인한다.

　📖 "소설의 특징에 대해 찾아봤어요? 어떤 정보들을 찾았는지 각자 이야기해 보세요."

예시 답안
진실성, 산문성, 서사성, 모방성, 예술성, 개연성 등

교사 지식

다음의 정보를 활용해 소설의 특징에 대해 설명할 수 있다.

- 허구성: 사실이 아닌 일을 사실처럼 꾸며내는 것.
- 진실성: 인생의 참모습을 추구하며 인생의 의미를 깨닫게 하는 것.
- 산문성: 시(詩)와 같이 운율이라는 규범에 얽매이지 않고 자유로운 문장으로 풀어쓰는 것.
- 서사성: 인물, 사건, 배경을 갖추고 있으며, 사건이 일정한 시간의 흐름에 따라 전개되는 것.
- 모방성: 배경이 되는 삶의 모습이나 시대의 특징을 반영하는 것.
- 예술성: 예술의 한 종류로 일정한 형식미와 예술미를 갖추는 것.
- 개연성: 어떤 일이 일어날 가능성이 높은 것.

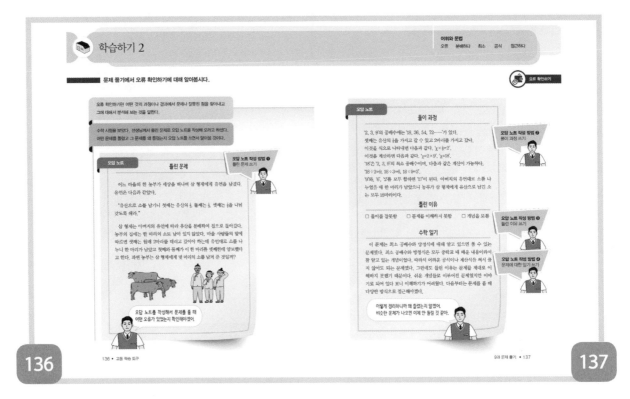

● **3차시**(의사소통 〈꼭 배워요〉와 연계할 경우 9차시)

[학습 목표]
- 문제 풀기에서 오류 확인하기에 대해 안다.
- 오답 노트 작성 방법에 대해 안다.

본문의 구성과 내용
- 본문은 **수학 교과**의 **문제 풀기 활동**에서 하게 되는 **오류 확인하기 학습 기능**을 보여 주고 있다.
- 본문의 내용은 '최소 공배수와 방정식'에 대한 것이며, 수호가 수학 시간에 틀린 문제를 오답 노트에 작성하는 과정 중의 일부이다. 수호는 오답 노트를 쓰며 자신이 틀린 이유를 확인하고 그 문제에 대한 자신의 생각을 정리하고 있다.

도입 - 10분

1) 교사는 교재 130, 131쪽에서 배운 학습 활동에 대해 복습한다.
   📒 "국어 과목은 어떻게 공부할 수 있어요?"
   📒 "수학 과목을 공부하는 방법에는 어떤 것들이 있어요?"
   📒 "사회 과목은 어떻게 공부하는 것이 좋아요?"
   📒 "과학 과목을 공부할 때는 어떻게 공부하는 것이 좋아요?"

2) 교사는 학생들에게 학습하기 2에서 배울 학습 기능을 소개한다.
   📒 "어떤 문제를 풀었는데 만약 답을 맞히지 못했다면 그 문제를 왜 틀렸는지를 알아야 해요. 오답 노트를 작성하는 과정을 통해 문제를 더욱 잘 이해할 수 있고, 또 자신이

무엇을 모르는지 어떤 부분이 약한지 등을 알 수 있어요. 이렇게 자신의 부족함을 잘 알고 대비하면 같은 실수를 해서 문제를 틀리는 일은 없을 거예요."
   📒 "오류 확인하기란 어떤 것의 과정이나 결과에서 문제나 잘못된 점을 찾아내고 그에 대해서 분석하는 것을 말해요. 학습하기 2에서는 오답 노트를 작성하며 오류를 확인하는 방법을 공부할 거예요."

교수-학습 지침
익힘책 80쪽에 오답 노트 정리 방법이 제시되어 있다. 교사는 이를 고려하여 수업을 진행한다.

전개 - 35분

1) 교사는 다음에 제시되는 내용을 참고하여 학생들에게 어휘와 문법을 설명한다.

오류	◆ **정의** 잘못이나 실수. 📖 서류에 있는 오류들을 수정하느라 늦게까지 회사에서 일을 했다. ◆ **정보** (비슷한 말) 잘못 ● **설명** "글을 다 쓴 후에는 글에 잘못된 부분이 없는지 다시 확인해 봐야 해요. 글에 오류가 없는지 찾고 그것을 고쳐야 해요. '오류'는 잘못이나 실수를 말해요."

분배하다	◆ **정의** 몫에 따라 나누어 주다. 예 회사는 모든 사원에게 골고루 이익을 분배했다. ◆ **정보** (비슷한 말) 배분하다 ● **설명** "만약 친구들과 함께 대회에 나가서 상금을 받게 됐어요. 그럼 상금은 어떻게 하는 것이 좋을까요? 대회에 같이 참가한 친구들과 똑같이 나누는 것이 좋아요. 모두 다 함께 노력해서 받은 상금이기 때문에 똑같이 분배하는 것이 좋아요. '분배하다'는 몫에 따라 나누어 주는 것을 말해요."
최소	◆ **정의** 수나 정도가 가장 작거나 낮음. 예 사회의 최소 단위인 가정은 결혼으로 이루어진다. ◆ **정보** (반대되는 말) 최대 ● **설명** "(무거운 물건을 가리키며) 저것을 옮기려면 몇 명이 필요할까요? 적어도 3명은 있어야 옮길 수 있을 거예요. 저 물건을 옮기기 위해 필요한 최소 인원은 3명이에요. '최소'는 수나 정도가 가장 작거나 낮은 것을 말해요."
공식	◆ **정의** 수학 계산, 과학에서 법칙을 수식이나 기호로 나타낸 것. 예 공식을 다 외웠는데도 문제를 풀지 못했다. ◆ **정보** (비슷한 말) 식 ● **설명** "수학 시간에 문제를 풀기 위해 꼭 알고 있어야 하는 계산들이 있어요. 우리는 그런 계산들을 '공식'이라고 해요. '공식'은 수학 계산, 과학에서 법칙을 수식이나 기호로 나타낸 것을 말해요."
접근하다	◆ **정의** 가까이 다가가다. 예 그는 언제나 새로운 시각으로 문제에 접근한다. ◆ **정보** (비슷한 말) 근접하다 ● **설명** "(접근 금지 표시판 사진을 보여 주며) 공사를 하고 있어요. 공사를 하고 있는 장소에 가까이 가도 돼요? 공사를 하고 있는 장소에는 접근하면 안 돼요. '접근하다'는 가까이 다가가는 것을 말해요."

2) 교사는 학생들에게 교재 136, 137쪽에 제시된 내용을 읽게 한다.

　🔲 "수호가 수학 시간에 틀린 문제에 대해 오답 노트를 작성하고 있어요. 우선 수호가 틀린 문제가 어떤 문제인지 읽어 보세요. 그리고 수호가 어떤 방법으로 오답 노트를 작성했는지 같이 확인해 봐요."

3) 교사는 학생들에게 세부 내용을 확인하는 질문을 한다.

　🔲 "누가 죽었어요?"

　🔲 "농부는 죽으면서 누구에게 무엇을 남겼어요?"

　🔲 "첫째, 둘째, 셋째는 각각 유산을 얼마만큼 가지고 갈 수 있어요?"

　🔲 "삼 형제가 각자의 집으로 돌아간 다음 농부의 집에 남아 있는 소가 있었어요?"

　🔲 "막내는 원래 몇 마리의 소를 가지고 가야 해요?"

　🔲 "그런데 막내는 왜 3마리의 소를 가지고 갔어요?"

　🔲 "본문에서 18을 최소 공배수로 가지는 세 개의 숫자는 뭐예요?"

　🔲 "x는 몇이에요?"

　🔲 "첫째와 둘째는 각각 몇 마리의 소를 가지고 갔어요?"

　🔲 "농부가 남긴 소는 18마리예요. 어떻게 18마리가 되는지 설명해 보세요."

　🔲 "수호는 방정식의 개념을 몰라요?"

　🔲 "수호는 최소 공배수의 개념을 알고 있어요?"

4) 교사는 학생들에게 학습 기능에 대해 확인하는 질문을 한다.

　🔲 "수호는 수학 문제를 왜 틀렸는지 확인하기 위해서 무엇을 작성했어요?"

　🔲 "오답 노트를 작성했어요."

　🔲 "오답 노트는 어떻게 정리해요? 순서대로 이야기해 보세요."

　🔲 "제일 처음 틀린 문제를 적고, 그다음 풀이 과정을 적어요. 그리고 틀린 이유를 찾은 후 마지막으로 수학 일기를 적어요."

　🔲 "풀이 과정에는 무엇을 적어요?"

　🔲 "문제를 어떻게 푸는지에 대한 과정을 적어요."

　🔲 "수호가 문제를 틀린 이유는 뭐예요?"

　🔲 "문제를 제대로 이해하지 못했기 때문이에요."

　🔲 "수학 일기에는 어떤 내용을 적어요?"

　🔲 "문제를 왜 틀렸는지 이유를 적고 앞으로 비슷한 문제를 틀리지 않기 위해 어떻게 해야 하는지를 적어요."

정리 - 5분

교사는 학습 내용을 정리하며 수업을 마무리한다.

　🔲 "수호가 수학 문제에 대한 오답 노트를 작성했어요."

　🔲 "농부가 남긴 소는 모두 18마리였어요."

　🔲 "첫째는 9마리, 둘째는 6마리의 소를 가지고 갔어요."

　🔲 "셋째는 원래 2마리의 소를 가지고 가야 해요. 그런데 아버지 유언대로 소를 나눴더니 한 마리가 남았어요. 그리고 형들은 동생에게 소를 양보했어요. 그래서 셋째는 총 3마리의 소를 가지고 집으로 돌아갔어요."

　🔲 "수호는 방정식도 알고, 최소 공배수도 알지만 문제를 틀렸어요."

　🔲 "그 이유는 문제가 이야기로 되어 있어서 문제를 제대로 이해하지 못했기 때문이에요."

　🔲 "그래서 수호는 앞으로 문제를 풀 때는 다양한 방식으로 접근해야겠다고 생각했어요."

　🔲 "오답 노트를 쓰면 문제를 왜 틀렸는지 보다 명확하게 알 수 있어요."

　🔲 "그리고 오류를 확인하는 과정을 통해 문제에 대한 이해도를 높일 수 있고, 자신이 무엇을 모르는지 어떤 부분이 약한지 등을 알 수 있어요."

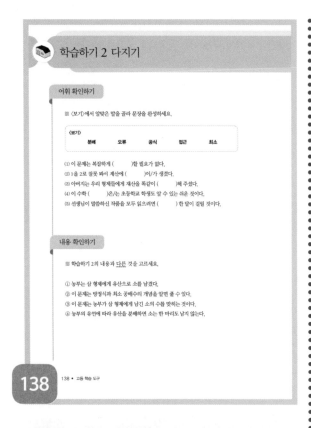

학습하기 2 다지기

어휘 확인하기

■ 〈보기〉에서 알맞은 말을 골라 문장을 완성하세요.

〈보기〉

| 분배 | 오류 | 공식 | 접근 | 최소 |

(1) 이 문제는 복잡하게 (   )할 필요가 없다.
(2) 1을 2로 잘못 봐서 계산에 (   )이/가 생겼다.
(3) 아버지는 우리 형제들에게 재산을 똑같이 (   )해 주셨다.
(4) 이 수학 (   )은/는 초등학교 학생도 알 수 있는 쉬운 것이다.
(5) 선생님이 말씀하신 작품을 모두 읽으려면 (   ) 한 달이 걸릴 것이다.

내용 확인하기

■ 학습하기 2의 내용과 <u>다른</u> 것을 고르세요.

① 농부는 삼 형제에게 유산으로 소를 남겼다.
② 이 문제는 방정식과 최소 공배수의 개념을 알면 풀 수 있다.
③ 이 문제는 농부가 삼 형제에게 남긴 소의 수를 맞히는 것이다.
④ 농부의 유언에 따라 유산을 분배하면 소는 한 마리도 남지 않는다.

138　138 • 고등 학습 도구

● **4차시**(의사소통 〈꼭 배워요〉와 연계할 경우 10차시)

[학습 목표]

- 문제 풀기에서 오류 확인하기에 대해 안다.
- 오답 노트를 작성할 수 있다.

어휘 확인하기 - 10분

1) 교사는 학생들에게 '어휘 확인하기' 문제를 풀게 한다.
　📖 "〈보기〉를 보세요. 앞에서 배운 어휘가 있어요."
　📖 "'분배'란 몫에 따라 나누는 것이에요."
　📖 "'오류'란 잘못이나 실수예요."
　📖 "'공식'이란 수학 계산, 과학에서 법칙을 수식이나 기호로 나타낸 것이에요."
　📖 "'접근'이란 가까이 다가가는 것이에요."
　📖 "'최소'란 수나 정도가 가장 작거나 낮은 것이에요."
　📖 "아래 문장을 읽고 알맞은 어휘를 골라 문장을 완성해 보세요."

2) 교사는 학생들과 함께 문제의 답을 확인한다.

정답
(1) 접근　(2) 오류　(3) 분배　(4) 공식　(5) 최소

내용 확인하기 - 5분

1) 교사는 학생들에게 '내용 확인하기' 문제를 풀게 한다.
　📖 "앞에서 수호가 수학 시험에서 틀린 문제에 대해 다시 공부하는 과정을 봤어요. 학습하기 2의 내용으로 알맞지 않은 것을 고르세요."

2) 교사는 학생들과 함께 문제의 답을 확인한다.
　📖 "농부는 삼 형제에게 유산으로 소를 남겼어요."
　📖 "이 문제는 최소 공배수와 방정식에 대해 알고 있으면 풀 수 있어요."
　📖 "이 문제는 농부가 삼 형제에게 남긴 소의 수를 맞히는 문제예요."
　📖 "농부의 유언에 따라 유산을 분배하면 소 한 마리가 남아요. 따라서 답은 ④번이에요."

정답
④
① (136쪽 본문) "유산으로 소를 남기니 첫째는 유산의 $\frac{1}{2}$, 둘째는 $\frac{1}{3}$, 셋째는 $\frac{1}{9}$을 나눠 갖도록 해라."라는 내용을 보면 알 수 있다.
② (137쪽 본문) "이 문제는 최소 공배수와 방정식에 대해 알고 있으면 풀 수 있는 문제였다."라는 내용을 보면 알 수 있다.
③ (136쪽 본문) "과연 농부는 삼 형제에게 몇 마리의 소를 남겨 준 것일 까?"라는 내용을 보면 알 수 있다.
④ 농부의 유언에 따라 유산을 분배하면 소 한 마리가 남는다.

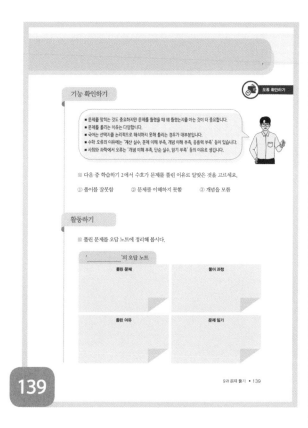

139

---

1) 교사는 학생들에게 '활동하기'의 방법을 설명한 후 활동을 하게 한다.

- 🔳 "수호는 오답 노트를 작성하면서 자신이 문제를 왜 틀렸는지 잘 이해할 수 있었어요."

- 🔳 "여러분은 수학 문제를 틀린 적이 있어요?"

- 🔳 "지금 가지고 있는 수학책이나 수학 문제집에서 틀린 문제를 찾아보세요. 그리고 그 중에 하나를 골라 오답 노트를 작성해 보세요."

> **교수-학습 지침**
> 수학뿐만 아니라 국어, 사회, 과학 등 다양한 과목에서 틀린 문제를 활용하여 오답 노트를 작성하도록 할 수 있다. 또한 본 활동의 경우 수업 시간에 직접 하기보다는 숙제로 내어 오답 노트를 작성할 시간을 충분히 제공하는 것도 좋을 것이다. 더 나아가 해당 과목의 선생님과 협력하여 학생이 오답 노트를 작성해 왔을 때 잘 작성했는지 확인받을 수 있다면 활동의 효용성을 더욱 높일 수 있을 것이다.

2) 교사는 학생들과 함께 활동의 결과를 확인한다.

- 🔳 "오답 노트를 작성했어요? 어떻게 작성했는지 각자 이야기해 보세요."

기능 확인하기 - 10분

1) 학습하기 1에서 배운 '오류 확인하기' 기능을 정리한다.

- 🔳 "앞에서 수호가 수학 시간에 틀린 문제로 오답 노트를 정리하는 과정을 통해 오류 확인하기에 대해 배웠어요."

- 🔳 "문제를 틀렸을 때 왜 틀렸는지를 알아야 다음에 같은 이유로 틀리지 않겠죠?"

- 🔳 "문제를 틀리는 이유는 매우 다양해요. 국어의 경우 선택지를 논리적으로 해석하지 못해 틀리는 경우가 많아요."

- 🔳 "수학 문제를 틀리는 이유에는 '계산 실수, 문제 이해 부족, 개념 이해 부족, 응용력 부족' 등이 있어요."

- 🔳 "사회나 과학의 경우 '개념에 대한 이해 부족, 단순 실수, 암기 부족' 등의 이유로 문제를 틀려요."

- 🔳 "과목별로 어떤 이유 때문에 문제를 틀리는지 알면 공부 계획을 세우는 데 도움이 돼요."

2) 교사는 학생들에게 '기능 확인하기' 문제를 풀게 한다.

- 🔳 "수호가 수학 문제를 틀린 이유로 알맞은 것을 고르세요."

3) 교사는 학생들과 함께 문제의 답을 확인한다.

- 🔳 "수호는 문제를 제대로 이해하지 못해서 문제를 틀렸어요. 문제를 풀기 위해 필요한 개념인 최소 공배수와 방정식에 대해서는 잘 알고 있었어요. 하지만 문제가 이야기 형식으로 되어 있어서 이해하기가 어려웠어요. 따라서 답은 ②번이에요."

> 정답
> ②

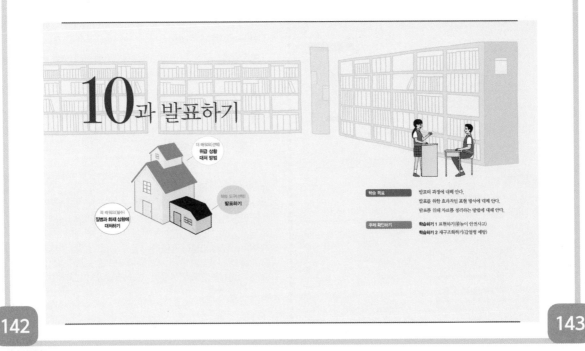

10과   발표하기

● 학습 목표

- 발표의 과정에 대해 안다.
- 발표 시 자료를 효과적으로 표현하는 방식에 대해 안다.
- 발표 자료 작성 시 정보를 재구성하는 방법에 대해 안다.

● 단원 내용

1. 학습 활동: 발표하기
2. 학습 기능: 표현하기
   재구조화하기
3. 학습 주제: 물놀이 안전사고
   감염병 예방

● 수업 개요

1·2차시(학습하기 1): 발표하기에서 표현하기에 대해 안다.

3·4차시(학습하기 2): 발표하기에서 정보를 재구조화 하는 방법에 대해 안다.

● 어휘 및 문법

[학습하기 1]

발생, 시기, 미만, 다수, 필수, 차지하다, -음

[학습하기 2]

통합하다, 구조, 경로, 접촉하다, 분리하다, 탁월하다, 성분, 각종, 해당, 으로써

[알면 쓸모 있는 어휘(익힘책 84쪽)]

개요, 마주치다, 시청각, 연령, 정중하다, 청중

의사소통 4권 2과 〈꼭 배워요〉의 주요 내용

[어휘]

화재, 발생하다, 요청하다, 소화기, 구조하다, 지시하다, 따르다, 대피하다, 소방관, 예방, 위생, 청결을 유지하다, 환기를 시키다, 마스크, 예방 접종, 골, 공격, 관심사, 당번, 대사, 상대, 소재, 시력, 부끄러움, 전선, 질병, 해설, 함부로, 꺾이다, 독특하다, 상쾌하다, 흥미롭다

[문법 1] '-는다거나'

> 예 전자 제품의 전선이 벗겨져 있다거나 꺾여 있다거나 하면 화재가 날 수 있어요.

[문법 2] '피동 표현'

> 예 청소 당번은 복도 창문이 잘 닫혀 있는지 확인했어요?

[문법 3] '-을 뿐만 아니라'

> 예 계속 눈을 비비면 가려운 증상이 더 심해질 뿐만 아니라 시력이 나빠질 수도 있어.

[문법 4] '-던'

> 예 나는 다른 사람이 쓰던 비누로 손을 씻으면 더 안 좋을 거라고 생각했어.

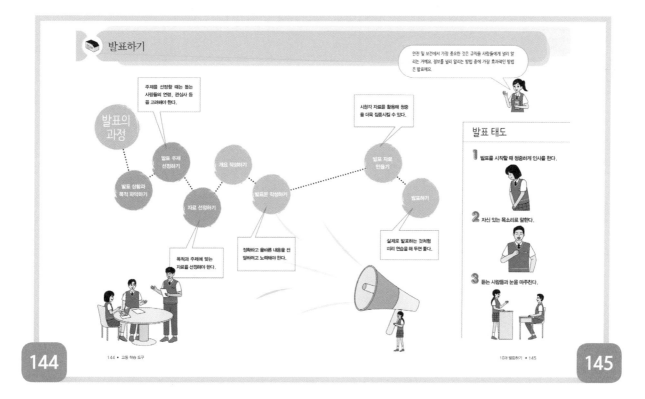

발표하기

발표의 과정

주제를 선정할 때는 듣는 사람들의 연령, 관심사 등을 고려해야 한다.

발표 주제 선정하기

개요 작성하기

발표 상황과 목적 파악하기

자료 선정하기

목적과 주제에 맞는 자료를 선정해야 한다.

발표문 작성하기

정확하고 올바른 내용을 전 달하려고 노력해야 한다.

시청각 자료를 활용해 청중 을 더욱 집중시킬 수 있다.

발표 자료 만들기

발표하기

실제로 발표하는 것처럼 미리 연습을 해 두면 좋다.

안전 및 보건에서 가장 중요한 것은 규칙을 사람들에게 널리 알 리는 거예요. 정보를 널리 알리는 방법 중에 가장 효과적인 방법 은 발표예요.

발표 태도

1 발표를 시작할 때 정중하게 인사를 한다.

2 자신 있는 목소리로 말한다.

3 듣는 사람들과 눈을 마주친다.

● 1차시 (의사소통 〈꼭 배워요〉와 연계할 경우 7차시)

[학습 목표]

• 발표하기에서 표현하기에 대해 안다.

• 발표를 할 때 필요한 효과적인 표현 방법에 대해 안다.

본문의 구성과 내용

• 본문은 **사회 교과의 발표하기 활동**에서 하게 되는 **표현하기 학습 기능**을 보여 주고 있다.

• 본문의 내용은 민우가 사회 시간에 '물놀이 안전사고'에 대한 주제로 발표를 하기 위해 발표 자료를 만드는 과정 중의 일부이다. 민우는 어떻게 하면 청중들에게 발표 내용을 보다 효과적으로 표현할 수 있을지 고민하고 있다.

도입 - 10분

1) 교사는 학생들에게 교재 144, 145쪽의 학습 활동에 대해 설명한다.

📖 "여러분, 수업 시간에 발표를 해 본 적이 있어요? 여러분은 발표를 하기 위해서 무엇을 어떻게 준비하고, 또 실제로 발표를 할 때 어떻게 했어요? 이번 시간에는 발표의 과정에 대해 알아봐요."

📖 "발표를 하기 위해서는 우선 발표의 상황과 목적을 파악해야 해요. 그리고 발표 주제를 선정해요. 주제를 선정할 때는 듣는 사람들의 연령, 관심사 등을 고려해야 해요. 주제가 선정되면 발표 목적과 주제에 맞는 자료를 선정해야 해요. 자료를 선정한 다음에는 발표의 개요를 작성해요. 그리고 작성한 개요에 맞춰 발표문을 작성해요. 발표문을 작성할 때는 정확하고 올바른 내용을 전달하려고 노력해야 해요. 발표문 작성이 끝나면 해당 발표문으로 발표 자

료를 만들어요. 발표 자료를 만들 때 시청각 자료를 활용하면 청중들을 더욱 집중시킬 수 있어요. 발표 자료를 만드는 일까지 마치면 이제 발표하는 일만 남게 되는데, 발표를 하기 전에 실수를 예방하기 위해 실제로 발표하는 것처럼 미리 연습을 해 두면 좋아요."

📖 "그리고 실제로 발표를 할 때 몇 가지 지켜야 하는 태도들이 있어요. 먼저 발표를 시작할 때 정중하게 인사를 해야 해요. 그리고 발표를 할 때는 자신 있는 목소리로 말하는 것이 좋아요. 또 듣는 사람들과 눈을 마주치면서 발표를 하는 것도 중요해요."

교수-학습 지침

익힘책 85쪽에 발표문 작성하기의 몇 가지 요령, 공식적인 말하기 상황에서 주의할 점이 추가로 제시되어 있다. 교사는 이를 고려하여 수업을 진행한다.

2) 교사는 학생들에게 학습하기 1에서 배울 학습 기능을 소개한다.

📖 "발표를 할 때는 청중들에게 준비한 내용들을 어떻게 표현해야 더욱 효과적으로 전달할 수 있을지 고민해야 해요."

📖 "표현하기란 정보를 표현할 때 중요한 내용들이 어떻게 관련되어 있는지를 보여주기 위해 시각적, 언어적, 상징적 표현 형태를 취하는 것을 말해요."

📖 "학습하기 1에서는 발표 자료를 만들 때 어떻게 하면 보다 효과적으로 자료를 표현할 수 있을지 공부할 거예요."

교수-학습 지침

익힘책 86쪽에 보고서에서 표현할 때 주의할 점이 추가로 제시되어 있다. 교사는 이를 고려하여 수업을 진행한다.

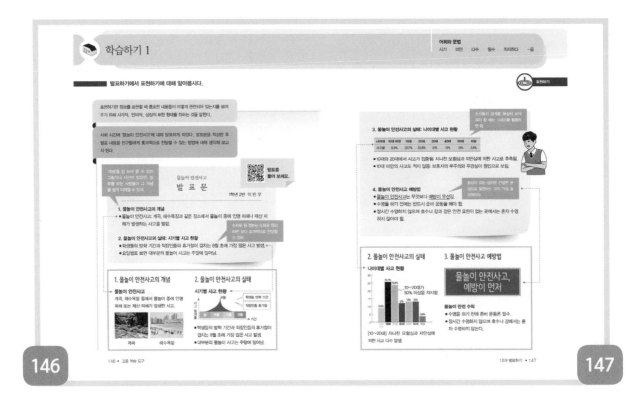

전개 - 35분

1) 교사는 다음에 제시되는 내용을 참고하여 학생들에게 어휘와 문법을 설명한다.

시기	◆ **정의** 어떤 일이나 현상이 진행되는 때. **예** 봄은 꽃이 피는 시기이다. ◆ **정보** (비슷한 말) 때 ● **설명** "가을은 건조하기 때문에 화재가 잘 발생해요. 가을은 화재가 잘 발생하는 시기이기 때문에 조심해야 해요. '시기'는 어떤 일이나 현상이 진행되는 때를 말해요."
미만	◆ **정의** 일정한 수량이나 정도에 이르지 못함. **예** 이 영화는 만 12세 미만의 어린이는 볼 수 없다. ◆ **정보** (반대되는 말) 초과 ● **설명** "(12세 미만 시청 금지가 표시돼 있는 만화 영화 사진을 보여 주며) 이 영화는 몇 살부터 볼 수 있어요? 이 영화는 11살인 어린이는 볼 수 없어요. 12살부터 영화를 볼 수 있어요. 이 영화는 12세 미만 어린이는 볼 수 없어요. '미만'은 일정한 수량이나 정도에 이르지 못하는 것을 의미해요."
다수	◆ **정의** 많은 수. **예** 학급 회의에서 나온 다수의 의견에 따라 장기 자랑 시간에 노래를 부르기로 했다. ◆ **정보** (반대되는 말) 소수 ● **설명** "(유명한 TV 프로그램이나 영화 사진을 보여 주며) 이 영화를 알고 있어요? 이 영화는 정말 인기가 많았어요. 많은 사람들이 정말 좋아한 드라마예요. 이 영화는 다수의 사람들에게 사랑을 받은 작품이에요. '다수'는 많은 수를 의미해요."

필수	◆ **정의** 꼭 있어야 하거나 해야 함. **예** 이것은 회사 생활을 하기 위해 알아야 할 필수 정보들이다. ● **설명** "시험을 볼 때 답안지에 컴퓨터용 사인펜으로 정답을 표시해야 해요. 시험을 볼 때 컴퓨터용 사인펜은 필수로 가지고 있어야 해요. '필수'는 꼭 있어야 하거나 해야 하는 것을 말해요."
차지하다	◆ **정의** 일정한 공간이나 비율을 이루다. **예** 이번 설문에서 긍정적인 답변이 오십 퍼센트를 차지했다. ● **설명** "저는 흰색 옷을 아주 좋아해요. 그래서 옷장을 열어 보면 대부분이 흰색 옷이에요. 흰색 옷이 옷장의 많은 부분을 차지하고 있어요. '차지하다'는 일정한 공간이나 비율을 이루는 것을 말해요."

-음	◆ **정의** 앞의 말이 명사의 기능을 하게 하는 어미. **예** 따뜻한 바람을 맞으며 나는 봄이 왔음을 느꼈다. ◆ **정보** 'ㄹ'을 제외한 받침 있는 동사와 형용사 또는 '-었-', '-겠-' 뒤에 붙여 쓴다. '이다', 받침이 없거나 'ㄹ' 받침인 동사와 형용사 또는 '-으시-' 뒤에는 '-ㅁ'을 붙여 쓴다. 문장을 종결할 때 '음'을 사용하여 어떤 사실이나 정보를 간단하게 알리거나 기록할 때 쓴다. 주로 메모나 공고문을 쓸 때 사용한다. '-음'은 동사나 형용사 등을 명사화한다는 점에서 전성어미 '-기'와 유사하나, '-기'와 같은 뜻으로는 교체되어 사용되지 않는다. '-음'은 '-는 것'이나 '-은 것'과 큰 의미 차이 없이 바꿔 쓸 수 있는데, '-음'은 글이나 격식적인 맥락에서 주로 쓰고 '-는 것'은 말할 때 주로 쓴다. ● **설명** "다음 주 수요일에 단어 시험이 있어요. 다음 주 수요일에 단어 시험이 있음을 절대 잊지 마세요. 이렇게 '-음'을 사용하면 동사나 형용사를 명사처럼 바꿔서 사용할 수 있어요. 메모를 할 때 '-음'을 사용하여 문장을 간단히 쓸 수 있어요."

2) 교사는 학생들에게 교재 146, 147쪽에 제시된 내용을 읽게 한다.

🖳 "민우가 사회 시간에 '물놀이 안전사고'를 주제로 해서 발표를 하려고 해요. 민우는 발표를 하기 위해 먼저 발표문을 썼어요. 그리고 작성한 발표문을 보면서 친구들에게 보여 줄 발표 자료를 만들었어요. 민우의 발표문과 발표 자료를 보고 민우가 발표 내용을 효과적으로 표현하기 위해 어떤 방법을 사용했는지 확인해 보세요."

3) 교사는 학생들에게 세부 내용을 확인하는 질문을 한다.

🖳 "민우의 발표 주제는 뭐예요?"

🖳 "물놀이 안전사고란 뭐예요?"

🖳 "물놀이 안전사고는 일 년 중 언제 가장 많이 발생해요?"

🖳 "물놀이 안전사고는 무슨 요일에 가장 많이 발생해요?"

🖳 "물놀이 안전사고는 어느 나이대에서 가장 많이 발생해요?"

🖳 "그 이유는 뭐예요?"

🖳 "물놀이 안전사고를 예방할 수 있는 방법에는 뭐가 있어요?"

4) 교사는 학생들에게 학습 기능에 대해 확인하는 질문을 한다.

🖳 "발표를 듣는 사람들이 '개념'을 쉽게 이해할 수 있게 하려면 어떤 자료를 활용하는 것이 좋아요?"

🖳 "숫자로 된 정보는 무엇을 활용하면 효과적으로 전달을 할 수 있어요?"

🖳 "숫자들의 관계를 확실히 표현해야 할 때는 무엇을 활용하는 것이 좋아요?"

🖳 "중심이 되는 생각은 어떤 방법으로 표현하는 것이 효과적이에요?"

교사는 학습 내용을 정리하며 수업을 마무리한다.

🖳 "민우는 물놀이 안전사고를 주제로 발표를 하기 위해 발표 자료를 만들었어요."

🖳 "민우는 발표할 내용을 효과적으로 전달하기 위해 다양한 표현 방법을 활용했어요."

🖳 "먼저 발표 주제인 '물놀이 안전사고'의 개념을 청중들이 잘 이해할 수 있도록 대표적인 물놀이 장소의 사진을 함께 보여 줬어요."

🖳 "그리고 물놀이 안전사고의 시기별 현황에 대한 자료는 숫자로 된 정보를 효과적으로 전달하기 위해 도표를 활용했어요."

🖳 "또 나이대별 사고 현황을 보여 줄 때는 숫자들의 관계를 확실히 표현하기 위해서 그래프를 활용했어요."

🖳 "그리고 중심이 되는 생각들은 간결한 문장으로 표현했어요."

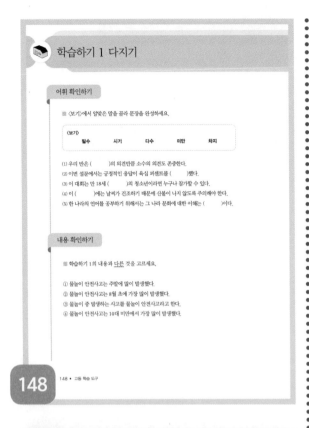

학습하기 1 다지기

어휘 확인하기

■ 〈보기〉에서 알맞은 말을 골라 문장을 완성하세요.

〈보기〉
필수   시기   다수   미만   차지

(1) 우리 반은 (   )의 의견만큼 소수의 의견도 존중한다.
(2) 이번 설문에서는 긍정적인 응답이 육십 퍼센트를 (   )했다.
(3) 이 대회는 만 18세 (   )의 청소년이라면 누구나 참가할 수 있다.
(4) 이 (   )에는 날씨가 건조하기 때문에 산불이 나지 않도록 주의해야 한다.
(5) 한 나라의 언어를 공부하기 위해서는 그 나라 문화에 대한 이해는 (   )이다.

내용 확인하기

■ 학습하기 1의 내용과 <u>다른</u> 것을 고르세요.

① 물놀이 안전사고는 주말에 많이 발생했다.
② 물놀이 안전사고는 8월 초에 가장 많이 발생했다.
③ 물놀이 중 발생하는 사고를 물놀이 안전사고라고 한다.
④ 물놀이 안전사고는 10대 미만에서 가장 많이 발생했다.

● 2차시 (의사소통 〈꼭 배워요〉와 연계할 경우 8차시)

[학습 목표]

• 발표하기에서 표현하기에 대해 안다.
• 발표 내용의 특징에 맞게 적절한 표현 방법을 선택할 수 있다.

어휘 확인하기 - 10분

1) 교사는 학생들에게 '어휘 확인하기' 문제를 풀게 한다.

　📖 "〈보기〉를 보세요. 앞에서 배운 어휘가 있어요."
　📖 "'필수'란 꼭 있어야 하거나 해야 하는 것이에요."
　📖 "'시기'란 어떤 일이나 현상이 진행되는 때예요."
　📖 "'다수'란 많은 수를 말해요."
　📖 "'미만'이란 일정한 수량이나 정도에 이르지 못하는 것이에요."
　📖 "'차지'란 일정한 공간이나 비율을 이루는 것이에요."
　📖 "아래 문장을 읽고 알맞은 어휘를 골라 문장을 완성해 보세요."

2) 교사는 학생들과 함께 문제의 답을 확인한다.

정답
(1) 다수 (2) 차지 (3) 미만 (4) 시기 (5) 필수

내용 확인하기 - 5분

1) 교사는 학생들에게 '내용 확인하기' 문제를 풀게 한다.

　📖 "앞에서 민우가 준비한 물놀이 안전사고에 대한 발표문과 발표 자료를 읽어 봤어요. 다음 중 학습하기 1의 내용과 다른 것을 하나 고르세요."

2) 교사는 학생들과 함께 문제의 답을 확인한다.

　📖 "사고 현황을 보면 주말에 물놀이 안전사고가 가장 많이 발생한 것을 알 수 있어요."
　📖 "물놀이 안전사고는 학생들 방학 기간과 직장인들 휴가철이 겹치는 8월 초에 가장 많이 발생했어요."
　📖 "물놀이 중 발생하는 사고를 물놀이 안전사고라고 말해요."
　📖 "나이대별 물놀이 안전사고의 현황을 보세요. 10대에서 물놀이 안전사고가 가장 많이 발생한 것을 알 수 있어요."
　📖 "따라서 답은 ④번이에요. 10대 미만의 사고도 적지 않지만 가장 많은 것은 아니에요."

정답
④
① (146쪽 본문) '요일별로 보면 대부분의 물놀이 사고는 주말에 일어남.'이라는 내용을 보면 알 수 있다.
② (146쪽 본문) '학생들의 방학 기간과 직장인들의 휴가철이 겹치는 8월 초에 가장 많은 사고 발생.'이라는 내용을 보면 알 수 있다.
③ (146쪽 본문) '물놀이 안전사고: 계곡, 해수욕장과 같은 장소에서 물놀이 중에 인명 피해나 재산 피해가 발생하는 사고를 말함.'이라는 내용을 보면 알 수 있다.
④ 10대 미만의 사고도 적지 않지만 가장 많은 것은 아니다.

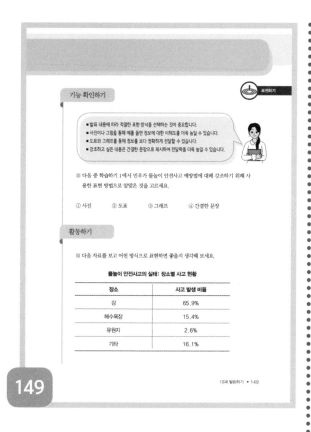

149

□ "이번에는 여러분이 발표를 하기 위해 발표 자료를 만든 다고 생각해 보세요."

□ "다음 자료는 장소에 따른 사고 발생 비율에 관한 것이에 요. 어떤 방법을 사용하면 자료를 효과적으로 표현할 수 있을까요?"

2) 교사는 학생들과 함께 활동의 결과를 확인한다.

□ "여러분, 어떻게 하면 이 자료를 효과적으로 표현할 수 있을지 생각해 봤어요? 여러분의 생각을 이야기해 보세요."

예시 답안
그래프

교수-학습 지침

- 교사는 학생들에게 '장소별 사고 현황'을 그래프로 만들게 하는 활동을 제시할 수 있다.
- 교사는 학생들에게 그래프 외에 다양한 방식으로 자료를 표현하도록 유도할 수 있다.

기능 확인하기 - 10분

1) 학습하기 1에서 배운 '표현하기' 기능을 정리한다.

□ "앞에서 민우가 발표문을 가지고 청중에게 보여 줄 발표 자료를 만드는 과정을 통해 표현하기에 대해 배웠어요. 발표 내용에 따라 적절한 표현 방식을 선택하는 것이 중요해요. 그리고 사진이나 그림을 통해 예를 들면 정보에 대한 이해도를 더욱 높일 수 있어요. 또한 도표와 그래프를 통해 정보를 보다 정확하게 전달할 수 있어요. 강조하고 싶은 내용은 간결한 문장으로 제시하여 전달력을 더욱 높일 수 있어요."

2) 교사는 학생들에게 '기능 확인하기' 문제를 풀게 한다.

□ "민우는 물놀이 안전사고 예방법에 대한 내용을 강조하기 위해 어떠한 표현 방법을 사용했어요?"

3) 교사는 학생들과 함께 문제의 답을 확인한다.

□ "중요한 내용을 효과적으로 표현하기 위해 간결한 문장으로 나타냈어요. 답은 ④번이에요."

정답
④

활동하기 - 25분

1) 교사는 학생들에게 '활동하기'의 방법을 설명한 후 활동을 하게 한다.

□ "앞에서 민우가 다양한 표현 방법들을 통해 친구들에게 보여 줄 발표 자료를 만드는 과정을 봤어요."

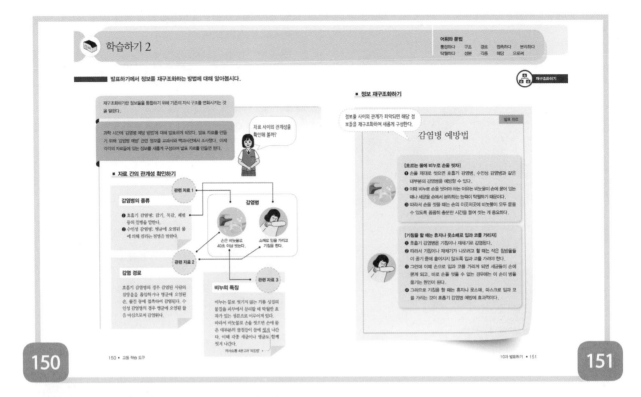

● **3차시** (의사소통 〈꼭 배워요〉와 연계할 경우 9차시)

[학습 목표]

- 발표하기에서 재구조화하기에 대해 안다.
- 여러 정보를 조합하여 새롭게 재구조화하는 방법을 안다.

본문의 구성과 내용

- 본문은 과학 교과의 **발표하기** 활동에서 하게 되는 **재구조화하기** 학습 기능을 보여 주고 있다.
- 본문의 내용은 소연이가 과학 시간에 '감염병 예방 방법'을 주제로 발표하기 위해 발표 자료를 만드는 과정 중의 일부이다. 소연이는 감염병에 대한 자료들의 정보를 재구조화하여 발표 자료를 만들려고 한다.

도입 - 10분

1) 교사는 교재 144, 145쪽에서 배운 학습 활동에 대해 복습한다.

📖 "발표는 어떤 과정으로 진행해요?"

📖 "발표 주제를 선정하는 단계에서 고려해야 할 점은 무엇이에요?"

📖 "자료를 선정할 때는 어떤 자료를 선정해야 해요?"

📖 "발표문을 작성할 때 노력해야 하는 것이 무엇이에요?"

📖 "발표 자료를 만들 때 어떤 자료를 활용하면 청중을 더욱 집중시킬 수 있어요?"

📖 "발표를 하기 전에 어떤 연습을 하면 좋아요?"

📖 "발표를 할 때 어떤 태도로 하는 것이 좋아요?"

2) 교사는 학생들에게 학습하기 2에서 배울 학습 기능을 소개한다.

📖 "발표를 하기 위해 수집한 자료를 효과적으로 표현하는 것도 중요하지만 수집한 자료의 정보들을 새롭게 구성하여 발표 자료를 만드는 것도 중요해요."

📖 "발표를 하기 위한 자료를 선정했으면 자료들 사이의 관계를 확인해요. 자료에 있는 정보들의 관계를 파악했으면 그 정보들을 조합해서 새롭게 구성해 볼 수 있어요."

📖 "이렇게 서로 다른 정보들을 통합하기 위해 기존의 지식 구조를 변화시키는 것을 재구조화하기라고 해요. 학습하기 2에서는 기존의 자료들을 어떻게 재구조화하는지 같이 공부할 거예요."

교수-학습 지침

익힘책 88쪽에 자료의 신뢰성 확인하기가 제시되어 있다. 교사는 이를 고려하여 수업을 진행한다.

전개 - 35분

1) 교사는 다음에 제시되는 내용을 참고하여 학생들에게 어휘와 문법을 설명한다.

통합하다

◆ **정의** 여러 개의 기구나 조직 등을 하나로 합치다.

　📖 **예** 여러 부서에서 나누어 하던 업무를 하나로 통합해 한 부서에 맡기기로 했다.

◆ **정보** (반대되는 말) 분할하다

● **설명** "회사에서는 여러 개의 부서를 하나의 부서로 합치기도 해요. 회사는 여러 부서를 하나로 통합하기도 해요. '통합하다'는 여러 개의 기구나 조직 등을 하나로 합치는 것을 말해요."

구조	◆ **정의** 여러 부분이나 요소들이 서로 어울려 전체를 이룸. 또는 그 짜임새. 예 서양과 동양의 건물을 비교해 보면 서로 다른 구조를 가지고 있는 것을 알 수 있다. ● **설명** "우리의 신체는 머리, 배, 팔, 다리뿐만 아니라 뇌, 심장, 폐 등 다양한 부분들로 이루어져 있어요. 사람의 몸은 아주 다양한 구조로 이루어져 있어요. '구조'는 여러 부분이나 요소들이 서로 어울려 전체를 이루는 것을 말하거나 또는 그 부분들을 말할 때 사용해요."
경로	◆ **정의** 일이 이루어지는 방법이나 과정. 또는 지나가는 길. 예 자료 조사를 할 때 다양한 경로를 통하여 자료를 수집하는 것이 좋다. ● **설명** "보고서를 쓰거나 발표를 하기 전에 먼저 다양한 방법을 통해 자료를 수집해야 해요. 자료를 찾을 때는 다양한 경로로 수집하는 것이 좋아요. '경로'는 일이 이루어지는 방법이나 과정을 말해요."
접촉하다	◆ **정의** 서로 맞닿다. 예 그는 사거리에서 좌회전하는 차와 접촉하여 사고를 냈다. ● **설명** "눈병에 걸린 적이 있어요? 눈병에 걸렸을 때 다른 사람을 직접 만져도 돼요? 눈병에 걸렸을 때는 병을 옮길 수 있기 때문에 사람들과 접촉하면 안 돼요. '접촉하다'는 서로 닿는 것을 의미해요."
분리하다	◆ **정의** 서로 나뉘어 떨어지게 하다. 예 불에 타는 쓰레기와 타지 않는 쓰레기를 분리했다. ● **설명** "쓰레기는 어떻게 버려야 해요? 종이, 플라스틱, 비닐 등으로 나눠서 버려야 해요. 나눠서 버리는 걸 분리해서 버린다고 해요. '분리하다'는 서로 나뉘어 떨어지게 한다는 의미예요."
탁월하다	◆ **정의** 남보다 훨씬 뛰어나다. 예 이 치약은 이를 하얗게 만드는 효과가 탁월하다. ◆ **정보** (비슷한 말) 뛰어나다, 우수하다 ● **설명** "(치약을 보여 주며) 저는 이 치약을 좋아해요. 왜냐하면 이 치약은 이를 하얗게 만드는 효과가 아주 좋기 때문이에요. 이 치약은 이를 하얗게 만드는 효과가 탁월해요. '탁월하다'는 다른 것보다 훨씬 뛰어난 것을 의미해요."
성분	◆ **정의** 통일된 하나의 조직체를 구성하는 한 부분. 예 튀김 요리에는 기름 성분이 많다. ● **설명** "커피에는 카페인이 들어가 있어요. 우유에는 칼슘이 들어가 있고, 술에는 알코올이 들어가 있어요. 커피에 들어 있는 카페인, 우유에 들어 있는 칼슘, 술에 들어 있는 알코올을 '성분'이라고 해요. '성분'은 통일된 하나의 단체나 사물을 구성하는 한 부분을 의미해요."

각종	◆ **정의** 여러 가지 종류. 예 나나는 성적을 올리기 위해 각종 문제집을 풀었다. ◆ **정보** 주로 '각종 ~'으로 쓴다. ● **설명** "마트에 가면 사과, 딸기, 수박, 포도 등 여러 종류의 과일이 있어요. 마트에는 각종 과일이 있어요. '각종'은 여러 가지 종류라는 의미예요."
해당	◆ **정의** 무엇과 관계가 있는 바로 그것. 예 민우는 해당 기관에 찾아가 서류를 발급받았다. ● **설명** "어떤 일을 하고 싶어요? 그 일을 하려면 어떻게 해야 해요? 여러분이 하고 싶은 일을 하려면 그 일과 관련 있는 자격증을 따 두는 것이 좋아요. 해당 자격증을 미리 따면 도움이 돼요. '해당'은 무엇과 관계가 있는 바로 그것을 말할 때 사용해요."
으로써	◆ **정의** 앞에 오는 말이 뒤에 오는 말의 이유가 됨을 나타내는 조사. 예 내일은 태풍이 지나감으로써 폭우가 쏟아지고 강풍이 불겠습니다. ◆ **정보** 주로 동사와 결합하여 '-음으로써'의 형태로 쓰인다. ● **설명** "감기에 걸린 적이 있어요? 감기는 어떤 경로로 옮는 것일까요? 감기에 걸린 사람과 같은 물건을 사용하면 감기가 옮을 수 있어요. 감기에 걸린 사람이 사용한 수건을 같이 사용함으로써 옮기도 해요. 이처럼 '으로써'는 앞에 오는 말이 뒤에 오는 말의 이유가 됨을 나타낼 때 사용하는 조사예요."

2) 교사는 학생들에게 교재 150, 151쪽에 제시된 내용을 읽게 한다.
   🔲 "소연이가 과학 시간에 발표를 하기 위해 수집한 자료들을 재구조화하여 발표 자료를 만들려고 해요."
   🔲 "150쪽에는 소연이가 발표를 하기 위해 찾은 자료들이 있어요. 그리고 151쪽에는 준비한 자료들을 활용해서 새롭게 구성한 발표문이 있어요."
   🔲 "먼저 왼쪽에 있는 자료들을 읽어 봐요. 그리고 오른쪽에 있는 발표 자료를 읽으면서 소연이가 정보들을 어떻게 재구조화했는지 확인해 보세요."

3) 교사는 학생들에게 세부 내용을 확인하는 질문을 한다.
   🔲 "감염병에는 어떤 것들이 있어요?"
   🔲 "호흡기 감염병에는 어떤 것들이 있어요?"
   🔲 "수인성 감염병이란 뭐예요?"
   🔲 "호흡기 감염병은 어떻게 감염이 돼요?"
   🔲 "수인성 감염병은 어떻게 감염이 돼요?"
   🔲 "비누는 어떤 성분으로 이루어져 있어요?"
   🔲 "비눗물로 손을 씻으면 어떻게 돼요?"
   🔲 "감염병을 예방하려면 평소에 어떻게 해야 해요?"
   🔲 "기침을 할 때 왜 휴지나 옷소매, 마스크 등으로 입과 코를 가리는 것이 좋아요?"

4) 교사는 학생들에게 학습 기능에 대해 확인하는 질

문을 한다.
- 🔲 "소연이가 발표 자료를 만들기 위해 찾은 관련 자료는 몇 가지예요?"
- 🔲 "소연이가 찾은 자료는 3가지예요."
- 🔲 "소연이는 발표 자료를 만들기 전에 자료를 살펴보면서 무엇을 확인했어요?"
- 🔲 "자료들 간의 관계성을 확인했어요."
- 🔲 "소연이는 자료들 간의 관계를 파악한 후 어떻게 했어요?"
- 🔲 "해당 정보들을 재구조화한 후 새롭게 구성해서 발표 자료를 만들었어요."

정리 - 5분

교사는 학습 내용을 정리하며 수업을 마무리한다.
- 🔲 "소연이는 발표문을 작성하기 위해 발표 주제인 감염병 예방 방법과 관련된 여러 자료를 찾았어요."
- 🔲 "감염병을 예방하려면 흐르는 물에 비누로 손을 씻어야 해요."
- 🔲 "손을 제대로 씻으면 호흡기 감염병, 수인성 감염병 같은 대부분의 감염병을 예방할 수 있어요."
- 🔲 "그리고 비누가 손에 묻어 있는 세균을 분리시키는 능력이 탁월하기 때문에 손을 씻을 때 비누를 사용하면 좋아요."
- 🔲 "또한 기침을 할 때는 휴지나 옷소매로 입과 코를 가리고 해야 해요."
- 🔲 "왜냐하면 호흡기 감염병은 기침이나 재채기로 감염되기 때문이에요."
- 🔲 "기침이나 재채기를 할 때 손으로 가리면 손에 묻은 세균을 통해 병을 옮길 수 있어요."
- 🔲 "따라서 휴지나 옷소매 등으로 입과 코를 가리는 것이 감염병 예방에 효과적이에요."
- 🔲 "소연이는 감염병의 종류, 감염 경로, 비누의 특징에 대한 정보들을 조합하여 새롭게 재구조화했어요. 이처럼 기존의 정보들을 조합하여 연관성을 찾는 과정을 통해 새로운 정보를 보여 주는 것이 가능해요."

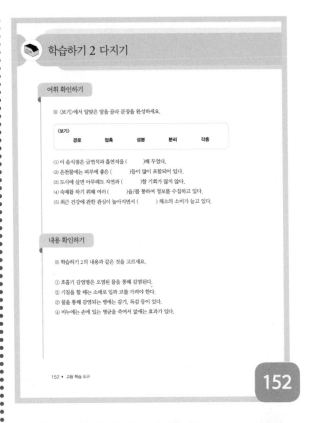

4차시 (의사소통 〈꼭 배워요〉와 연계할 경우 10차시)

[학습 목표]
- 문제 풀기에서 오류 확인하기에 대해 안다.
- 오답 노트를 작성할 수 있다.

어휘 확인하기 - 10분

1) 교사는 학생들에게 '어휘 확인하기' 문제를 풀게 한다.
- 🔲 "〈보기〉를 보세요. 앞에서 배운 어휘가 있어요."
- 🔲 "'경로'란 일이 이루어지는 방법이나 과정이에요."
- 🔲 "'접촉'이란 서로 닿는 것이에요."
- 🔲 "'성분'이란 통일된 하나의 단체나 사물을 구성하는 한 부분이에요."
- 🔲 "'분리'란 서로 나뉘어 떨어지게 하는 것을 말해요."
- 🔲 "'각종'이란 여러 가지 종류예요."
- 🔲 "아래 문장을 읽고 알맞은 어휘를 골라 문장을 완성해 보세요."

2) 교사는 학생들과 함께 문제의 답을 확인한다.

> 정답
> (1) 분리 (2) 성분 (3) 접촉 (4) 경로 (5) 각종

내용 확인하기 - 5분

1) 교사는 학생들에게 '내용 확인하기' 문제를 풀게 한다.

🗣 "앞에서 감염병 예방법에 대한 발표 자료를 읽었어요. 학습하기 2의 내용과 같은 것을 하나 고르세요."

2) 교사는 학생들과 함께 문제의 답을 확인한다.

🗣 "호흡기 감염병은 감염된 사람의 침방울을 흡입하거나 병균에 오염된 손, 물건 등에 접촉하여 감염돼요."

🗣 "따라서 기침을 할 때는 손으로 입과 코를 가려 침방울이 공기 중에 흩어지지 않게 주의해야 해요."

🗣 "물을 통해 감염되는 병은 수인성 감염병이에요."

🗣 "비누는 손에서 병균을 분리시키는 능력이 탁월해요. 비누가 병균을 죽이는 효과가 있다는 것은 본문에 없는 내용이에요."

🗣 "따라서 답은 ②번이에요."

┌───┐
정답
②
① 호흡기 감염병의 경우 감염된 사람의 침방울을 흡입하거나 병균에 오염된 손, 물건 등에 접촉하여 감염된다.
② (151쪽 본문) '기침을 할 때는 휴지나 옷소매로 입과 코를 가리자.'라는 내용을 보면 알 수 있다.
③ 감기, 독감 등은 호흡기 감염병으로, 물을 통해 감염되지 않는다.
④ 비누에는 손에 있는 병균을 죽이는 효과가 아니라 손에서 병균을 분리시키는 능력이 있다.
└───┘

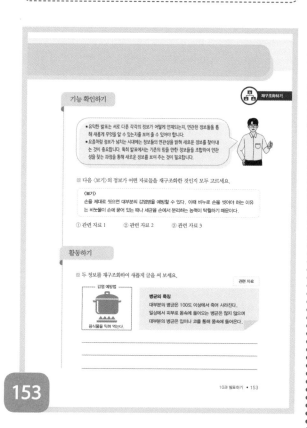

153

기능 확인하기 - 10분

1) 학습하기 1에서 배운 '재구조화하기' 기능을 정리한다.

🗣 "앞에서 소연이가 수집한 자료들의 정보를 새롭게 구성하여 발표 자료를 만드는 과정을 통해 재구조화하기에 대해

배웠어요. 유익한 발표는 서로 다른 각각의 정보가 어떻게 연계되는지, 연관된 정보들을 통해 새롭게 무엇을 알 수 있는지를 보여 줄 수 있어야 해요. 요즘처럼 정보가 넘치는 시대에는 정보들의 연관성을 밝혀 새로운 정보를 찾아내는 것이 중요해요. 특히 발표에서는 기존의 믿을 만한 정보들을 조합하여 연관성을 찾는 과정을 통해 새로운 정보를 보여 주는 것이 필요해요."

2) 교사는 학생들에게 '기능 확인하기' 문제를 풀게 한다.

🗣 "〈보기〉는 소연이의 발표문 중 일부예요."

🗣 "〈보기〉의 정보가 어떤 자료들을 재구조화한 것인지 모두 고르세요."

3) 교사는 학생들과 함께 문제의 답을 확인한다.

🗣 "〈보기〉에는 손을 씻으면 대부분의 감염병을 예방할 수 있다는 사실과 손을 씻을 때 비누를 사용해야 하는 이유에 대해 설명되어 있어요."

🗣 "감염병의 감염 경로와 비누의 특징을 재구조화하여 만든 새로운 정보이므로, 답은 ②번과 ③번이에요."

┌───┐
정답
②, ③
└───┘

활동하기 - 25분

1) 교사는 학생들에게 '활동하기'의 방법을 설명한 후 활동을 하게 한다.

🗣 "소연이는 감염병 예방법이라는 주제로 발표를 하기 위해 자료를 조사했어요. 그리고 조사한 자료의 정보들을 재구조화하여 발표문을 작성했어요."

🗣 "다음은 감염병 예방법에 대한 주제로 발표를 하기 위해 찾은 자료예요. 한 가지는 감염병 예방법에 대한 것이고 다른 한 가지는 병균의 특징에 대한 자료예요."

🗣 "두 자료의 정보를 재구조화하여 새롭게 글을 써 보세요."

┌───┐
교수-학습 지침
- 교사는 학생들에게 병균의 특징에 대한 정보를 활용하여 음식을 익혀 먹는 것이 왜 감염병 예방에 효과가 있는지를 설명해 주어야 한다.
- 또한 두 정보 사이에 어떠한 관계가 있는지, 그리고 두 정보가 어떻게 재구조화되는지 그 과정을 보여 주는 것이 중요하다.
└───┘

2) 교사는 학생들과 함께 활동의 결과를 확인한다.

🗣 "두 자료를 활용해서 정보를 새롭게 구성해 봤어요? 어떻게 작성했는지 이야기해 봐요."

┌───┐
예시 답안
대부분의 병균은 100도씨 이상에서 죽어 없어지므로 음식물을 익혀 먹으면 일상에 존재하는 대부분의 병균이 몸속으로 들어오는 것을 막을 수 있다.
└───┘

11과 토론하기

● 학습 목표

- 토론의 절차와 방법에 대해 안다.
- 토론에서 질문의 역할에 대해 안다.
- 토론에서 진위를 확인하는 방법에 대해 안다.

● 단원 내용

1. 학습 활동: 토론하기
2. 학습 기능: 질문하기
   진위 확인하기
3. 학습 주제: 행복의 조건
   대기 오염

● 수업 개요

1·2차시(학습하기 1): 토론하기에서 질문하기에 대해 안다.

3·4차시(학습하기 2): 토론하기에서 진위 확인하기에 대해 안다.

● 어휘 및 문법

[학습하기 1]

정책, 지원, 충족, 추구하다, 절대적, 극복하다, 성장, 지

표, 인식하다, 운영, 적극적, 적용되다, 타당성

[학습하기 2]

시도되다, 도입하다, 지적하다, 반론, 반박하다, 통계, 신뢰성, 설치하다, 획기적, 매체, 제도, 제한하다, 시행되다, 고찰하다, 시점, 실정, 개발하다

[알면 쓸모 있는 어휘(익힘책 92쪽)]

공격하다, 공평하다, 끼어들다, 말투, 발언, 비꼬다

의사소통 4권 3과 〈꼭 배워요〉의 주요 내용

[어휘]

다투다, 소심하다, 소질이 없다, 걱정스럽다, 괴롭다, 막막하다, 우울하다, 초조하다, 상의하다, 위로, 조언, 충고, 해결책, 결승, 소문, 전문가, 자기소개서, 졸음, 지름길, 지식, 추천서, 꼭, 막상, 쫓다, 못지않다, 순수하다, 진지하다

[문법 1] '-는 대로'

> 예 내가 말하는 대로 잘라 봐.

[문법 2] '-는다면서'

> 예 요즘 성적 때문에 고민이 많다면서?

[문법 3] '-고 보니'

> 예 내가 너 밥 사 주려고 했는데 지갑을 열고 보니까 돈이 하나도 없지 뭐야.

[문법 4] '-을걸'

> 예 그 대회에 나가려면 선생님의 추천서가 필요할걸.

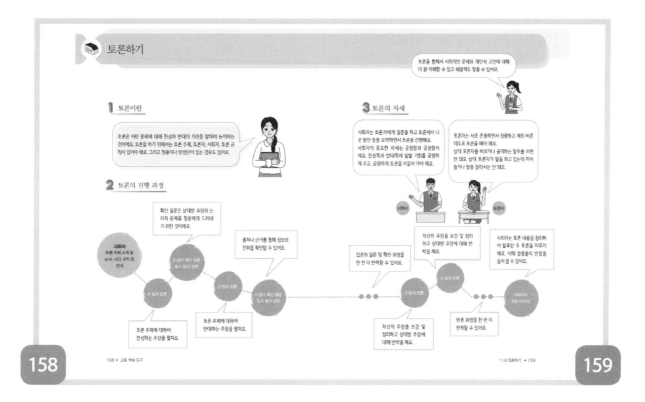

● 1차시 (의사소통 〈꼭 배워요〉와 연계할 경우 7차시)

[학습 목표]

- 토론하기에서 질문하는 방법에 대해 안다.
- 토론의 과정과 상대 주장에 대해 질문하는 방법을 안다.

본문의 구성과 내용

- 본문은 **사회 교과**의 **토론하기 활동**에서 하게 되는 **질문하기 기능**을 보여 주고 있다.
- 본문의 내용은 '물질적 풍요와 정신적 만족 중 어떤 것이 더 중요한가'에 대해 학생들이 팀을 나누어 토론하는 상황 중 일부이다. 먼저 한 팀이 입론을 하면 상대 팀이 그에 대한 질문을 하고, 입론을 한 팀은 다시 질문에 대해 대답을 하며 토론이 진행되고 있다.

도입 - 10분

1) 교사는 학생들에게 교재 158, 159쪽의 학습 활동에 대해 설명한다.

   📖 "토론은 어떤 문제에 대해 찬성과 반대의 의견을 말하며 논의하는 것이에요. 토론을 하기 위해서는 토론 주제, 토론자, 사회자, 토론 규칙이 있어야 해요."

   📖 "토론은 다음과 같은 과정으로 진행이 돼요. 먼저 사회자가 토론의 주제를 소개하고 순서, 시간, 규칙 등을 안내하면서 토론을 시작해요. 그다음으로 A 팀이 먼저 입론을 시작해요. 그리고 B 팀이 확인 질문을 하면 A 팀이 그에 대해서 다시 답변을 해요. 이어서 B 팀이 입론을 말해요. 그리고 A 팀이 확인 질문을 하면 B 팀이 다시 답변을 해

요. 이러한 입론과 질문 및 확인 과정을 다시 반복할 수 있어요. 그다음 B 팀이 반론을 하고, 이어서 A 팀이 반론을 해요. 이러한 반론 과정을 한 번 더 반복할 수 있어요. 마지막으로 사회자가 토론 내용을 정리하면서 토론을 마무리해요."

📖 "토론을 할 때는 토론하는 자세도 중요해요. 먼저 사회자는 공평하고 공정해야 해요. 찬성과 반대쪽에 말할 기회를 공평하게 주고, 공정하게 토론을 이끌어 가야 해요. 한쪽에만 기회를 많이 주면 안 돼요. 그리고 토론자에게 질문을 하고 토론자의 발언을 요약하면서 토론을 진행해요."

📖 "토론자는 서로 존중하면서 정중하고 예의 바른 태도로 토론을 해야 해요. 상대 토론자를 비꼬거나 공격하는 말투를 쓰면 안 돼요. 그리고 상대 토론자가 말을 하고 있는데 끼어들거나 말을 잘라서는 안 돼요."

교수-학습 지침
익힘책 93쪽에 토론의 원칙(4대 원칙)이 추가로 제시되어 있다. 교사는 이를 고려하여 수업을 진행한다.

2) 교사는 학생들에게 학습하기 1에서 배울 학습 기능을 소개한다.

   📖 "토론하기에 있어 주장만큼 중요한 것이 질문이에요. 질문은 입론이나 반론이 끝난 후 할 수 있어요. 질문을 통해 상대 주장의 허점을 찾아낼 수 있어요. 학습하기 1에서는 토론을 할 때 질문하는 방법을 공부할 거예요."

교수-학습 지침
익힘책 94쪽에 질문의 유형이 추가로 제시되어 있다. 교사는 이를 고려하여 수업을 진행한다.

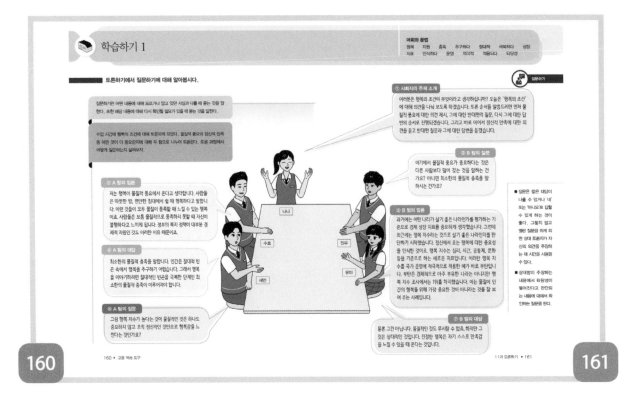

160 · 고등 학습 도구

11과 토론하기 · 161

전개 - 35분

1) 교사는 다음에 제시되는 내용을 참고하여 학생들에게 어휘와 문법을 설명한다.

정책	◆ **정의** 정치적인 목적을 이루기 위한 방법. 　**예** 정부는 경제 발전을 위한 새로운 정책을 발표하였다. ● **설명** "만약 학교 앞에서 차들이 빨리 다닌다고 생각해 보세요. 그럼 여러분이 학교에 오고 갈 때 사고가 날 수 있어요. 그런데 선생님과 학생들만의 힘으로는 차들이 빨리 다니는 문제를 해결하기가 어려워요. 이런 경우에는 국가가 나서서 새로운 방법을 찾고 문제를 해결할 수가 있어요. 이처럼 국민들이 스스로 문제를 해결하기 어려운 경우, 국가는 국민들을 위해서 새로운 정책을 생각해야 해요. '정책'은 정치적인 목적을 이루기 위한 방법을 말해요."
지원	◆ **정의** 물질이나 행동으로 도움. 　**예** 가난한 사람들에게 생활비를 지원하고 있다. ● **설명** "민우가 토론 대회에 참가해요. 민우의 학교에서는 토론 대회에 참가하는 민우에게 교통비를 줘요. 그리고 토론 대회에 쓰는 준비물을 줘요. 민우가 대회에 잘 참가할 수 있도록 학교에서 도와줘요. 학교에서 토론 대회에 참가하는 민우를 지원해요. '지원'은 물질이나 행동으로 돕는 것을 말해요."

충족	◆ **정의** 일정한 기준이나 분량을 채워 모자람이 없게 함. 　**예** 나는 그 책을 읽고 호기심이 충족되었다. ◆ **정보** (비슷한 말) 충분, 만족 　(반대되는 말) 결핍, 부족 ● **설명** "궁금한 게 있어서 책을 읽었어요. 책을 읽어서 궁금한 것을 다 알게 되었어요. 궁금증을 충족했어요. '충족'은 일정한 기준이나 분량을 채워 모자람이 없게 한다는 뜻이에요."
추구하다	◆ **정의** 목적을 이루기 위해 계속 따르며 구하다. 　**예** 내가 추구하는 목표를 달성하기 위해 열심히 노력했다. ● **설명** "운동선수들은 자신의 분야에서 최고가 되기 위해 열심히 운동해요. 운동선수는 자신의 분야에서 최고가 되기를 추구해요. '추구하다'는 목적을 이루기 위해 계속한다는 뜻이에요."
절대적	◆ **정의** 비교하거나 상대될 만한 것이 없는 것. 　**예** 아마추어인 우리가 프로 선수와 시합을 하면 절대적으로 불리할 것이다. ● **설명** "우리가 축구 선수들과 축구를 하면 이기기 힘들 거예요. 축구 선수들이 우리보다 훨씬 잘할 거예요. 축구선수들이 절대적으로 유리할 거예요. '절대적'은 비교하거나 상대될 만한 것이 없는 것을 말해요."
극복하다	◆ **정의** 나쁜 조건이나 힘든 일 등을 이겨 내다. 　**예** 이 정도의 어려움도 극복하지 못한다면 그들의 미래는 없을 것이다. ◆ **정보** (비슷한 말) 뛰어넘다, 물리치다, 이기다 ● **설명** "여러분은 힘든 경험을 한 적이 있어요? 힘들고 어려운 일이 생겼을 때 어떻게 했어요? 그 일을 어떻게 극복했어요? '극복하다'는 나쁜 조건이나 힘든 일 등을 이겨 내는 것을 말해요."

성장	◆ **정의** 사물의 규모나 세력 등이 점점 커짐. 　　**예** 이 회사는 성장 속도가 매우 빠르다. ● **설명** "우리 도시에 새로운 도서관이 생겼어요. 그리고 새로운 버스 터미널도 생기고, 새로운 백화점도 생겼어요. 도시에 건물이 많아졌어요. 우리 도시의 규모가 커졌어요. 우리 도시가 성장했어요. '성장'은 사물의 규모나 세력 등이 점점 커지는 것을 말해요."
지표	◆ **정의** 방향이나 목적, 기준 등을 나타내는 표지. 　　**예** 우리 회사는 작년의 성과 지표를 참고하여 새해 경영 목표를 세웠다. ● **설명** "우리 주변에는 성실하고 착한 사람들이 있어요. 그 사람들을 보면 나도 성실하고 착하게 살아야겠다고 생각을 해요. 그 사람이 나의 지표가 돼요. '지표'는 방향이나 목적, 기준 등을 나타내는 표지를 말해요."
운영	◆ **정의** 조직이나 기구 등을 관리하고 이끌어 나감. 　　**예** 민우의 엄마는 유치원을 운영하고 있다. ● **설명** "학생회장이 되면 학생회를 관리해야 해요. 그리고 학생회가 어떤 일을 할지 생각해야 해요. 학생회장이 되면 학생회를 운영해야 해요. '운영'은 모임 등을 관리하고 이끌어 나가는 것을 말해요."
적극적	◆ **정의** 어떤 일에 대한 태도에 있어 자발적이고 긍정적인 것. 　　**예** 지수는 자신만만하고 적극적인 성격을 가지고 있다. ◆ **정보** (반대되는 말) 소극적 ● **설명** "수호는 수업 시간에 항상 발표를 해요. 체험학습을 갔을 때도 제일 먼저 체험을 했어요. 수호는 모든 일에 적극적이에요. '적극적'은 어떤 일에 대한 태도에 있어 자발적이고 긍정적인 것을 말해요."
적용되다	◆ **정의** 필요에 따라 적절하게 맞추어 쓰이거나 실시되다. 　　**예** 이 상품은 할인이 적용되어 저렴하게 구매할 수 있다. ● **설명** "스마트폰 기술이 계속해서 발전하고 있어요. 많은 회사에서 새로운 기술을 사용해 스마트폰을 만들어요. 매년 새로운 기술이 적용된 스마트폰이 나와요. '적용되다'는 필요에 따라 적절하게 맞추어 쓰이거나 실시되는 것을 말해요."
타당성	◆ **정의** 사물의 이치에 맞아 올바른 성질. 　　**예** 그의 주장은 충분한 근거가 없어 타당성이 부족하다. ● **설명** "수호는 토론을 할 때 근거를 많이 준비해서 주장을 했어요. 수호의 주장은 근거가 많아서 올바른 주장인 것 같아요. 수호의 주장은 타당성이 있어요. '타당성'은 사물의 이치에 맞아 올바른 성질을 말해요."

2) 교사는 학생들에게 교재 160, 161쪽에 제시된 내용을 읽게 한다.

📖 "사회 시간에 학생들이 토론을 진행하고 있어요. 나나가 사회를 맡고 수호와 세인이가 A 팀, 민우와 소연이가 B 팀이 되어 '물질적 풍요와 정신적 만족' 중 어떤 것이 중요한지에 대해 토론하고 있어요. A 팀과 B 팀의 각각 어떤 주장을 하는지, 왜 그런 주장을 하는지 잘 읽어 보세요."

3) 교사는 학생들에게 세부 내용을 확인하는 질문을 한다.

📖 "토론 주제가 뭐예요?"

📖 "토론은 어떤 순서로 진행되었어요?"

📖 "A 팀이 주장하는 행복의 조건은 뭐예요?"

📖 "A 팀은 왜 행복이 물질적 풍요에서 온다고 생각해요?"

📖 "A 팀은 왜 정부의 복지 정책이 대부분 경제적 지원이라고 생각해요?"

📖 "B 팀이 주장하는 행복의 조건은 뭐예요?"

📖 "과거에는 살기 좋은 나라를 평가하는 기준이 뭐였어요?"

📖 "최근에는 어떤 기준으로 살기 좋은 나라인가를 판단하려고 해요?"

📖 "행복 지수가 뭐예요?"

📖 "행복 지수를 국가 운영에 적극 활용한 나라는 어디예요?"

📖 "B 팀은 무엇을 근거로 행복이 정신적 만족에서 온다고 주장해요?"

4) 교사는 학생들에게 학습 기능에 대해 확인하는 질문을 한다.

📖 "B 팀은 A 팀의 입론에 대해 어떤 질문을 했어요?"

📖 "B 팀은 A 팀이 말하는 물질적 풍요가 다른 사람보다 많이 갖는 것을 말하는 것인지, 최소한의 물질적 충족을 말하는 것인지를 질문했어요."

📖 "A 팀의 주장을 듣고 B 팀이 질문을 한 의도가 뭐예요?"

📖 "B 팀은 A 팀 주장 중 개념이 정확하지 않은 부분에 대해 지적하려고 질문을 했어요."

📖 "B 팀은 A 팀의 입론에 대해 어떤 질문을 했어요?"

📖 "A 팀은 B 팀의 주장에 대해서 물질적인 것은 전혀 상관없으며 오직 정신적인 것만으로 행복감을 느끼는 것인지를 질문했어요."

📖 "A 팀의 주장을 듣고 B 팀이 질문을 한 의도가 뭐예요?"

📖 "B 팀은 A 팀 주장의 허점을 지적하기 위해 질문을 했어요."

정리 - 5분

교사는 학습 내용을 정리하며 수업을 마무리한다.

📖 "A 팀은 행복이 물질적 풍요에서 온다고 주장했어요. 물질적 풍요의 예, 물질적으로 풍족하지 못할 때 쉽게 불행을 느끼는 사람들, 정부의 복지 정책 등이 물질적인 것에 집중되어 있는 것 등을 주장의 근거로 들었어요."

📖 "B 팀은 A 팀이 말하는 물질적 풍요가 다른 사람보다 많이 갖는 것인지 최소한의 물질적 충족인지를 질문했어요. 이는 주장 속 정확하지 않은 개념을 지적하려고 한 질문이었어요."

📖 "B 팀의 질문에 대해 A 팀은 최소한의 물질적 충족을 말하는 것이라고 대답했어요."

📖 "B 팀은 행복이 정신적 만족에서 온다고 주장했어요. 그에 대한 근거로 행복지수와 부탄이라는 국가를 예로 들었어요."

📖 "A 팀은 B 팀의 입론에 대해서 물질적인 것은 전혀 상관없으며 오직 정신적인 것만으로 행복감을 느끼는 것인지를 질문했어요. 이는 주장의 허점을 지적하는 질문이에요. B 팀의 주장은 이상적인 질문인 듯하지만 사실 그 안에는 현실적인 부분에 대한 언급이 의도적으로 제외되어 있었어요."

📖 "이에 B 팀은 물질적인 것은 무시할 수 없지만 상대적인 것이라고 대답했어요."

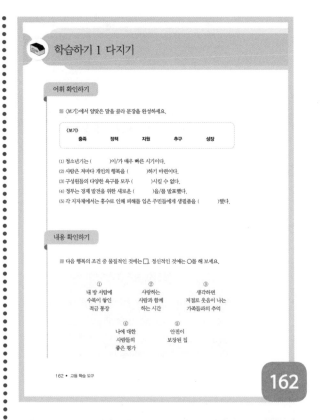

● 2차시 (의사소통 〈꼭 배워요〉와 연계할 경우 8차시)

[학습 목표]

- 토론하기에서 질문하는 방법에 대해 안다.
- 토론할 때 상대방의 주장에 대해 질문을 할 수 있다.

어휘 확인하기 - 10분

1) 교사는 학생들에게 '어휘 확인하기' 문제를 풀게 한다.

📖 "〈보기〉를 보세요. 앞에서 배운 어휘가 있어요."

📖 "'충족'은 일정한 기준이나 분량을 채워 모자람이 없게 한다는 뜻이에요."

📖 "'정책'이란 정치적인 목적을 이루기 위한 방법이에요."

📖 "'지원'은 물질이나 행동으로 돕는다는 것이에요."

📖 "'추구'란 목적을 이루기 위해 계속 따르며 구한다는 뜻이에요."

📖 "'성장'은 사물의 규모나 세력 등이 점점 커지는 것이에요."

📖 "아래 문장을 읽고 알맞은 어휘를 골라 문장을 완성해 보세요."

2) 교사는 학생들과 함께 문제의 답을 확인한다.

정답
(1) 성장 (2) 추구 (3) 충족 (4) 정책 (5) 지원

내용 확인하기 - 5분

1) 교사는 학생들에게 '내용 확인하기' 문제를 풀게 한다.
> 🔲 "앞에서 '물질적 풍요와 정신적 만족' 중 어떤 것이 더 중요한지에 대해 학생들이 토론을 하는 글을 읽었어요. 다음 행복의 조건 중 물질적인 것에는 □, 정신적인 것에는 ○를 해 보세요."

2) 교사는 학생들과 함께 문제의 답을 확인한다.
> 🔲 "①번의 적금 통장과 ⑤번의 집은 물질적인 것이에요. 손으로 만질 수 있고 언제든지 눈으로 실체를 확인할 수 있어요."
> 🔲 "②, ③, ④번의 시간, 추억, 타인의 평가는 손으로 만질 수 없고 눈으로 볼 수 없어요. 또한 이것들은 오직 마음이나 감정으로 그 가치를 판단할 수 있어요."

```
정답
①: □   ②: ○   ③: ○   ④: ○   ⑤: □
```

기능 확인하기 - 10분

1) 학습하기 1에서 배운 '질문하기' 기능을 정리한다.
> 🔲 "앞에서 학생들이 토론을 할 때 상대방의 주장에 대해 질문을 하는 과정을 통해 질문하기에 대해 배웠어요. 질문하기를 통해 주장의 허점을 찾을 수 있고, 토론의 내용을 보완할 수도 있어요. 질문을 할 때 중요한 것은 질문의 내용이 짧으면서도 질문의 의도가 분명해야 한다는 거예요."

2) 교사는 학생들에게 '기능 확인하기' 문제를 풀게

한다.
> 🔲 "학습하기 1에서 세인이가 질문을 한 이유는 무엇일까요?"

3) 교사는 학생들과 함께 문제의 답을 확인한다.
> 🔲 "세인이는 B 팀 주장의 허점을 찾기 위해 질문했어요. 따라서 정답은 ①번이에요."

```
정답
①
```

활동하기 - 20분

1) 교사는 학생들에게 '활동하기'의 방법을 설명한 후 활동을 하게 한다.
> 🔲 "이번에는 여러분이 상대 토론자의 주장에 대해 질문을 해 볼 거예요."
> 🔲 "'학교 폭력 해결을 위해 교실에 CCTV를 설치해도 되는가?'라는 주제로 토론을 하고 있어요. 찬성 측의 입론을 읽고 오류나 허점에 대해 지적하는 질문을 해 보세요."

> **교수-학습 지침**
> - 찬성 측 입론의 허점을 찾을 수 있는 질문을 생각해 보게 한다.
> - 교실 상황을 지켜봄으로써 발생할 수 있는 문제점에 대해 생각해 보게 한다.
> - 교실 상황을 지켜보는 것만으로 학교 폭력을 방지하는 효과가 있을지 생각해 보게 한다.
> - 개방형 질문이 아닌 수렴형 질문을 만들어 보게 한다.
> - 질문에 대한 답변을 예상해 보고 나아가 반대 측의 주장이 가지는 문제점을 생각해 보게 한다.

2) 교사는 학생들과 함께 활동의 결과를 확인한다.
> 🔲 "질문을 써 봤어요? 어떤 질문을 하면 좋을지 각자 이야기해 보세요."

> **예시 답안**
> - CCTV를 설치하면 학생들의 사생활을 침해할 수 있다고 생각하지는 않습니까?
> - 눈에 보이는 폭력만이 학교 폭력이라고 생각합니까?
> - 정말 교실 상황을 지켜보는 것만으로 학교 폭력을 방지할 수 있다고 생각합니까?

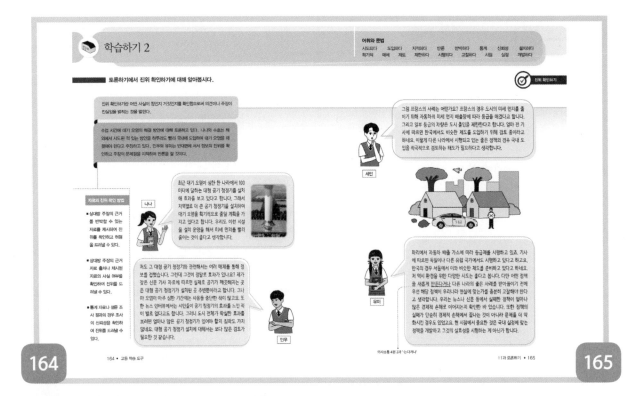

• 3차시 (의사소통 〈꼭 배워요〉와 연계할 경우 9차시)

[학습 목표]

• 토론하기에서 진위를 확인하는 방법에 대해 안다.

• 토론에서 진위 확인하기를 통해 상대방 주장의 허점을 지적하는 방법을 안다.

본문의 구성과 내용

• 본문은 **과학 교과**의 **토론하기 활동**에서 하게 되는 **진위 확인하기 학습 기능**을 보여 주고 있다.

• 본문의 내용은 '해외에서 시도된 적 있는 대기 오염 해결 방안을 국내에 도입할 것인가'를 주제로 학생들이 찬성 팀과 반대 팀으로 나뉘어 토론을 하는 상황 중 일부이다. 한 팀이 주장을 하면 상대 팀은 '진위 확인하기'를 통해 반론을 제기하고 있다.

도입 - 10분

1) 교사는 교재 158, 159쪽에서 배운 학습 활동에 대해 복습한다.

📖 "어떤 문제에 대해 찬성과 반대의 의견을 말하며 논의하는 것을 뭐라고 해요?"

📖 "토론을 할 때 사회자는 어떻게 해야 해요?"

📖 "토론을 할 때 토론자는 무엇을 하면 안 돼요?"

2) 교사는 학생들에게 학습하기 2에서 배울 학습 기능을 소개한다.

📖 "토론의 진행 과정을 보면 상대편 주장에 대해 반박하고 자신의 주장을 보강하거나 정리할 수 있는 반론의 기회가 주어져요. 반론에서는 상대가 주장의 근거로 내세운 정보가 믿을 만한지, 출처가 정확한지 등을 확인하여 상대방 주장에 대해 반박을 할 수 있어요. 어떤 사실이 참인지 거짓인지를 확인하여 의견이나 주장이 진실임을 밝히는 것을 진위 확인하기라고 해요. 학습하기 2에서는 토론을 할 때 상대 주장의 진위를 확인하는 방법을 공부할 거예요."

교수-학습 지침

익힘책 96쪽에 통계 자료의 신뢰성 확인하기가 추가로 제시되어 있다. 교사는 이를 고려하여 수업을 진행한다.

전개 - 35분

1) 교사는 다음에 제시되는 내용을 참고하여 학생들에게 어휘와 문법을 설명한다.

	◆ **정의** 어떤 일이 이루어지도록 계획되거나 행해지다.
	📷 그는 지금까지 한 번도 시도된 적이 없는 어려운 도전을 성공해 냈다.
시도되다	● **설명** "달리기 선수들은 더 빠른 기록을 세우기 위해 끊임없이 연습하고 도전을 하고 있어요. 새로운 기록을 세우려는 달리기 선수들의 도전이 계속 시도되고 있어요. '시도되다'는 어떤 일이 이루어지도록 계획되거나 행해지는 것을 말해요."

도입하다	◆ **정의** 기술, 물자, 이론 등을 들여오다. 예 협력 회사의 앞선 기술을 도입하여 신제품을 개발하고 있다. ● **설명** "우리나라는 발전을 하기 위해서 다른 나라의 좋은 기술을 배우기도 해요. 나라의 성장과 발전을 위해서 해외의 기술을 국내에 도입해요. '도입하다'는 기술, 이론 등을 가져 오는 것을 말해요."
지적하다	◆ **정의** 잘못된 점이나 고쳐야 할 점을 가리키다. 예 선생님께서는 민우의 실수를 지적하셨다. ● **설명** "우리는 무언가 잘못하거나 실수를 할 때가 있어요. 그렇지만 실수를 한 사람은 잘 모를 때도 있어요. 그때는 주변 사람이 어떤 실수인지 알려 주기도 해요. 주변 사람이 어떤 실수인지 지적해 줘요. '지적하다'는 잘못된 점이나 고쳐야 할 점을 가리키는 것을 말해요."
반론	◆ **정의** 다른 사람의 주장이나 의견에 반대하여 말함. 예 유미는 나나의 주장에 대한 반론을 제기했다. ● **설명** "토론을 할 때는 토론자들이 서로 다른 주장을 해요. 그래서 다른 사람이 한 주장을 듣고 반대되는 의견을 말하기도 해요. 다른 사람의 주장에 대해 반론을 하는 거예요. '반론'은 다른 사람의 주장이나 의견에 반대하여 말하는 것이에요."
반박하다	◆ **정의** 어떤 의견이나 주장 등에 반대하여 말하다. 예 그의 지적에 대해 누구도 반박할 수 없었다. ● **설명** "이야기를 하다 보면 내 생각과 다른 사람의 생각이 다를 때가 있어요. 다른 사람의 의견에 동의할 수 없을 때 반대되는 생각을 말하기도 해요. 다른 사람의 의견이나 주장에 반박을 해요. '반박하다'는 어떤 의견이나 주장 등에 반대하여 말하는 것이에요."
통계	◆ **정의** 어떤 경우의 수나 횟수를 모두 합해서 일정한 체계에 따라 수치로 나타냄. 예 대학교에서 졸업생들의 취업 현황을 알아보기 위해 취업 여부에 대한 통계를 냈다. ● **설명** "나나는 방학 중에 체험 활동으로 미술관과 박물관에 간 친구들이 몇 명인지 알아봤어요. 미술관과 박물관에 간 친구들이 각각 몇 명인지 숫자로 기록했어요. 나나는 방학 중에 친구들이 미술관과 박물관에 간 횟수를 통계로 나타냈어요. '통계'는 어떤 경우의 수나 횟수를 모두 합해서 일정한 체계에 따라 수치로 나타낸 것을 말해요."
신뢰성	◆ **정의** 굳게 믿고 의지할 수 있는 성질. 예 잦은 고장이 제품에 대한 신뢰성을 떨어뜨렸다. ● **설명** "친구들에게 자주 거짓말을 하면 친구들이 내 말을 믿지 않아요. 내 말에 신뢰성이 없다고 생각해요. '신뢰성'은 굳게 믿고 의지할 수 있는 성질이에요."

설치하다	◆ **정의** 어떤 목적에 맞게 쓰이기 위하여 기관이나 설비 등이 만들어지거나 제자리에 맞게 놓다. 예 학교 앞 건널목에 신호등을 설치하였다. ● **설명** "학교 앞에는 신호등이 없어서 위험했어요. 교통사고가 나지 않도록 새로 신호등이 생겼어요. 신호등을 설치했어요. '설치하다'는 어떤 목적에 맞게 쓰이기 위하여 기관이나 장치 등이 만들어지거나 제자리에 맞게 놓는 것을 말해요."
획기적	◆ **정의** 어떤 과정이나 분야에서 전혀 새로운 시기를 열어 놓을 만큼 이전의 것과 뚜렷이 구분되는 것. 예 컴퓨터는 20세기의 가장 획기적인 발명품이다. ● **설명** "컴퓨터가 발명되고 나서 사람은 이전까지 하지 못했던 다양한 일을 할 수 있게 되었어요. 컴퓨터는 획기적인 발명품이에요. '획기적'은 어떤 과정이나 분야에서 전혀 새로운 시기를 열어 놓을 만큼 이전의 것과 뚜렷이 구분되는 것을 말해요."
매체	◆ **정의** 어떤 사실을 널리 전달하는 물체나 수단. 예 요새 젊은이들에게는 인터넷이 가장 영향력이 있는 매체이다. ● **설명** "여러분이 정보를 얻기 위해서 주로 사용하는 수단은 뭐예요? 과제를 하기 위해 도서관에서 책을 보거나, 인터넷에서 자료를 찾기도 하죠? 저는 최근 소식들을 알기 위해 뉴스를 봐요. 인터넷이나 책, 뉴스처럼 어떤 사실을 널리 전달하는 물체나 수단을 '매체'라고 해요."
제도	◆ **정의** 관습, 도덕, 법률 등의 규범이나 사회 구조의 체계. 예 올해 새로운 시험 제도가 도입되었다. ● **설명** "국민이 기본 교육을 받도록 나라에서는 국민의 교육을 위한 다양한 규칙을 정했어요. 교육 제도를 통해 국민은 기본 교육을 받을 수 있어요. '제도'는 법이나 구조 체계를 말해요."
제한하다	◆ **정의** 일정한 정도나 범위를 정하거나, 그 정도나 범위를 넘지 못하게 막다. 예 시험이 시작되면 외부 출입을 제한하기 때문에 밖에 나갈 수 없다. ◆ **정보** (비슷한 말) 통제하다 ● **설명** "공사장은 위험하기 때문에 아무나 들어가지 못하게 되어 있어요. 공사장은 사람들이 아무나 들어가지 못하게 출입을 제한해요. '제한하다'는 일정한 범위를 정해서 넘지 못하게 막는 것을 말해요."
시행되다	◆ **정의** 실제로 행해지다. 예 친구의 사업 계획은 구체적이지 못해서 시행되기 어려워 보인다. ● **설명** "경찰이 어떤 사건의 범인을 잡기 위해 계획을 세웠어요. 그리고 실제로 조사를 해서 일주일 만에 범인을 잡았어요. 사건 조사가 시행된 지 일주일 만에 범인을 잡았어요. '시행되다'는 실제로 행해지는 것을 말해요."

고찰하다	◆ **정의** 어떤 것을 깊이 생각하고 면밀히 연구하다. 예 인터넷 중독에 관한 연구의 필요성을 고찰하였다. ● **설명** "대기 오염 문제를 해결하기 위해서 어떤 방법이 있는지 생각해 봐요. 더 좋은 방법이 없을지 계속해서 생각해 봐요. 대기 오염 문제를 해결하기 위한 방법을 고찰해요. '고찰하다'는 어떤 것을 깊이 생각하고 연구하는 것을 말해요."
시점	◆ **정의** 지나가는 시간의 어느 한 순간. 예 이 시점에서 친구와 말다툼을 하는 것은 소용이 없다. ● **설명** "토론을 할 때는 다른 사람의 주장에 반론을 바로 해야 해요. 시간이 지나고 다른 이야기를 할 때 반론을 하면 소용이 없어요. 필요한 그 시점에 반론을 하는 것이 중요해요. '시점'은 지나가는 시간의 어느 한 순간을 말해요."
실정	◆ **정의** 실제 사정이나 형편. 예 외국에 오래 살아서 국내 실정을 잘 모르는 것 같다. ● **설명** "외국에서 오래 살면 한국이 어떤 상황인지 알기 힘들어요. 한국의 실정을 몰라요. '실정'이란 실제 사정이나 형편을 말해요."
개발하다	◆ **정의** 새로운 물건을 만들거나 새로운 생각을 내놓다. 예 우리 회사는 지금까지 문제되고 있던 환경 문제를 해결할 새로운 기술을 개발하였다. ● **설명** "과학자들은 우리의 생활이 더 편해질 수 있는 방법을 생각해요. 생활이 편해질 수 있는 새로운 기술을 만들어요. 과학자들은 우리의 생활이 더 편해지도록 새로운 기술을 개발해요. '개발하다'는 새로운 물건을 만들거나 새로운 생각을 내놓는 것을 말해요."

2) 교사는 학생들에게 교재 164, 165쪽에 제시된 내용을 읽게 한다.

　📖 "수업 시간에 학생들이 '대기 오염 해결 방안'을 주제로 토론을 진행하고 있어요. 나나와 세인이가 한 팀이 되어 대기 오염을 해결하기 위해 해외에서 시도된 적이 있는 방안을 국내에도 도입해야 한다고 주장하고 있어요. 그리고 민우와 유미가 한 팀이 되어 나나와 세인 팀이 주장하고 있는 내용의 진위를 확인하며 반론을 제기하고 있어요."

　📖 "글을 읽으면서 민우와 유미가 상대 팀의 주장에 대해서 반론을 하기 위해 어떻게 진위를 확인하는지 보세요."

3) 교사는 학생들에게 세부 내용을 확인하는 질문을 한다.

　📖 "나나는 해외의 대기 오염 해결 방안을 국내에 도입하는 것에 대해 찬성해요? 반대해요?"

　📖 "나나는 우리나라에 무엇을 설치, 운영해야 한다고 주장했어요?"

　📖 "왜 대형 공기 청정기를 설치, 운영해야 한다고 주장했어요?"

　📖 "민우는 해외의 대기 오염 해결 방안을 국내에 도입하는 것에 대해 찬성해요? 반대해요?"

　📖 "민우는 대형 공기 청정기 설치에 대해 보다 많은 검토가 필요하다고 했는데 그 이유는 뭐예요?"

　📖 "세인이는 해외의 대기 오염 해결 방안을 국내에 도입하는 것에 대해 찬성해요? 반대해요?"

　📖 "세인이는 해외의 어떤 사례를 예로 들었어요?"

　📖 "유미는 다른 나라의 사례를 받아들이기 전에 우선 무엇을 해야 한다고 했어요?"

　📖 "그렇게 주장을 하는 이유는 뭐예요?"

4) 교사는 학생들에게 학습 기능에 대해 확인하는 질문을 한다.

　📖 "민우가 나나의 주장에 대해서 반론을 하기 위해 사용한 진위 확인하기 방법은 무엇인가요?"

　📖 "민우는 신문 기사와 뉴스 인터뷰 자료를 근거로 들어 나나의 주장이 허점임을 지적하며 진위를 확인했어요."

　📖 "세인이와 유미는 자신이 주장하는 내용의 진위가 사실임을 밝히기 위해 어떤 방법을 활용했어요?"

　📖 "주장을 하면서 근거로 제시한 해외 사례의 출처가 신문 기사임을 밝혔어요."

정리 - 5분

교사는 학습 내용을 정리하며 수업을 마무리한다.

　📖 "나나는 최근 대형 공기 청정기를 설치한 나라를 예로 들면서 미세 먼지 문제를 해결하기 위해 국내에도 이러한 시설을 설치, 운영해야 한다고 주장했어요."

　📖 "민우는 나나의 주장에 대해 의문을 제기했어요. 대형 공기 청정기의 효과가 대형 공기 청정기가 설치된 지역 주변에만 한정된다는 사실과 오염이 아주 심한 기간에는 사용을 중단한 적이 많았다는 사실을 이야기하며 나나 주장의 진위를 확인했어요. 또한 해외 인터뷰 사례를 제시하면서 대형 공기 청정기의 실제 효과에 대해 반론을 제기하기도 했어요."

　📖 "세인이는 도시의 미세 먼지를 줄이기 위해 미세 먼지 배출량에 따라 자동차에 등급을 매긴 프랑스의 사례를 들며 이러한 정책을 국내에 도입해야 한다고 주장했어요."

　📖 "유미는 세인이의 주장을 일부 인정하였지만 뉴스나 신문 자료 등을 통해 깊은 생각 없이 도입한 정책이 실패하면 어떤 무서운 결과로 이어지는지에 대해 말하며 반대 의견을 주장했어요."

　📖 "세인이와 유미 모두 정보의 진위를 확인시켜 주기 위해 신문이나 뉴스 등 정보의 출처를 밝히는 방법을 활용했어요."

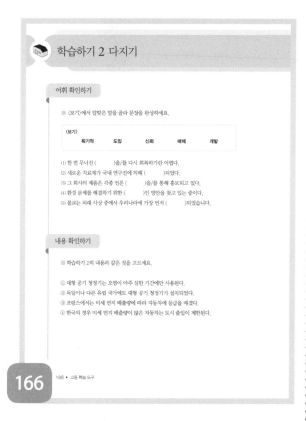

학습하기 2 다지기

어휘 확인하기

■ 〈보기〉에서 알맞은 말을 골라 문장을 완성하세요.

〈보기〉				
획기적	도입	신뢰	매체	개발

(1) 한 번 무너진 (　　　)을/를 다시 회복하기란 어렵다.
(2) 새로운 치료제가 국내 연구진에 의해 (　　　)되었다.
(3) 그 회사의 제품은 각종 언론 (　　　)을/를 통해 홍보되고 있다.
(4) 환경 문제를 해결하기 위한 (　　　)인 방안을 찾고 있는 중이다.
(5) 불교는 외래 사상 중에서 우리나라에 가장 먼저 (　　　)되었습니다.

내용 확인하기

■ 학습하기 2의 내용과 같은 것을 고르세요.

① 대형 공기 청정기는 오염이 아주 심한 기간에만 사용된다.
② 독일이나 다른 유럽 국가에도 대형 공기 청정기가 설치되었다.
③ 프랑스에서는 미세 먼지 배출량에 따라 자동차에 등급을 매겼다.
④ 한국의 경우 미세 먼지 배출량이 많은 자동차는 도시 출입이 제한된다.

166

● 4차시 (의사소통 〈꼭 배워요〉와 연계할 경우 10차시)

[학습 목표]

• 토론하기에서 진위를 확인하는 방법에 대해 안다.
• 주장의 진위를 확인하고 반론을 할 수 있다.

어휘 확인하기 - 10분

1) 교사는 학생들에게 '어휘 확인하기' 문제를 풀게 한다.

　📖 "〈보기〉를 보세요. 앞에서 배운 어휘가 있어요."

　📖 "'획기적'이란 어떤 과정이나 분야에서 전혀 새로운 시기를 열어 놓을 만큼 이전의 것과 뚜렷이 구분되는 것을 말해요."

　📖 "'도입'은 기술, 물자, 이론 등을 들여오는 것을 말해요."

　📖 "'신뢰'란 굳게 믿고 의지하는 것을 말해요."

　📖 "'매체'란 어떤 사실을 널리 전달하는 물체나 수단을 뜻해요."

　📖 "'개발'이란 새로운 물건을 만들거나 새로운 생각을 내놓는 것을 말해요."

　📖 "아래 문장을 읽고 알맞은 어휘를 골라 문장을 완성해 보세요."

2) 교사는 학생들과 함께 문제의 답을 확인한다.

정답
(1) 신뢰　(2) 개발　(3) 매체　(4) 획기적　(5) 도입

내용 확인하기 - 5분

1) 교사는 학생들에게 '내용 확인하기' 문제를 풀게 한다.

　📖 "앞에서 '해외에서 시도된 적이 있는 대기 오염 해결 방안을 국내에 도입할 것인가'를 주제로 학생들이 토론을 하는 글을 읽었어요. 학습하기 2에서 배운 내용과 같은 것을 고르세요."

2) 교사는 학생들과 함께 문제의 답을 확인한다.

　📖 "대형 공기 청정기는 오염이 아주 심한 기간에는 사용되지 않았어요."

　📖 "독일이나 유럽 국가에 대형 공기 청정기가 설치되었다는 내용은 없어요."

　📖 "프랑스에서는 도시의 미세 먼지를 줄이기 위해 미세 먼지 배출량에 따라 자동차에 등급을 매겼어요."

　📖 "한국의 경우 아직 정책을 검토 중에 있어요."

　📖 "따라서 답은 ③번이에요."

정답
③
① 대형 공기 청정기는 오염이 아주 심한 기간에 사용이 중단된 적이 있다.
② 독일이나 다른 유럽 국가에 대형 공기 청정기가 설치되었다는 내용은 없다.
③ (165쪽 본문) '프랑스의 경우 도시의 미세 먼지를 줄이기 위해 자동차의 미세 먼지 배출량에 따라 등급을 매겼다고 합니다.'라는 내용을 보면 알 수 있다.
④ 한국의 경우 비슷한 제도를 준비하는 중이다.

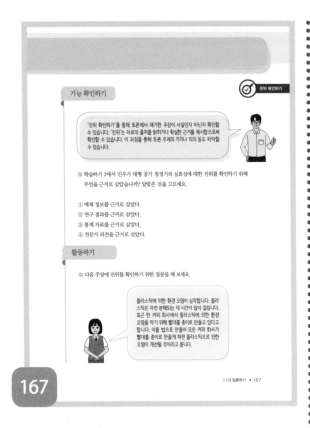

활동하기 - 20분

1) 교사는 학생들에게 '활동하기'의 방법을 설명한 후 활동을 하게 한다.

　📖 "민우와 유미는 상대방 주장의 근거에 대한 진위를 확인 하면서 잘못된 정보에 대해 지적하기도 하고 상대방의 주 장을 반박하기도 했어요."

　📖 "이번에는 한 학생이 플라스틱에 의한 환경 오염 문제를 해결하기 위해 종이 빨대를 사용하는 법을 만들자는 주 장을 하고 있어요."

　📖 "상대방의 주장을 잘 읽어 보세요. 그리고 상대방의 주장 에 대해서 진위를 확인하며 반박하는 질문을 해 보세요."

교수-학습 지침

- 교사는 플라스틱이 자연 상태에서 분해되는 데 오랜 시간이 걸린다는 사실을 학생들에게 주지시킬 필요가 있다.
- 교사는 학생들에게 코스타리카 거북이의 코에 플라스틱 빨대 가 꽂혀 있던 사진과 동영상을 보여 주며 이러한 주장이 이루 어진 배경을 설명할 수 있다.
- 교사는 학생들에게 관련 기사나 뉴스를 찾아보게 하고 종이 빨대 사용이 과연 진정한 의미에서 친환경적인 것이 맞는지 그 근거를 찾아보게 할 수 있다.
- 더 나아가 종이컵 사용 근절과 종이 빨대 사용이 서로 상충되 는 부분은 없는지 생각할 수 있도록 교사는 학생들에게 관련 정보를 제공할 수 있다.

기능 확인하기 - 10분

1) 학습하기 2에서 배운 '진위 확인하기' 기능을 정리 한다.

　📖 "앞에서 학생들이 토론을 할 때 상대방 주장의 진위를 확 인하는 과정을 통해 진위 확인하기에 대해 배웠어요. 토 론을 할 때는 상대방 주장에 덧붙인 정보가 믿을 만한 내 용인지 확인할 필요가 있어요. 그 정보가 언제 발표된 자 료이며 출처가 어디인지 등을 확인함으로써 정보의 진위 를 확인할 수 있어요."

　📖 "이렇게 어떤 사실이 참인지 거짓인지를 확인하여 의견이 나 주장이 진실임을 밝히는 것을 진위 확인하기라고 해 요."

　📖 "진위 확인하기 과정을 통해 정보의 진위를 확인할 수 있 을 뿐만 아니라 부정확하거나 잘못된 정보는 수정을 할 수도 있어요. 또한 정보의 진위를 확인하는 과정을 통해 토론 주제의 가치나 의의도 파악할 수 있어요."

2) 교사는 학생들에게 '기능 확인하기' 문제를 풀게 한다.

　📖 "학습하기 2에서 민우는 대형 공기 청정기의 실효성에 대 한 진위를 확인하기 위해 무엇을 근거로 삼았어요?"

3) 교사는 학생들과 함께 문제의 답을 확인한다.

　📖 "민우는 신문과 뉴스와 같은 매체 정보를 근거로 삼았어 요."

　📖 "따라서 답은 ①번이에요."

┌─────────────────────────────
정답
①
└─────────────────────────────

2) 교사는 학생들과 함께 활동의 결과를 확인한다.

　📖 "어떤 질문을 하는 것이 좋을지 생각해 봤어요? 각자 자 신이 생각해 본 질문을 이야기해 보세요."

┌─────────────────────────────
예시 답안
- 종이 빨대를 사용함으로써 플라스틱으로 인한 오염이 개선 되었다는 조사 자료나 통계 등이 존재하나요?
- 종이 빨대를 사용함으로써 플라스틱으로 인한 오염이 개선 될 수 있다는 주장의 근거는 무엇인가요?
- 요즘 커피숍에서는 일회용품 사용을 줄이기 위해 종이컵 대 신 유리컵에 음료를 제공하고 있습니다. 그런데 플라스틱 빨 대 대신에 종이 빨대를 사용하는 것이 어째서 친환경적인 행 동이 될 수 있나요?
└─────────────────────────────

● 메모

12과 실험하기

● 학습 목표

- 실험 과정에 대해 안다.
- 실험을 통해 가설을 증명하는 방법에 대해 안다.
- 실험을 통해 서로 다른 물질을 비교하는 방법에 대해 안다.

● 단원 내용

1. 학습 활동: 실험하기
2. 학습 기능: 증명하기
          비교하기
3. 학습 주제: 유목민
          산과 염기

● 수업 개요

1·2차시(학습하기 1): 실험하기에서 증명하기에 대해
             안다.
3·4차시(학습하기 2): 실험하기에서 비교하기에 대해
             안다.

● 어휘 및 문법

[학습하기 1]

증명하다, 가설, 데이터, 인용하다, 확보하다, 무작위,
선정하다, 풍부하다

[학습하기 2]

유사점, 차이점, 활용하다, 통제하다, 기본적, 에 반해

[알면 쓸모 있는 어휘(익힘책 100쪽)]

빠짐없이, 설계, 수행, 유의하다, 진술, 해답

의사소통 4권 4과 〈꼭 배워요〉의 주요 내용

[어휘]

이론, 음정, 가사, 박자, 악보, 실기, 화음, 스케치하다, 칠하다, 멀
리뛰기, 던지기, 윗몸 일으키기, 오래 매달리기, 손질하다, 조리하
다, 단소, 뚜껑, 무리, 자격증, 요, 잔뜩, 깜박하다, 막다, 배려하다,
부딪히다, 빚다, 삐다, 숙이다, 엎드리다

[문법 1] '-을수록'

　예　자세가 좋을수록 공을 멀리 던질 수 있어.

[문법 2] '-던데'

　예　아까 보니까 스케치하던데 벌써 색까지 다 칠했어?

[문법 3] '-는 모양이다'

　예　다음 달에 태권도 대회가 열리는데 거기에 나가려고 하
는 모양이야.

[문법 4] '-은 채로'

　예　뚜껑을 열어 놓은 채로 찌면 송편이 잘 안 익을 수도 있
어요.

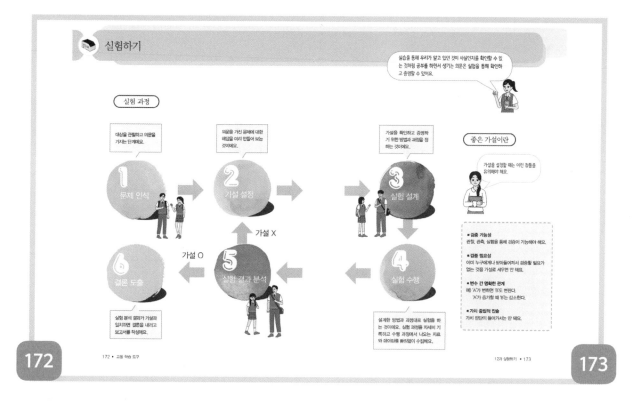

● 1차시 (의사소통 〈꼭 배워요〉와 연계할 경우 7차시)

[학습 목표]

• 실험하기에서 가설 증명하기 방법에 대해 안다.
• 실험의 과정과 가설을 증명하는 다양한 방법에 대해 안다.

본문의 구성과 내용

• 본문은 사회 교과의 실험하기 활동에서 하게 되는 증명하기 학습 기능을 보여 주고 있다.
• 본문의 내용은 세인이가 유목민에 대한 명제를 증명하기 위해 여러 가지 사례를 조사한 상황이다. 세인이는 여러 사례를 통해 해당 명제가 참임을 증명하고 있다.

도입 - 10분

1) 교사는 학생들에게 교재 172, 173쪽의 학습 활동에 대해 설명한다.

　📖 "여러분은 과학 시간에 실험을 해 봤어요?"

　📖 "실험은 보통 문제 인식, 가설 설정, 실험 설계, 실험 수행, 실험 결과 분석, 결론 도출의 과정으로 진행돼요."

　📖 "첫 번째 단계인 문제 인식은 대상을 관찰하고 의문을 가지는 단계예요. 두 번째 단계인 가설 설정은 의문을 가진 문제에 대한 해답을 미리 만들어 보는 단계예요. 세 번째 단계인 실험 설계에서는 가설을 확인하고 증명하기 위한 방법과 과정을 정해요. 네 번째, 실험 수행 단계에서는 설계한 방법과 과정대로 실험을 해요. 실험 과정을 자세히 기록하고 수행 과정에서 나오는 자료와 데이터를 빠짐없이 수집해요. 그리고 다섯 번째, 실험 결과 분석 단계에서

는 실험 결과에 따라서 마지막 단계를 이어서 진행할지, 다시 두 번째 단계인 가설 설정 단계로 돌아갈지 결정해요. 실험으로 가설이 증명되었다면 마지막 단계로, 가설을 증명하지 못했다면 새로운 가설을 설정하기 위해 가설 설정 단계로 돌아가요. 마지막으로 결론 도출 단계에서는 실험 분석 결과가 가설과 일치하면 결론을 내리고 보고서를 작성해요."

　📖 "가설 설정 시에는 몇 가지 유의해야 할 사항이 있어요. 관찰, 관측, 실험을 통해 검증이 가능해야 해요. 그리고 이미 누구에게나 받아들여져서 검증할 필요가 없는 것을 가설로 세우면 안 돼요. 또한 변수들이 명확한 관계에 있는지를 확인해야 해요. 마지막으로 가치 판단이 들어가서는 안 돼요."

교수-학습 지침

익힘책 101쪽에 과학 실험 시 주의할 점과 실험 결과를 바탕으로 결론을 도출하는 방법이 추가로 제시되어 있다. 교사는 이를 고려하여 수업을 진행한다.

2) 교사는 학생들에게 학습하기 1에서 배울 학습 기능을 소개한다.

　📖 "증명하기란 어떤 일에 대한 판단이나 주장, 가설이 진실인지 아닌지 근거를 들어 밝히는 것을 말해요. 모든 실험은 어떤 가설이나 명제가 사실인지 확인하는 과정이에요. 이 과정을 통해 우리는 새로운 사실을 알기도 하고 기존에 잘못 알고 있었던 정보를 수정할 수도 있어요. 학습하기 1에서는 가설을 증명하는 방법을 공부할 거예요."

교수-학습 지침

익힘책 102쪽에 자료 수집 및 분석 방법이 추가로 제시되어 있다. 교사는 이를 고려하여 수업을 진행한다.

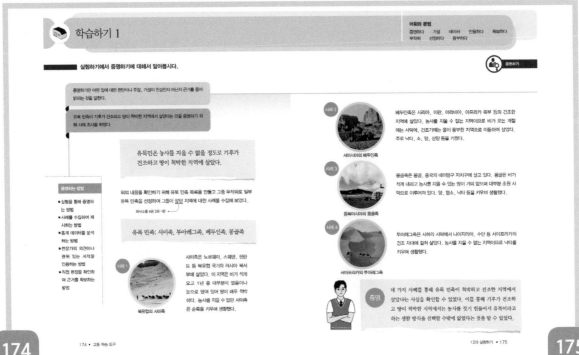

전개 - 35분

1) 교사는 다음에 제시되는 내용을 참고하여 학생들에게 어휘와 문법을 설명한다.

증명하다	◆ **정의** 어떤 사건이나 내용이나 판단이 진실인지 아닌지를 증거를 들어서 밝히다. **예** 그는 자기의 주장이 옳음을 증명할 수 있는 근거를 찾아내고 있다. ● **설명** "유미는 화학 반응에 대한 책을 읽었어요. 책에 나온 내용이 진짜인지 궁금해서 실험을 해 봤어요. 유미는 실험을 통해 책의 내용을 실제로 증명해 봤어요. '증명하다'는 어떤 사건이나 내용이나 판단이 진실인지 아닌지 증거를 들어서 밝히는 것을 말해요."
가설	◆ **정의** 연구에서 어떤 내용을 설명하려고 예상한 것으로 아직 증명되지 않은 가정. **예** 장 교수는 논문에서 설문 조사 결과를 통해 자신의 가설을 증명했다. ● **설명** "실험을 하기 전에 어떤 반응이 나올지 예상해 봐요. 학생들이 모두 다른 반응이 나올 거라고 생각했어요. 학생들은 모두 다른 가설을 세웠어요. '가설'이란 연구에서 예상한 것으로 아직 증명되지 않은 가정을 말해요."
데이터	◆ **정의** 이론을 세우는 데 기초가 되는 사실이나 정보. 또는 관찰이나 실험, 조사로 얻은 사실이나 정보. **예** 청소년들의 취미 활동에 대해 알아보기 위해 설문 조사를 통해 데이터를 수집했다. ● **설명** "이번 탐구 주제를 위해 책에서 관련된 내용을 찾아봤어요. 인터넷에서도 찾아봤어요. 탐구 주제를 위한 데이터를 모았어요. '데이터'는 관찰이나 실험, 조사로 얻은 사실이나 정보를 말해요."

인용하다	◆ **정의** 남의 말이나 글을 자신의 말이나 글 속에 끌어 쓰다. **예** 선생님은 책의 내용을 인용해서 우리에게 이야기해 주셨다. ● **설명** "유미는 탐구 주제를 발표하면서 신뢰성을 높이기 위해 책의 내용을 함께 이야기했어요. 유미는 책의 내용을 인용했어요. '인용하다'는 남의 말이나 글을 자신의 말이나 글 속에 끌어 쓰는 것을 말해요."
확보하다	◆ **정의** 확실히 가지고 있다. **예** 환경 미화에 필요한 인원을 확보했다. ● **설명** "우리 반은 이번 방학에 봉사 활동을 가요. 봉사 활동에 가려면 10명이 필요해요. 우리 반은 이번 방학에 봉사 활동을 가기 위해서 사람들을 모집했어요. 봉사 활동에 갈 수 있는 사람을 많이 모았어요. 우리 반은 봉사 활동에 갈 수 있는 사람들을 확보했어요. '확보하다'는 확실히 가지고 있는 것을 말해요."
무작위	◆ **정의** 아무런 조작 없이 일어날 수 있는 모든 일이 같은 확률로 일어나게 함. **예** 국어 선생님은 수업 시간에 아무나 무작위로 지목하여 발표하게 하신다. ● **설명** "선생님이 발표 시간에 먼저 발표할 사람을 정해요. 선생님이 누구를 정할지 알 수 없어요. 선생님은 먼저 발표할 사람을 무작위로 정해요. '무작위'는 미리 정한 원칙이나 기준이 없어 무엇이 선택될지 알 수 없다는 뜻이에요."

선정하다	◆ **정의** 여럿 가운데에서 목적에 맞는 것을 골라 정하다. 　📘 백일장 심사 위원들이 내가 쓴 수필을 우수 작품으로 선정했다. ◆ **정보** (비슷한 말) 뽑다, 정하다, 택하다 ● **설명** "민우와 친구들은 방학 때 함께 여행 가고 싶은 장소에 대해서 각자 이야기했어요. 그런데 가고 싶은 장소가 많아서 한 곳만 가기로 했어요. 민우와 친구들은 토의를 해서 한 곳을 선정했어요. '선정하다'는 여럿 가운데에서 목적에 맞는 것을 골라 정하는 것을 말해요."
풍부하다	◆ **정의** 넉넉하고 많다. 　📘 세인이는 상상력이 풍부한 친구이다. ◆ **정보** (비슷한 말) 풍족하다, 넉넉하다 　　　(반대되는 말) 부족하다 ● **설명** "세인이는 다른 친구들에게 새로운 것들을 많이 알려줘요. 세인이는 아는 게 많아요. 세인이는 지식이 풍부해요. '풍부하다'는 넉넉하고 많다는 뜻이에요."

2) 교사는 학생들에게 교재 174, 175쪽에 제시된 내용을 읽게 한다.

　📒 "세인이가 사회 시간에 유목민에 대한 한 가지 명제를 증명하고자 해요. 글을 읽고 세인이가 어떤 방법을 활용해서 명제를 증명하는지 확인해 보세요."

3) 교사는 학생들에게 세부 내용을 확인하는 질문을 한다.

　📒 "세인이가 사례 조사를 하기 위해 선정한 유목 민족들의 이름이 뭐예요?"

　📒 "사미족은 어디에 살았어요?"

　📒 "사미족이 살던 지역의 특징은 뭐예요?"

　📒 "농사를 할 수 없던 사미족은 어떻게 생활했어요?"

　📒 "베두인족은 어느 지역에서 생활했어요?"

　📒 "베두인족은 언제 사막으로 이동을 했어요?"

　📒 "베두인족은 건조기에 어디로 이동을 했어요?"

　📒 "베두인족이 무슨 동물을 키웠어요?"

　📒 "몽골족은 어디에 살았어요?"

　📒 "몽골의 기후와 지형의 특징은 뭐예요?"

　📒 "몽골족은 무슨 동물을 키우며 생활했어요?"

　📒 "투아레그족은 어느 지역에 살았어요?"

　📒 "투아레그족은 어떻게 생활했어요?"

4) 교사는 학생들에게 학습 기능에 대해 확인하는 질문을 한다.

　📒 "증명하는 방법에는 어떤 방법들이 있어요?"

　📒 "세인이는 '유목 민족이 기후가 건조하고 땅이 척박한 지역에서 살았다.'는 명제를 어떤 방법으로 증명하려고 해요?"

　📒 "세인이는 유목민에 대한 사례를 수집하기 전에 무엇을 했어요?"

　📒 "세인이가 사례 조사를 통해 증명한 결과는 어땠어요?"

정리 - 5분

교사는 학습 내용을 정리하며 수업을 마무리한다.

　📒 "세인이는 유목 민족이 농사를 지을 수 없을 정도로 기후가 건조하고 땅이 척박한 지역에서 살았다는 사실을 증명하기 위해 유목 민족을 무작위로 선정하여 사례 조사를 진행했어요."

　📒 "세인이는 사례 조사를 통해서 유목 민족들이 살던 지역의 기후가 건조하고 땅이 척박했다는 사실을 확인할 수 있었어요."

　📒 "또한 기후가 건조하고 땅이 척박한 지역에서는 농사를 짓기 힘들어 유목 생활을 할 수밖에 없다는 사실도 확인할 수 있었어요."

　📒 "이처럼 대표적인 사례를 선정하여 조사하는 것도 증명하기의 한 가지 방법이 될 수 있어요."

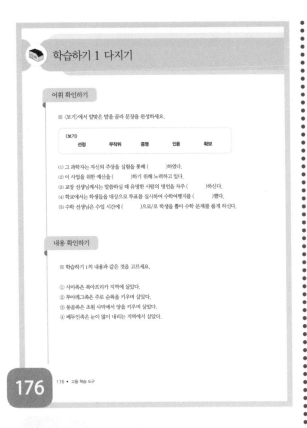

1) 교사는 학생들에게 '내용 확인하기' 문제를 풀게
한다.
　📖 "앞에서 유목민에 대한 명제를 증명하는 글을 읽었어요. 학습하기 1에서 배운 내용과 같은 것을 고르세요."

2) 교사는 학생들과 함께 문제의 답을 확인한다.
　📖 "사미족은 북아프리카 지역이 아닌 북유럽 국가와 러시아 북서부에 살았어요."
　📖 "투아레그족은 순록이 아닌 낙타를 키우며 생활했어요."
　📖 "몽골족은 대부분 초원 사막에 살면서 양, 염소, 낙타 등을 키우면서 생활했어요."
　📖 "베두인족은 눈이 내리는 지역이 아닌 시리아, 이란, 아라비아, 아프리카 북부 등 건조한 지역에 살았어요."
　📖 "따라서 답은 ③번이에요."

정답
③
① 사미족은 북유럽 국가와 러시아 북서부에 살았다.
② 투아레그족은 낙타를 키우며 살았다.
③ (175쪽 본문) '몽골은 비가 적게 내리고 농사를 지을 수 있는 땅이 거의 없으며 대부분 초원 사막으로 이루어져 있다. 양, 염소, 낙타 등을 키우며 생활했다.'라는 내용을 보면 알 수 있다.
④ 베두인족은 시리아, 이란, 아라비아, 아프리카 북부 등 건조한 지역에 살았다.

● **2차시** (의사소통 〈꼭 배워요〉와 연계할 경우 8차시)

[학습 목표]
• 실험하기에서 가설을 증명하는 방법에 대해 안다.
• 사례를 조사하여 증명하기를 할 수 있다.

어휘 확인하기 - 10분

1) 교사는 학생들에게 '어휘 확인하기' 문제를 풀게
한다.
　📖 "〈보기〉를 보세요. 앞에서 배운 어휘가 있어요."
　📖 "'선정'이란 여럿 가운데에서 목적에 맞는 것을 골라 정하는 것을 말해요."
　📖 "'무작위'란 미리 정한 원칙이나 기준이 없어 무엇이 선택될지 알 수 없는 것을 말해요."
　📖 "'증명'이란 어떤 사건이나 내용이나 판단이 진실인지 아닌지를 증거를 들어서 밝히는 것을 말해요."
　📖 "'인용'이란 남의 말이나 글을 자신의 말이나 글 속에 끌어 쓰는 것을 말해요."
　📖 "'확보'란 확실히 가지고 있음을 의미해요."
　📖 "아래 문장을 읽고 알맞은 어휘를 골라 문장을 완성해 보세요."

2) 교사는 학생들과 함께 문제의 답을 확인한다.

정답
(1) 증명　(2) 확보　(3) 인용　(4) 선정　(5) 무작위

기능 확인하기 · 증명하기

실험도 증명을 위한 하나의 과정이라고 볼 수 있습니다.
어떤 일에 대한 판단이나 주장, 가설이 진실인지 아닌지 근거를 밝히는 것을 증명하려고 합니다.
모든 실험은 어떤 가설이나 명제가 사실인지 확인하는 과정입니다. 이 과정을 통해 우리는 새로운 사실을 알기도 하고 기존에 잘못 알고 있었던 정보를 수정할 수도 있습니다.

※ 다음 중 학습하기 1에서 사실을 증명을 하기 위해 사용한 방법으로 알맞은 것을 고르세요.

① 실험을 통해 증명하는 방법
② 통계 데이터를 분석하는 방법
③ 사례를 수집하여 제시하는 방법
④ 직접 현장을 확인하여 근거를 확보하는 방법

활동하기

※ 다음을 증명하기 위한 사례들을 찾아보세요.

벼농사가 잘되는 지역에는 큰 강이 있을 것이다.

12과 실험하기 • 177

177

활동을 하게 한다.

- "앞에서 세인이가 여러 가지 사례를 수집하고 제시하여 자신의 가설을 증명하는 과정을 봤어요."
- "벼농사가 잘되는 지역에는 큰 강이 있을 것이라는 가설이 있어요."
- "이번에는 여러분이 인터넷이나 책 등을 통해서 벼농사가 잘되는 지역의 사례를 찾아보세요. 그리고 그 지역의 지도를 활용하여 가설을 증명해 보세요."

교수-학습 지침

- 교사는 학생들에게 김포, 여주, 함평, 나주 등의 지역을 사례로 제시할 수 있다.
- 김포는 한강을, 여주는 남한강을, 함평과 나주는 영산강을 접하고 있다.

2) 교사는 학생들과 함께 활동의 결과를 확인한다.

- "사례를 찾아봤어요? 결과가 어땠는지 이야기해 봐요."

예시 답안

- 김포는 예로부터 쌀 재배지였는데 한강 하류와 접하고 있습니다.
- 여주는 지금도 쌀 재배지로 유명한데 도시 한가운데로 남한강이 흐르고 있습니다.
- 나주와 함평 모두 영산강을 접하고 있으며 쌀 재배지로 유명합니다.

기능 확인하기 - 10분

1) 학습하기 1에서 배운 '증명하기' 기능을 정리한다.

- "앞에서 세인이가 사례를 수집하여 유목민에 대한 명제를 증명하는 과정을 통해 증명하기에 대해 배웠어요. 증명하기란 어떤 일에 대한 판단이나 주장, 가설이 진실인지 아닌지 근거를 들어 밝히는 것을 말해요. 증명은 실험을 통해 할 수 있고, 사례를 수집하여 제시하거나 통계 자료를 분석하여 할 수도 있어요. 그리고 전문가의 의견이나 권위 있는 서적의 내용을 인용하여 증명할 수 있어요. 또한 직접 현장을 확인하여 근거를 확보하여 증명을 할 수 있어요."

2) 교사는 학생들에게 '기능 확인하기' 문제를 풀게 한다.

- "세인이는 자신이 생각한 가설을 증명하기 위해 어떤 방법을 사용했나요?"

3) 교사는 학생들과 함께 문제의 답을 확인한다.

- "본문에서 세인이는 유목민이 기후가 건조하고 땅이 척박한 지역에서 살았다는 사실을 증명하기 위해 유목 민족들이 생활한 지역에 대해 사례 조사를 했어요. 따라서 답은 ③번이에요."

정답
③

활동하기 - 20분

1) 교사는 학생들에게 '활동하기'의 방법을 설명한 후

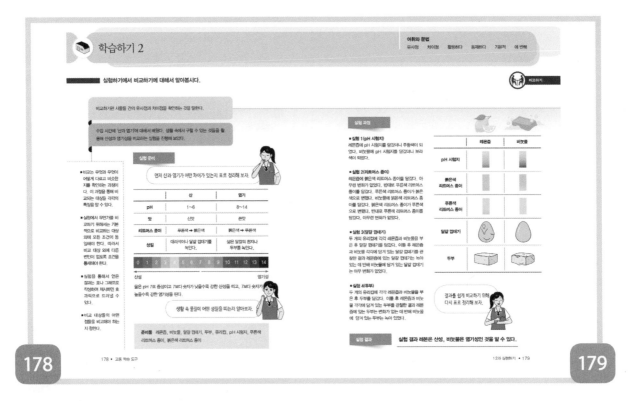

● 3차시 (의사소통 〈꼭 배워요〉와 연계할 경우 9차시)

[학습 목표]

• 실험하기에서 비교하기의 방법에 대해 안다.
• 실험에서 비교하기를 통해 실험 대상 간의 차이점을 확인할 수 있다.

본문의 구성과 내용

• 본문은 과학 교과의 **실험하기 활동**에서 하게 되는 **비교하기 학습 기능**을 보여 주고 있다.
• 본문의 내용은 나나가 수업 시간에 산과 염기에 대해 배운 후 공부한 내용과 관련하여 실험을 진행하는 상황이다. 나나는 일상생활에서 접할 수 있는 물질을 통해 산성과 염기성을 비교하는 실험을 진행하고 있다.

도입 - 10분

1) 교사는 교재 172, 173쪽에서 배운 학습 활동에 대해 복습한다.
   📖 "실험 과정 중 대상을 관찰하고 의문을 가지는 단계를 뭐라고 해요?"
   📖 "가설을 설정할 때 무엇을 유의해야 해요?"
2) 교사는 학생들에게 학습하기 2에서 배울 학습 기능을 소개한다.
   📖 "실험의 과정을 살펴보면 실험을 설계하는 단계가 있어요. 이 단계에서 가설에 적합한 실험 방법을 설정하게 돼요. 서로 다른 성질을 가지고 있을 것으로 추측되는 사물들의 차이점을 밝혀야 할 때는 비교하기를 통해 실험이

가능해요."
   📖 "비교하기란 사물들 간의 유사점과 차이점을 확인하는 것을 말해요. 과학에서는 서로 다른 물질들의 공통점과 차이점을 확인하는 실험을 많이 해요. 학습하기 2에서는 서로 다른 물질의 성질을 비교하는 실험을 통해 비교하기의 과정과 방법을 공부할 거예요."

교수-학습 지침

익힘책 104쪽에 실험에서의 비교하기가 추가로 제시되어 있다. 교사는 이를 고려하여 수업을 진행한다.

전개 - 35분

1) 교사는 다음에 제시되는 내용을 참고하여 학생들에게 어휘와 문법을 설명한다.

유사점	◆ **정의** 서로 비슷한 점. 　📖 한국어와 일본어는 여러 면에서 유사점이 있다. ◆ **정보** (비슷한 말) 공통점 ● **설명** "쌍둥이는 외모가 비슷해요. 쌍둥이는 성격도 비슷해요. 쌍둥이는 유사점이 많아요. '유사점'은 서로 비슷한 점이라는 뜻이에요."
차이점	◆ **정의** 서로 같지 않고 다른 점. 　📖 생물과 무생물의 차이점에 대해 조사하였다.

	◆ **정보** (비슷한 말) 상이점 (반대되는 말) 공통점 ● **설명** "과학자들은 사람이 동물과 어떻게 다른지 연구 했어요. 사람과 동물의 차이점을 연구했어요. '차이점'은 서로 같지 않고 다른 점이라는 뜻이 에요."
활용하다	◆ **정의** 어떤 대상이 가지고 있는 쓰임이나 능력을 충분 히 잘 이용하다. 　**예** 빈 땅을 주차장으로 활용하고 있다. ● **설명** "민우는 이번 발표를 위해 인터넷에서 자료를 수 집했어요. 민우는 자료를 찾기 위해 인터넷을 활 용했어요. '활용하다'는 어떤 대상이 가지고 있 는 쓰임이나 능력을 충분히 잘 이용하는 것을 말해요."
통제하다	◆ **정의** 어떤 방침이나 목적에 따라 행위를 하지 못하게 막다. 　**예** 시험 기간에는 학생들의 교무실 출입을 통제하 고 있다. ◆ **정보** (비슷한 말) 제한하다 ● **설명** "시험 기간에는 교무실에 들어가면 안 돼요. 시 험 기간에는 학생들이 교무실에 들어가지 못하 게 통제해요. '통제하다'는 어떤 규칙이나 목적 에 따라 행위를 하지 못하게 막는 것을 말해요."
기본적	◆ **정의** 근본이나 기초가 되는 것. 　**예** 영화관에서 휴대 전화를 꺼 두는 것은 기본적인 예의이다. ● **설명** "수업 시간에는 친구들과 떠들면 안 돼요. 수업 시간에 떠들지 않는 것은 꼭 지켜야 하는 규칙이 에요. 기본적인 예의예요. '기본적'은 근본이나 기초가 되는 것을 말해요."
에 반해	◆ **정의** 앞의 내용과 뒤의 내용이 반대가 되거나 대조됨 을 나타내는 표현. 　**예** 수호는 체육을 잘하는 데에 반해 미술은 잘 못 한다. ◆ **정보** '있다', '없다', '계시다'나 '있다', '없다'로 끝나는 형용사, 동사와 함께 사용하는 경우 어간의 받 침 유무와 관계 없이 '-는 데(에) 반해'의 형태로 사용한다. 단, 'ㄹ' 받침인 동사의 경우 어간의 'ㄹ' 이 탈락한다. 'ㄹ'을 제외한 받침이 있는 형용사 와 함께 사용하는 경우 '-은 데(에) 반해'의 형태 로 사용하며, '이다', 받침이 없거나 'ㄹ' 받침인 형용사와 함께 사용하는 경우 '-ㄴ 데에 반해'의 형태로 사용한다. ● **설명** "수호는 체육을 잘해요. 그런데 수호는 미술은 잘 못해요. 수호는 체육을 잘하는 데에 반해 미 술은 잘 못해요. '에 반해'는 앞의 내용과 뒤의 내 용이 반대가 되거나 대조됨을 나타내요."

2) 교사는 학생들에게 교재 178, 179쪽에 제시된 내용
을 읽게 한다.
　　📖 "나나가 산성과 염기성을 비교하는 실험을 하려고 해요."
　　📖 "글을 읽으면서 나나가 무엇을 어떻게 비교하며 실험을
진행하는지 확인해 봐요."

3) 교사는 학생들에게 세부 내용을 확인하는 질문을

한다.
　📖 "산은 어떤 맛이 나요?"
　📖 "염기는 어떤 맛이 나요?"
　📖 "산과 염기 중에서 푸른색 리트머스 종이를 붉은색으로
변하게 하는 것은 무엇이에요?"
　📖 "산과 염기 중에서 붉은색 리트머스 종이를 푸른색으로
변하게 하는 것은 무엇이에요?"
　📖 "산은 무엇을 녹일 수 있어요?"
　📖 "염기는 무엇을 녹일 수 있어요?"
　📖 "레몬즙에 pH 시험지를 담갔더니 무슨 색이 되었어요?"
　📖 "비눗물에 담근 pH 시험지는 무슨 색으로 변했어요?"
　📖 "레몬즙에 붉은색 리트머스 시험지를 담갔더니 어떻게 되
었어요?"
　📖 "레몬즙에 담근 푸른색 리트머스 시험지는 어떻게 변했어
요?"
　📖 "비눗물에 붉은색 리트머스 시험지를 담갔더니 어떻게 되
었어요?"
　📖 "비눗물에 담근 푸른색 리트머스 시험지는 어떻게 변했어
요?"
　📖 "레몬즙에 달걀 껍데기를 담갔더니 어떻게 되었어요?"
　📖 "비눗물에 담근 달걀 껍데기는 어떻게 되었어요?"
　📖 "레몬즙에 두부를 담갔더니 어떻게 되었어요?"
　📖 "비눗물에 담근 두부는 어떻게 변했어요?"
　📖 "레몬은 산성인가요? 염기성인가요?"
　📖 "비눗물은 산성인가요? 염기성인가요?"

4) 교사는 학생들에게 학습 기능에 대해 확인하는 질
문을 한다.
　📖 "실험을 시작하기 전에 무엇을 준비했어요?"
　📖 "산과 염기의 차이를 표로 정리했어요. 그리고 실험을 위
해 필요한 레몬즙, 비눗물, 달걀 껍데기, 두부, 유리컵, pH
시험지, 푸른색 리트머스 종이, 붉은색 리트머스 종이를
준비했어요."
　📖 "무엇을 대상으로 해서 비교하는 실험을 진행했어요?"
　📖 "레몬즙과 비눗물을 대상으로 해서 실험을 진행했어요."
　📖 "어떤 방법으로 실험을 진행했어요?"
　📖 "레몬즙과 비눗물에 pH 시험지, 푸른색 리트머스 종이,
붉은색 리트머스 종이, 달걀 껍데기, 두부를 담그면 어떤
변화가 생기는지 살펴봤어요."
　📖 "실험 결과를 어떻게 정리했어요?"
　📖 "결과를 쉽게 비교하기 위해 표로 정리했어요."

정리 - 5분

교사는 학습 내용을 정리하며 수업을 마무리한다.
　📖 "나나는 실험을 시작하기 전에 산과 염기의 특성을 정리
해 봤어요."
　📖 "pH 1부터 6까지를 산성, pH 7은 중성, pH 8부터 14까지
를 염기성이라고 해요."
　📖 "산성 물질은 신맛이 나고 염기성 물질은 쓴맛이 나요."

🔲 "산성 물질에 푸른색 리트머스 종이가 닿으면 리트머스 종이의 색이 붉은색으로 변해요."

🔲 "염기성 물질에 붉은색 리트머스 종이가 닿으면 리트머스 종이의 색이 푸른색으로 변해요."

🔲 "산성 물질은 대리석이나 달걀 껍데기를 녹이고 염기성 물질은 삶은 달걀의 흰자나 두부를 녹여요."

🔲 "나나는 레몬즙과 비눗물의 성질을 비교한 실험 결과를 다시 정리해 봤어요."

🔲 "레몬즙에 pH 시험지를 담갔더니 주황색으로 변했어요. 그리고 푸른 리트머스 종이를 담갔더니 붉은색으로 변했어요. 또 두부는 레몬즙에 담가도 아무런 변화가 없었던 반면 달걀 껍데기는 레몬즙에 담갔더니 녹았어요."

🔲 "비눗물에 pH 시험지를 담갔더니 보라색으로 변했어요. 그리고 붉은 리트머스 종이를 담갔더니 푸른색으로 변했어요. 또 달걀 껍데기는 비눗물에 담가도 아무런 변화가 없었던 반면 두부는 비눗물에 담갔더니 녹았어요."

🔲 "실험 결과 레몬은 산성, 비눗물은 염기성 물질이라는 사실을 알 수 있었어요."

🔲 "이렇게 비교하기 실험에서는 비교하는 두 대상을 뺀 다른 조건은 모두 동일해야 해요. 동일한 pH 시험지, 동일한 리트머스 종이, 동일한 재료(달걀 껍데기, 두부)를 조건으로 두고 비교하는 두 대상(레몬즙, 비눗물)만 달라야 해요."

🔲 "비교하기 실험 후에는 결과를 확인하기 쉽게 표로 정리하면 좋아요. 표로 정리하면 비교되는 두 대상의 특징을 한눈에 보기 좋아요."

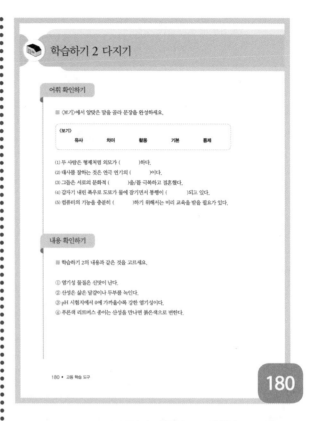

● 4차시 (의사소통 〈꼭 배워요〉와 연계할 경우 10차시)

[학습 목표]
- 실험하기에서 비교하기의 방법에 대해 안다.
- 서로 다른 대상을 비교하여 각각의 특징을 파악할 수 있다.

어휘 확인하기 - 10분

1) 교사는 학생들에게 '어휘 확인하기' 문제를 풀게 한다.
   🔲 "〈보기〉를 보세요. 앞에서 배운 어휘가 있어요."
   🔲 "'유사'란 서로 비슷한 것을 말해요."
   🔲 "'차이'란 서로 같지 않고 다른 것을 말해요. 또는 서로 다른 정도를 의미하기도 해요."
   🔲 "'활용'이란 어떤 대상이 가지고 있는 쓰임이나 능력을 충분히 잘 이용하는 것을 말해요."
   🔲 "'기본'은 무엇을 이루는 데 가장 중심이 되고 중요한 것을 말해요."
   🔲 "'통제'란 어떤 목적에 따라 행위를 하지 못하게 막는 것을 말해요."
   🔲 "아래 문장을 읽고 알맞은 어휘를 골라 문장을 완성해 보세요."

2) 교사는 학생들과 함께 문제의 답을 확인한다.

> **정답**
> (1) 유사 (2) 기본 (3) 차이 (4) 통제 (5) 활용

1) 교사는 학생들에게 '내용 확인하기' 문제를 풀게 한다.
   - 🔲 "앞에서 비교하기 실험을 통해 산성 물질과 염기성 물질을 확인하는 글을 읽었어요. 학습하기 2의 내용과 같은 것을 고르세요."

2) 교사는 학생들과 함께 문제의 답을 확인한다.
   - 🔲 "염기성 물질은 쓴맛이 나요."
   - 🔲 "산성은 삶은 달걀이나 두부가 아닌 대리석이나 달걀 껍데기를 녹여요."
   - 🔲 "pH 시험지에서 0에 가까울수록 강한 염기성이 아닌 강한 산성이에요."
   - 🔲 "푸른색 리트머스 종이는 산성을 만나면 붉은색으로 변해요."
   - 🔲 "따라서 답은 ④번이에요."

```
정답
④
① 염기성 물질은 쓴맛이 난다.
② 산성은 대리석이나 달걀 껍데기를 녹인다.
③ pH 시험지에서 0에 가까울수록 강한 산성이다.
④ (178쪽 본문) 실험 준비에 있는 표의 내용을 확인하면 알 수 있다.
```

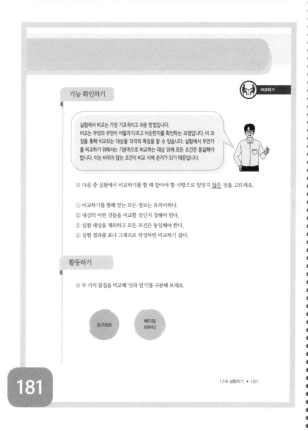

181

1) 학습하기 2에서 배운 '비교하기' 기능을 정리한다.
   - 🔲 "앞에서 나나가 산과 염기의 특징을 비교하며 실험하는 과정을 통해 비교하기에 대해 배웠어요. 실험에서 비교는 가장 기초적이고 쉬운 방법이에요. 비교하기는 둘 이상의 대상을 함께 놓고 어떤 점이 같고 어떤 점이 다른지 살펴보는 것을 말해요. 이 과정을 통해 비교되는 대상의 특징을 각각 알 수 있어요."

2) 교사는 학생들에게 '기능 확인하기' 문제를 풀게 한다.
   - 🔲 "실험에서 비교할 때 알아야 할 사항들이 몇 가지 있어요. 다음 중 실험에서 비교하기를 할 때 알아야 할 사항으로 알맞지 않은 것을 고르세요."

3) 교사는 학생들과 함께 문제의 답을 확인한다.
   - 🔲 "실험에서 비교를 할 때는 비교하기를 통해서 얻은 결과 중 어떤 것이 유의미한지 판단해야 해요."
   - 🔲 "비교를 할 때는 대상들의 어떤 점들을 비교해야 하는지 정해야 해요."
   - 🔲 "무언가를 비교하기 위해서는 기본적으로 비교하는 대상 외에 모든 조건은 동일해야 해요. 이는 바뀌지 않는 조건이고 비교 시에 기준이 되기 때문이에요."
   - 🔲 "비교하기를 통해서 얻은 결과는 표나 그래프로 작성하면 비교하기 쉬워요."
   - 🔲 "따라서 답은 ①번이에요."

```
정답
①
```

1) 교사는 학생들에게 '활동하기'의 방법을 설명한 후 활동을 하게 한다.
   - 🔲 "나나는 레몬과 비눗물의 특징을 비교하면서 산성 물질인지 염기성 물질인지를 구분하는 실험을 진행했어요."
   - 🔲 "주변에 있는 물질 중에서 산성 물질 혹은 염기성 물질을 찾을 수 있나요?"
   - 🔲 "요구르트와 베이킹파우더의 특징을 서로 비교하면서 '산과 염기'를 구분해 봐요."

교사 지식
요구르트는 pH 3~4의 산성이며, 베이킹파우더는 pH 9의 염기성으로, 교재에 제시된 동일한 방법으로 실험을 진행하면 유사한 결과가 도출된다.

교수-학습 지침
- 위험한 실험이 아니므로 시간이 있다면 직접 해 볼 수 있다.
- 한국어 교실에서의 실험 수업은 '내용 중심 교수법'에 근간하여 수업을 진행해야 한다.
- '내용 중심 교수법' 중 '병존 언어 학습'의 이론을 활용하는 것이 KSL 현장에서는 가장 적합할 것이다.
- 과학 교사와 협력 교수를 통해 두 차시로 수업을 구성하고, 첫 시간에는 과학 실험을 위한 한국어 수업을, 두 번째 시간에는 과학 교사가 중심이 되어 실험 수업을 진행하면 된다. (이때 한국어 교사는 보조 교사 역할을 한다.)

2) 교사는 학생들과 함께 활동의 결과를 확인한다.
   - 🔲 "실험을 했어요? 실험 결과가 어땠는지 각자 이야기해 보세요."

```
예시 답안
pH 시험지로 비교 실험을 한 결과, 요구르트에서는 pH 시험지
가 노란색으로, 베이킹파우더에서는 남색으로 변했습니다. 이를
통해 요구르트는 산성, 베이킹파우더는 염기성인 것을 알 수 있
었습니다.
```

13과 평가받기

● 학습 목표

- 학습 평가의 개념과 유형에 대해 안다.
- 주요 개념을 암기하는 방법에 대해 안다.
- 글을 고치고 다듬는 방법에 대해 안다.

● 단원 내용

1. 학습 활동: 평가받기
2. 학습 기능: 암기하기
   성찰하기
3. 학습 주제: 과학 경시대회
   독서 논술 대회

● 수업 개요

1·2차시(학습하기 1): 평가받기에서 암기하기에 대해
안다.

3·4차시(학습하기 2): 평가받기에서 성찰하기에 대해
안다.

● 어휘 및 문법

[학습하기 1]
의식적, 선호, 서술하다, 부호, 용어, 보편적, 실천하다

[학습하기 2]
요구하다, 과제, 지시하다, 적합하다, 배경, 전반적, 상
황, -듯이

[알면 쓸모 있는 어휘(익힘책 108쪽)]
도달하다, 돌아보다, 문항, 조작, 쪽지, 진단

의사소통 4권 5과 〈꼭 배워요〉의 주요 내용

[어휘]

퀴즈 대회, 발명품 경진 대회, 경시대회, 사생 대회, 경연 대회, 글
짓기, 백일장, 재학생, 공모, 부문, 본선, 예선, 통과자, 원고, 심사
위원, 심사하다, 상금, 상장, 상을 타다, 기념 촬영, 균형, 땅바닥,
수속, 의욕, 접촉, 내려다보다, 무시하다, 잠들다, 진출하다, 주저
앉다, 헤매다, 서툴다, 유창하다

[문법 1] '-는 탓에'
  예 시험 준비로 바쁜 탓에 사생 대회 신청서를 못 썼어.

[문법 2] '-어 버리다'
  예 어제 공부하다가 잠들어 버렸어.

[문법 3] '-을 뻔하다'
  예 너무 긴장해서 실수할 뻔했어.

[문법 4] '-더라'
  예 영어 대회에서 말하는 거 들었는데 유창하게 잘하더라.

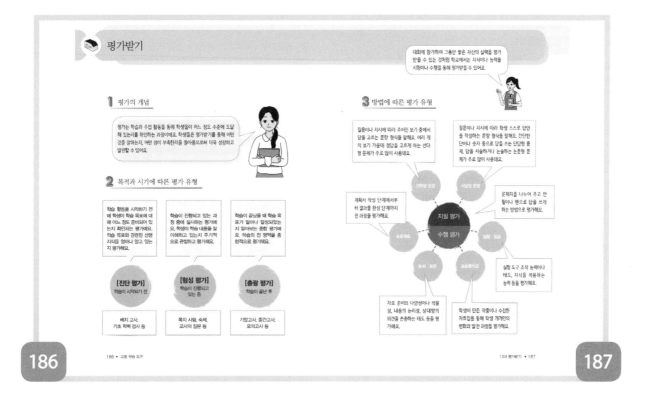

186 · 고등 학습 도구

13과 평가받기 · 187

● 1차시 (의사소통 〈꼭 배워요〉와 연계할 경우 7차시)

[학습 목표]
- 평가받기에서 암기하기 방법에 대해 안다.
- 다양한 암기 방법에 대해 안다.

본문의 구성과 내용
- 본문은 **과학 교과**의 **평가받기** 활동에서 하게 되는 **암기하기 학습 기능**을 보여 주고 있다.
- 본문의 내용은 세인이가 과학 경시 대회에 참가하기 위해 천문과 관련된 내용을 외우는 상황이다. 세인이는 다양한 암기 방법을 알아보면서 과목에 따라 어떤 방법이 주로 활용되는지도 확인하고 있다.

도입 - 10분

1) 교사는 학생들에게 교재 186, 187쪽의 학습 활동에 대해 설명한다.

　🔲 "평가란 학습과 수업 활동을 통해 여러분의 능력이 어느 정도 수준에 도달해 있는지를 확인하는 것을 말해요."

　🔲 "여러분이 알고 있는 평가에는 뭐가 있어요?"

　🔲 "평가를 받기 전에 우선 학교에 어떤 시험들이 있는지 알아봐요. 일반적으로 평가가 이루어지는 시기는 학습 전, 학습 중, 학습 후로 나누어 볼 수 있어요. 학습 전에 이루어지는 평가는 여러분이 공부할 준비가 되어 있는지 확인하는 시험이에요. 학습 중에 이루어지는 평가는 매 수업 시간에 배운 내용을 제대로 아는지 확인하는 시험이에요. 학습 후에 이루어지는 평가는 여러분이 한 학기 또는 한

학년 동안 목적했던 모든 학습을 제대로 수행했는지 확인하는 시험이에요."

　🔲 "학교에서 보는 시험 방법에는 크게 지필 평가와 수행 평가가 있어요. 지필 평가는 여러분이 중간고사나 기말고사 때 보는 일반적인 시험을 말해요. 번호를 고르거나 짧은 문장을 답안지에 써요. 수행 평가는 어떤 과제를 전개, 진행, 해결하는 과정과 결과를 보고 학습 능력 전반을 확인하는 평가예요. 수행 평가에는 '프로젝트, 토의·토론, 포트폴리오, 실험·실습'이 있어요."

교수-학습 지침
익힘책 109쪽에 평가지에 따른 평가의 종류, 자기 평가의 예가 추가로 제시되어 있다. 교사는 이를 고려하여 수업을 진행한다.

2) 교사는 학생들에게 학습하기 1에서 배울 학습 기능을 소개한다.

　🔲 "평가에서 무엇을 얼마나 암기하느냐에 따라 결과가 달라질 수 있어요. 물론 무조건 많이 외운다고 시험을 잘 볼 수 있는 것은 아니에요. 하지만 각 평가에서 요구하는 기본 개념이나 원리, 공식 등은 암기하지 않으면 시험 문제를 풀 수 없는 경우도 있어요."

　🔲 "학습하기 1에서는 여러 과목에서 활용할 수 있는 다양한 암기 방법에 대해 알아볼 거예요."

교수-학습 지침
익힘책 110쪽에 단기 기억과 장기 기억에 대한 내용이 추가로 제시되어 있다. 교사는 이를 고려하여 수업을 진행한다.

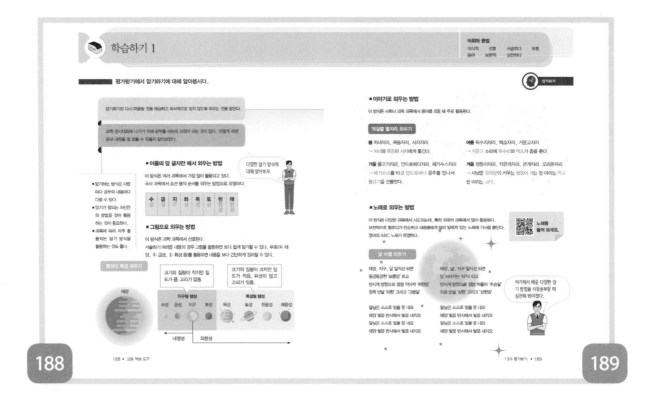

전개 - 35분

1) 교사는 다음에 제시되는 내용을 참고하여 학생들에게 어휘와 문법을 설명한다.

의식적	◆ **정의** 어떤 것을 알거나 스스로 깨달아 일부러 하는 것. 例 선생님께서는 학생들을 위해 의식적으로 쉬운 말만 골라 쓰셨다. ◆ **정보** (반대되는 말) 무의식적 ● **설명** "유미는 이번 수업에서 새로 배운 것들을 잊지 않기 위해 다시 공부했어요. 잊지 않도록 다시 외웠어요. 유미는 의식적으로 수업의 내용을 다시 외웠어요. '의식적'은 어떤 것을 알거나 스스로 깨달아 일부러 하는 것을 말해요."
선호	◆ **정의** 여럿 가운데서 어떤 것을 특별히 더 좋아함. 例 물가가 오르면서 소비자들의 저가 제품 선호가 높게 나타나고 있다. ● **설명** "선물을 고를 때는 친구가 좋아하는 게 뭔지 알아보는 게 중요해요. 여러 선물 중에서 친구가 제일 좋아하는 게 어떤 걸까요? 친구가 선호하는 물건을 선물하는 게 제일 좋아요. '선호'는 여럿 가운데서 어떤 것을 특별히 더 좋아한다는 뜻이에요."

서술하다	◆ **정의** 어떤 사실, 사건, 생각 등을 논리나 순서에 따라 말하거나 적다. 例 작문 시간에 나의 꿈과 장래 희망에 대해 서술하는 글을 썼다. ● **설명** "수호는 체험학습 보고서를 썼어요. 체험학습에서 무엇을 했는지, 체험학습을 하면서 어떤 생각을 했는지 썼어요. 수호는 체험학습 보고서에 자신의 생각을 서술했어요. '서술하다'는 어떤 사실, 사건, 생각 등을 논리나 순서에 따라 말하거나 적는 것을 말해요."
부호	◆ **정의** 어떤 뜻을 나타내려고 따로 정하여 쓰는 기호. 例 지리 시간에 지도를 보면서 학교나 논, 밭 등을 어떤 부호로 나타내는지 배웠다. ● **설명** "수학에서 '+'는 앞뒤의 수를 합하여 계산하는 것을 의미해요. 이렇게 '부호'는 어떤 뜻을 나타내려고 따로 정하여 쓰는 기호를 말해요.."
용어	◆ **정의** 어떤 분야에서 전문적으로 사용하는 말. 例 과학 과목을 공부할 때는 우선 용어의 의미와 개념을 외워야 한다. ● **설명** "과학을 공부하다 보면 과학에서만 사용하는 말이 있는 것을 알 수 있어요. 과학을 공부할 때는 이러한 용어들을 잘 이해하고 사용할 줄 알아야 해요. '용어'는 어떤 분야에서 전문적으로 사용하는 말이에요."

보편적	◆ **정의** 일반적으로 통용되거나 대부분의 사람들이 공감할 수 있는 것. 📖 예전에는 성인이 되면 당연히 결혼해야 한다는 것이 보편적인 생각이었다. ◆ **정보** (비슷한 말) 일반적 ● **설명** "운동을 잘하려면 연습을 많이 하면 돼요. 연습을 많이 하면 운동을 잘 할 수 있다는 것은 보편적인 사실이에요. '보편적'은 일반적으로 널리 쓰이거나 대부분 사람들이 공감할 수 있는 것을 말해요."
실천하다	◆ **정의** 이론이나 계획, 생각한 것을 실제 행동으로 옮기다. 📖 그는 약속한 것은 꼭 실천하는 사람이다. ● **설명** "민우는 지난 방학에 어떤 일을 할지 계획을 세웠어요. 그리고 계획에 따라 방학을 보냈어요. 민우는 방학 계획을 실천했어요. '실천하다'는 이론이나 계획, 생각한 것을 실제 행동으로 옮기는 것을 말해요."

2) 교사는 학생들에게 교재 188, 189쪽에 제시된 내용을 읽게 한다.

🖥 "세인이가 과학 경시대회에 나가려고 과학 교과서에 있는 천문에 관한 내용을 암기하고 있어요. 지금부터 글을 읽으면서 세인이가 교과서의 내용을 어떤 암기 방법을 사용하여 외우는지 확인해 보세요."

3) 교사는 학생들에게 세부 내용을 확인하는 질문을 한다.

🖥 "'수금지화목토천해'는 각각 무엇의 앞 글자예요?"

🖥 "태양을 중심으로 지구 안쪽에는 어떤 행성들이 있어요? 그리고 그 행성들을 합쳐서 뭐라고 말해요?"

🖥 "반대로 지구 바깥쪽에는 어떤 행성들이 있어요? 그리고 그 행성들을 합쳐서 뭐라고 말해요?"

🖥 "지구형 행성에는 어떤 행성들이 있어요? 지구형 행성의 특징은 뭐예요?"

🖥 "목성형 행성에는 어떤 행성들이 있어요? 목성형 행성의 특징은 뭐예요?"

🖥 "교과서에 나온 계절별 별자리들의 이름을 말해 보세요."

🖥 "지구와 달, 태양이 어떤 순서일 때 보름달이 되고 어떤 순서일 때 삭이 돼요?"

🖥 "달은 어떻게 빛을 내요?"

4) 교사는 학생들에게 학습 기능에 대해 확인하는 질문을 한다.

🖥 "세인이는 행성의 순서를 암기하기 위해 어떤 방법을 사용했어요?"

🖥 "세인이는 행성의 특징을 암기하기 위해 어떤 방법을 사용했어요?"

🖥 "세인이는 계절별 별자리를 암기하기 위해 어떤 방법을 사용했어요?"

🖥 "세인이는 달의 이름을 암기하기 위해 어떤 방법을 사용했어요?"

정리 - 5분

교사는 학습 내용을 정리하며 수업을 마무리한다.

🖥 "세인이가 다양한 암기 방법을 통해 과학 지식을 암기했어요."

🖥 "순서를 외울 때는 이름의 앞 글자를 떼서 외울 수 있어요."

🖥 "특징을 외울 때는 간단한 그림을 그려서 정리하면 외우기 편해요."

🖥 "서로 관련이 없어 보이는 것들은 이야기를 만들어서 외우면 암기가 잘 돼요."

🖥 "길고 어려운 내용은 쉽고 잘 아는 노래에 가사를 붙여 자주 부르다 보면 저절로 외워져요."

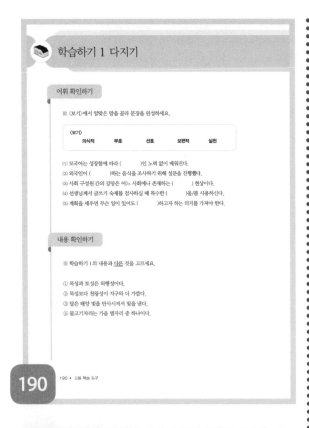

학습하기 1 다지기

어휘 확인하기

■ 〈보기〉에서 알맞은 말을 골라 문장을 완성하세요.

〈보기〉				
의식적	부호	선호	보편적	실천

(1) 모국어는 성장함에 따라 (　　　)인 노력 없이 배워진다.
(2) 외국인이 (　　　)하는 음식을 조사하기 위해 설문을 진행했다.
(3) 사회 구성원 간의 갈등은 어느 사회에나 존재하는 (　　　) 현상이다.
(4) 선생님께서 글쓰기 숙제를 검사하실 때 특수한 (　　　)을/를 사용하신다.
(5) 계획을 세우면 무슨 일이 있어도 (　　　)하고자 하는 의지를 가져야 한다.

내용 확인하기

■ 학습하기 1의 내용과 <u>다른</u> 것을 고르세요.

① 목성과 토성은 외행성이다.
② 목성보다 천왕성이 지구와 더 가깝다.
③ 달은 태양 빛을 반사시켜서 빛을 낸다.
④ 물고기자리는 가을 별자리 중 하나이다.

190

190 · 고등 학습 도구

● 2차시 (의사소통 〈꼭 배워요〉와 연계할 경우 8차시)

[학습 목표]
• 평가받기에서 암기하기 방법에 대해 안다.
• 암기 방법을 익히고 다른 과목에서도 적용할 수 있다.

어휘 확인하기 - 10분

1) 교사는 학생들에게 '어휘 확인하기' 문제를 풀게 한다.
　📖 "〈보기〉를 보세요. 앞에서 배운 어휘가 있어요."
　📖 "'의식적'이란 어떤 것을 알거나 스스로 깨달아 일부러 하는 것을 말해요."
　📖 "'부호'는 어떤 뜻을 나타내려고 따로 정하여 쓰는 기호에요."
　📖 "'선호'는 여럿 가운데서 어떤 것을 특별히 더 좋아하는 것을 말해요."
　📖 "'보편적'이란 일반적으로 통용되거나 대부분의 사람들이 공감할 수 있는 것을 말해요."
　📖 "'실천'이란 이론이나 계획, 생각한 것을 실제 행동으로 옮기는 것을 말해요."
　📖 "아래 문장을 읽고 알맞은 어휘를 골라 문장을 완성해 보세요."
2) 교사는 학생들과 함께 문제의 답을 확인한다.

　정답
　(1) 의식적　(2) 선호　(3) 보편적　(4) 부호　(5) 실천

내용 확인하기 - 5분

1) 교사는 학생들에게 '내용 확인하기' 문제를 풀게 한다.
　📖 "앞에서 다양한 암기 방법에 대한 글을 읽었어요. 학습하기 1의 내용과 같은 것을 고르세요."
2) 교사는 학생들과 함께 문제의 답을 확인한다.
　📖 "목성과 토성은 지구 바깥쪽에 있어요. 그러니까 외행성이 맞아요."
　📖 "'수금지화목토천해'를 생각해 봐요. 목성은 화성 옆에 있고 화성 옆에 지구가 있어요. 천왕성은 태양계 바깥쪽에 더 가까워요. 따라서 천왕성보다 목성이 지구와 더 가까워요."
　📖 "달은 스스로 빛을 낼 수 없어요. 달은 태양 빛을 반사시켜서 빛을 내요."
　📖 "물고기자리는 가을 별자리예요."
　📖 "따라서 정답은 ②번이에요."

　정답
　②
　① (188쪽 본문) '행성의 특징 외우기'에 있는 그림을 보면 알 수 있다.
　② 목성이 천왕성보다 지구와 더 가깝다.
　③ (189쪽 본문) '달 이름 외우기'의 노래 가사를 보면 알 수 있다.
　④ (189쪽 본문) '계절별 별자리 외우기'의 내용을 보면 알 수 있다.

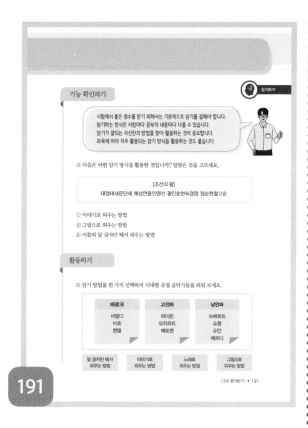

기능 확인하기 - 10분

1) 학습하기 1에서 배운 '암기하기' 기능을 정리한다.

　📖 "앞에서 세인이가 과학 교과서의 내용을 암기하는 과정을 통해 암기하기에 대해 배웠어요. 평가에서 좋은 점수를 받기 위해서는 기본적으로 암기를 잘해야 해요. 앞에서 알아보았듯이 암기하는 방식은 과목마다 다르고 내용마다 달라요. 또 사람마다 선호하는 방식이 다를 수 있어요. 따라서 과목이나 내용에 맞게 암기법을 찾거나 자신에게 맞는 암기 방식을 찾아 활용하는 것이 중요해요."

2) 교사는 학생들에게 '기능 확인하기' 문제를 풀게 한다.

　📖 "여러분 다음은 어떤 방식을 활용한 암기 방법일까요? 다음은 '조선의 왕'에 대한 내용이에요. '태정태세문단세', 이것은 각각 '태조, 정종, 태종, 세종, 문종, 단종, 세조'를 나타내요. 조선 왕의 순서예요. 이렇게 어떤 순서를 암기할 때 활용하면 좋은 암기 방법이 뭐예요?"

3) 교사는 학생들과 함께 문제의 답을 확인한다.

　📖 "순서를 암기하기 좋은 방법에는 이름의 앞 글자만 떼서 외우는 방법이 있다고 했어요. '태정태세문단세', 모두 조선 왕 이름의 앞 글자를 뗀 것이에요. 따라서 정답은 ③번이에요."

> 정답
> ③

활동하기 - 20분

1) 교사는 학생들에게 '활동하기'의 방법을 설명한 후 활동을 하게 한다.

　📖 "이번 단원에서 다양한 암기 방법을 배웠어요."

　📖 "교과서에 시대별 유명 음악가들의 이름이 있어요. 이번 단원에서 배운 다양한 암기 방법을 활용해서 시대별 유명 음악가들의 이름을 암기해 봐요."

　📖 "어떤 방법을 활용하면 좋을까요? 자신만의 방법을 생각해 보세요."

> **교수-학습 지침**
> 시대별 유명 음악가들의 이름을 외울 수 있는 다양한 방법을 교사가 준비하여 소개하고 학생들에게 따라 하도록 유도할 수 있다.

2) 교사는 학생들과 함께 활동의 결과를 확인한다.

　📖 "어떻게 암기했어요? 자신의 암기 방법을 이야기해 보세요."

● 3차시 (의사소통 〈꼭 배워요〉와 연계할 경우 9차시)

[학습 목표]
- 평가받기에서 성찰하기 방법에 대해 안다.
- 글을 쓰고 어떻게 성찰하는지 안다.

본문의 구성과 내용
- 본문은 국어 교과의 평가하기 활동에서 하게 되는 성찰하기 학습 기능을 보여 주고 있다.
- 본문의 내용은 유미가 수행 평가 시간에 소설책을 읽고 논술문을 쓰고 있는 상황이다. 유미는 자신이 글을 퇴고하며 어느 부분을 보충하고 수정하면 더욱 좋은 글이 될 수 있을지 성찰하고 있다.

도입 - 10분

1) 교사는 교재 186, 187쪽에서 배운 학습 활동에 대해 복습한다.
   - 🗊 "목적과 시기에 따른 평가 유형 중 학습이 시작되기 전에 이루어지는 평가를 뭐라고 해요?"
   - 🗊 "학습이 진행되고 있는 과정에 실시하는 평가가 뭐예요?"
   - 🗊 "학습이 끝난 후에 학습 목표가 얼마나 달성되었는지 알아보는 평가를 뭐라고 해요?"
   - 🗊 "평가는 방법에 따라서 크게 지필 평가와 수행 평가로 나눌 수 있는데, 지필 평가에 해당하는 평가 유형에는 뭐가 있어요?"
   - 🗊 "수행 평가에 해당하는 평가 유형에는 뭐가 있어요?"
2) 교사는 학생들에게 학습하기 2에서 배울 학습 기능을 소개한다.
   - 🗊 "성찰하기란 자신이 경험하고 학습한 내용에 대해 반성적으로 되돌아보는 과정을 말해요. 성찰하기를 통해 잘못된 것을 고치고 발전해 나갈 수 있어요."
   - 🗊 "이번 시간에서는 성찰하기를 통해 자신이 쓴 글을 어떻게 고칠 수 있는지 알아볼 거예요."

교수-학습 지침
익힘책 112쪽에 성찰 일기에 대한 내용이 추가로 제시되어 있다. 교사는 이를 고려하여 수업을 진행한다.

전개 - 35분

1) 교사는 다음에 제시되는 내용을 참고하여 학생들에게 어휘와 문법을 설명한다.

요구하다	◆ **정의** 필요하거나 받아야 할 것을 달라고 청하다. 🗊 회사 일을 하다가 사고를 당하면 회사에 보상을 요구할 수 있다. ● **설명** "회사에서 일을 하다 보면 다치거나 사고를 당하는 경우가 생길 수도 있어요. 대부분의 회사에서는 직원이 다치는 경우 보상을 해 줘요. 만약 여러분이 나중에 취업을 했는데 일을 하다가 다치게 되었다면 회사에 보상을 요구할 수 있어요. '요구하다'는 필요하거나 받아야 할 것을 달라고 부탁하는 것을 말해요."

과제	◆ **정의** 회사나 학교 등에서 맡겨진 일이나 풀어야 할 문제. **예** 오늘은 선생님께서 과제를 너무 많이 내 주셨다. ● **설명** "과학 시간에 새로 배운 내용들이 있어요. 과학 선생님이 새로 내용과 관련해서 각자 실험을 하고 보고서를 작성해 오라고 했어요. 선생님이 과학 실험 과제를 내 줬어요. '과제'는 학교 등에서 맡겨진 일이나 풀어야 할 문제를 말해요."
지시하다	◆ **정의** 무엇을 하라고 시키다. **예** 선생님께서는 청소를 할 때 꼭 창문을 열라고 지시하신다. ● **설명** "과학 실험을 할 때는 창문을 열어야 해요. 그래서 선생님이 민우에게 창문을 열라고 했어요. 선생님은 민우에게 창문을 열라고 지시했어요. '지시하다'는 무엇을 하라고 시킨다는 뜻이에요."
적합하다	◆ **정의** 어떤 일이나 조건에 꼭 들어맞아 알맞다. **예** 우리는 해변으로 가서 물놀이에 적합한 곳을 찾았다. ● **설명** "공부를 하려고 도서관에 갔어요. 도서관은 조용하고 책이 많아요. 그래서 도서관은 공부를 하기 좋은 장소예요. 도서관은 공부하기 적합한 곳이에요. '적합하다'는 어떤 일이나 조건에 꼭 들어맞아 알맞다는 뜻이에요."
배경	◆ **정의** 문학 작품에서 시간적, 공간적, 사회적 환경. **예** 이 영화의 배경은 1960년대 부산이다. ● **설명** "(영화 사진을 보여 주며) 이 영화를 보세요. 이 영화는 1980년대 광주에서 일어난 사건을 다루고 있어요. 영화의 배경은 1980년대 광주예요. '배경'은 문학 작품에서 시간, 공간, 사회적 환경을 말해요."
전반적	◆ **정의** 어떤 일이나 분야의 전체에 걸치는 것. **예** 여행 기간이 바뀌면서 여행 계획이 전반적으로 수정되었다. ● **설명** "여러분은 역사를 어떻게 공부해요? 역사를 공부할 때는 어떤 시기에 일어난 특정한 사건들을 잘 알아 두는 것이 좋아요. 하지만 단순히 특정한 사건들만 암기하는 건 좋다고 할 수 없어요. 그 시대에 사건이 일어난 배경과 과정을 잘 이해하는 것이 좋아요. 그 시대의 전반적인 역사 흐름을 잘 이해하는 것이 중요해요. '전반적'은 어떤 일이나 분야의 전체에 미치는 것을 말해요."
상황	◆ **정의** 일이 진행되어 가는 형편이나 모양. **예** 택시 운전사는 교통 상황이 안 좋은 것에 대해 계속해서 불평했다. ◆ **정보** (비슷한 말) 정세, 형세, 경우 ● **설명** "만약 사고가 나서 어떤 사람이 다친 것을 보게 되었다면 119에 바로 신고하는 것이 좋아요. 119에 전화를 해서 왜 사고가 났는지 사고를 당한 사람이 얼마나 다쳤는지 이야기해요. 이렇게 현재 상황을 자세히 이야기하는 것이 좋아요. '상황'은 일이 진행되어 가는 형편이나 모양이라는 뜻이에요."

-듯이	◆ **정의** 뒤에 오는 말이 앞에 오는 말과 거의 비슷함을 나타내는 연결 어미. **예** 부모님께서 나를 항상 믿어 주셨듯이 나도 내 자녀들을 항상 믿을 것이다. ◆ **정보** '이다', 동사와 형용사 또는 '-으시-', '-었-', '-겠-' 뒤에 붙여 쓴다. 준말로 '-듯'을 사용하기도 한다. ● **설명** "나나는 유미를 좋아해요. 유미도 나나를 좋아해요. 나나가 유미를 좋아하듯이 유미도 나나를 좋아해요. '-듯이'는 뒤에 오는 말이 앞에 오는 말과 거의 비슷함을 나타내는 말이에요."

2) 교사는 학생들에게 교재 192, 193쪽에 제시된 내용을 읽게 한다.
- 🔲 "소연이가 수행 평가 시간에 책을 읽고 논술문을 썼어요."
- 🔲 "먼저 소연이가 어떤 과제를 받았는지 보세요. 그리고 소연이가 주어진 과제에 어떻게 글을 썼는지 읽어 보세요. 그다음 글을 쓰고 나서 어떤 점을 성찰했는지 확인해 보세요."

3) 교사는 학생들에게 세부 내용을 확인하는 질문을 한다.
- 🔲 "소설의 배경이 되는 시기가 언제예요?"
- 🔲 "소설의 배경이 되는 장소가 어디예요?"
- 🔲 "세계 여러 나라들은 왜 작은 나라와 강제로 조약을 맺었어요?"
- 🔲 "조약으로 인해 작은 나라의 국민들은 어떻게 됐어요?"
- 🔲 "강대국들은 작은 나라에서 무엇을 빼앗아 갔어요?"
- 🔲 "작은 나라의 정부는 고통받는 국민들을 왜 지켜 줄 수 없었어요?"
- 🔲 "작은 나라의 국민들은 각자 살아남기 위해 어떻게 했어요?"
- 🔲 "소연이는 만약 자신이 작은 나라의 국민이었다면 어떻게 행동했을 거라고 했어요?"
- 🔲 "왜 그렇게 할 거라고 했어요?"
- 🔲 "소연이는 만약 자신이 직접 총을 들고 싸우지 못한다면 어떻게 할 거라고 했어요?"
- 🔲 "이 선택을 통해 무엇을 희망할 수 있을 거라고 했어요?"

4) 교사는 학생들에게 학습 기능에 대해 확인하는 질문을 한다.
- 🔲 "소연이는 과제 1에서 무엇을 성찰했어요?"
- 🔲 "소연이는 과제 2에서 무엇을 성찰했어요?"
- 🔲 "소연이는 마지막으로 글을 읽으면서 어떤 점들을 확인해 봤어요?"

정리 - 5분

교사는 학습 내용을 정리하며 수업을 마무리한다.
- 🔲 "평가를 받을 때는 자신이 어떤 과제를 수행해야 하는지를 우선 잘 파악해야 해요."
- 🔲 "소연이처럼 과제를 해결하면서 자신이 과제에서 지시한 바를 제대로 잘 수행하고 있는지 점검하는 것이 중요해요."
- 🔲 "과제를 해결하기 위해 사용한 방법이 적절했는지 확인해요. 그리고 과제의 주제나 문제에 대해 스스로에게 질문하며 답을 찾는 과정에 잘못된 부분은 없었는지 점검해요."
- 🔲 "특히 글을 쓸 때는 글의 제목, 주제, 구성 등이 적절한지 확인하고, 글에 통일성이 있는지, 중심 생각은 잘 드러나는지, 단어들은 적절하게 사용되었는지, 띄어쓰기나 맞춤법 등은 바르게 되어 있는지를 살펴봐요."

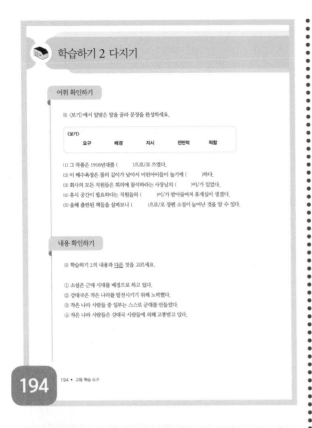

194 • 고등 학습 도구

내용 확인하기 - 5분

1) 교사는 학생들에게 '내용 확인하기' 문제를 풀게 한다.

　🔲 "앞에서 소연이가 자신이 쓴 글을 성찰하는 과정을 봤어요. 학습하기 2의 내용과 다른 것을 하나 고르세요."

2) 교사는 학생들과 함께 문제의 답을 확인한다.

　🔲 "소설의 배경은 근대 시대를 맞이한 어느 작은 나라예요."

　🔲 "강대국은 작은 나라를 발전시키기 위한 것이라고 말했지만 광산 채굴 권리나 철도 운영 권리를 빼앗듯이 가지고 갔어요."

　🔲 "작은 나라 사람들 중 일부는 살아남기 위해 군대를 만들었어요."

　🔲 "강대국 사람들에 의해 삶의 터전을 빼앗긴 작은 나라 사람들은 점차 생활이 어려워졌어요."

　🔲 "따라서 답은 ②번이에요."

정답
②
① (192쪽 본문) '소설의 배경은 근대를 맞이한 어느 작은 나라이다.'라는 내용을 보면 알 수 있다.
② 강대국은 작은 나라를 발전시키기 위해 노력했다.
③ (192쪽 본문) '한 사람들은 빼앗긴 나라를 되찾기 위해 스스로 군대를 만들었다.'라는 내용을 보면 알 수 있다.
④ (192쪽 본문) '작은 나라의 정부는 힘이 약해 강대국 사람들에 의해 고통받는 국민들을 지켜 줄 수가 없었다.'라는 내용을 보면 알 수 있다.

● **4차시**(의사소통 〈꼭 배워요〉와 연계할 경우 10차시)

[학습 목표]

• 평가받기에서 성찰하기 방법에 대해 안다.

• 자신이 쓴 글을 성찰하고 수정할 수 있다.

어휘 확인하기 - 10분

1) 교사는 학생들에게 '어휘 확인하기' 문제를 풀게 한다.

　🔲 "〈보기〉를 보세요. 앞에서 배운 어휘가 있어요."

　🔲 "'요구'란 필요하거나 받아야 할 것을 달라고 청하는 것이에요."

　🔲 "'배경'은 문학 작품에서 시간적, 공간적, 사회적 환경이에요."

　🔲 "'지시'란 무엇을 하라고 시키는 것이에요"

　🔲 "'전반적'은 이란 어떤 일이나 분야의 전체에 걸치는 것을 말해요."

　🔲 "'적합'이란 어떤 일이나 조건에 꼭 들어맞아 알맞은 것이에요."

　🔲 "아래 문장을 읽고 알맞은 어휘를 골라 문장을 완성해 보세요."

2) 교사는 학생들과 함께 문제의 답을 확인한다.

정답
(1) 배경　(2) 적합　(3) 지시　(4) 요구　(5) 전반적

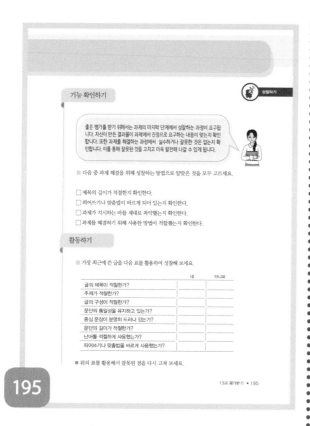

정답

☐ 제목의 길이가 적절한지 확인한다.
☑ 띄어쓰기나 맞춤법이 바르게 되어 있는지 확인한다.
☑ 과제가 지시하는 바를 제대로 파악했는지 확인한다.
☑ 과제를 해결하기 위해 사용한 방법이 적합했는지 확인한다.

활동하기 - 20분

1) 교사는 학생들에게 '활동하기'의 방법을 설명한 후 활동을 하게 한다.

📖 "'활동하기'에서는 소연이처럼 성찰하기를 해 볼 거예요."

📖 "여러분이 최근에 쓴 글을 다음 표를 활용하여 성찰해 보세요."

📖 "제목은 글의 내용과 주제를 잘 나타내고 있는지, 과제에 맞는 주제를 선택했으며 주제에 맞게 글을 잘 구성했는지, 통일성 있게 각 문단들이 구성되었는지, 중심 생각을 드러내는 문장이 분명히 있는지, 각 문단의 길이는 적절한지, 단어들은 적절하게 사용했는지, 마지막으로 띄어쓰기나 맞춤법 등은 올바른지를 확인해 보세요."

📖 "표에 따라 성찰하기를 진행한 후 잘못된 부분이 있으면 글을 고쳐 보세요."

교수-학습 지침

학생이 최근에 쓴 글이 없는 경우를 대비해 교사는 학생이 성찰하기 활동을 할 수 있는 글을 미리 준비한다.

2) 교사는 학생들과 함께 활동의 결과를 확인한다.

📖 "여러분이 무엇을 잘못 썼고, 그것을 어떻게 고쳤는지 이야기해 보세요."

기능 확인하기 - 10분

1) 학습하기 2에서 배운 '성찰하기' 기능을 정리한다.

📖 "앞에서 소연이가 수행 평가 과제로 작성한 논술문을 다시 확인하는 과정을 통해 성찰하기에 대해 배웠어요. 좋은 평가를 받기 위해서는 과제의 마지막 단계에서 과제를 다시 성찰하는 과정이 필요해요."

📖 "과제에서 요구하는 바를 제대로 파악했는지, 현재 결과물이 과제에서 진정으로 요구하는 결과물인지, 과제 중에 실수하거나 잘못한 것은 없는지 등을 확인해요."

2) 교사는 학생들에게 '기능 확인하기' 문제를 풀게 한다.

📖 "과제 해결을 위한 성찰의 방법으로 알맞은 것을 모두 고르세요."

3) 교사는 학생들과 함께 문제의 답을 확인한다.

📖 "글을 마무리할 때 띄어쓰기나 맞춤법을 잘 지켰는지 확인해요."

📖 "과제가 지시하는 바를 제대로 파악했는지 확인해요."

📖 "과제를 해결하기 위해 사용한 방법에 문제가 없는지 확인해요."

📖 "하지만 제목의 길이를 중요하게 성찰하지는 않아요. 제목이 길고 짧은 것보다는 해당 제목이 글의 주제나 내용 등을 잘 나타내고 있는지를 성찰해야 해요."

📖 "따라서 과제 해결을 위한 성찰의 방법으로 알맞은 것은 첫 번째를 제외한 두 번째, 세 번째, 네 번째예요."

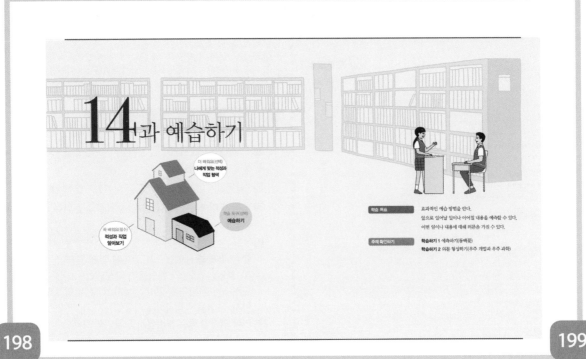

14과　예습하기

● 학습 목표

- 효과적인 예습 방법을 안다.
- 앞으로 일어날 일이나 이어질 내용을 예측할 수 있다.
- 어떤 일이나 내용에 대해 의문을 가질 수 있다.

● 단원 내용

1. 학습 활동: 예습하기
2. 학습 기능: 예측하기
　　　　　　　의문 형성하기
3. 학습 주제: 동백꽃
　　　　　　　우주 개발과 우주 과학

● 수업 개요

1·2차시(학습하기 1): 예습하기에서 예측하기에 대해
　　　　　　　　　　　안다.
3·4차시(학습하기 2): 예습하기에서 의문 형성하기에
　　　　　　　　　　　대해 안다.

● 어휘 및 문법

[학습하기 1]

예측하다, 선행, 동기, 기존, 상징하다

[학습하기 2]

의문, 명료화, 진보, 본격화, 관측, 상상, 분야, 응용

[알면 쓸모 있는 어휘(익힘책 116쪽)]

강조되다, 목차, 본문, 필요성, 핵심어

의사소통 4권 6과 〈꼭 배워요〉의 주요 내용

[어휘]

적성, 언어 능력, 수리 능력, 공간 지각 능력, 신체적 능력, 예술적 능력, 추리 능력, 어휘력, 상상력, 분석적, 객관적, 재빠르다, 활동적, 손재주, 창의력, 논리적, 판단력, 담요, 비바람, 전문적, 항목, 마냥, 아무래도, 한결, 고려하다, 늦추다, 반품하다, 비우다, 인정받다, 웬만하다, 험하다

[문법 1] '-는 데다가'

　🗨 그 직업은 사회적으로 인정받는 데다가 보람도 느낄 수 있어.

[문법 2] '-든지'

　🗨 앞으로 방과 후 수업을 가든지 학원에 다니든지 해 봐.

[문법 3] '사동 표현'

　🗨 지식을 넓혀 주는 데다가 어휘력도 풍부하게 해 주니까.

[문법 4] '-나 싶다'

　🗨 난 직업을 선택할 때 무엇보다 적성이 가장 중요하지 않나 싶은데.

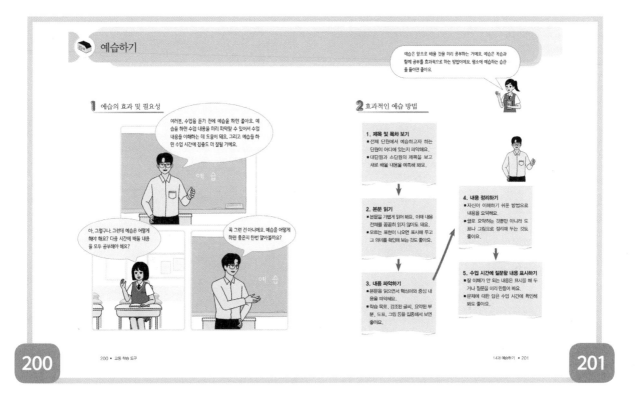

● 1차시 (의사소통 〈꼭 배워요〉와 연계할 경우 7차시)

[학습 목표]

• 예습하기에서 예측하기(예측하며 읽기) 방법에 대해 안다.
• 제목, 표지 정보, 작가 정보 등을 통해 책의 내용을 예측할 수 있다.

본문의 구성과 내용

• 본문은 **국어 교과**의 예습하기 활동에서 하게 되는 **예측하기 학습 기능**을 보여 주고 있다.
• 본문의 내용은 유미가 예습을 하기 위해 소설 [동백꽃]의 표지를 보고 있는 상황이다. 유미는 소설의 제목, 작가 정보, 표지 정보를 활용하여 소설의 내용을 예측하고자 한다.

도입 - 10분

1) 교사는 학생들에게 교재 200, 201쪽의 학습 활동에 대해 설명한다.

　📖 "예습은 앞으로 배울 것을 미리 공부하는 거예요. 예습은 복습과 함께 공부를 효과적으로 하는 방법 중 하나예요. 평소에 예습하는 습관을 들이면 공부하는 데에 도움이 돼요."

　📖 "예습은 어떻게 하는 것이 좋을까요?"

　📖 "예습할 때는 우선 전체 단원에서 예습하고자 하는 단원이 어디에 있는지 파악해요. 그리고 대단원과 소단원의 제목을 보고 새로 배울 내용을 예측해요."

　📖 "본문은 읽을 때는 전체를 다 읽지 않아도 돼요. 가볍게 읽어 봐요. 그리고 모르는 표현이 나오면 표시해 두고 그

의미를 확인해 보는 것도 좋아요."

　📖 "본문을 읽으면서 내용을 파악할 때는 핵심어와 중심 내용을 파악해요. 학습 목표, 강조된 글씨 요약된 부분, 도표, 그림 등을 집중해서 보면 좋아요. 이후에 자신이 이해하기 쉬운 방법으로 내용을 요약해요. 요약할 때는 도표나 그림으로 정리해 두는 것도 좋아요."

　📖 "예습하면서 이해가 잘 안 되는 내용은 표시해 두거나 질문을 미리 생각해서 수업 시간에 확인해 볼 수 있어요."

교수-학습 지침

익힘책 117쪽에 과목별 예습 방법이 추가로 제시되어 있다. 교사는 이를 고려하여 수업을 진행한다.

2) 교사는 학생들에게 학습하기 1에서 배울 학습 기능을 소개한다.

　📖 "예측하기란 어떤 상황의 결과를 미리 예상하는 것을 말해요. 예습을 할 때 자신이 앞으로 무슨 공부를 해야 할지, 무슨 공부를 하게 될지 예측하면 공부의 효율을 높일 수 있어요."

　📖 "그리고 수업 시간에 자신이 예습을 하면서 예측한 내용이 맞았는지 틀렸는지 확인해 볼 수 있어요. 이러한 과정을 통해 여러분은 자신의 학습을 더욱 능동적으로 만들 수 있어요. 수업에도 더욱 적극적으로 참여하게 되고 공부하는 동안 집중력도 높일 수 있어요."

　📖 "학습하기 1에서는 책의 내용을 예측하는 방법에 대해 알아볼 거예요."

교수-학습 지침

익힘책 118쪽에 예측하며 책 읽기가 추가로 제시되어 있다. 교사는 이를 고려하여 수업을 진행한다.

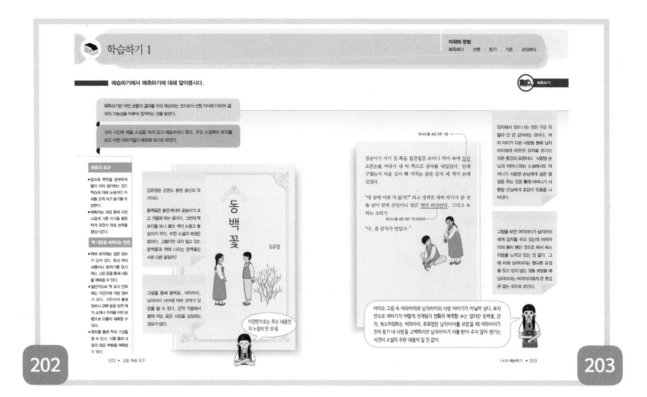

전개 - 35분

1) 교사는 다음에 제시되는 내용을 참고하여 학생들에게 어휘와 문법을 설명한다.

예측하다	◆ **정의** 앞으로의 일을 미리 추측하다. 예 모두가 예측한 대로 그는 시험에 합격했다. ◆ **정보** (비슷한 말) 예상하다, 추측하다 ● **설명** "주말에 날씨가 따뜻할까요? 아니면 날씨가 추울까요? 기상청에서는 날씨가 좋은지 안 좋은지 또는 비가 오는지 눈이 오는지 등 날씨를 미리 추측해서 사람들에게 정보를 알려 줘요. '예측하다'란 앞으로의 일을 미리 추측한다는 뜻이에요."
선행	◆ **정의** 다른 일보다 시간상으로 앞서 이루어짐. 예 선행 지식이 없는 상태로 새로운 일을 하게 되면 더 많은 시간과 노력이 필요하다. ◆ **정보** (반대되는 말) 후행 ● **설명** "연구를 하기 전에는 비슷한 연구가 있는지 알아보는 일이 필요해요. 지금까지 이루어진 선행 연구들을 살펴보는 과정이 필요해요. '선행'은 다른 일보다 시간상으로 앞서 이루어진 것을 의미해요."
동기	◆ **정의** 어떤 일이나 행동을 하게 되는 원인이나 기회. 예 기자는 나에게 영화에 출연하게 된 동기를 물었다. ◆ **정보** (비슷한 말) 계기 ● **설명** "여러분은 좋아하는 일이 있어요? 처음에 그 일을 왜 시작하게 됐어요? 그 일을 하게 된 동기가 뭐예요? '동기'란 어떤 일이나 행동을 하게 되는 원인이나 기회를 말해요."
기존	◆ **정의** 이미 존재함. 예 신상품이 출시되어 기존 제품은 크게 할인하여 판매되고 있다. ● **설명** "이번에 새로 나온 문제집을 봤어요? 원래 있던 책과 다른 점이 있어요? 기존에 있던 책과 어떤 점이 달라요? '기존'은 이미 존재하는 것을 의미해요."
상징하다	◆ **정의** 추상적인 사물이나 개념을 구체적인 사물로 나타내다. 예 하얀색과 비둘기는 평화를 상징한다. ● **설명** "색깔이 어떤 의미를 가지기도 해요. 신호등의 빨간색과 초록색은 어떤 의미가 있을까요? 빨간색은 '위험', 초록색은 '안전'을 상징해요. '상징하다'는 추상적인 사물이나 개념을 구체적인 사물로 나타낸다는 뜻이에요."

2) 교사는 학생들에게 교재 202, 203쪽에 제시된 내용을 읽게 한다.

　📖 "유미가 국어 시간에 공부할 소설 〈동백꽃〉의 표지를 보며 소설의 내용을 예측해 보고 있어요. 글을 읽으면서 유미가 표지의 정보를 통해 소설의 내용을 어떻게 예측하는지 확인해 보세요."

3) 교사는 학생들에게 세부 내용을 확인하는 질문을 한다.

　📖 "〈동백꽃〉의 작가는 누구예요?"

　📖 "김유정은 어디에서 태어났어요?"

　📖 "원래 동백꽃은 무슨 색이고 어느 계절에 피어요?"

　📖 "그런데 표지의 꽃은 무슨 색이고, 소설의 배경이 되는 계절은 언제예요?"

　📖 "문학 작품에서 봄에 피는 꽃은 무엇을 상징해요?"

🔲 "점순이가 나에게 무엇을 줬어요?"

🔲 "그 감자는 구운 지 얼마나 되었어요?"

🔲 "여자 아이가 다른 사람 몰래 남자 아이에게 따뜻한 감자를 준 것은 무슨 표현이에요?"

🔲 "이와 유사한 장면이 나오는 소설이 있어요?"

🔲 "그 소설에서는 누가 누구에게 무엇을 주며 호감을 나타내요?"

🔲 "여자 아이가 쑥스러워하고 있다는 것을 무엇을 통해 알 수 있어요?"

🔲 "남자 아이가 여자 아이에게 큰 호감이 없는 것으로 보이는 이유가 뭐예요?"

4) 교사는 학생들에게 학습 기능에 대해 확인하는 질문을 한다.

🔲 "유미는 어떤 정보들을 통해서 책의 내용을 예측했어요?"

🔲 "제목, 표지 정보, 작가 정보를 통해 책의 내용을 예측했어요."

🔲 "유미는 표지의 정보들을 통해 소설 〈동백꽃〉이 어떤 내용일 것 같다고 예측했어요?"

🔲 "유미는 소설 〈동백꽃〉이 사랑 이야기일 것 같다고 예측했어요."

정리 - 5분

교사는 학습 내용을 정리하며 수업을 마무리한다.

🔲 "책의 내용을 예측할 때는 표지나 목차를 봐요. 표지에는 많은 정보들이 담겨 있어요. 책의 내용이나 분위기를 암시하는 그림 등을 통해 내용을 예측할 수 있어요."

🔲 "일반적으로 책 표지 안쪽에는 지은이에 대한 정보가 있어요. 지은이의 출생 정보나 경력 등을 알면 책의 소재나 주제를 어떤 방향으로 다룰지 예측할 수 있어요."

🔲 "책의 목차를 통해서도 내용의 많은 부분을 예측할 수 있어요. 목차의 소제목들을 통해 책의 구성을 확인할 수 있고, 이를 통해 책의 내용을 예측할 수 있어요."

🔲 "유미는 제목, 표지 정보, 작가 정보를 통해 책의 내용을 예측했어요."

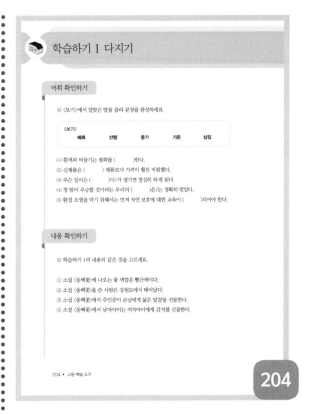

● 2차시 (의사소통 〈꼭 배워요〉와 연계할 경우 8차시)

[학습 목표]

• 예습하기에서 예측하기(예측하며 읽기) 방법에 대해 안다.

• 책 내용의 일부를 읽고 이어질 내용을 예측할 수 있다.

어휘 확인하기 - 10분

1) 교사는 학생들에게 '어휘 확인하기' 문제를 풀게 한다.

🔲 "〈보기〉를 보세요. 앞에서 배운 어휘가 있어요."

🔲 "'예측'이란 앞으로의 일을 미리 추측하는 것이에요."

🔲 "'선행'은 다른 일보다 시간상으로 앞서 이루어지는 것이에요."

🔲 "'동기'는 어떤 일이나 행동을 하게 되는 원인이나 기회예요."

🔲 "'기존'이란 이미 존재하는 것을 말해요."

🔲 "'상징'은 추상적인 사물이나 개념을 구체적인 사물로 나타내는 것이에요."

🔲 "아래 문장을 읽고 알맞은 어휘를 골라 문장을 완성해 보세요."

2) 교사는 학생들과 함께 문제의 답을 확인한다.

정답
(1) 상징 (2) 기존 (3) 동기 (4) 예측 (5) 선행

1) 교사는 학생들에게 '내용 확인하기' 문제를 풀게 한다.

   🔲 "앞에서 유미가 책의 표지를 보며 책의 내용을 예측하는 과정을 봤어요. 학습하기 1의 내용과 같은 것을 고르세요."

2) 교사는 학생들과 함께 문제의 답을 확인한다.

   🔲 "소설 〈동백꽃〉에 나오는 동백꽃은 일반적으로 우리가 알고 있는 빨간 동백꽃이 아니에요. 소설 속 동백꽃은 노란색이었어요."

   🔲 "김유정 작가는 강원도 춘천 출신이에요."

   🔲 "소설 〈동백꽃〉에서는 점순이가 나에게 감자를 선물해요."

   🔲 "점순이가 여자 아이이고 나는 남자 아이예요."

   🔲 "따라서 답은 ②번이에요."

> **정답**
> ②
> ① 소설 〈동백꽃〉에 나오는 꽃 색깔은 노란색이다.
> ② (202쪽 본문) '김유정은 강원도 춘천 출신의 작가이다.'라는 내용을 보면 알 수 있다.
> ③ 삶은 달걀은 소설 '사랑방 손님과 어머니'에서 어머니가 사랑방 손님에게 준 선물이다.
> ④ 소설 〈동백꽃〉에서 여자아이가 남자아이에게 감자를 선물한다.

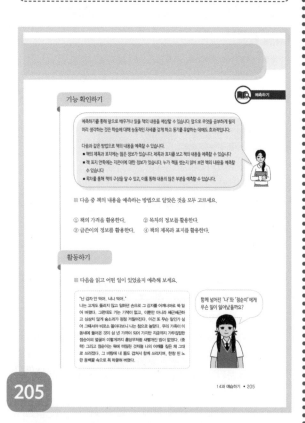

205

기능 확인하기 - 10분

1) 학습하기 1에서 배운 '예측하기' 기능을 정리한다.

🔲 "앞에서 유미가 책 표지를 보며 책의 내용을 예측하는 과정을 통해 예측하기에 대해 배웠어요. 예측하기를 통해 앞으로 배우거나 읽을 책의 내용을 예상할 수 있어요. 앞으로 무엇을 공부하게 될지 미리 생각하는 것은 학습에 대해 능동적인 자세를 갖게 하고 동기를 유발하는 데에도 효과적이에요."

🔲 "책의 제목과 표지 정보, 작가 정보를 통해 책의 내용을 예측할 수 있어요."

🔲 "목차가 있는 경우 목차 정보를 통해서도 책의 내용을 예측할 수 있어요."

2) 교사는 학생들에게 '기능 확인하기' 문제를 풀게 한다.

   🔲 "책의 내용을 예측하는 방법으로 알맞은 것을 모두 고르세요."

3) 교사는 학생들과 함께 문제의 답을 확인한다.

   🔲 "책의 가격으로는 책의 내용을 예측할 수 없어요."

   🔲 "목차 정보, 글쓴이(작가) 정보, 책 제목과 표지 정보를 활용하면 책의 내용을 예측할 수 있어요."

   🔲 "따라서 답은 ②번, ③번, ④번이에요."

> **정답**
> ②, ③, ④

활동하기 - 20분

1) 교사는 학생들에게 '활동하기'의 방법을 설명한 후 활동을 하게 한다.

   🔲 "다음은 소설 〈동백꽃〉의 내용 일부예요. 다음을 읽고 점순이의 마음과 성격을 예측해 보세요. 그리고 점순이가 어떤 행동을 하게 될지도 예측해 보세요."

> **교수-학습 지침**
> 교사는 학습자에게 책의 마지막 부분을 제시하여 학생들의 예측하기 활동을 도울 수 있다.
>
> - 그리고 점순이는 뭐에 떠밀린 것처럼 나의 어깨를 짚은 채 그대로 쓰러졌다. 그 바람에 내 몸도 겹쳐서 함께 쓰러지며, 한창 핀 노란 동백꽃 속으로 폭 파묻혀 버렸다. 알싸하고 향긋한 그 냄새에 나는 땅이 꺼지는 듯이 온 정신이 그만 아찔하였다.
> "너 아무 말도 하지 마!"
> "그래!"

2) 교사는 학생들과 함께 활동의 결과를 확인한다.

   🔲 "점순이가 어떤 행동을 하게 될지 예측해 봤어요? 예측한 내용을 각자 이야기해 보세요."

> **예시 답안**
> 점순이가 먼저 나에게 좋아하는 마음을 표현합니다. 나는 그 마음도 모르고 거절하기는 했지만, 이를 통해 점순이가 자신의 감정에 솔직하고 사랑을 표현하는 데 매우 적극적인 아이인 것을 알 수 있습니다. 점순이가 뭐에 떠밀린 것처럼 나의 어깨를 짚은 채 그대로 쓰러졌다는 것은 점순이가 일부러 나를 밀어 넘어뜨린 것으로 파악됩니다. 꽃 속에 두 남녀가 파묻혔다면 다른 사람들은 두 사람이 무엇을 하는지 볼 수 없습니다. 점순이는 이 순간을 놓치지 않고 자신의 사랑을 표현하는 행동을 했을 것입니다.

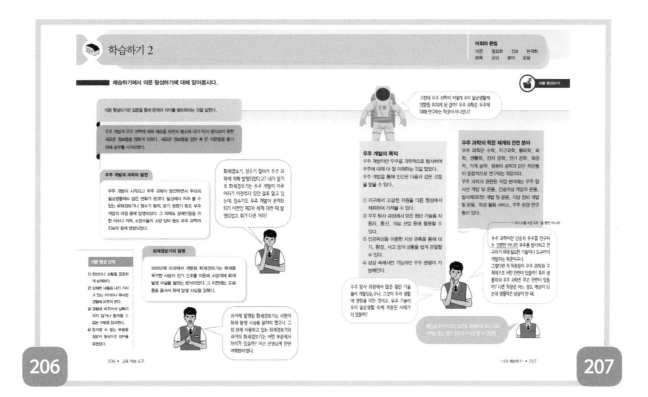

● 3차시(의사소통 〈꼭 배워요〉와 연계할 경우 9차시)

[학습 목표]
• 예습하기에서 의문 형성하기 방법에 대해 안다.
• 의문을 형성해 가는 과정에 대해 안다.

본문의 구성과 내용
• 본문은 **과학 교과**의 **예습하기** 활동에서 하게 되는 **의문 형성하기** 학습 기능을 보여 주고 있다.
• 본문의 내용은 민우가 우주 과학과 우주 개발에 대해 예습을 하고 있는 상황이다. 민우는 예습을 하며 자신이 기존에 알고 있던 지식과 다른 정보를 접하고 이에 대해 의문을 형성하고 있다.

도입 - 10분

1) 교사는 교재 200, 201쪽에서 배운 학습 활동에 대해 복습한다.
   🔲 "지난 시간에 예습에 대해 알아봤어요. 예습이란 뭐예요?"
   🔲 "예습을 할 때는 어떻게 하는 것이 좋아요?"
   🔲 "책의 내용을 읽은 후에 내용을 어떻게 정리하는 것이 좋아요?"

2) 교사는 학생들에게 학습하기 2에서 배울 학습 기능을 소개한다.
   🔲 "예습하면서 모르는 것이 있으면 수업 시간에 질문할 수 있어요. 잘 이해가 안 되는 내용에 대해서 표시를 해 두거나 질문을 미리 만들면 좋아요. 문제에 대한 답은 수업 시간을 통해 확인해 봐요."

🔲 "의문 형성하기란 질문을 통해 문제와 의미를 명료화하는 것을 말해요."

🔲 "예습은 단순히 앞으로 배울 것에 대해 미리 보는 것이 아니에요. 예습을 하면서 지식을 왜 배워야 하는지, 그것이 자신이 기존에 알고 있던 지식과 무엇이 다른지, 무엇을 새로이 알아야 하는지 등의 의문을 형성해 볼 수 있어요."

🔲 "의문을 형성하는 과정을 통해 자연스럽게 능동적인 학습을 하게 되며 수업 시간에 질문을 하도록 만들어요."

🔲 "학습하기 2에서는 예습을 하면서 의문 형성하는 방법을 공부할 거예요."

교수-학습 지침
익힘책 120쪽에 예습에서 의문 형성하기가 추가로 제시되어 있다. 교사는 이를 고려하여 수업을 진행한다.

전개 - 35분

1) 교사는 다음에 제시되는 내용을 참고하여 학생들에게 어휘와 문법을 설명한다.

의문	◆ **정의** 어떤 것에 대해 의심스럽게 생각함. 또는 의심스러운 문제나 사실. 🔲 **예** 그의 고백으로 사건에 대한 모든 의문이 풀렸다. ● **설명** "공부를 하다 보면 새롭게 배운 내용이 자신이 알고 있던 내용과 다르다고 생각될 때가 있어요. 이럴 때는 선생님에게 질문하여 의문을 해결할 수가 있어요. '의문'이란 어떤 것에 대해 불확실하게 생각하는 것, 또는 그러한 문제나 사실을 말해요."

명료화	◆**정의** 뚜렷하고 분명하게 됨. 또는 그렇게 함. 예 정부는 문제를 해결하기 위한 대책을 명료화할 필요가 있다. ●**설명** "자신의 생각을 다른 사람에게 잘 전달하려면 그 생각을 분명하게 표현할 줄 알아야 해요. 그런데 머릿속의 생각을 글이나 말로 명료화해서 표현하는 것은 쉬운 일이 아니에요. '명료화'는 뚜렷하고 분명하게 되거나, 또는 그렇게 하는 것을 말해요."	

진보	◆**정의** 정도나 수준이 나아지거나 높아짐. 예 컴퓨터의 개발이 인류의 진보에 큰 영향을 끼쳤다고 생각한다. ◆**정보** (비슷한 말) 발전 (반대되는 말) 퇴보 ●**설명** "(옛날 휴대 전화의 사진을 보여 주며) 이것은 옛날 휴대 전화의 모습이에요. 이 휴대 전화로는 지금처럼 자유롭게 인터넷을 사용하거나, 드라마나 영화를 볼 수 없었어요. 10년 후에는 아마 더욱 새로운 기능이 추가될 거예요. 과학 기술이 점점 진보하고 있기 때문이에요. '진보'는 정도나 수준이 나아지거나 높아지는 것을 말해요."

본격화	◆**정의** 모습을 제대로 갖추고 적극적으로 이루어짐. 또는 그렇게 되게 함. 예 추위가 본격화되면서 감기 환자가 크게 늘고 있다. ●**설명** "겨울이지만 아직 날씨가 많이 춥지 않죠? 그런데 이번 주말부터는 날씨가 정말 추워진다고 해요. 추위가 본격화된다고 하니까 옷을 따뜻하게 입으세요. '본격화'는 모습을 제대로 갖추고 적극적으로 이루어지거나 그렇게 되게 하는 것을 말해요."

관측	◆**정의** 눈이나 기계로 자연 현상을 자세히 살펴보아 어떤 사실을 짐작하거나 알아냄. 예 천문대에 가서 별자리를 관측했다. ●**설명** "(천체 망원경 사진을 보여 주며) 이 물건이 뭔지 알아요? 이것은 하늘에 있는 별을 관측할 때 사용하는 물건이에요. '관측'은 눈이나 기계로 자연 현상을 자세히 살펴봐서 어떤 사실을 짐작하거나 알아내는 것을 말해요."

상상	◆**정의** 실제로 없는 것이나 경험하지 않은 것을 머릿속으로 그려 봄. 예 여름 방학에 제주도에 있을 내 모습을 상상해 보았다. ●**설명** "10년 후에 여러분은 무엇을 하고 있을까요? 여러분의 모습을 한번 상상해 보세요. '상상'은 실제로 없는 것이나 경험하지 않은 것을 머릿속으로 그려 보는 것을 말해요."

분야	◆**정의** 사회 활동을 어떠한 기준에 따라 나눈 범위나 부분 중의 하나. 예 유미는 문예 창작 분야에 재능이 있다. ◆**정보** (비슷한 말) 영역 ●**설명** "나중에 여러분이 대학교에 가서 전공을 선택할 때 자신이 관심 있는 일이 무엇인지 잘 생각해야 해요. 자신의 관심 분야에 맞는 전공을 선택하는 것이 중요해요. '분야'는 사회 활동을 어떠한 기준에 따라 나눈 범위나 부분 중의 하나를 말해요."

운용	◆**정의** 무엇을 움직이게 하거나 사용함. 예 설명서에는 프로그램 운용에 필요한 조건과 방법 등이 상세히 쓰여 있었다. ●**설명** "컴퓨터를 통해 여러 가지 프로그램을 사용할 수 있죠? 컴퓨터 프로그램을 제대로 운용하려면 그 프로그램과 관련된 자격증을 따 보는 것도 좋아요. '운용'이란 무엇을 움직이게 하거나 사용하는 것을 말해요."

2) 교사는 학생들에게 교재 206, 207쪽에 제시된 내용을 읽게 한다.
　📺 "민우가 과학 수업 전에 예습을 하고 있어요. 글을 읽고 민우가 새로 배울 우주 과학과 우주 개발에 대한 내용을 예습하면서 어떤 의문들을 형성하는지 확인해 보세요."

3) 교사는 학생들에게 세부 내용을 확인하는 질문을 한다.
　📺 "우주 개발이 시작되고 우주 과학이 발전하면서 우리의 일상생활에 어떤 변화가 생겼어요?"
　📺 "과거의 화재경보기는 사람들에게 어떻게 화재 발생 사실을 알렸어요?"
　📺 "우주 개발의 목적은 무엇이에요?"
　📺 "우주 개발의 목적에 대해 예습한 민우는 어떤 의문을 형성했어요?"
　📺 "우주 과학의 학문 체계와 관련 분야에 대해 설명해 보세요."

4) 교사는 학생들에게 학습 기능에 대해 확인하는 질문을 한다.
　📺 "예습한 내용 중 민우가 기존에 알고 있던 지식과 다른 것은 무엇이에요?"
　📺 "화재경보기와 정수기 필터가 우주 과학에 의해 발명되었다는 사실이에요. 민우는 화재경보기가 우주 개발이 이루어지기 이전부터 있던 걸로 알고 있었고, 정수기도 우주 개발이 본격화되기 이전인 제2차 세계 대전 때 발명된 것으로 알고 있었어요."
　📺 "민우는 화재경보기에 대해 어떤 의문을 형성했어요?"
　📺 "현재 사용하고 있는 화재경보기와 과거의 화재경보기는 어떤 부분에서 차이가 있는지가 궁금해졌어요."
　📺 "우주 과학의 학문 체계와 관련 분야에 대해 예습한 민우는 어떤 의문을 형성했어요?"
　📺 "우주 과학과 관련된 학문들이 우주 과학과 구체적으로 어떤 관련이 있는지, 특히 생물학과 우주 과학은 무슨 관련이 있는지 궁금해졌어요."

교사는 학습 내용을 정리하며 수업을 마무리한다.

🔲 "민우는 우주 개발과 우주 과학에 대해 예습하며 다양한 의문을 형성했어요."

🔲 "현상이나 상황을 꼼꼼하게 살피고, 살펴본 내용을 기존의 지식이나 경험에 비추어 봤어요."

🔲 "경험에 비추어서 납득되지 않거나 동의할 수 없는 부분을 정리하고 해당 내용을 질문의 형식으로 만들어 의문을 형성할 수 있어요."

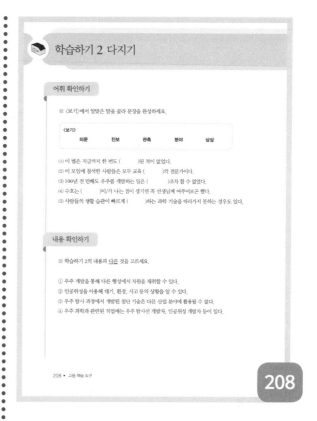

● **4차시**(의사소통 〈꼭 배워요〉와 연계할 경우 10차시)

[학습 목표]

• 예습하기에서 의문 형성하기 방법에 대해 안다.

• 새롭게 접한 정보에 대해 의문을 형성할 수 있다.

어휘 확인하기 - 10분

1) 교사는 학생들에게 '어휘 확인하기' 문제를 풀게 한다.

🔲 "〈보기〉를 보세요. 앞에서 배운 어휘가 있어요."

🔲 "'의문'이란 어떤 것에 대해 의심스럽게 생각하는 것, 또는 의심스러운 문제나 사실이에요."

🔲 "'진보'는 정도나 수준이 나아지거나 높아지는 것을 말해요."

🔲 "'관측'은 눈이나 기계로 자연 현상을 자세히 살펴봐서 어떤 사실을 짐작하거나 알아내는 것이에요."

🔲 "'분야'란 사회 활동을 어떠한 기준에 따라 나눈 범위나 부분 중의 하나를 말해요."

🔲 "'상상'이란 실제로 없는 것이나 경험하지 않은 것을 머릿속으로 그려 보는 것이에요."

🔲 "아래 문장을 읽고 알맞은 어휘를 골라 문장을 완성해 보세요."

2) 교사는 학생들과 함께 문제의 답을 확인한다.

정답
(1) 관측 (2) 분야 (3) 상상 (4) 의문 (5) 진보

1) 교사는 학생들에게 '내용 확인하기' 문제를 풀게 한다.

　📖 "앞에서 민우가 예습을 하면서 의문을 형성하는 과정을 봤어요. 학습하기 2에서 배운 내용과 다른 것을 고르세요."

2) 교사는 학생들과 함께 문제의 답을 확인한다.

　📖 "우주 개발을 통해 다른 행성에서 자원을 채취할 수 있어요."

　📖 "인공위성을 이용해 대기, 환경, 사고 등의 상황을 관측할 수 있어요."

　📖 "우주 탐사 과정에서 개발된 첨단 기술이 자동차, 통신, 의료 산업 등에서 활용될 수 있어요."

　📖 "우주 과학과 관련된 직업에는 우주 탐사선 개발자, 인공위성 개발자, 발사체 개발자 등이 있어요."

　📖 "따라서 답은 ③번이에요."

정답
③
① (207쪽 본문) '지구에서 고갈된 자원을 다른 행성에서 채취하여 가져 올 수 있다.'라는 내용을 보면 알 수 있다.
② (207쪽 본문) '인공위성을 이용한 지상 관측을 통해 대기, 환경, 사고 등의 상황을 쉽게 관찰할 수 있다.'라는 내용을 보면 알 수 있다.
③ 우주 탐사 과정에서 개발된 첨단 기술은 다른 산업 분야에 활용될 수 있다.
④ (207쪽 본문) '우주 과학과 관련된 직업 분야에는 우주 탐 사선 개발 및 운용, 인공위성 개발과 운용, 발사체(로켓) 개발 및 운용, 지상 장비 개발 및 운용, 위성 활용 서비스, 우주 환경 연구 등이 있다.'라는 내용을 보면 알 수 있다.

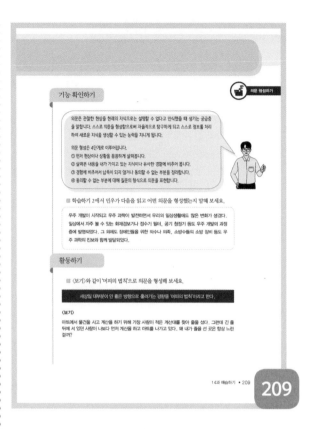

209

기능 확인하기 - 10분

1) 학습하기 2에서 배운 '의문 형성하기' 기능을 정리한다.

　📖 "앞에서 민우가 과학 시간에 배울 내용을 예습하며 의문을 갖는 과정을 통해 의문 형성하기에 대해 배웠어요. 의문은 관찰한 현상을 현재의 지식으로는 설명할 수 없는 문제나 의심 등으로 인식했을 때 생기는 궁금증을 말해요."

　📖 "스스로 의문을 형성함으로써 자율적으로 탐구하게 되고 스스로 정보를 처리하여 새로운 지식을 만들 수 있는 능력을 키울 수 있어요."

2) 교사는 학생들에게 '기능 확인하기' 문제를 풀게 한다.

　📖 "민우가 다음을 읽고 어떤 의문을 형성했는지 모두 말해 보세요."

3) 교사는 학생들과 함께 문제의 답을 확인한다.

　📖 "민우는 화재경보기, 정수기 필터 등이 우주 개발이 이루어지기 이전부터 있던 걸로 아는데, 우주 개발의 과정 중에 개발되었다고 하니 그 부분에 의문이 생겼어요."

정답
민우는 화재경보기, 정수기 필터 등이 우주 개발이 이루어지기 이전부터 있던 걸로 아는데, 우주 개발의 과정 중에 개발되었다고 하여 그 부분에 의문이 생겼다.

활동하기 - 20분

1) 교사는 학생들에게 '활동하기'의 방법을 설명한 후 활동을 하게 한다.

> 🗣 "여러분 머피의 법칙에 대해 알아요? 세상일 대부분이 안 좋은 방향으로 흘러가는 것을 머피의 법칙이라고 해요. 여러분은 일상생활에서 머피의 법칙과 같은 경험을 한 적이 있어요? 일상생활에서 일어난 머피의 법칙에 대해 〈보기〉와 같이 말해 보세요."

교수-학습 지침

교사는 다음의 지식을 활용하여 일상생활 속 '머피의 법칙'과 같은 현상이 왜 일어나는지 설명해 줄 수 있다.

- 일반적으로 '머피의 법칙'에 대해 우연이라고 생각하지만 실제로는 그렇지 않다. '머피의 법칙'은 심리적이거나 통계적으로 또는 과학적으로 설명될 수 있는 것들이 많다. 첫째, 서두르고 긴장하다 보니 자신이 실수를 해서 실제로 일이 잘못될 확률이 높아지는 경우이다. 둘째, 실제 확률은 50%이지만 심리적 기대치가 높아서 잘못될 확률이 높게 인식되는 경우이다. 셋째, 실제 확률은 50%가 아닌데, 사람들이 5:5일 것으로 잘못 착각하는 경우이다. 이는 필연적인 현상에 대한 원리를 이해하지 못하고 불평하는 경우이다.

2) 교사는 학생들과 함께 활동의 결과를 확인한다.

> 🗣 "일상생활에서 겪은 '머피의 법칙'에 대해 의문을 형성해 봤어요? 각자 형성한 의문에 대해 이야기해 보세요."

예시 답안

오늘 친구와 같이 영화를 보기로 했다. 약속 시간에 늦으면 안 되기 때문에 택시를 타기로 했다. 그런데 아무리 기다려도 택시가 한 대도 오지 않았다. 왜 그 많던 택시가 오늘은 한 대도 지나가지 않는 걸까?

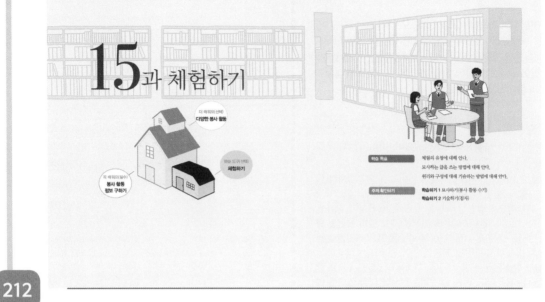

15과 체험하기

● 학습 목표

- 체험의 유형에 대해 안다.
- 묘사하는 글을 쓰는 방법에 대해 안다.
- 원리와 구성에 대해 기술하는 방법에 대해 안다.

● 단원 내용

1. 학습 활동: 학습 반응하기
2. 학습 기능: 묘사하기
            기술하기
3. 학습 주제: 봉사 활동 수기
            점자

● 수업 개요

1·2차시(학습하기 1): 체험하기에서 묘사하기에 대해
                  안다.
3·4차시(학습하기 2): 체험하기에서 기술하기에 대해
                  안다.

● 어휘 및 문법

[학습하기 1]

일환, 주위, 발휘하다, 완전, 비유하다, 계기

[학습하기 2]

기술하다, 조합, 가정하다, 배열하다, 효율적

[알면 쓸모 있는 어휘(익힘책 124쪽)]

강의, 직접적, 처리, 타인, 폭넓다, 허가

의사소통 4권 7과 〈꼭 배워요〉의 주요 내용

[어휘]

내외, 보조, 기부하다, 모금, 어르신, 캠페인, 띠, 두르다, 필수품, 나르다, 지원하다, 동화책, 아동, 김장, 일손, 수면, 액수, 외갓집, 이왕, 취재, 편, 한창, 헌혈, 마땅히, 모처럼, 놀랍다, 머물다, 썰렁하다, 안타깝다, 후회스럽다

[문법 1] '-을 따름이다'

　　　예 제가 마땅히 해야 할 일을 했을 따름인걸요.

[문법 2] '-는 김에'

　　　예 헌혈 캠페인에 참가하는 김에 헌혈도 하고 싶은데요.

[문법 3] '-었던'

　　　예 네가 예전에 읽었던 책을 주면 좋을 것 같은데.

[문법 4] '-고 해서'

　　　예 주말에 바쁘기도 하고 김치를 담가 본 적도 없고 해서 나는 안 가려고 해.

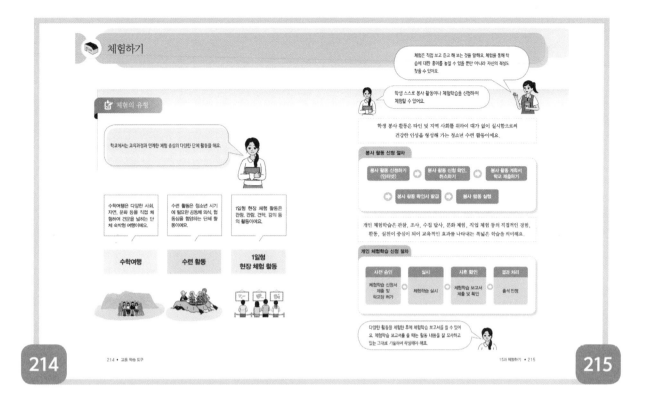

● 1차시 (의사소통 〈꼭 배워요〉와 연계할 경우 7차시)

[학습 목표]

- 체험하기에서 묘사하기 방법에 대해 안다.
- 체험이나 경험을 묘사하는 방법을 안다.

본문의 구성과 내용

- 본문은 **국어 교과의 체험하기 활동**에서 하게 되는 **묘사하기 학습 기능**을 보여 주고 있다.
- 본문의 내용은 민우가 반 친구들과 보육원으로 봉사 활동을 다녀온 후 수기를 작성한 것이다. 보육원의 풍경과 아이들이 뛰어 노는 모습을 생생하게 표현하기 위해 묘사하기를 시도했다.

도입 - 10분

1) 교사는 학생들에게 교재 214, 215쪽의 학습 활동에 대해 설명한다.

📓 "체험 활동의 유형에 대해 알아봐요."

📓 "여러분은 학교생활을 하는 동안 수학여행, 수련 활동, 현장 체험 활동 등의 다양한 체험 활동을 하게 될 거예요."

📓 "수학여행은 다양한 사회, 자연, 문화 등을 직접 체험을 하여 견문을 넓히는 단체 숙박형 여행이에요."

📓 "수련 활동은 청소년 시기에 필요한 공동체 의식, 협동심을 함양하는 단체 활동이에요."

📓 "1일형 현장 체험 활동에서는 관광, 관람, 견학, 강의 등의 활동을 해요."

📓 "여러분 스스로 봉사 활동이나 체험학습을 신청하여 체험할 수도 있어요."

📓 "봉사 활동은 인터넷에서 신청을 하고 봉사 활동 계획서를 학교에 제출해요. 학교에 제출한 후에 확인서를 받고 봉사 활동을 하면 돼요."

📓 "개인 체험학습은 학교에 체험학습을 신청해서 허가를 받으면 할 수 있어요. 이후에 체험학습 보고서를 작성해서 제출하고 확인을 받으면 출석으로 인정받을 수 있어요."

교수-학습 지침

익힘책 125쪽에 체험학습 방법이 추가로 제시되어 있다. 교사는 이를 고려하여 수업을 진행한다.

2) 교사는 학생들에게 학습하기 1에서 배울 학습 기능을 소개한다.

📓 "다양한 활동을 체험한 후에는 일반적으로 체험 보고서를 써요. 체험 보고서에는 활동 정보, 과정, 느낀 점 등을 써요."

📓 "활동의 과정을 쓸 때는 체험한 것을 생생하게 묘사할 필요가 있어요. 체험 보고서는 해당 체험을 하지 않는 사람도 읽고 이해할 수 있게 써야 해요."

📓 "묘사하기란 대상의 모양이나 모습을 본 그대로 그림을 그리듯이 표현하는 것을 말해요. 묘사하기를 통해 자신이 체험한 것을 다른 사람에게 잘 전달할 수 있어요."

📓 "학습하기 1에서는 봉사 활동에서 경험한 것을 묘사하는 방법에 대해 공부할 거예요."

교수-학습 지침

익힘책 126쪽에 묘사와 설명이 추가로 제시되어 있다. 교사는 이를 고려하여 수업을 진행한다.

216 216 · 고등 학습 도구 217 15과 체험하기 · 217

전개 - 35분

1) 교사는 다음에 제시되는 내용을 참고하여 학생들에게 어휘와 문법을 설명한다.

일환	◆ **정의** 서로 가까운 관계에 있는 여럿 중의 하나. 예 학교에서 친구들과 잘 지내는 법을 배우는 것도 교육의 일환이다. ◆ **정보** 주로 '-의 일환이다', '-의 일환으로'의 형태로 쓰인다. ● **설명** "학교에서 친구들을 만나고 관계를 잘 유지하는 법을 배우는 것도 교육이라고 할 수 있어요. 친구와 잘 지내는 법도 학교 교육의 일환이죠. '일환'은 서로 가까운 관계에 있는 여럿 중의 하나라는 의미예요."
주위	◆ **정의** 어떤 사물이나 사람을 둘러싸고 있는 것. 또는 그 환경. 예 그녀는 길을 잘 몰라 주위를 두리번거리며 길을 물을 사람을 찾았다. ◆ **정보** (비슷한 말) 주변, 근처 ● **설명** "학교 옆에 어떤 가게가 있어요? 학교 주위에 있는 가게 중 제일 인기 있는 곳이 어디예요? '주위'는 어떤 사물이나 사람을 둘러싸고 있는 것, 또는 그 환경을 의미해요."
발휘하다	◆ **정의** 재능이나 실력 등을 잘 나타내다. 예 리더십을 발휘했던 적이 있으면 이야기해 볼까요? ◆ **정보** (비슷한 말) 나타내다, 드러내다 ● **설명** "곧 있으면 체육 대회가 시작돼요. 그동안 열심히 연습한 만큼 여러분의 실력을 마음껏 발휘해 보세요. '발휘하다'는 재능이나 실력 등을 잘 나타낸다는 의미예요."

완전	◆ **정의** 부족한 점이 없이 모든 것이 다 갖추어져 있음. 예 농민들은 농산물 시장의 완전 개방에 반대했다. ◆ **정보** (비슷한 말) 완벽 ● **설명** "독감에 걸려서 3일 동안 약을 먹으면서 집에서 푹 쉬었어요. 그동안 아파서 많이 힘들었지만 지금은 다 나아서 괜찮아졌어요. 독감이 완전히 나았어요. '완전'은 부족한 점이 없이 모든 것이 다 갖추어져 있다는 뜻이에요."
비유하다	◆ **정의** 어떤 것을 효과적으로 설명하기 위하여 그것과 비슷한 다른 것에 빗대어 설명하다. 예 '내 누님같이 생긴 꽃'에서는 누님을 꽃에 비유한다. ● **설명** "우리는 마음이 넓은 사람을 보면 바다 같은 사람이라고 말해요. 넓은 마음을 바다에 비유하는 거예요. '비유하다'는 어떤 것을 효과적으로 설명하기 위하여 그것과 비슷한 다른 것에 비교해서 설명하는 것을 말해요."
계기	◆ **정의** 어떤 일이 일어나거나 결정되도록 하는 원인이나 기회. 예 수호는 이번 중간고사를 계기로 공부를 열심히 해야겠다고 결심했다. ◆ **정보** (비슷한 말) 동기, 원인 ● **설명** "미래에 어떤 일을 하고 싶어요? 왜 그 일을 하겠다고 생각을 하게 됐어요? 그 일을 꿈으로 선택하게 된 계기가 뭐예요? '계기'란 어떤 일이 일어나거나 결정되도록 하는 원인이나 기회를 말해요."

2) 교사는 학생들에게 교재 216, 217쪽에 제시된 내용을 읽게 한다.

💬 "이 글은 민우가 봉사 활동을 다녀온 후 체험한 것을 쓴

수기예요.”

📱 “글을 읽기 전에 먼저 그림을 보세요. 왼쪽 페이지에는 어떤 그림이 있어요? 오른쪽 페이지에는 어떤 그림이 있어요?”

📱 “민우가 쓴 수기가 그림이랑 얼마나 비슷한지 확인하며 읽어 보세요.”

3) 교사는 학생들에게 세부 내용을 확인하는 질문을 한다.

📱 “민우는 언제 누구와 함께 봉사 활동을 다녀왔어요?”

📱 “무엇의 일환으로 봉사 활동을 다녀왔어요?”

📱 “보육원은 어디에 있어요?”

📱 “보육원 뒤에는 뭐가 있어요?”

📱 “보육원 앞마당에는 무엇이 있어요?”

📱 “보육원에 도착해서 누구를 만났어요?”

📱 “원장님은 보육원 터를 정할 때 어떤 노력을 했어요?”

📱 “보육원 터는 어떤 곳이에요?”

📱 “인사를 나눈 후에 민우와 나나는 무슨 일을 했어요?”

📱 “그 일을 몇 시간 동안 했어요?”

📱 “세인이와 수호는 무엇을 했어요?”

📱 “유미와 소연이는 무엇을 하고 있었어요?”

📱 “일을 마친 후 학생들은 무엇을 했어요?”

📱 “학생들은 언제 집으로 돌아갔어요?”

📱 “왜 밤늦게 집으로 돌아갔어요?”

📱 “민우는 봉사 활동을 다녀온 후 어떤 생각을 했어요?”

4) 교사는 학생들에게 학습 기능에 대해 확인하는 질문을 한다.

📱 “민우는 멀리서 본 보육원의 모습을 어떻게 묘사했어요?”

📱 “멀리서 본 보육원의 모습이 마치 엄마가 아이를 안고 있는 것 같다고 묘사했어요.”

📱 “민우는 세인이의 이야기를 듣는 아이들의 모습을 어떻게 묘사했어요?”

📱 “세인이의 이야기를 듣고 있는 아이들의 모습이 마치 아기 토끼들이 엄마 품에 옹기종기 모여 있는 것 같다고 묘사했어요.”

📱 “민우는 유미와 소연이를 따라다니는 아이들의 모습을 어떻게 묘사했어요?”

📱 “유미와 소연이를 따라다니는 아이들의 모습이 꼭 새끼 오리가 어미 오리를 쫓아다니는 것 같다고 묘사했어요.”

정리 - 5분

교사는 학습 내용을 정리하며 수업을 마무리한다.

📱 “민우는 반 친구들과 함께 체험 활동을 일환으로 보육원으로 봉사 활동을 다녀왔어요.”

📱 “봉사 활동을 다녀온 보육원의 풍경과 보육원 아이들의 모습을 묘사하여 수기를 작성했어요.”

📱 “보육원의 풍경을 묘사할 때는 아이를 안고 있는 엄마에 비유해서 표현했어요. 그리고 아이들의 모습을 묘사할 때도 토끼와 오리에 비유해서 표현을 했어요.”

📱 “묘사를 할 때는 일정한 순서에 따라 표현해야 읽는 사람이 이해하기 쉬워요.”

📱 “잘 알려진 사물에 비유하여 표현하면 글을 읽는 사람이 더욱 이해하기 좋아요.”

📱 “모든 것을 다 묘사할 필요는 없어요. 인상적이거나 중요한 것을 중심으로 표현을 해요.”

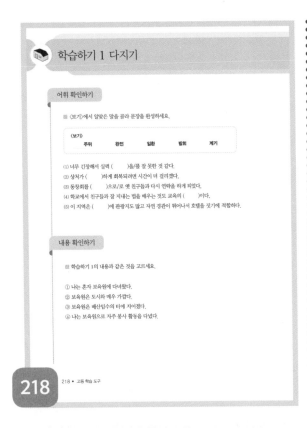

내용 확인하기 - 5분

1) 교사는 학생들에게 '내용 확인하기' 문제를 풀게
한다.
- 🔲 "앞에서 민우가 봉사 활동을 다녀온 후 체험한 것을 쓴 수
기를 읽었어요. 학습하기 1의 내용과 같은 것을 고르세요."

2) 교사는 학생들과 함께 문제의 답을 확인한다.
- 🔲 "민우는 혼자가 아니라 반 친구들과 함께 보육원에 다녀
왔어요."
- 🔲 "보육원은 도시와 가깝지 않아요. 보육원은 도시와 조금
멀리 떨어진 교외에 있었어요."
- 🔲 "보육원 터는 풍수지리적으로 좋다고 하는 배산임수의
터예요."
- 🔲 "민우는 이번 경험을 계기로 보육원과 교류하는 기회를
자주 가져야겠다고 생각했어요. 그동안 보육원을 자주 다
닌 것은 아니에요."
- 🔲 "따라서 답은 ③번이에요."

정답
③
① 나는 반 친구들과 함께 보육원에 다녀왔다.
② 보육원은 도시에서 멀리 떨어진 교외에 있다.
③ (216쪽 본문) '이곳이 수업 시간에만 듣던 배산임수의 터라고 하
니 신기했다.'라는 내용을 보면 알 수 있다.
④ 나는 보육원으로 자주 봉사 활동을 다니지 않았다.

● 2차시 (의사소통 〈꼭 배워요〉와 연계할 경우 8차시)

[학습 목표]
- 체험하기에서 묘사하기 방법에 대해 안다.
- 사물이나 상황 등을 묘사할 수 있다.

어휘 확인하기 - 10분

1) 교사는 학생들에게 '어휘 확인하기' 문제를 풀게 한다.
- 🔲 "〈보기〉를 보세요. 앞에서 배운 어휘가 있어요."
- 🔲 "'주위'란 어떤 사물이나 사람을 둘러싸고 있는 것, 또는
그 환경이에요."
- 🔲 "'완전'은 부족한 점이 없이 모든 것이 다 갖추어져 있는
것이에요."
- 🔲 "'일환'은 서로 가까운 관계에 있는 여럿 중의 하나예요."
- 🔲 "'발휘'는 재능이나 실력 등을 잘 나타내는 것이에요."
- 🔲 "'계기'란 어떤 일이 일어나거나 결정되도록 하는 원인이
나 기회를 말해요."
- 🔲 "아래 문장을 읽고 알맞은 어휘를 골라 문장을 완성해 보
세요."

2) 교사는 학생들과 함께 문제의 답을 확인한다.

정답
(1) 발휘 (2) 완전 (3) 계기 (4) 일환 (5) 주위

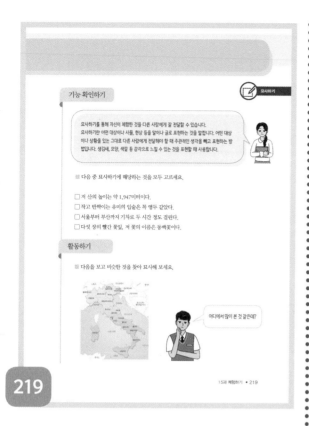

활동하기 - 20분

1) 교사는 학생들에게 '활동하기'의 방법을 설명한 후 활동을 하게 한다.

🔲 "앞에서 민우가 봉사 활동을 가서 직접 보고 느낀 것을 묘사한 글을 읽었어요."

🔲 "이번에는 여러분이 다음의 지도를 보고 비슷한 것을 찾아 묘사해 보세요."

교사 지식
지도의 나라는 이탈리아로 주로 장화나 부츠에 비유하여 묘사된다.

2) 교사는 학생들과 함께 활동의 결과를 확인한다.

🔲 "지도와 비슷한 것을 찾아봤어요? 무엇과 어떻게 비슷한지 묘사를 해서 말해 보세요."

예시 답안
지도에 있는 나라는 위아래로 길게 뻗어 있다. 그리고 아래쪽의 모양이 코가 뾰족하고 굽이 높은 여자 구두처럼 생겼다. 구두처럼 생긴 부분의 앞에는 큰 섬이 있어서 그 모습이 마치 부츠를 신은 사람이 공을 차고 있는 것처럼 보인다.

기능 확인하기 - 10분

1) 학습하기 1에서 배운 '묘사하기' 기능을 정리한다.

🔲 "앞에서 민우가 봉사 활동을 다녀온 후 봉사 활동 수기를 작성하는 과정을 통해 묘사하기에 대해 배웠어요. 묘사하기란 어떤 대상이나 사물, 현상 등을 말이나 글로 표현하는 것을 말해요."

🔲 "묘사하기는 어떤 대상이나 상황을 있는 그대로 다른 사람에게 전달해야 할 때 주관적인 생각을 빼고 표현하는 방법이에요."

🔲 "묘사하기는 생김새, 모양, 색깔 등 감각으로 느낄 수 있는 것을 표현할 때 효과적이에요. 그리고 묘사를 할 때는 일정한 순서에 따라 표현해요."

2) 교사는 학생들에게 '기능 확인하기' 문제를 풀게 한다.

🔲 "다음 중 묘사하기에 해당하는 것을 모두 고르세요."

3) 교사는 학생들과 함께 문제의 답을 확인한다.

🔲 "묘사하기는 생김새, 모양, 색깔 등 감각으로 느낄 수 있는 것을 표현할 때 사용해요."

🔲 "첫 번째와 세 번째는 있는 정보를 그대로 말한 거예요."

🔲 "두 번째와 네 번째는 사물이나 현상을 눈으로 보는 것처럼 생생하게 전달하기 위해 생김새나 모양, 색깔 등을 자세히 표현했어요. 따라서 답은 두 번째와 네 번째예요."

정답
☐ 저 산의 높이는 약 1,947미터이다.
☑ 작고 반짝이는 유미의 입술은 꼭 앵두 같았다.
☐ 서울부터 부산까지 기차로 2시간 정도 걸린다.
☑ 다섯 장의 빨간 꽃잎, 저 꽃의 이름은 동백꽃이다.

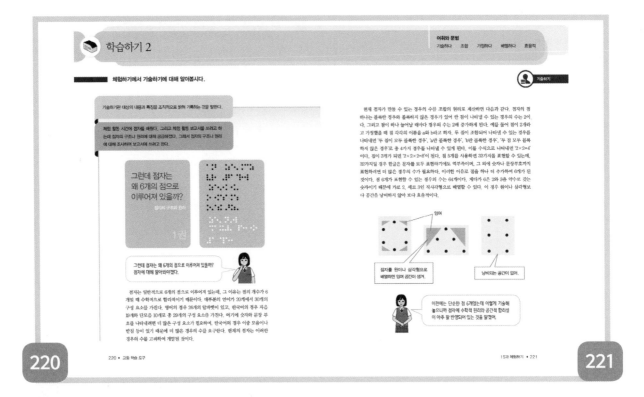

● 3차시 (의사소통 〈꼭 배워요〉와 연계할 경우 9차시)

[학습 목표]
- 체험하기에서 기술하기 방법에 대해 안다.
- 구조나 원리에 대해 기술하는 방법을 안다.

본문의 구성과 내용
- 본문은 **수학 교과**의 **체험하기** 활동에서 하게 되는 **기술하기 학습 기능**을 보여 주고 있다.
- 본문의 내용은 소연이가 보고서를 쓰기 위해 체험 활동 시간에 배운 점자에 대해 조사한 내용을 정리한 것이다. 점자의 구조와 원리에 대한 내용들이 자세히 기술되어 있다.

도입 - 10분

1) 교사는 교재 214, 215쪽에서 배운 학습 활동에 대해 복습한다.
   📖 "지난 시간에 체험의 유형과 봉사 활동 및 체험학습 신청 방법에 대해 배웠어요."
   📖 "체험의 유형에는 무엇이 있어요?"
   📖 "봉사 활동 신청은 어떻게 해야 해요?"
   📖 "개인 체험학습은 어떻게 신청해야 해요?"

2) 교사는 학생들에게 학습하기 2에서 배울 학습 기능을 소개한다.
   📖 "체험학습을 한 후에는 보고서를 작성해서 학교에 제출해야 해요. 보고서에는 체험학습에 대한 내용이 잘 기술되어야 해요. 이렇게 체험하기 활동에서도 보고서를 쓰는

과정을 통해 기술하기가 이루어질 수 있어요."
   📖 "기술하기란 대상이나 과정의 내용과 특징을 조직적으로 밝혀 기록하는 것을 말해요. 우선 어떤 대상이나 과정의 특징을 명확하게 파악하는 것이 중요해요. 그리고 내용이나 순서, 차례 등을 사실대로 기재하면 돼요."
   📖 "학습하기 2에서는 체험 활동 시간에 배운 점자와 관련된 내용을 기술하는 방법에 대해 알아볼 거예요."

교수-학습 지침
익힘책 128쪽에 대상을 기술하는 방법에 대한 내용이 추가로 제시되어 있다. 교사는 이를 고려하여 수업을 진행한다.

전개 - 35분

1) 교사는 다음에 제시되는 내용을 참고하여 학생들에게 어휘와 문법을 설명한다.

> **◆ 정의** 어떤 사실을 있는 그대로 적다.
>
> 📖 이번 논술 대회에서 일부 학생들은 자기 생각을 논리적으로 잘 기술하였다.
>
> **기술하다** **● 설명** "이 책은 1970년대에 있었던 역사적인 일들을 있는 그대로 썼다고 해요. 이 책은 1970년대의 역사적 사건들을 구체적으로 기술해 놓았어요. '기술하다'는 어떤 사실을 있는 그대로 적는 것을 말해요."

조합	◆ **정의** 여럿을 한데 모아 한 덩어리로 짬. 📖 수호는 키가 커서 흰 티와 청바지의 조합도 잘 어울린다. ● **설명** "수호가 청바지를 입고 흰색 신발을 신었어요. 파란 청바지와 흰색 신발이 잘 어울려요. 파란색과 흰색의 조합이 좋아요. '조합'은 여럿을 한데 모아 한 덩어리로 짜는 것을 말해요."
가정하다	◆ **정의** 사실이 아니거나 사실인지 아닌지 분명하지 않은 것을 임시로 받아들이다. 📖 최악의 상황을 가정하고 대책을 세웠다. ● **설명** "일을 하다 보면 실패를 하는 경우가 생길 수도 있어요. 그렇기 때문에 어떤 일을 할 때는 항상 실패할 경우도 가정하여 미리 준비를 해 두는 것이 좋아요. '가정하다'는 사실이 아니거나 사실인지 아닌지 분명하지 않은 것을 우선 사실이라고 정해 놓는 것이에요."
배열하다	◆ **정의** 여럿을 일정한 순서나 간격으로 죽 벌여 놓다. 📖 상품을 보기 좋게 배열해야 고객의 시선을 끌 수 있다. ◆ **정보** (비슷한 말) 진열하다, 정렬하다 ● **설명** "책장에 책을 꽂을 때는 크기나 제목 등을 기준으로 하여 꽂는 것이 좋아요. 기준을 정해서 책을 배열해 두면 보기에 깔끔하고 나중에 필요한 책을 찾기도 쉬워요. '배열하다'는 여럿을 일정한 순서나 간격으로 벌여 놓는 것을 말해요."
효율적	◆ **정의** 들인 노력이나 힘에 비해 얻는 결과가 큰 것. 📖 효율적으로 공부하기 위해 학업 계획서를 작성했다. ◆ **정보** (비슷한 말) 효과적, 능률적 ● **설명** "이 노트북은 1시간만 충전해도 거의 하루 종일 사용할 수 있어요. 충전 시간에 비해 오랜 시간 동안 사용할 수 있어서 아주 효율적이에요. '효율적'은 들인 노력이나 힘에 비해 얻는 결과가 큰 것을 말해요."

2) 교사는 학생들에게 교재 220, 221쪽에 제시된 내용을 읽게 한다.

- 🔲 "소연이가 체험 활동에서 배운 점자에 대해 조사한 내용을 정리하려고 해요."
- 🔲 "그림을 보세요. 오른쪽의 그림이 뭔지 알아요?"
- 🔲 "글을 읽으면서 소연이가 조사한 점자의 구조와 원리에 대한 내용들을 어떻게 기술했는지 확인해 보세요."

3) 교사는 학생들에게 세부 내용을 확인하는 질문을 한다.

- 🔲 "다 읽었어요? 무슨 내용인지 함께 알아봐요."
- 🔲 "점자는 몇 개의 점으로 이루어져 있어요?"
- 🔲 "왜 6개의 점으로 이루어져 있어요?"
- 🔲 "대부분의 언어는 몇 개의 구성 요소를 가지고 있어요?"
- 🔲 "영어의 경우 몇 개의 구성 요소를 가지고 있어요?"
- 🔲 "한국어의 자음은 몇 개예요?"
- 🔲 "한국어의 단모음은 몇 개예요?"
- 🔲 "한국어의 경우 몇 개의 구성 요소를 가지고 있어요?"

- 🔲 "점자는 어떤 점을 고려하여 개발됐어요?"
- 🔲 "점자의 점 하나가 나타낼 수 있는 경우의 수는 몇이에요?"
- 🔲 "점자의 점 하나가 나타낼 수 있는 경우의 수가 왜 2예요?"
- 🔲 "점자의 점이 하나 늘어날 때마다 경우의 수는 얼마나 증가해요?"
- 🔲 "이를 수식으로 어떻게 나타내요?"
- 🔲 "점자의 점이 5개가 아닌 6개인 이유가 뭐예요?"
- 🔲 "점 6개가 표현할 수 있는 경우의 수는 몇이에요?"
- 🔲 "점자의 점은 어떤 모양으로 배열되어 있어요?"
- 🔲 "점자를 가로 2, 세로 3의 직사각형으로 배열한 이유가 뭐예요?"
- 🔲 "직사각형이 원이나 삼각형보다 효율적인 이유는 뭐예요?"

4) 교사는 학생들에게 학습 기능에 대해 확인하는 질문을 한다.

- 🔲 "전자의 구조와 원리를 효과적으로 전달하기 위해 무엇을 활용했어요?"
- 🔲 "일상적인 언어와 함께 기호를 활용하여 기술하였고, 그림 자료와 표시를 활용하여 정보를 효과적으로 전달하고자 했어요."

정리 - 5분

교사는 학습 내용을 정리하며 수업을 마무리한다.

- 🔲 "소연이는 체험 활동에서 점자를 배웠어요. 그리고 체험 활동 보고서를 쓰기 위해 점자의 구조와 원리에 대해 조사해 봤어요."
- 🔲 "점자의 구성과 원리에는 수학적 이론이 활용되었어요."
- 🔲 "소연이는 정보의 특성에 맞게 알맞은 기호와 표시, 그림 등을 활용했어요."
- 🔲 "이렇게 정보를 기술함으로써 읽는 사람은 해당 사실을 과학적인 것으로 인식하게 돼요."

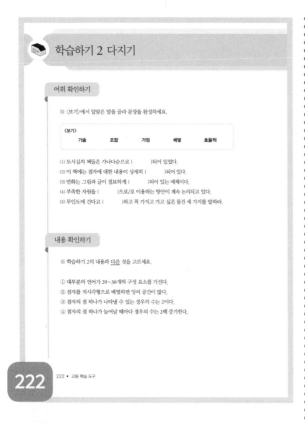

● 4차시 (의사소통 〈꼭 배워요〉와 연계할 경우 10차시)

[학습 목표]

- 체험하기에서 기술하기 방법에 대해 안다.
- 정보를 활용하여 명료하게 기술할 수 있다.

어휘 확인하기 - 10분

1) 교사는 학생들에게 문제를 풀게 한다.

📖 "〈보기〉를 보세요. 앞에서 배운 어휘가 있어요."

📖 "'기술'이란 어떤 사실을 있는 그대로 적는 것, 또는 그런 기록을 말해요."

📖 "'조합'은 여럿을 한데 모아 한 덩어리로 짜는 것이에요."

📖 "'가정'은 사실이 아니거나 사실인지 아닌지 분명하지 않은 것을 임시로 받아들이는 것이에요."

📖 "'배열'은 여럿을 일정한 순서나 간격으로 벌여 놓는 것이에요."

📖 "'효율적'이란 들인 노력이나 힘에 비해 얻는 결과가 큰 것을 말해요."

📖 "아래 문장을 읽고 알맞은 어휘를 골라 문장을 완성해 보세요."

2) '어휘 확인하기' 문제의 답을 확인한다.

정답
(1) 배열 (2) 기술 (3) 조합 (4) 효율적 (5) 가정

내용 확인하기 - 5분

1) 교사는 학생들에게 문제를 풀게 한다.

📖 "앞에서 체험 활동에서 배운 것에 대해 기술한 글을 읽었어요. 다음을 보고 학습하기 2의 내용과 다른 것을 고르세요."

2) '내용 확인하기' 문제의 답을 확인한다.

📖 "대부분의 언어는 20~30개의 구성 요소를 가지고 있어요."

📖 "점자를 직사각형으로 배열하면 원이나 삼각형으로 배열했을 때보다 낭비되는 공간이 적어요."

📖 "점자의 점 하나는 볼록한 경우와 볼록하지 않은 경우가 있어 한 점이 나타낼 수 있는 경우의 수는 2예요."

📖 "점자의 점 하나가 늘어날 때마다 경우의 수는 2배 증가해요."

📖 "따라서 답은 ②번이에요."

정답
②
① (220쪽 본문) '대부분의 언어가 20~30개의 구성 요소를 가진다.' 라는 내용을 보면 알 수 있다.
② 점자를 직사각형으로 배열하면 원이나 삼각형보다 공간을 낭비하지 않는다.
③ (221쪽 본문) '점자의 점 하나는 볼록한 경우와 볼록하지 않은 경우가 있어 한 점이 나타낼 수 있는 경우의 수는 2이다.'라는 내용을 보면 알 수 있다.
④ (221쪽 본문) '점이 하나 늘어날 때마다 경우의 수는 2배 증가하게 된다.'라는 내용을 보면 알 수 있다.

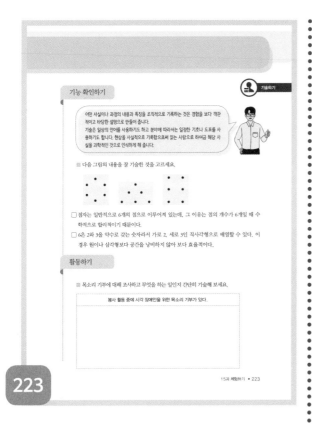

기능 확인하기 - 10분

1) 학습하기 2에서 배운 '기술하기' 기능을 정리한다.
   - 📖 "앞에서 소연이가 점자에 대해 조사한 내용을 보고서로 작성하는 과정을 통해 기술하기에 대해 배웠어요. 기술하기란 대상의 내용과 특징을 조직적으로 밝혀 기록하는 것을 말해요. 어떤 사실이나 과정의 내용과 특징을 조직적으로 기록하는 것은 경험을 보다 객관적이고 타당한 설명으로 만들어 줘요."
   - 📖 "기술을 할 때는 일상의 언어를 사용하기도 하고 분야에 따라서는 일정한 기호나 도표를 사용하기도 해요. 현상을 사실적으로 기록함으로써 읽는 사람으로 하여금 해당 사실을 과학적인 것으로 인식하게 해 줘요."

2) 교사는 학생들에게 문제를 풀게 한다.
   - 📖 "다음은 점자의 점 배열과 관련된 그림이에요."
   - 📖 "그림을 보고 그림의 내용을 잘 기술한 것을 고르세요."

3) '기능 확인하기' 문제의 답을 확인한다.
   - 📖 "본문에서 소연이는 점자를 직사각형 모양으로 배열하면 왜 효율적인지에 대해 설명하기 위해 해당 그림을 활용했어요."
   - 📖 "따라서 답은 두 번째 문장이에요."

> **정답**
> ☐ 점자는 일반적으로 6개의 점으로 이루어져 있는데, 그 이유는 점의 개수가 6개일 때 수학적으로 합리적이기 때문이다.
> ☑ 6은 2와 3을 약수로 갖는 숫자라서 가로 2, 세로 3인 직사각형으로 배열할 수 있다. 이 경우 원이나 삼각형보다 공간을 낭비하지 않아 보다 효율적이다.

활동하기 - 20분

1) 교사는 학생들에게 문제를 풀게 한다.
   - 📖 "우리도 소연이처럼 자료를 조사하고 정보를 기술해 봐요."
   - 📖 "우선 '목소리 기부'에 대한 자료를 찾아보세요. 그리고 여러분이 찾은 자료를 활용해 목소리 기부가 무엇인지 명료하게 기술해 보세요."

> **교수-학습 지침**
> 교사는 보다 원활한 수업 진행을 위해 목소리 기부 및 낭독 봉사에 대한 정보를 미리 조사하여 학생들에게 나눠 줄 수 있다.

2) 교사는 학생들과 함께 활동의 결과를 확인한다.
   - 📖 "목소리 기부가 무엇인지 기술해 봤어요? 여러분이 기술한 내용을 각자 말해 보세요."

> **예시 답안**
> 목소리 기부란 시각 장애인을 위한 오디오북을 만드는 데 필요한 목소리를 기부하는 것이다. 낭독 봉사라고도 하는데 낭독이란 글을 소리 내어 읽는 것을 말한다. 일반적으로 목소리 기부라고 하면 성우나 배우, 가수와 같이 특별한 사람들만 할 수 있는 일이라고 생각하기 쉽지만, 사실 누구나 조금만 노력하면 가능한 일이다. 올바른 발음 방법과 발성 방법, 효과적인 끊어 읽기 방법 등을 연습하면 누구나 할 수 있다. 나의 작은 노력이 다른 누군가에게는 큰 희망이 되기도 한다는 것을 목소리 기부를 통해 알 수 있다.

16과 학습 반응하기

● 학습 목표

- 학습 반응하기의 의미와 양상에 대해 안다.
- 판단을 위한 준거를 설정할 수 있다.
- 어떤 대상에 대한 가치를 판단할 수 있다.

● 단원 내용

1. 학습 활동: 학습 반응하기
2. 학습 기능: 준거 설정하기
　　　　　　　가치 판단하기
3. 학습 주제: 직장 선택
　　　　　　　생활 속 화학

● 수업 개요

1·2차시(학습하기 1): 학습 반응하기에서 준거 설정하
　　　　　　　　　　기에 대해 안다.

3·4차시(학습하기 2): 학습 반응하기에서 가치 판단하
　　　　　　　　　　기에 대해 안다.

● 어휘 및 문법

[학습하기 1]

준거, 탐색하다, 연계하다, 전략, 보장하다, 사안, 정의,

담당, 성과

[학습하기 2]

밀접하다, 전문적, 사실적, 규범적, 표준

[알면 쓸모 있는 어휘(익힘책 132쪽)]

갸우뚱, 끄덕이다, 나아가서, 찡그리다, 평론, 호응하다

의사소통 4권 8과 〈꼭 배워요〉의 주요 내용

[어휘]

일반 고등학교, 특수 목적 고등학교, 특성화 고등학교, 진학하다, 수시, 정시, 대학 수학 능력 시험, 논술, 면접시험, 전공하다, 국어 국문학, 사학, 정치 외교학, 경제학, 수학, 화학, 기계 공학, 컴퓨터 공학, 의학, 간호학, 디자인학, 음악학, 취업, 따다, 현장 실습, 경력, 경쟁력, 기술, 소수, 어학, 작동, 썩, 여간, 공지하다, 불구하다, 새우다, 선호하다, 느긋하다

[문법 1] '-는 반면에'

　　예 취업을 일찍부터 준비할 수 있는 반면에 다양한 공부를 할 시간이 적어.

[문법 2] '-더라도'

　　예 성적이 좋더라도 면접을 보지 않으면 합격할 수가 없어.

[문법 3] '-다시피'

　　예 너도 알다시피 난 공부에 흥미가 없잖아.

[문법 4] '-곤 하다'

　　예 시간이 날 때마다 패션 잡지를 들여다보곤 해.

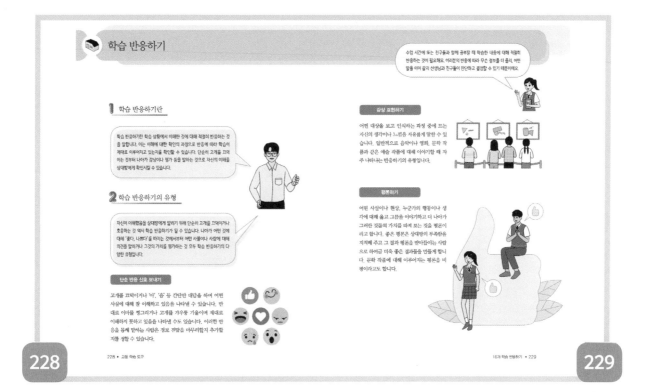

● 1차시 (의사소통 〈꼭 배워요〉와 연계할 경우 7차시)

[학습 목표]
• 학습 반응하기에서 준거 설정하기에 대해 안다.
• 준거를 설정하는 방법에 대해 안다.

본문의 구성과 내용
• 본문은 직업과 진로 교과의 **학습 반응하기 활동**에서 하게 되는 **준거 설정하기 학습 기능**을 보여 주고 있다.
• 본문의 내용은 유미가 직장을 선택할 때 고려해야 하는 요소에 대한 글을 읽고 새롭게 내용을 정리한 것이다. 글의 내용을 활용하여 직장을 선택할 때 요구되는 준거를 설정했다.

도입 - 10분

1) 교사는 학생들에게 교재 228, 229쪽의 학습 활동에 대해 설명한다.

📖 "학습 반응하기란 학습 상황에서 이해한 것에 대해 적절히 반응하는 것을 말해요."

📖 "학습 중에 적절한 반응을 통해 자신이 내용을 이해했음을 다른 사람에게 알릴 수 있어요. 이때 적절한 준거를 통해 반응을 보인다면 타인들이 해당 반응에 대해 이해하는 데 도움이 될 거예요."

📖 "학습 반응하기의 유형으로는 고개를 끄덕이거나 '아', '음' 등 간단한 대답을 하며 어떤 사실에 대해 잘 이해하고 있음을 나타내는 단순 반응 신호 보내기가 있어요. 그리고 어떤 대상을 보고 인식하는 과정 중에 드는 생각이나 느낌을 자유롭게 말하는 감상 표현하기도 있어요. 또 어떤

사실이나 현상, 누군가의 행동이나 생각에 대해 옳고 그름을 이야기하고 더 나아가 그러한 것들의 가치를 따져 보는 평론하기가 있어요."

교수-학습 지침
익힘책 133쪽에 학습 반응하기에서 듣기의 중요성, 목적에 따른 듣기 방법, 바람직한 듣기 자세가 추가로 제시되어 있다. 교사는 이를 고려하여 수업을 진행한다.

2) 교사는 학생들에게 학습하기 1에서 배울 학습 기능을 소개한다.

📖 "이번 단원에서는 준거 설정하기에 대해 공부할 거예요. 준거 설정하기란 사물의 정도나 성격 등을 알기 위한 근거나 기준을 정하는 것을 말해요."

📖 "준거를 설정하는 과정을 통해 학습 내용의 특성을 파악할 수 있고, 개념이나 용어들의 정의를 알 수 있으며 논리적으로 사고하는 능력도 키울 수 있어요."

📖 "또한 적절한 준거에 따라 평가하고 반응하는 것은 해당 평가나 반응을 받아들이는 사람으로 하여금 그 내용을 타당하다고 생각하게 해 줘요."

📖 "지금부터 직장을 선택할 때 고려해야 하는 요소에 대한 글을 읽으면서 준거 설정하기에 대해 자세히 알아봐요."

교수-학습 지침
익힘책 134쪽에 준거를 설정할 때 고려할 점, 준거의 네 가지 유형이 추가로 제시되어 있다. 교사는 이를 고려하여 수업을 진행한다.

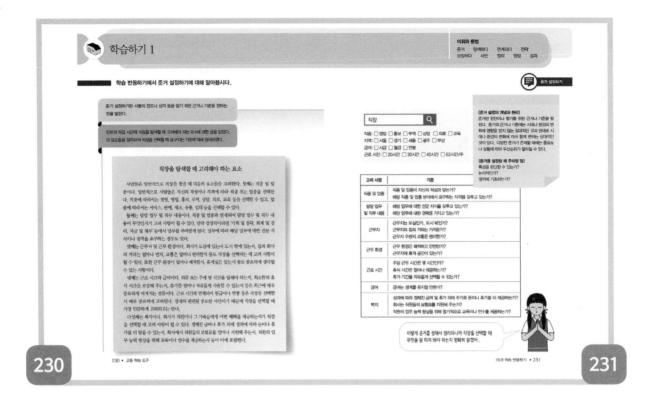

전개 - 35분

1) 교사는 다음에 제시되는 내용을 참고하여 학생들에게 어휘와 문법을 설명한다.

준거
- ◆ **정의** 사물의 정도나 성격 등을 알기 위한 근거나 기준.
  - 📷 어떤 대상에 대해 평가할 때는 준거가 분명해야 한다.
- ◆ **정보** (비슷한 말) 표준
- ● **설명** "수행 평가를 채점할 때 어떻게 채점할까요? 과제를 얼마나 잘 이해했는지, 과제에 성실하게 참여했는지 등 여러 가지 기준을 정해서 채점을 해요. 이번 미술 수행 평가는 얼마나 창의적으로 과제를 수행했는지를 첫 번째 준거로 삼아 채점을 한다고 해요. '준거'는 사물의 정도나 성격 등을 알기 위한 근거나 기준을 말해요."

탐색하다
- ◆ **정의** 알려지지 않은 사물이나 현상을 찾아내거나 밝히기 위해 살피어 찾음.
  - 📷 새로운 생물 종을 발견할 가능성이 있다는 기대감을 가지고 보호 구역을 탐색하기 시작했다.
- ● **설명** "바다 깊은 곳은 아직 사람이 가 보지 못한 곳이 많아요. 사람들은 계속해서 기술을 발전시켜 아직 가 보지 못한 바닷속 이곳저곳을 탐색해요. '탐색하다'는 알려지지 않은 사물이나 현상을 찾아내거나 밝히기 위해 살피어 찾는 것을 말해요."

연계되다
- ◆ **정의** 서로 밀접하게 관계가 맺어지다.
  - 📷 그 작품은 시대적 상황과 밀접히 연계되어 있다.
- ◆ **정보** (비슷한 말) 연결되다
- ● **설명** "한국어를 빨리 배우려면 어떻게 하는 것이 좋을까요? 먼저 실제 생활과 연계된 표현부터 외우는 게 좋을 거예요. '연계되다'는 서로 밀접하게 관계가 맺어진다는 의미예요."

전략
- ◆ **정의** 정치, 경제 등의 사회적 활동을 하는 데 필요한 방법과 계획.
  - 📷 시장의 변화에 따라 새로운 판매 전략이 요구되고 있다.
- ● **설명** "시험을 잘 보려면 열심히 공부하는 것도 중요하지만 어떻게 공부할지 계획하는 것도 중요해요. 예를 들어 외워야 하는 내용을 작은 노트에 적어 시간이 날 때마다 반복해서 보면 잘 외워져요. 이것은 시험을 잘 보기 위한 공부 전략 중 하나예요. 이렇게 '전략'은 사회적 활동을 하는 데 필요한 방법과 계획을 말해요."

보장하다
- ◆ **정의** 어떤 일이 잘 이루어지도록 조건을 마련하거나 보호하다.
  - 📷 민주주의는 국민 개개인의 자유를 보장한다.
- ● **설명** "국가는 여러 위협으로부터 국민의 안전을 지켜야 할 의무가 있어요. 국가는 위협으로부터 국민의 안전을 보장해야 하죠. '보장하다'는 어떤 일이 잘 이루어지도록 조건을 마련하거나 보호하는 것을 말해요."

사안
- ◆ **정의** 법률, 규정 등으로 문제가 되는 일의 안건.
  - 📷 임원 회의에서 결정된 사안을 사원들에게 전달했다.
- ● **설명** "뉴스를 봐요? 요즘 사회에서 가장 화제가 되고 있는 것을 알고 있나요? 혹시 특별히 사회적으로 문제가 되고 있는 사안을 알고 있어요? '사안'은 법률, 규정 등으로 문제가 되는 일의 안건이에요."

정의	◆ **정의** 어떤 말이나 사물의 뜻을 명확히 밝혀 분명하게 정함. 또는 그 뜻. **예** 사전을 활용하여 단어의 정의를 알아보았다. ● **설명** "모르는 단어가 있을 때 어떻게 해요? 잘 모르는 단어는 사전을 찾아보면 돼요. 사전에는 단어의 정의가 나와 있기 때문이에요. '정의'란 어떤 말이나 사물의 뜻을 명확히 밝혀 분명하게 정하는 것, 또는 그 뜻을 말해요."
담당	◆ **정의** 어떤 일을 맡음. **예** 김지영 선생님은 한국어 과목을 담당하신다. ● **설명** "여러분은 학교에서 특별히 하고 있는 일이 있어요? 우리 반의 체육부장은 누가 담당하고 있어요? '담당'은 어떤 일을 맡는 것이에요."
성과	◆ **정의** 어떤 일을 이루어 낸 결과. **예** 우리는 이번 체육 대회에서 기대 이상의 성과를 이루었다. ◆ **정보** (비슷한 말) 성적, 실적 ● **설명** "열심히 노력하는 만큼 좋은 결과를 얻게 돼요. 보통 사람들은 성과를 얻고자 일을 하거나 공부를 하죠. '성과'는 어떤 일을 이루어 낸 결과를 말해요."

2) 교사는 학생들에게 교재 230, 231쪽에 제시된 내용을 읽게 한다.
　　교 "유미가 직장을 선택할 때 고려해야 하는 요소에 대한 글을 읽고 직장을 선택할 때 요구되는 준거를 설정했어요."
　　교 "먼저 직장을 선택할 때 고려해야 하는 요소에 대한 글을 읽은 후, 유미가 표로 정리한 내용을 읽어 보세요."

3) 교사는 학생들에게 세부 내용을 확인하는 질문을 한다.
　　교 "직장을 찾을 때 고려해야 하는 요소에는 어떤 것들이 있어요?"
　　교 "직종 및 업종에는 무엇이 있어요?"
　　교 "경영직일 때 어떤 업무를 담당하게 돼요?"
　　교 "업무에 따라 무엇을 요구받을 수 있어요?"
　　교 "근무지 및 근무 환경에 대해서 무엇을 고려해야 해요?"
　　교 "근로 시간과 급여에 대해서 무엇을 고려해야 해요?"
　　교 "복지에 대해서 무엇을 고려해야 해요?"

4) 교사는 학생들에게 학습 기능에 대해 확인하는 질문을 한다.
　　교 "준거란 무엇이에요?"
　　교 "준거의 근거나 기준에는 어떤 것들이 있어요?"
　　교 "준거를 설정할 때 어떤 점들을 주의해야 해요?"

정리 - 5분

교사는 학습 내용을 정리하며 수업을 마무리한다.
　　교 "준거란 판단이나 평가를 위한 근거나 기준을 말해요."
　　교 "각 내용의 특성을 판단할 수 있도록 준거를 설정해요."
　　교 "논리적인 내용으로 준거를 설정해요."

교 "정의에 기초하여 준거를 설정해요."
교 "유미는 글의 내용을 기본으로 준거를 설정하여 직장 선택 시 고려해야 하는 요소를 정리했어요."

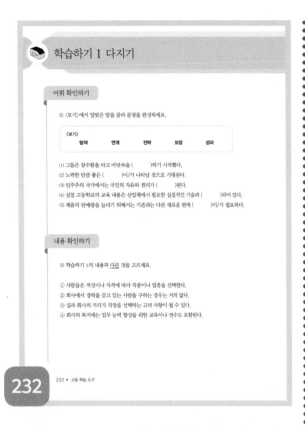

내용 확인하기 - 5분

1) 교사는 학생들에게 '내용 확인하기' 문제를 풀게 한다.

　📖 "앞에서 유미가 직업을 선택할 때 요구되는 기준을 정리한 과정을 봤어요. 학습하기 1에서 배운 내용과 다른 것을 고르세요."

2) 교사는 학생들과 함께 문제의 답을 확인한다.

　📖 "일반적으로 사람들은 자신의 적성이나 자격에 따라 직종 또는 업종을 선택해요."

　📖 "업무에 따라서는 해당 업무에 대한 전문 지식이나 경력을 요구하기도 해요."

　📖 "직장을 선택할 때 집과 회사의 거리가 고려 요소가 되기도 해요."

　📖 "회사 복지에는 직원의 업무 능력 향상을 위한 교육이나 연수 등이 포함돼요."

　📖 "따라서 답은 ②번이에요."

정답
②
① (230쪽 본문) '일반적으로 사람들은 자신의 적성이나 자격에 따라 직종 또는 업종을 선택한다.'라는 내용을 보면 알 수 있다.
② 회사에서 경력을 갖고 있는 사람을 구하는 경우는 거의 없다.
③ (230쪽 본문) '집과 회사의 거리는 얼마나 먼지, 교통은 얼마나 편리한지 등도 직장을 선택하는 데 고려 사항이 될 수 있다.'라는 내용을 보면 알 수 있다.
④ (230쪽 본문) '직원의 업무 능력 향상을 위해 교육이나 연수를 제공하는지 등이 이에 포함된다.'라는 내용을 보면 알 수 있다.

● 2차시 (의사소통 〈꼭 배워요〉와 연계할 경우 8차시)

[학습 목표]

• 학습 반응하기에서 준거 설정하기 방법에 대해 안다.
• 준거를 설정하는 방법에 대해 안다.

어휘 확인하기 - 10분

1) 교사는 학생들에게 '어휘 확인하기' 문제를 풀게 한다.

　📖 "〈보기〉를 보세요. 앞에서 배운 어휘가 있어요."

　📖 "'탐색'이란 알려지지 않은 사물이나 현상을 찾아내거나 밝히기 위해 살피어 찾는 것을 말해요."

　📖 "'연계'는 서로 밀접하게 관계를 맺는 것 또는 그 관계를 말해요."

　📖 "'전략'이란 정치, 경제 등의 사회적 활동을 하는 데 필요한 방법과 계획을 말해요."

　📖 "'보장'은 어떤 일이 잘 이루어지도록 조건을 마련하거나 보호하는 것을 말해요."

　📖 "'성과'란 어떤 일을 이루어 낸 결과예요."

　📖 "아래 문장을 읽고 알맞은 어휘를 골라 문장을 완성해 보세요."

2) 교사는 학생들과 함께 문제의 답을 확인한다.

정답
(1) 탐색　(2) 성과　(3) 보장　(4) 연계　(5) 전략

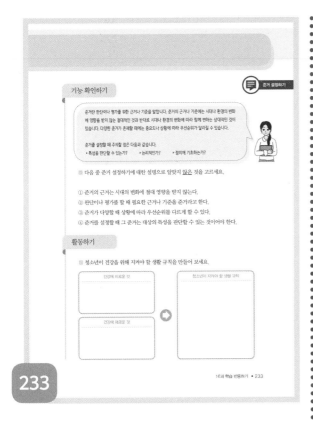

기능 확인하기 - 10분

1) 학습하기 1에서 배운 '준거 설정하기' 기능을 정리 한다.
   - 🖥 "앞에서 유미가 직업 선택 시 요구되는 기준을 정리하는 과정을 통해 준거 설정하기에 대해 배웠어요."
   - 🖥 "준거란 판단이나 평가를 위한 근거나 기준을 말해요."
   - 🖥 "준거의 근거나 기준은 기대나 환경의 변화에 영향을 받 지 않는 절대적인 것과 반대로 시대나 환경의 변화에 따 라 달라지는 상대적인 것이 있어요."
   - 🖥 "다양한 준거가 존재할 때는 중요도나 상황에 따라 우선 순위를 달리할 수 있어요."
   - 🖥 "준거를 설정할 때는 해당 준거가 대상의 특성을 판단할 수 있는지, 그 내용은 논리적인지, 개념은 정의에 기초하 는지를 주의해야 해요."

2) 교사는 학생들에게 '기능 확인하기' 문제를 풀게 한다.
   - 🖥 "다음 중 준거 설정하기에 대한 정보로 알맞지 않은 것을 고르세요."

3) 교사는 학생들과 함께 문제의 답을 확인한다.
   - 🖥 "준거를 설정할 때 고려되어야 할 요소에는 준거를 설정 하는 목적과 이유, 준거 설정 시점, 준거의 중요도나 선후 관계 등이 있어요."
   - 🖥 "준거의 근거나 기준에는 시대나 환경의 변화에 따라 함 께 변하는 상대적인 것도 있어요."
   - 🖥 "따라서 답은 ①번이에요."

정답
①

활동하기 - 20분

1) 교사는 학생들에게 '활동하기'의 방법을 설명한 후 활동을 하게 한다.
   - 🖥 "청소년이 건강을 위해 지켜야 할 생활 규칙을 만들어 봐 요."
   - 🖥 "건강에 도움이 되는 일과 건강을 해치는 일에는 무엇이 있는지 생각해 보고 이를 준거로 삼아 생활 규칙을 만들 어 보세요."

교수-학습 지침

학교에서 실시하는 건강 교육은 다음의 3가지 측면이 고려된다.
- 학교생활 측면: 학교 환경, 급식, 급수, 채광, 청결, 학교 위치, 운동과 휴식, 공간과 인원, 일과표, 학생의 신체적·정신적 건 강 등을 고려
- 건강 서비스 측면: 건강의 진단과 평가 및 치료
- 건강 교수 측면: 교육으로 건강한 생활을 하는 데 필요한 원리 와 지식의 이해, 건강에 필요한 지식을 생활에 효과적으로 적 용할 수 있는 능력의 양성

교사는 이상의 측면들을 고려하여 학생들이 건강을 위한 생활 규칙을 만드는 데 필요한 정보를 제공할 수 있다.

2) 교사는 학생들과 함께 활동의 결과를 확인한다.
   - 🖥 "청소년이 건강을 위해 지켜야 할 생활 규칙을 만들어 봤 어요? 무엇을 준거로 해서 규칙을 만들었는지 이야기해 보세요."

예시 답안
[건강에 이로운 것]
- 규칙적인 식습관
- 적당한 운동
- 올바른 자세 유지
[건강에 해로운 것]
- 부족한 수면 시간
- 과로(몸이 힘들 정도로 지나치게 일을 하는 것)
- 인스턴트식품 섭취
[청소년이 지켜야 할 생활 규칙]
- 하루에 8시간 이상 수면을 취하고, 매일 30분씩 적당한 운동 을 한다.
- 하루 세 끼 규칙적으로 식사를 하며 인스턴트식품 섭취를 피 한다.
- 의자에 앉아있을 때 올바른 자세를 유지하도록 노력하고, 지 나치게 오랜 시간 공부하는 것은 삼간다.

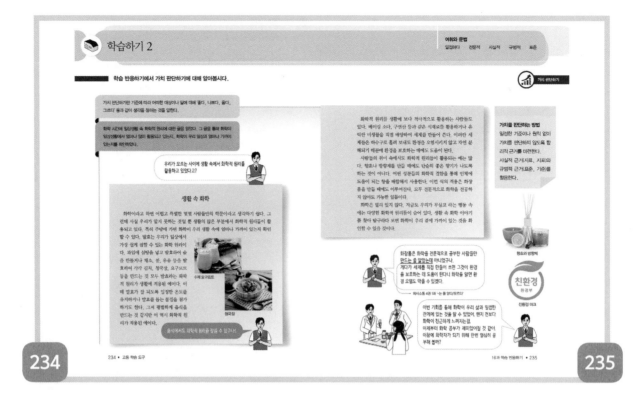

● 3차시 (의사소통 〈꼭 배워요〉와 연계할 경우 9차시)

[학습 목표]
- 학습 반응하기에서 가치 판단하기에 대해 안다.
- 가치를 판단하는 방법에 대해 안다.

본문의 구성과 내용
- 본문은 **수학 교과의 학습 반응하기 활동에서 하게 되는 가치 판단하기 기능**을 보여 주고 있다.
- 본문의 내용은 세인이가 생활 속 화학이라는 글을 읽으며 일상생활 속 화학적 원리에 대해 알아보고 있는 상황이다. 세인이는 생활 속 화학적 원리를 확인하며 화학이라는 학문에 대해 새로이 가치를 판단하고 있다.

도입 - 10분

1) 교사는 교재 228, 229쪽에서 배운 학습 활동에 대해 복습한다.
   📹 "학습 반응하기 유형에는 무엇이 있어요?"
   📹 "단순 반응 신호 보내기가 뭐예요?"
   📹 "감상 표현하기가 뭐예요?"
   📹 "평론하기가 뭐예요?"

2) 교사는 학생들에게 학습하기 2에서 배울 학습 기능을 소개한다.
   📹 "예술 작품을 감상하며 무엇에 감동하고 공감했는지를 표현하거나 사물의 가치, 우열, 선악 따위를 평가하여 논할 때 가치를 판단하게 돼요."

📹 "가치 판단하기란 기준에 따라 어떠한 대상이나 일에 대해 '좋다, 나쁘다, 옳다, 그르다' 등과 같이 생각을 정하는 것을 말해요."

📹 "학습하기 2에서는 일상생활 속 화학적 원리에 대한 글을 읽으면서 가치 판단하는 방법을 공부할 거예요."

교수-학습 지침
익힘책 136쪽에 가치 판단과 사실 판단에 대한 내용이 추가로 제시되어 있다. 교사는 이를 고려하여 수업을 진행한다.

전개 - 30분

1) 교사는 다음에 제시되는 내용을 참고하여 학생들에게 어휘와 문법을 설명한다.

밀접하다	◆ 정의 아주 가깝게 마주 닿아 있다. 또는 그런 관계에 있다. 예 말하기는 듣기와 밀접한 관련이 있다. ● 설명 "우리 도시는 산업과 교통이 발달한 곳이에요. 교통의 발달은 각종 산업 발달과 아주 가까운 관계예요. 교통의 발달과 산업의 발달은 아주 밀접한 관계예요. '밀접하다'는 아주 가깝게 마주 닿아 있거나 그런 관계에 있는 것을 말해요."

전문적	◆**정의** 전문으로 하거나 전문 분야에 속하는 것. 　　예 나는 나중에 대학원에 진학해서 한국어에 대해 전문적으로 연구할 것이다. ◆**정보** (반대되는 말) 비전문적 ●**설명** "변호사, 미용사, 간호사와 같은 직업을 얻기 위해서는 그와 관련된 특별한 지식과 기술을 익히기 위해 열심히 노력해야 해요. 이러한 직업들을 전문적인 직업이라고 해요. '전문적'은 전문으로 하거나 전문 분야에 속하는 것을 말해요."
사실적	◆**정의** 실제 있는 그대로를 보여 주는 것. 　　예 유 작가는 사실적인 묘사로 현실감 넘치는 소설을 썼다. ●**설명** "(3D 영화 사진을 보여 주며) 이 사진을 보세요. 이 사진에 있는 사람은 진짜 사람이 아니에요. 하지만 진짜 사람처럼 느껴져요. 컴퓨터 그래픽을 사용해 사실적으로 표현했기 때문이에요. '사실적'은 실제 있는 그대로를 보여 주는 것을 말해요."
규범적	◆**정의** 한 사회의 구성원으로서 따르고 지켜야 할 원리나 행동 양식이 되는 것. 　　예 학교는 규범적이고 모범적인 교육을 해야 한다. ●**설명** "한국에서는 버스나 지하철에서 노인에게 자리를 양보하는 모습을 자주 볼 수 있어요. 어른을 존중하는 것이 한국 사회의 규범적인 일이기 때문이에요. '규범적'은 사회의 구성원으로서 따르고 지켜야 할 원리나 행동 양식이 되는 것을 의미해요."
표준	◆**정의** 사물의 성격이나 정도 등을 알기 위한 근거나 기준. 　　예 이 방식을 표준으로 삼아 제품을 생산했다. ◆**정보** (비슷한 말) 준거 ●**설명** "한국에서는 교양 있는 사람들이 두루 쓰는 현대 서울말을 표준으로 삼았어요. 이를 표준어라고 해요. 뉴스와 같이 전국민이 보는 방송에서는 사투리를 사용하지 않고 표준어를 사용해요. 그 이유는 모든 사람들이 쉽게 이해할 수 있기 때문이에요. 이렇게 '표준'은 사물의 성격이나 정도 등을 알기 위한 근거나 기준을 말해요."

2) 교사는 학생들에게 교재 234, 235쪽에 제시된 내용을 읽게 한다.
　㊐ "세인이가 생활 속 화학이라는 글을 읽으며 평소에 잘 모르고 있었던 화학이라는 학문의 가치에 대해 다시 생각해 보고 있어요."
　㊐ "글을 읽고 세인이가 어떤 생각을 했는지 같이 확인해 볼까요?"

3) 교사는 학생들에게 세부 내용을 확인하는 질문을 한다.
　㊐ "주방에서 어떤 화학적 원리를 확인할 수 있어요?"
　㊐ "화학적 원리를 생활에 적극적으로 활용하는 사람들은 무엇을 직접 만들어 써요?"
　㊐ "직접 만든 세제는 무엇을 보호하는 데 도움이 돼요?"
　㊐ "취미 속에서 화학적 원리들이 활용된 예에는 뭐가 있어요?"

　㊐ "세인이는 글을 읽고 무엇을 깨달았어요?"

4) 교사는 학생들에게 학습 기능에 대해 확인하는 질문을 한다.
　㊐ "생활 속 화학을 읽은 후 세인이는 화학이 가치가 있다고 생각했어요?"
　㊐ "왜 그렇게 생각했어요?"

정리 - 5분

교사는 학습 내용을 정리하며 수업을 마무리한다.
　㊐ "세인이는 생활 속 화학적 원리를 확인하고 화학이라는 학문이 우리 일상과 밀접한 관계에 있다고 판단했어요."
　㊐ "또한 세인이는 화학적 원리를 잘 활용하면 환경 오염을 막을 수 있다는 사실도 알게 되었어요."
　㊐ "이렇게 다양한 근거를 활용하여 사물이나 현상, 행위의 가치를 판단할 수 있어요."

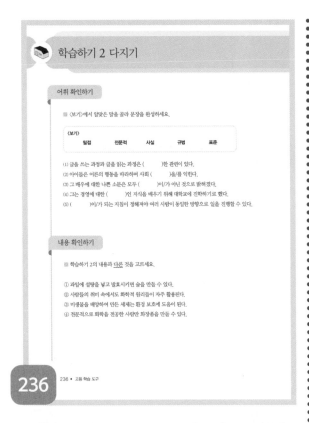

1) 교사는 학생들에게 '내용 확인하기' 문제를 풀게 한다.

　📖 "앞에서 화학의 가치에 대해 판단하는 글을 읽었어요. 학습하기 2에서 배운 내용과 다른 것을 고르세요."

2) 교사는 학생들과 함께 문제의 답을 확인한다.

　📖 "과일에 술을 넣고 일정한 온도에 두면 술이 만들어져요."

　📖 "취미 분야에서도 화학적 원리를 활용하는 예를 많이 발견할 수 있어요."

　📖 "미생물을 배양하여 만든 세제는 자연 분해되기 때문에 환경을 보호하는 데 도움이 돼요."

　📖 "전문적으로 화학을 전공하지 않아도 화장품을 만들 수 있어요.

　📖 "따라서 답은 ④번이에요."

정답

④

① (234쪽 본문) '과일에 설탕을 넣고 발효하여 술을 만들거나 채소, 콩, 우유 등을 발효하여 각각 김치, 청국장, 요구르트 등을 만드는 것 모두 발효라는 화학적 원리가 생활에 적용된 예이다.'라는 내용을 보면 알 수 있다.

② (235쪽 본문) '사람들의 취미 속에서도 화학적 원리들이 활용되는 예는 많다.'라는 내용을 보면 알 수 있다.

③ (235쪽 본문) '유익한 미생물을 직접 배양하여 세제를 만들어 쓴다. 이러한 세제들은 하수구로 흘려보내도 환경을 오염시키지 않고 자연 분해되기 때문에 환경을 보호하는 데에도 도움이 된다.'라는 내용을 보면 알 수 있다.

④ 전문적으로 화학을 전공하지 않은 사람도 화장품을 만들 수 있다.

4차시 (의사소통 〈꼭 배워요〉와 연계할 경우 10차시)

[학습 목표]

• 학습 반응하기에서 가치 판단하기 방법에 대해 안다.

• 가치를 판단하는 방법에 대해 안다.

어휘 확인하기 - 10분

1) 교사는 학생들에게 '어휘 확인하기' 문제를 풀게 한다.

　📖 "〈보기〉를 보세요. 앞에서 배운 어휘가 있어요."

　📖 "'밀접하다'는 아주 가깝게 마주 닿아 있거나 그런 관계에 있다는 뜻이에요."

　📖 "'전문적'이란 전문적으로 하거나 전문 분야에 속하는 것이에요."

　📖 "'사실'은 실제로 있었던 일이나 현재 일어나고 있는 일이에요."

　📖 "'규범'은 한 사회의 구성원으로서 따르고 지켜야 할 원리나 행동 양식이에요."

　📖 "'표준'은 사물의 성격이나 정도 등을 알기 위한 근거나 기준을 말해요."

　📖 "아래 문장을 읽고 알맞은 어휘를 골라 문장을 완성해 보세요."

2) 교사는 학생들과 함께 문제의 답을 확인한다.

정답

(1) 밀접하다　(2) 규범　(3) 사실　(4) 전문적　(5) 표준

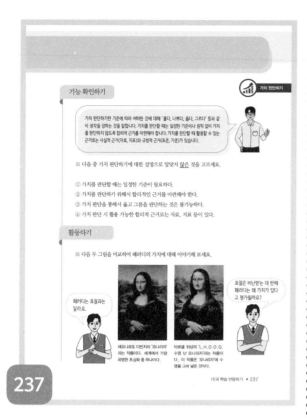

237

기능 확인하기 - 10분

1) 학습하기 2에서 배운 '가치 판단하기' 기능을 정리한다.
   - 📖 "앞에서 세인이가 화학에 대한 글을 읽고 화학의 가치에 대해 다시 생각해 보는 과정을 통해 가치 판단하기에 대해 배웠어요."
   - 📖 "가치 판단하기란 기준에 따라 어떠한 것에 대해 '좋다, 나쁘다, 옳다, 그르다' 등과 같이 생각을 정하는 것을 말해요."
   - 📖 "가치를 판단할 때는 일정한 기준이나 원칙에 따라야 해요."
   - 📖 "가치를 판단할 때 활용할 수 있는 근거에는 사실적 근거와 규범적 근거가 있어요."

2) 교사는 학생들에게 '기능 확인하기' 문제를 풀게 한다.
   - 📖 "다음 중 가치 판단하기에 대한 설명으로 알맞지 않은 것을 고르세요."

3) 교사는 학생들과 함께 문제의 답을 확인한다.
   - 📖 "가치 판단하기란 어떤 것에 대해 '좋다, 나쁘다, 옳다, 그르다' 등과 같이 생각을 정하는 것을 말해요. 따라서 답은 ③번이에요."

정답
③

활동하기 - 20분

1) 교사는 학생들에게 '활동하기'의 방법을 설명한 후 활동을 하게 한다.
   - 📖 "그림을 보세요. 모나리자를 알아요?"
   - 📖 "두 모나리자는 무엇이 달라요?"
   - 📖 "패러디가 무엇인지 알아요?"
   - 📖 "패러디에 대해 알아보고 패러디의 가치에 대해 이야기해 보세요."

교수-학습 지침

교사는 다음의 정보를 활용하여 학생들에게 패러디에 대해 소개할 수 있다.

- 뒤샹의 콧수염 단 모나리자는 레오나르도 다빈치의 〈모나리자〉를 패러디한 작품이다. '패러디(parody)'란 잘 알려진 유명한 것을 작가가 새로운 시각으로 모방한 작품을 말한다.
- 패러디는 원래의 작품에 유머나 해학을 더하는 것이다.
- 따라서 패러디를 한 작품은 패러디 대상이 된 작품과는 또 다른 새로운 의미를 지닌다.
- 이러한 점에서 남의 것을 자신의 것인 것처럼 꾸미는 표절과는 구분된다.
---

2) 교사는 학생들과 함께 활동의 결과를 확인한다.
   - 📖 "패러디에 대해 알아봤어요? 패러디는 어떤 가치가 있어요?"

예시 답안

마르셀 뒤샹은 '콧수염을 단 모나리자'를 통해 예술은 고정된 틀에서 벗어나 자유로운 상상력을 펼쳐야 한다는 것을 주장했습니다. 이렇게 패러디는 단순히 기존 작품을 모방하는 것을 넘어서 기존에는 생각하지 못했던 새로운 의미를 제안합니다. 사람들은 패러디를 통해 작품의 문제점을 지적하기도 하고, 더 나아가 사회를 풍자하는 도구로 활용하기도 합니다. 이러한 이유로 패러디는 표절과는 구분이 됩니다.

익힘책 교수-학습 지침

익힘책 1과

[11쪽] 학습 도구 어휘 및 문법 확인하기

1. 제시된 문장을 읽고 알맞은 어휘를 골라 문장을 완성하는 문제이다.

   (1) ① 도구

   '낡다'와 '새것으로 바꾸다'를 보았을 때 청소와 관련된 어휘 중 오래돼서 새것으로 바꿀 수 있는 것이 답이 되어야 한다.

   (2) ③ 사항

   회의에서 결정하고 전달할 수 있는 것이어야 한다.

   (3) ① 설정하고

   구체적인 계획을 세우기 전에 해야 하는 일이어야 한다.

2. 제시된 어휘나 표현에 목표 문법을 적용하여 문장을 완성하는 문제이다. 목표 문법 '에 대해'는 앞의 내용을 대상으로 하여 뒤에 상황이나 행동이 이루어짐을 나타내는 표현이고, '에 따라'는 어떤 상황이나 사실, 기준에 근거하여 어떤 행위를 함을 나타내는 표현이다.

   (1) 에 대해

   친구들과 무슨 이야기를 했는지 이야기한 대상을 나타내는 문법이 답이 되어야 한다.

   (2) 에 따라

   소풍 일정이 어떤 상황에서 바뀌는지를 나타내는 문법이 답이 되어야 한다. '에 따라'는 어떤 상황이나 사실에 근거하여 뒤의 행동이 일어날 수 있다는 것을 나타낸다.

3. 밑줄 친 부분과 의미가 비슷한 표현을 고르는 문제이다.

   (1) ① 수집하는

   '모으다'는 따로 있는 것을 하나로 합치는 의미도 있지만, 특별한 물건을 가지는 의미도 있다. 문맥을 보면 취미나 연구를 위하여 물건이나 자료 등을 찾아서 모으는 의미가 있는 어휘가 답이 되어야 한다.

   (2) ① 고려해서

   '고려하다'는 어떤 일을 하는 데 여러 가지 상황이나 조건을 신중하게 생각한다는 의미가 있다.

[12쪽] 학습 활동 확인하기

1. 계획서 작성하기에 대한 설명으로 맞는 것과 틀린 것을 고르는 문제이다.

   (1) O

   교재 18쪽의 '계획서에 일의 목적과 목표, 절차와 순서, 방법 등을 잘 적어 두면 일을 효율적으로 할 수 있다.'를 보면 맞는 내용임을 알 수 있다.

   (2) X

   계획서의 구성과 내용은 어떤 계획서를 쓰느냐에 따라 조금씩 달라지기도 하므로 틀린 내용이다.

   (3) O

   교재 18쪽에 제시된 계획서 예시 그림을 보면 맞는 내용임을 알 수 있다.

2. 계획서를 작성할 때 필요한 내용을 순서에 맞게 쓰는 문제이다.

   (㉣) → (㉠) → (㉢) → (㉡)

   교재 19쪽의 계획서의 구성과 방법을 보면 계획서 작성 순서를 알 수 있다.

[14쪽] 학습 기능 익히기

제시된 글을 읽고 세부 목표를 설정할 때 고려한 것이 무엇인지를 찾는 문제이다.

   ③

   인터넷 사용의 문제점과 심각성을 잘 보여 줄 수 있는 그림이나 사진이 있는지 찾아보는 것은 매체에 따라 다양한 표현 방법을 활용한다는 목표를 달성하기 위한 구체적인 행위로 파악할 수 있다.

[15쪽] 학습 기능 더 익히기

모둠 활동 하기에서 세부 목표 설정하기 학습 기능이 어떻게 구현되는지 확인할 수 있는 문제로, 환경 문제를 해결하기 위해 할 수 있는 활동에 대한 세부 목표를 설정하는 상황이 담겨 있다. 활동 방법 및 진행 절차는 다음과 같다.

   1) 교사는 학생들에게 환경 문제의 종류에 대해 질문한다.
   2) 교사는 학생들에게 환경 문제의 원인에 대해 질문한다.
   3) 교사는 모둠을 나눠 실제 모둠 활동을 진행하게 한다. 모둠 활동을 진행하기 전에 익힘책 15쪽에 제시된 모둠 활동의 목적과 목표를 학생들이 숙지할 수 있도록 지도한다.
   4) 교사는 학생들에게 익힘책 15쪽에 제시된 방법을 읽게 하고 이 외에 어떤 방법이 있는지 모둠 활동을 통해 모둠별로 세부 목표를 설정하게 한다.
   5) 교사는 학생들과 함께 활동의 결과를 확인한다.

   > **예시 답안**
   > - 재활용할 수 있는 것은 다시 사용한다.
   > - 등하교 때 걸어 다니거나 자전거를 타고 다닌다.
   > - 세제나 샴푸는 적당한 양(적당량)만 사용한다.
   > - 천연 비누를 사용한다.

[16쪽] 학습 기능 익히기

제시된 그림을 보고 어떤 사항을 고려하여 순서를 정했는지 찾는 문제이다.

③

'수학 숙제', '시험공부', '드라마 보기' 순서로 일을 하는 것은 꼭 해야 하는 것을 먼저 하기로 한 것으로 일의 중요도를 고려하여 순서를 정한 것이다.

[17쪽] 학습 기능 더 익히기

협동 학습 학기에서 순서 정하기 학습 기능이 어떻게 구현되는지 확인할 수 있는 문제로, 달의 모습을 볼 수 있는 여러 장소 중 어디부터 가는 것이 좋을지 순서를 정하는 상황이 담겨 있다. 활동 방법 및 진행 절차는 다음과 같다.

1) 교사는 학생들이 글을 읽게 한다.
2) 교사는 학생들에게 각 장소의 특징에 대해 질문한다.
3) 교사는 학생들에게 중요도, 선후 관계, 상황과 환경을 고려했을 때 순서를 어떻게 정해야 하는지 써 보게 한다.
4) 교사는 학생들과 함께 문제의 답을 확인한다.

정답
(1) 천문대
(2) 과학 박물관, 천문대
(3) 과학 박물관 → 미술관 → 천문대

익힘책 2과

[19쪽] 학습 도구 어휘 및 문법 확인하기

1. 제시된 문장을 읽고 알맞은 어휘를 골라 문장을 완성하는 문제이다.

(1) ③ 자료

컴퓨터에서 모으고 지울 수 있는 것이야 한다.

(2) ② 발표해야

이미 조사가 끝났다. 그 내용으로 수업시간에 무엇을 할 수 있을까? 친구들 앞에서 이야기하는 발표를 할 수 있다.

(3) ④ 합리적

음식에 들어간 재료나 맛을 보고 음식의 맛과 가격이 적당하다고 생각하는 것이다. 예를 들어 떡볶이는 보통 3천 원이면 먹을 수 있는데 떡볶이가 만 원이면 비싸게 느껴지는 것이다.

2. 밑줄 친 부분과 의미가 비슷한 표현을 고르는 문제이다.

(1) ③ 참가해서

'참가하다'는 모임이나 단체, 경기, 행사 등의 자리에 가서 함께한다는 의미가 있다.

(2) ② 성격

'성격'은 어떤 것이 본래 가지고 있는 자체의 성질이나 모습이라는 의미가 있다.

3. 밑줄 친 부분과 의미가 반대인 표현을 고르는 문제이다.

(1) ④ 장점

'장점'은 좋거나 잘하는 점이라는 의미가 있다.

(2) ② 반대한다

'반대하다'는 어떤 행동이나 의견 등에 따르지 않는다는 의미가 있다.

[20쪽] 학습 활동 확인하기

1. 협동 학습에 대한 설명으로 맞는 것과 틀린 것을 고르는 문제이다.

(1) X

협동 학습을 할 때는 개인이 조사한 자료와 정보를 교환하여 공유하고, 서로 도움을 주고받으면서 협동 학습을 수행해야 한다.

(2) X

협동 학습 모든 학생이 학습 활동에 참여할 수 있도록 해야 한다.

(3) O

교재 32쪽에 협동 학습의 기본 원칙에서 제시한 '4. 자료와 정보를 교환하여 공유하고, 서로 도움을 주고받으면서 수행해야 해요.'와 협동 학습의 의미와 활동에서 말한 '또 서로 돕거나 모르는 것을 가르쳐 주기도 하고, 함께 힘을 합해 어려운 문제를 해결하는 활동을 해요.'를 보면 알 수 있다.

2. 협동 학습의 한 과정의 설명 중 맞는 것을 고르는 문제이다.

학습 범위 정하기 및 역할 나누기

교재 33쪽의 협동 학습의 진행 과정을 보면 각 과정에서 해야 하는 일을 알 수 있다.

[22쪽] 학습 기능 익히기

제시된 대화를 읽고 제안을 할 때에 구체적인 계획과 수행 방법을 같이 제시한 사람을 찾는 문제이다.

세인

세인이가 'C 도시가 가까워서 쉽게 갈 수 있고, 다음 주에 축제가 열리니까 가서 조사도 하고 체험도 해 보자.'라고 말하면서 구체적인 계획과 수행 방법을 말하고 있다.

[23쪽] 학습 기능 더 익히기

토론하기에서 제안하기 학습 기능이 어떻게 구현되는지 확인할 수 있는 문제로, 학교 내 CCTV 설치에 대해 자기의 생각을 말하는 토론 상황에서 친구들의 의견을 듣고 자신의 의견을 말하는 상황이 담겨 있다. 활동 방법 및 진행 절차는 다음과 같다.

1) 교사는 학생들에게 토론의 주제에 대해 질문한다.
2) 교사는 학생들에게 CCTV 설치의 찬성과 반대 의견에 대해 질문한다.
3) 교사는 학생들에게 CCTV 설치에 대한 자신의 생각을 쓰게 한다.
4) 교사는 학생들과 함께 활동의 결과를 확인한다. 이때 교사는 찬성과 반대의 의견을 나누어 토론처럼 학생들이 자신의 의견을 말할 수 있게 할 수 있다.

예시 답안
- 저는 찬성입니다. CCTV를 설치하면 문제가 생겼을 때 그 원인을 잘 알 수 있습니다. 또한 CCTV가 있기 때문에 평소에 문제를 자주 일으키는 학생들도 행동을 조심하게 되어 결과적으로 문제가 줄어들게 될 것입니다.
- 저는 반대입니다. CCTV는 문제를 완전히 해결하는 방법이 아닙니다. 더욱 중요한 것은 CCTV가 없어도 학생들 모두가 안전하게 학교를 다닐 수 있는 환경을 만드는 것입니다. 최근 몇몇 학교에서는 안전 지킴이가 학생들의 안전을 위해 다양한 활동을 한다고 합니다. 문제가 일어난 후에 그 원인을 알 수 있는 CCTV보다는 문제가 일어나기 전에 막는 안전 지킴이가 더 좋다고 생각합니다.

[24쪽] 학습 기능 익히기

제시된 대화를 읽고 조정하기를 잘못 이해한 사람을 고르는 문제이다.

③

조정하기는 의견 차이를 줄여 나가기 위한 것으로 자신의 의견

을 강하게 주장하는 것은 좋지 않다.

[25쪽] 학습 기능 더 익히기

토론하기에서 조정하기 학습 기능이 어떻게 구현되는지 확인할 수 있는 문제로, '겨울에 먹을 것이 없는 베짱이를 개미가 도와줘야 하는가'에 대해 친구들과 토론하고 찬성과 반대 모두가 동의할 수 있는 내용으로 조정하려는 상황이 담겨 있다. 활동 방법 및 진행 절차는 다음과 같다.

1) 교사는 학생들에게 개미와 베짱이 내용을 소개한다.
2) 교사는 학생들에게 토론의 주제에 대해 질문한다.
3) 교사는 학생들에게 베짱이를 돕는 것에 찬성하는 의견과 반대하는 의견에 대해 질문한다.
4) 교사는 학생들에게 찬성과 반대 의견의 조정안을 쓰게 한다.
5) 교사는 학생들과 함께 활동의 결과를 확인한다.

예시 답안
- 지금 베짱이에게 일을 시키고 그 대가로 음식을 준다.
- 지금 음식을 빌려주고 내년에 갚으라고 한다.

[27쪽] 학습 도구 어휘 및 문법 확인하기

1. 제시된 문장을 읽고 알맞은 어휘를 골라 문장을 완성하는 문제이다.

   (1) ③ 평가

   대회는 여러 사람이 자신의 실력이 어떤지 서로 비교해 보는 행사다. 대회에 작품을 냈을 때 다른 사람에게 받을 수 있는 것이야 한다.

   (2) ③ 유형

   단편, 중편, 장편은 소설을 길이라는 특성으로 나눈 것이다. 특징, 모양 등이 비슷한 것끼리 묶은 것이어야 한다.

   (3) ④ 출처

   보고서에 사용한 자료에 관한 것이어야 한다.

2. 제시된 어휘나 표현에 목표 문법을 적용하여 문장을 완성하는 문제이다. 목표 문법 '에 비해'는 비교의 대상 또는 기준을 나타내는 표현이다.

   (1) 시골은 도시에 비해 공기가 맑다.

   '시골이 공기가 맑다.'의 비교 기준이 도시이다.

   (2) 이번 겨울은 작년에 비해 기온이 낮다.

   '이번 겨울의 기온이 낮다.'의 비교 기준은 작년 겨울이다.

3. 밑줄 친 부분과 의미가 비슷한 표현을 고르는 문제이다.

   (1) ④ 효과적

   '효율적'은 들인 노력이나 힘에 비해 얻는 결과가 큰 것이라는 의미가 있다.

   (2) ③ 예시

   '보기'는 무엇을 설명하거나 증명하기 위하여 대표로 보이는 것이라는 의미가 있다.

[28쪽] 학습 활동 확인하기

1. 보고서를 작성 과정으로 알맞은 순서를 쓰는 문제이다.

   (㉡) → (㉠) → (㉢) → (㉣)

   교재 46쪽의 보고서 작성 과정을 보면 각 과정에서 해야 하는 일을 알 수 있다.

2. 보고서를 구성할 때에 대한 설명으로 에 대한 설명으로 맞는 것과 틀린 것을 고르는 문제이다.

   (1) O

   교재 47쪽의 '조사, 관찰, 실험 등을 통해 수집한 자료의 결과를 제시할 때는 거짓이 없어야 한다.'라는 내용을 보면 알 수 있다.

   (2) O

교재 47쪽의 '분석한 내용을 요약하고 정교화해서 제시한다.'라는 내용을 보면 알 수 있다.

   (3) X

   모든 자료의 출처를 반드시 제시해야 한다.

[30쪽] 학습 기능 익히기

제시된 글을 읽고 보고서에서 사용한 요약하기 방법을 찾는 문제이다.

   ①

   '너는 이렇게 느낀 것 같은데, 내 추측이 맞아?'와 '응, 그렇구나.'라고 설명한 부분을 삭제하고 요약했다.

[31쪽] 학습 기능 더 익히기

필기하기에서 요약하기 학습 기능이 어떻게 구현되는지 확인할 수 있는 문제로, 세계의 지역에 대한 교과서 내용을 요약해서 공책에 필기하려는 상황이 담겨 있다. 활동 방법 및 진행 절차는 다음과 같다.

1) 교사는 학생들에게 지역에 대해 질문한다.
2) 교사는 학생들이 교과서의 내용을 읽어 보게 한다.
3) 교사는 학생들에게 지역과 지역성에 대해 질문한다.
4) 교사는 학생들에게 중요한 내용을 찾아 요약해서 써 보게 한다. 이때, 교사는 학생이 교과서의 설명을 그대로 쓰지 않고 조금이라도 자신이 이해한 내용으로 요약하여 쓸 수 있게 지도한다.
5) 교사는 학생들과 함께 활동의 결과를 확인한다.

> **예시 답안**
> - 지역: 다른 곳과 다른 특별한 특징을 가진 공간을 말한다.
> - 지역성: 각 지역이 가진 특별한 특징을 말한다. 지역성은 정해져 있지 않고 시간이 지나면 변하기도 한다.

[32쪽] 학습 기능 익히기

제시된 글을 읽고 정교화된 부분을 찾아 표시하고 어떤 방법으로 정교화했는지 쓰는 문제이다.

가뭄이 무엇인지 사진을 추가하고, 가뭄이 사람들의 삶에 피해를 주는 예를 추가했다.

[33쪽] 학습 기능 더 익히기

점검하기에서 정교화하기 학습 기능이 어떻게 구현되는지 확인할 수 있는 문제로, '계절별 건강 관리 방법'을 주제로 보고서를 작성하고 점검하면서 완성도를 높이기 위해 정교화하려는 상황이 담겨 있다. 활동 방법 및 진행 절차는 다음과 같다.

1) 교사는 학생들에게 건강 관리 방법에 대해 질문한다.
2) 교사는 학생들이 보고서의 내용을 읽어 보게 한다.
3) 교사는 학생들에게 계절별로 조심해야 하는 병에 대해 질문한다.
4) 교사는 학생들에게 계절별 건강 관리 방법에 대해 질문한다.
5) 교사는 학생들에게 보고서에 더 추가했으면 하는 내용에 대해 질문한다.
6) 교사는 학생들이 보고서의 내용을 정교화해 보게 한다.
7) 교사는 학생들과 함께 활동의 결과를 확인한다.

> 예시 답안
> - 황사가 심한 날에 외출할 때는 마스크를 쓰는 것이 좋다.
> - 햇빛이 강한 날에 야외 활동을 할 때에는 모자를 써서 햇빛을 가린다.
> - 눈병, 알레르기, 화상, 열사병, 동상과 관련된 사진을 추가한다.
> - 겨울에 동상을 예방하는 방법을 나타낸 사진을 추가한다.

익힘책 4과

[35쪽] 학습 도구 어휘 및 문법 확인하기

1. 제시된 문장을 읽고 알맞은 어휘를 골라 문장을 완성하는 문제이다.

(1) ① 분석해야

어떤 문제를 해결하기 위해서는 무슨 일이 있었는지부터 알아야 한다. 그리고 문제를 더 잘 이해하기 위해서 무엇이 문제인지 자세하게 알아야 한다.

(2) ③ 제공한다

책 목록으로 도서관에서 할 수 있는 것이어야 한다.

(3) ① 가치

이 그림은 왜 역사적으로 중요할까? 이 그림이 옛날의 생활 모습을 잘 보여주고 있기 때문이다. 의미나 중요성이 있는 것을 '가치가 높다'라고 표현한다.

2. 제시된 어휘나 표현에 목표 문법을 적용하여 문장을 완성하는 문제이다. 목표 문법 '에 의해'는 뒤에 오는 상황이 이루어지게 되는 방법이나 수단, 상황이나 기준임을 나타내는 표현이다.

(1) 학생들의 선택에 의해 소풍 장소가 결정된다.

소풍 장소를 누가 결정하는지, 소풍 장소 결정의 기준을 나타낸다.

(2) 축구 경기 결과에 의해 체육 대회 우승 반이 정해진다.

체육 대회의 우승 반의 결정 기준을 나타낸다.

3. 밑줄 친 부분과 의미가 비슷한 표현을 고르는 문제이다.

(1) ② 수정했다

'고치다'는 잘못되거나 틀린 것을 올바르게 한다는 의미를 가지고 있다.

(2) ① 보존하기

'지키다'는 재산, 이익, 안전 등을 잃거나 외부로부터의 보호한다는 의미가 있다.

[36쪽] 학습 활동 확인하기

모둠 활동 하기에 대한 설명으로 맞는 것과 틀린 것을 고르는 문제이다.

(1) X

모둠 활동은 '1. 모둠 세우기→2. 할 일 생각하기→3. 일정 짜기'의 순서로 진행된다.

(2) O

교재 60쪽의 '혼자 하는 것이 아니고 같이 하는 것이기 때문에 자신의 역할을 잘 알고 최선을 다해야 해요.'라는 내용을 보면 알 수 있다.

(3) O

교재 61쪽의 '6. 중간 점검 하기-모둠 활동이 목표를 향해 잘 가고 있는지 돌아보고 부족한 내용을 찾아야 해요.'라는 내용을 보면 알 수 있다.

2. 모둠 활동을 했을 때 좋은 점으로 알맞지 않은 것을 고르는 문제이다.

③

모둠 활동을 할 때는 자신이 수집한 정보를 모둠원들과 교환하는 것이 중요하다. 정보를 교환하면서 내가 못 찾은 정보를 얻을 수 있다. 그래서 다른 사람들과 공유할 정보를 찾기 위해 노력해야 한다. 모둠 활동을 하면서 여러 사람이 의견을 나누고, 그 의견들에 대해 토의해 가면서 가장 좋은 해결 방법을 찾을 수 있다.

[38쪽] 학습 기능 익히기

제시된 글을 읽고 정보 수집하기 및 공유하기를 제안 잘한 사람을 찾는 문제이다.

③

설문 조사를 한 인원이 너무 적으면 안 된다. 그리고 찾은 내용을 모두 공유하면 안 된다. 수집한 정보를 공유하기 전에 정보의 사실성과 가치에 대해 스스로 먼저 판단하고, 사실이고 공유할 가치가 있는 중요한 정보를 중심으로 공유해야 한다.

[39쪽] 학습 기능 더 익히기

평가받기에서 정보 수집하기 및 공유하기 학습 기능이 어떻게 구현되는지 확인할 수 있는 문제로, 과학 탐구 실험 대회에서 좋은 평가를 받기 위해 대회와 관련된 정보를 찾아서 친구들에게 공유하려는 상황이 담겨 있다. 활동 방법 및 진행 절차는 다음과 같다.

1) 교사는 학생들에게 무슨 대회에 나가기 위해 준비하는 중인지 질문한다.
2) 교사는 학생들에게 각 친구들이 무엇을 찾았는지에 대해 질문한다.
3) 교사는 학생들에게 도움이 되는 정보를 찾아보게 한다.

> **교수-학습 지침**
> 교사는 학생들에게 '과학 실험 탐구 대회'나 '과학 탐구 대회 주제'라는 검색어를 주고 학습들이 정보를 찾을 수 있게 할 수 있다.

4) 교사는 학생들과 함께 활동의 결과를 확인한다. 이때, 교사는 학생들이 찾은 정보를 서로 공유해 보게 한다.

> 예시 답안
> - 주제 1. 물, 에탄올, 기름 등 주어진 액체의 밀도를 이용하여 미지의 물체 밀도 예측하기
> - 주제 2. 30cm 자를 책상 끝에 놓고 튕겼을 때 진동하는 횟수를 크게 할 수 있는 방법 설계하기
> - 나는 심사 기준을 찾아봤어.

[40쪽] 학습 기능 익히기

제시된 대화를 읽고 토의를 잘못 이해한 사람을 고르는 문제이다.

④

토의할 때는 토의 주제에서 벗어나는 말을 하면 안 된다. 갑자기 회의 주제를 바꾸자고 하는 것은 토의 주제에 어긋난다.

[41쪽] 학습 기능 더 익히기

계획서 작성하기 활동에서 토의하기 학습 기능이 어떻게 구현되는지 확인할 수 있는 문제로, 살기 좋은 지역을 만들기 위한 모둠 활동 중 어떤 활동이 좋을지 토의하고 모둠 활동 계획서를 작성하는 상황이 담겨 있다. 활동 방법 및 진행 절차는 다음과 같다.

1) 교사는 학생들에게 좋은 지역을 만들기 위한 활동에 무엇이 있는지에 대해 질문한다.
2) 교사는 학생들에게 민우와 친구들이 어떤 활동을 하고 싶은지에 대해 질문한다.
3) 교사는 학생들에게 민우와 친구들이 언제, 어디에서 활동을 할 것인지에 대해 질문한다.
4) 교사는 학생들에게 민우네 조의 토의의 내용을 정리하여 모둠 활동 계획서를 써 보게 한다.
5) 교사는 학생들과 함께 문제의 답을 확인한다.

> 정답
>
> | 모둠 활동 계획서 | |
> | --- | --- |
> | 활동 | 깨끗한 동네 만들기 |
> | 참가자 | 4조(민우, 나나, 세인, 유미) |
> | 기간 및 시간 | 한 달, 매주 토요일 12시 |
> | 장소 | 공원 |
> | 내용 | 공원 청소 |

[43쪽] 학습 도구 어휘 및 문법 확인하기

1. 제시된 문장을 읽고 알맞은 어휘를 골라 문장을 완성하는 문제이다.

(1) ② 결론

회의 후 의견이 달라서 내리지 못한 것이어야 한다. 사람들의 의견을 모아 판단, 결정을 하거나 결말을 짓는 것을 '결론을 내리다'라고 한다.

(2) ④ 인과

담배를 피우는 것과 폐암에 걸리는 것과 어떤 관계인지 알아야 한다. 담배를 피우는 것은 원인이고 폐암에 걸리는 것은 결과이다.

(3) ③ 시대

해와 물을 이용하여 시간을 알던 특정한 시기를 나타내는 것이어야 한다.

2. 밑줄 친 부분과 의미가 비슷한 표현을 고르는 문제이다.

(1) ③ 원칙

'원칙'은 어떤 행동이나 이론 등에서 변하지 않고 꼭 같게 지켜야 하는 기본적인 규칙이나 법칙이라는 의미가 있다.

(2) ② 연구하다

'탐구하다'는 학문 등을 깊이 파고들어 연구한다는 의미가 있다.

3. 밑줄 친 부분과 의미가 반대인 표현을 고르는 문제이다.

(1) ④ 수동적

'수동적'은 스스로 움직이지 않고 남의 힘을 받아 움직이는 것이라는 의미가 있다.

(2) ① 개인

'개인'은 어떤 단체나 조직을 이루는 한 사람 한 사람이라는 의미가 있다.

[44쪽] 학습 활동 확인하기

1. 책을 읽은 후에 하는 활동으로 알맞지 않은 것을 고르는 문제이다.

②

교재 75쪽의 책을 읽은 후에 할 수 있는 활동을 보면 알 수 있다. 책을 읽는 목적은 책을 읽기 전에 확인한다.

2. 좋은 책을 고르는 방법으로 맞는 것과 틀린 것을 고르는 문제이다.

(1) X

어려운 어휘가 지나치게 많거나 지금의 지식수준으로 이

해하기 어려운 내용의 책은 고르지 않는 것이 좋다.

(2) O

교재 75쪽의 '상상력을 자극하고 궁금증을 유발하는 주제의 책을 고른다.'를 보면 알 수 있다.

(3) O

교재 75쪽에 제시된 '오랜 시간 동안 많은 사람들이 읽은 책을 고른다.'를 보면 알 수 있다.

[46쪽] 학습 기능 익히기

제시된 글을 읽고 주제 찾기에 대한 설명으로 맞는 것을 고르는 문제이다.

④

글을 구성하고 있는 문단들은 모두 주제를 돕기 위해 쓴 것이므로 각 문단의 중심 내용을 연결하여 요약하면 주제를 찾을 수 있다. 문단의 중심 내용은 세부 내용을 모두 포괄하는 내용이어야 한다. 문단에서 중요한 단어나 표현을 찾으면 중심 내용을 찾을 수 있다. 그리고 글의 목적에 따라 읽으면서 중점을 두는 부분이 다름으로 글의 목적을 아는 것은 글의 주제를 찾는 것에 도움이 된다.

[47쪽] 학습 기능 더 익히기

예습하기에서 주제 찾기 학습 기능이 어떻게 구현되는지 확인할 수 있는 문제로, 국어 시간에 배울 한국의 전래 동화를 먼저 읽는 예습을 하면서 글의 주제를 확인하는 상황이 담겨 있다. 활동 방법 및 진행 절차는 다음과 같다.

1) 교사는 학생들에게 한국의 전래 동화에 대해 질문한다.
2) 교사는 학생들이 '흥부와 놀부' 이야기를 읽어 보게 한다.
3) 교사는 학생들에게 '흥부와 놀부'의 내용에 대해 질문한다.
4) 교사는 학생들이 각 문단의 중심 내용과 글의 주제를 써 보게 한다.
5) 교사는 학생들과 함께 활동의 결과를 확인한다.

예시 답안
(1) 각 문단의 중심 내용
- 첫 번째 문단: 착한 흥부네 가족은 성격이 나쁜 형 때문에 낡고 오래된 집에서 가난하게 살게 되었다.
- 두 번째 문단: 흥부가 다친 제비를 치료해 주었고 그 덕분에 제비는 가을에 따뜻한 곳으로 날아갔다.
- 세 번째 문단: 봄이 되어 흥부네 집으로 돌아온 제비가 흥부에게 박씨를 주었다. 흥부는 그 박씨를 심어 키웠는데 그 박 안에는 금은보화가 있었고 흥부네 가족은 부자가 되었다.
(2) 글의 주제: 착하게 살면 좋은 일이 생긴다, 착하게 살면 복을 받는다.

[48쪽] 학습 기능 익히기

제시된 글을 읽고 추론한 방법을 고르는 문제이다.

③

늦게까지 책상에서 책을 읽거나 무엇인가를 쓰는 행동을 보고 보통 작가들이 그렇기 때문에 옆집 남자가 작가라고 생각한 것은 '사례에 의한 추론'이다.

[49쪽] 학습 기능 더 익히기

실험하기에서 추론하기 학습 기능이 어떻게 구현되는지 확인할 수 있는 문제로, 물에 대한 원리를 알아보고 유리컵에 물이 얼리면 어떻게 될지 실험 결과를 추론하는 상황이 담겨 있다. 활동 방법 및 진행 절차는 다음과 같다.

1) 교사는 학생들에게 물의 특징에 대해 질문한다.
2) 교사는 학생들에게 물의 부피 변화 실험 과정에 대해 질문한다.
3) 교사는 학생들에게 물의 부피 변화 실험 결과에 대해 질문한다.
4) 교사는 학생들에게 유리컵에 물을 가득 넣고 얼리면 어떻게 될지에 대해 추론하게 한다.
5) 교사는 학생들과 함께 문제의 답을 확인한다.

> 정답
> 원칙에 의한 추론에 의해 ③번처럼 된다.

익힘책 6과

[51쪽] 학습 도구 어휘 및 문법 확인하기

1. 제시된 문장을 읽고 알맞은 어휘를 골라 문장을 완성하는 문제이다.

(1) ① 기호

Σ, ∅, √는 각각 수학의 개념인 시그마, 공집합, 루트를 나타내는 그림이다. 이렇게 어떤 것을 나타내기 위한 여러 가지 표시를 '기호'라고 한다.

(2) ① 명확한

약속을 정하기 위해 어떤 답을 줘야하는지 찾아야 한다.

(3) ② 분류할

쓰레기를 다시 사용할 수 없는 것은 일반 쓰레기, 다시 사용할 수 있는 것을 재활용 쓰레기로 나눴다. 이렇게 일정한 기준에 따라 나눈 것을 '분류'라고 한다.

2. 제시된 어휘나 표현에 목표 문법을 적용하여 문장을 완성하는 문제이다. 목표 문법 '이란/란'은 이야기가 되는 대상을 나타내는 표현이다. '은/는'과 비슷하다. 누구나 그렇게 생각하는 것을 말할 때는 주로 '은/는'을 사용하고 사람마다 다르게 말할 수 있는 것은 '이란/란'을 사용한다. 말할 대상이 받침이 있으면 '이란' 받침이 없으면 '란'을 쓴다.

(1) 행복이란

'행복'에 받침이 있기 때문에 '이란'을 써야 한다.

(2) 배려란

'배려'에 받침이 없기 때문에 '란'을 써야 한다.

3. 밑줄 친 부분과 의미가 반대인 표현을 고르는 문제이다.

(1) ① 감소했다

'감소하다'는 양이나 수가 줄어든다는 의미가 있다.

(2) ③ 축소될

'축소되다'는 줄어서 작게 된다는 의미가 있다.

[52쪽] 학습 활동 확인하기

코넬식 노트 필기 방법의 각 영역과 그 부분에 들어갈 내용을 찾아 쓰는 문제이다.

> ⓐ 제목   영역: ⓑ 단원명이나 수업의 주제를 적는다.

> ⓔ 핵심 개념 영역: ⓛ 노트 정리 영역:
> ⓓ 핵심 개념을 핵심 단어   ⓒ 수업을 들으면서
> 나 질문으로 표현한다.   수업 내용을 메모한다.

> ⓒ 요약정리   영역: ⓐ 중요한 내용을 요약한다.

교재 89쪽의 코넬식 노트 필기 방법을 보면 알 수 있다.

[54] 학습 기능 익히기

교과서를 읽으며 메모한 것을 보고 사용한 메모 방법을 찾는 문제이다.

①, ③

'집합, 원소, 부분집합'이라고 쓴 것은 교과서의 내용 중 중요한 단어만 적은 것이다. 그리고 부분집합에 대한 설명을 그림으로 그렸다.

[55쪽] 학습 기능 더 익히기

책 읽기에서 메모하기 학습 기능이 어떻게 구현되는지 확인할 수 있는 문제로, 책을 읽으며 빈 공간에 메모하는 상황이 담겨 있다. 활동 방법 및 진행 절차는 다음과 같다.

1) 교사는 학생들에게 저작권에 대한 글을 읽어 보게 한다.

2) 교사는 학생들에게 저작물과 저작권에 대해 질문한다.

3) 교사는 학생들에게 글을 읽으며 떠오르는 생각, 궁금한 점, 중요한 단어 등을 메모해 보게 한다.

4) 교사는 학생들과 함께 활동의 결과를 확인한다.

> 예시 답안
> - 저작물: 다른 사람들이 보거나 느낄 수 있게 만든 것
> - 저작권: 저작물의 주인이라는 법적 확인
> - 저작권을 지키지 않으면 어떻게 될까?
> - 다른 나라에서도 똑같은 결과가 나올까?

[56쪽] 학습 기능 익히기

과일을 분류한 기준을 찾는 문제이다.

③

종류에 따라 비싼 딸기도 있고 싼 딸기도 있기 때문에 이 그림을 보고 가격으로 분류할 수 없다. 그리고 요즘 계절에 상관없이 과일을 볼 수 있기 때문에 계절로도 분류할 수 없다. 크기로 분류하면 '사과, 레몬, 참외, 바나나'와 '체리, 딸기'로 분류할 수다. '레몬, 참외, 바나나'는 노란색이고 '딸기, 체리, 사과'는 빨간색이기 때문에 이것은 '색깔'로 분류한 것이다.

[57쪽] 학습 기능 더 익히기

복습하기에서 분류하기 학습 기능이 어떻게 구현되는지 확인할 수 있는 문제로, 음악 시간 배운 악기들을 복습하며 일정한 기준에 따라 분류하는 상황이 담겨 있다. 활동 방법 및 진행 절차는 다음과 같다.

1) 교사는 학생들에게 악기의 특징에 대해 질문한다.

2) 교사는 학생들에게 악기의 차이점과 공통점에 대해 질문한다.

3) 교사는 학생들이 기준을 정해 악기를 분류해 보게 한다.

4) 교사는 학생들과 함께 활동의 결과를 확인한다.

> **교수-학습 지침**
> 학생들이 어려워하면 교사는 '예시 답안' 중 하나를 예시로 제시할 수 있다.

예시 답안

분류 기준	연주할 때 줄을 이용하는 것	연주할 때 줄을 이용하지 않는 것
1. 어떻게 연주하는가	바이올린, 가야금, 기타, 하프	트럼펫, 클라리넷, 단소, 호른

분류 기준	동양 악기	서양 악기
2. 어느 지역의 악기인가	가야금, 단소	바이올린, 트럼펫, 하프, 클라리넷, 기타, 호른

익힘책 7과

[59쪽] 학습 도구 어휘 및 문법 확인하기

1. 제시된 문장을 읽고 알맞은 어휘를 골라 문장을 완성하는 문제이다.

   (1) ① 단원

   쪽지 시험을 보기 전에 끝낼 수 있는 것이어야 한다.

   (2) ④ 영역

   다른 나라와 땅과 바다, 하늘이 구분될 수 있는 것이어야 한다.

   (3) ④ 조직

   여러 사람이 모일 수 있는 것이어야 한다.

   (4) ① 범위

   예전에는 인간들이 지구에서만 활동할 수 있다. 그런데 과학 기술이 발달하면서 우주에서도 활동할 수 있게 되었다. 활동할 수 있는 곳이 넓어진 것을 '활동 범위가 넓다/확대되었다'라고 말할 수 있다.

   (5) ④ 체계적

   학습자를 한 반에서 가르치지 않고 학습자의 수준에 따라 초급, 중급, 고급으로 나누어서 교육을 한다고 한다. 이것은 교육이 일정한 원리에 따라 단계적으로 잘 짜여 진행되는 것이다.

2. 밑줄 친 부분과 의미가 비슷한 표현을 고르는 문제이다.

   (1) ② 성질

   '성질'은 사물이나 현상이 가지고 있는 고유의 특징이라는 의미가 있다.

   (2) ① 대립하고

   '맞서다'는 어떤 상황을 받아들이거나 그 상황에 굽히지 않고 버틴다는 의미가 있다.

[60쪽] 학습 활동 확인하기

1. 복습의 중요성과 효과로 알맞지 않은 것을 고르는 문제이다.

   ④

   복습을 하면 배운 내용을 더 정확하게 이해할 수 있고, 더 오래 기억할 수 있다. 복습은 한 번만 하는 것보다 여러 번 하는 것이 더 좋다. 복습하지 않고 시간이 지나면 잊어버리기 쉽기 때문에 수업이 끝난 쉬는 시간에 한 번, 집에 가서 또 하는 것이 좋다.

2. 복습 계획 및 방법에 대한 설명으로 맞는 것과 틀린 것을 고르는 문제이다.

   (1) X

   복습은 양에 상관없이 여러 번 하는 것이 좋다.

   (2) O

   (103쪽 본문) '가장 효과적인 복습 주기는 10분, 1일, 7일, 30일이다.'를 보면 알 수 있다.

   (3) O

   (103쪽 본문) 복습 방법으로 '교과서 다시 읽기'와 '공책 정리하기'를 제시하고 있다.

[62쪽] 학습 기능 익히기

구성 요소와 속성 확인하기에 대한 설명으로 맞는 것을 고르는 문제이다.

(1) O (2) X (3) O

(1), (2) (104쪽 본문) '구성 요소와 속성 확인하기란 대상이 어떤 부분들로 이루어져 있는지를 알고 그것들의 특징을 분명하게 확인하는 것을 말한다.'라는 내용을 보면 알 수 있다.

(3) (104쪽 본문) '각각의 특징과 속성들 중에서 어떤 것이 중요한지 확인한다. 이때 핵심적인 속성과 부가적인 속성으로 나눌 수 있다.'라는 내용을 보면 알 수 있다.

[63쪽] 학습 기능 더 익히기

점검하기에서 구성 요소와 속성 확인하기 학습 기능이 어떻게 구현되는지 확인할 수 있는 문제로, 달의 변화를 관찰하는 계획이 잘 진행되고 있는지 확인하기 위해 계획서 내용으로 점검표를 만드는 상황이 담겨 있다. 활동 방법 및 진행 절차는 다음과 같다.

1) 교사는 학생들에게 일이 잘 진행되고 있는지 확인할 수 있는 방법에 대해 질문한다.
2) 교사는 학생들이 탐구 계획서를 읽어 보게 한다.
3) 교사는 학생들에게 탐구 일정에 대해 질문한다.
4) 교사는 학생들에게 탐구가 잘 진행되는지 알기 위해서는 무엇을 점검해야 하는지에 대해 질문한다.
5) 교사는 학생들이 점검표를 완성해 보게 한다.
6) 교사는 학생들과 함께 문제의 답을 확인한다.

> 정답
> 3. 관찰 내용을 잘 정리하고 있는가?
> 4. 추가 정보를 수집했는가?

[64쪽] 학습 기능 익히기

핵심 정리하기의 방법을 순서에 맞게 쓰는 문제이다.

(㉡) → (㉢) → (㉠)

먼저 주제와 관련된 내용과 표현을 찾는다. 찾은 어휘와 표현들의 관계를 파악하고 그 내용을 중심으로 핵심 내용을 정리하여 쓸 수 있다.

[65쪽] 학습 기능 더 익히기

책 읽기에서 핵심 내용 정리하기 학습 기능이 어떻게

구현되는지 확인할 수 있는 문제로, '위기와 기회'에 대한 글을 읽고 핵심 어휘와 표현을 찾아 핵심 내용을 정리하는 상황이 담겨 있다. 활동 방법 및 진행 절차는 다음과 같다.

1) 교사는 학생들이 본문을 읽어 보게 한다.
2) 교사는 학생들에게 글의 주제에 대해 질문 한다.
3) 교사는 학생들에게 이 글의 핵심 어휘와 표현에 대해 질문한다.
4) 교사는 학생들이 핵심 내용을 써 보게 한다.
5) 교사는 학생들과 함께 문제의 답을 확인한다.

정답
1. 위기와 기회
2. 어렵다, 극복, 기회, 위기
3. 어려움을 극복하여 오히려 위기를 기회로 만들 수 있다.

익힘책 8과

[67쪽] 학습 도구 어휘 및 문법 확인하기

1. 제시된 문장을 읽고 알맞은 어휘를 골라 문장을 완성하는 문제이다.

(1) ② 비율

나이에 따라 어린이, 청소년, 성인, 청년, 노인 등 다양하게 구분할 수 있다. 전체 인구에서 노인이 10%였다가 20%로 변했으면 노인 인구의 '비율'이 늘어난 것이다.

(2) ① 공존하는

한 도시에서 과거의 문화와 현대의 문화를 같이 볼 수 있는 것이어야 한다.

(3) ② 모순된

공부를 하지 않고 성적이 좋기를 바라는 것은 두 사실이 상반된 것이다.

2. 밑줄 친 부분과 의미가 비슷한 표현을 고르는 문제이다.

(1) ① 고민하고

'갈등하다'는 서로 생각이 달라서 부딪치는 것과 내가 무엇을 할지 몰라서 괴로워하는 의미가 있다.

(2) ④ 요인

'요인'은 사물이나 사건 등이 성립되는 중요한 원인이라는 의미가 있다.

3. 밑줄 친 부분과 의미가 반대인 표현을 고르는 문제이다.

(1) ② 우연적인

'우연적'은 특별한 의미 없이 어쩌다가 일어났다는 의미가 있다.

(2) ③ 소비할

'소비하다'는 만든 것을 사용해서 없애는 것이라는 의미가 있다.

[68쪽] 학습 활동 확인하기

1. 점검하기에 대한 설명으로 알맞지 않은 것을 고르는 문제이다.

①

점검하기란 어떤 일의 양상이나 대상의 상태를 하나하나 살피고 확인하는 것을 말한다. 점검할 때 점검표를 만들면 좋다. 점검표의 점검 내용은 목표를 이용하여 작성할 수 있다. 또한 보완 사항을 적는 공간이 있으면 좋다.

2. 학습에서의 자기 점검하기에 대한 설명으로 맞는 것과 틀린 것을 고르는 문제이다.

(1) O

(117쪽 본문) 학습에서의 자기 점검표의 예를 보면 알 수 있다.

(2) X

학습에서의 자기 점검하기는 배운 내용이나 학습한 정도를 확인하는 것이다.

(3) O

(117쪽 본문) '책의 차례와 점검표를 보면서 자신이 알고 있는 것을 확인할 수 있다. 생각 그물(마인드맵)로 알고 있는 것을 다 써 보면서 아는 것과 모르는 것을 점검할 수 있다.'라는 내용을 보면 알 수 있다.

[70쪽] 학습 기능 익히기

제시된 글을 읽고 〈보기〉의 문장이 들어가기에 가장 알맞은 곳을 고르는 문제이다.

②

〈보기〉의 문장을 보면 '다른 쪽 신발'을 벗어 던졌다고 했다. 그러면 앞에 한 쪽의 신발이 어떻게 되었는지가 나와야 한다. 그래서 신발 한 짝을 떨어뜨렸다는 내용 뒤에 있는 ⓒ에 이 문장이 들어가야 한다.

[71쪽] 학습 기능 더 익히기

체험하기에서 양상 확인하기 학습 기능이 어떻게 구현되는지 확인할 수 있는 문제로, 비슷한 체험 활동이 많은 것을 보고 신문을 읽으면서 체험 활동의 양상을 파악하는 상황이 담겨 있다. 활동 방법 및 진행 절차는 다음과 같다.

1) 교사는 학생들에게 어떤 체험 활동이 많은지에 대해 질문한다.
2) 교사는 학생들이 신문의 내용을 읽어 보게 한다.
3) 교사는 학생들에게 사람들이 요즘 휴가 때 뭐하는지에 대해 질문한다.
4) 교사는 학생들이 왜 이런 양상이 일어나게 되었는지를 써 보게 한다.
5) 교사는 학생들과 함께 문제의 답을 확인한다.

정답
1. 요즘에는 자연에서 체험을 하는 활동이 많다.
2. 요즘에는 휴가 때 여행을 가기보다 휴식을 취하는 사람들이 많아졌기 때문이다.

[72쪽] 학습 기능 익히기

제시된 글을 읽고 가축을 키우는 것과 물 부족 현상이 무슨 관계가 있는지 맞는 것을 고르는 문제이다.

④

가축을 키우면 가축이 마시는 물과 가축이 먹을 사료를 재배할 때 사용할 물이 필요하다. 그래서 가축을 많이 키우는 것이 원인이 되어 물 부족 현상이라는 결과가 발생한다.

[73쪽] 학습 기능 더 익히기

예습하기에서 관계 파악하기 학습 기능이 어떻게 구현되는지 확인할 수 있는 문제로, 내일 사회 시간에 배울 '정보화 사회'에 대해 예습하면서 과학 시간에 배운 내용과 비슷한 부분을 발견한 상황이 담겨 있다. 활동 방법 및 진행 절차는 다음과 같다.

1) 교사는 학생들이 본문의 내용을 읽게 한다.
2) 교사는 학생들에게 교통수단과 통신 수단의 발달로 할 수 있는 일들에 대해 질문 한다.
3) 교사는 학생들에게 과학 기술의 발달과 생활의 변화의 관계에 대해 질문한다.
4) 교사는 학생들에게 인터넷이 발달하면서 생긴 장점과 문제에 대해 질문한다.
5) 교사는 학생들에게 인터넷이 발달하면서 생긴 장점과 문제의 관계에 대해 질문한다.
6) 교사는 학생들과 함께 문제의 답을 확인한다.

정답
1. ⓒ
2. ⓛ

익힘책 9과

[75쪽] 학습 도구 어휘 및 문법 확인하기

1. 제시된 문장을 읽고 알맞은 어휘를 골라 문장을 완성하는 문제이다.

   (1) ① 방안

   정부는 환경 문제를 어떻게 해결할 수 있을지, 그 방법을 찾고 있다는 의미가 되도록 문장을 만들 수 있다.

   (2) ③ 가치관

   사람들은 여행을 통해 삶을 다시 돌아보기도 하고 앞으로 어떤 삶을 살아갈지 생각한다. 따라서 여행을 다녀온 후 인생의 가치에 대해 다시 생각해 보게 되었다는 의미가 되도록 문장을 만들 수 있다.

   (3) ③ 오류

   글을 다 쓴 후에는 맞춤법이 정확한지, 잘못 쓴 문장은 없는지 확인하는 과정이 필요하다는 의미가 되도록 문장을 만들 수 있다.

2. 제시된 문법을 사용하여 〈보기〉와 같이 문장을 완성하는 문제이다. 목표 문법 '-을 법하다'는 앞에 오는 말이 나타내는 상황과 같을 가능성이 있다고 판단함을 나타내는 표현이다.

   (1) 나올 법한

   '나오다'는 어간에 받침이 없기 때문에 '-ㄹ 법하다'를 같이 사용한다. 그리고 밑줄 뒤에 명사가 있기 때문에 '-ㄹ 법한'의 형태로 사용한다.

   (2) 갈 수 있을 법한

   '갈 수 있다'는 어간에 받침이 있기 때문에 '-을 법하다'를 같이 사용한다. 그리고 밑줄 뒤에 명사가 있기 때문에 '-을 법한'의 형태로 사용한다.

3. 밑줄 친 부분과 의미가 비슷한 표현을 고르는 문제이다.

   (1) ③ 적절한

   '알맞다'는 어떤 기준이나 조건에 넘치거나 모자라지 않고 잘 맞는다는 의미가 있다.

   (2) ④ 특이해서

   '특이하다'는 보통의 것에 비해 뚜렷하게 다르다는 의미가 있다.

[76쪽] 학습 활동 확인하기

과목별 공부법에 대한 설명으로 빈칸에 들어갈 알맞은 단어를 찾아 쓰는 문제이다.

(1) 용어

교재 131쪽의 '용어의 개념을 명확히 알고 암기하기'를 보면 알 수 있다.

(2) 탐구 활동

교재 131쪽의 '탐구 활동과 이미지를 통해 개념 익히기'를 보면 알 수 있다.

(3) 단락

교재 130쪽의 '본문에서 글의 종류와 주제, 단락의 중심 문장 파악하기'를 보면 알 수 있다.

(4) 공식

교재 130쪽의 '공식을 외울 때 단순히 암기하지 말고 그것이 나오기까지의 과정을 이해하기'를 보면 알 수 있다.

[78쪽] 학습 기능 익히기

제시된 글을 읽고 문제를 해결하기 위한 단서를 찾아 물음에 대한 답을 찾는 문제이다.

②

글을 읽고 형식에 따른 수필의 종류와 내용에 따른 수필의 종류, 경수필과 중수필의 개념에 대해서 잘 이해하면 답을 찾을 수 있다.

[79쪽] 학습 기능 더 익히기

협동 학습하기에서 문제 해결하기 학습 기능이 어떻게 구현되는지 확인할 수 있는 문제로, 도시 문제와 관련된 그림을 보고 그 원인과 해결 방안을 찾는 연습을 할 수 있다. 활동 방법 및 진행 절차는 다음과 같다.

1) 교사는 먼저 학생들에게 그림에 나타난 도시 문제가 무엇인지 찾아보게 한다.

2) 교사는 모둠을 나눠 학생들이 협동 학습을 진행하게 한다. 먼저 그림에 나타난 도시 문제의 원인과 해결 방안이 무엇인지 서로의 생각을 이야기해 보게 한다. 직접 생각하는 것을 어려워하는 경우 인터넷을 통해 자료를 조사해 보게 할 수도 있다.

3) 교사는 학생들이 서로 주고받은 생각을 정리하여 적게 한다.

4) 교사는 학생들과 함께 활동의 결과를 확인한다.

예시 답안

도시 문제	원인 분석	해결 방안
가 환경 오염	오염된 공기를 깨끗하게 만들어 주는 숲이 줄어듦.	종이를 아껴 쓰고 산에 나무를 많이 심도록 함.
나 교통 체증	자동차 사용 인구가 많아지면서 출퇴근 시간에 차가 막히게 됨.	짧은 거리는 걷거나 자전거를 타고 먼 거리는 대중교통을 이용하도록 함.

[80쪽] 학습 기능 익히기

수학 과목에서 오답 노트를 쓰는 과정을 알맞은 순서대로 쓰는 문제이다.

(ⓒ) → (㉠) → (ⓛ) → (㉣)

수학 오답 노트를 쓸 때는 먼저 틀린 문제를 쓴다. 그리고 문제의 풀이 과정에 대해 쓰고, 자신이 문제를 틀린 이유를 쓴다. 마지막으로 문제에 대한 나의 생각을 간단히 정리한다.

[81쪽] 학습 기능 더 익히기

학습 반응하기에서 오류 확인하기 학습 기능이 어떻게 구현되는지 확인할 수 있는 문제로, 과학 시간에 틀린 문제와 관련해 선생님의 설명을 들은 후 오류를 찾는 상황이 담겨 있다. 활동 방법 및 진행 절차는 다음과 같다.

1) 교사는 학생들에게 제시된 과학 문제와 오답을 확인하게 한다.
2) 교사는 학생들이 문제 아래의 제시된 김지영 선생님의 말풍선을 직접 읽게 한다. 또는 김지영 선생님 말풍선의 내용을 교사가 직접 학생들에게 설명해 줄 수도 있다.
3) 교사는 학생들에게 문제를 틀린 이유에 대해 생각하게 하고, 그것을 '나의 생각'에 적게 한다.
4) 교사는 학생들과 함께 활동의 결과를 확인한다.

> **예시 답안**
> '개체'와 '종'의 개념을 정확히 몰라서 문제를 틀렸다. (가)와 (나)의 개체 수는 동일한데, ㉠의 '(나)는 (가)보다 개체 수가 적다'에서 '개체'의 의미가 '종'의 의미와 같다고 생각하였다. 그래서 ㉠을 정답으로 선택하게 되었다. 선생님의 설명을 듣고 '개체'와 '종'의 정확한 개념을 잘 이해했으니 다음에 비슷한 문제가 나오면 틀리지 않을 것이다.

익힘책 10과

[83쪽] 학습 도구 어휘 및 문법 확인하기

1. 제시된 문장을 읽고 알맞은 어휘를 골라 문장을 완성하는 문제이다.

   (1) ① 각종

   전자제품을 수식할 수 있는 단어를 사용해 문장을 만들 수 있다.

   (2) ① 미만

   신청자가 10명이 되지 않을 경우 수업이 열리지 않는다는 의미로 일정한 정도에 이르지 못했음을 의미하는 단어를 사용해 문장을 만들 수 있다.

   (3) ① 경로

   정보는 다양한 과정이나 방법을 통해 수집할 수 있다. 따라서 다양한 과정이나 방법을 통해 수집한 정보라는 의미가 되도록 문장을 만들 수 있다.

2. 제시된 문법을 사용하여 〈보기〉와 같이 문장을 완성하는 문제이다. 목표 문법 '으로써'는 앞에 오는 말이 뒤에 오는 말의 이유가 됨을 나타내는 조사이다. 주로 동사와 결합하여 '-음으로써'의 형태로 쓰인다.

   (1) 읽음으로써

   '읽다'는 어간에 받침이 있기 때문에 '-음으로써'를 같이 사용한다.

   (2) 개발됨으로써

   '개발되다'는 어간에 받침이 없기 때문에 '-ㅁ으로써'를 같이 사용한다.

3. 밑줄 친 부분과 의미가 비슷한 표현을 고르는 문제이다.

   (1) ② 시기

   '때'는 어떤 일을 하기에 알맞은 시기라는 의미이다.

   (2) ④ 탁월하다

   '뛰어나다'는 능력 등이 남보다 더 훌륭하거나 우수하다는 의미예요.

[84쪽] 학습 활동 확인하기

1. 발표의 과정을 순서에 맞게 쓰는 문제이다.

   ⒜ → (⒝) → (⒞) → (⒧) → ⒠ → (⒨) → (㉠)

   교재 144, 145쪽에 있는 발표의 과정을 보면 순서를 알 수 있다.

2. 발표 태도에 대한 설명으로 맞는 것과 틀린 것을 찾는 문제이다.

   (1) O

   교재 145쪽의 '발표를 시작할 때 정중하게 인사를 한다.'를 보면 맞는 내용임을 알 수 있다.

(2) O

교재 145쪽의 '자신 있는 목소리로 말한다.'를 보면 맞는 내용임을 알 수 있다.

(3) X

발표를 할 때는 듣는 사람과 눈을 마주치며 발표하는 것이 좋다.

[86쪽] 학습 기능 익히기

제시된 글을 읽고 각 정보들에 대한 알맞은 표현 방법을 골라 연결하는 문제이다.

'신재생 에너지의 의미'는 실제로 볼 수 있는 사물이 아니기 때문에 시청각 자료로 표현하기 어렵다. '신재생 에너지 발전소의 모습'은 사진이나 그림을 통해 표현하면 정보를 더욱 쉽게 전달할 수 있다. '한국 신재 생에너지의 지역별 사용 현황'은 도표나 그래프로 표현하면 정보를 보다 정확하게 전달할 수 있다. 특히 한국의 지도를 함께 활용한 그림그래프를 사용한다면 정보를 더욱 효과적으로 전달할 수 있다.

[87쪽] 학습 기능 더 익히기

보고서 쓰기에서 표현하기 학습 기능이 어떻게 구현되는지 확인할 수 있는 문제로, 글로 적혀 있는 '20**년도 서울의 월별 강수량'에 대한 내용을 표나 그래프로 다시 표현하는 연습을 할 수 있다. 활동 방법 및 진행 절차는 다음과 같다.

1) 교사는 먼저 제시된 보고서의 일부 내용을 읽게 한다.
2) 교사는 숫자와 관련된 정보를 글로만 적으면 알아보기 어렵다는 점을 설명한다.
3) 교사는 제시된 정보를 학생들이 직접 표나 그래프로 다시 표현해 보게 한다.
4) 교사는 학생들이 그래프나 표를 작성한 후 정보를 단순히 글로 표현한 것과 어떤 점이 다른지 생각해 보게 한다.
5) 교사는 학생들과 함께 활동의 결과를 확인한다.

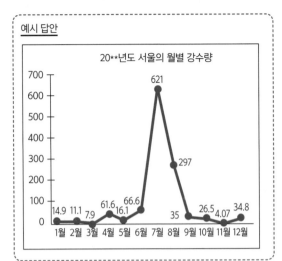

예시 답안

20**년도 서울의 월별 강수량

[88쪽] 학습 기능 익히기

제시된 글을 읽고 해당 글을 작성하기 위해 활용한 자료를 찾는 문제이다.

자료 1, 자료 3

이 글은 생태 도시의 개념과 한국의 대표적인 생태 도시에 대한 설명을 하고 있다.

[89쪽] 학습 기능 더 익히기

복습하기에서 재구조화하기 학습 기능이 어떻게 구현되는지 확인할 수 있는 문제로, 제시된 자료를 재구조화하여 새로운 정보를 작성해 보는 연습을 할 수 있다. 활동 방법 및 진행 절차는 다음과 같다.

1) 교사는 학생들에게 제시된 자료들을 확인해 보게 한다.
2) 교사는 학생들이 관련 자료를 활용하여 유기 동물이 자주 발생하는 시기와 해당 시기에 유기 동물이 자주 발생하는 원인이 무엇인지 생각하고 그것을 정리하여 써 보게 한다.
3) 교사는 학생들과 함께 활동의 결과를 확인한다.

예시 답안

1. 유기 동물이 자주 발생하는 시기는 7월과 8월이다.
2. 7월과 8월은 보통 사람들이 여름휴가를 보내는 시기이다. 먼 곳으로 여행을 가는 경우 반려동물을 어떻게 하는지 조사한 결과 반려동물을 데리고 함께 여행을 가는 사람들이 많지 않은 것으로 확인되었다. 반려동물을 여행에 데리고 가지 않는 사람들은 지인이나 반려동물 호텔에 반려동물을 맡기게 된다. 이러한 번거로움에 불편함을 느끼는 사람들이 반려동물을 유기하는 것으로 생각된다.

[91쪽] 학습 도구 어휘 및 문법 확인하기

1. 제시된 문장을 읽고 알맞은 어휘를 골라 문장을 완성하는 문제이다.

   (1) ① 제한하셨다

   선생님이 시험 시간을 한 시간으로 정했다는 의미가 되도록 문장을 만들 수 있다.

   (2) ④ 정책

   가구의 소득을 증가시키는 일은 정치적인 것으로 정부가 해야 하는 일이다. 즉 정부가 정치적 목적을 이루기 위한 방법을 발표했다는 의미가 되도록 문장을 만들 수 있다.

   (3) ③ 시행

   주5일제가 실제로 행해지면서 평일에도 여행을 가는 사람들이 늘었다는 의미가 되도록 문장을 만들 수 있다.

2. 밑줄 친 부분과 의미가 비슷한 표현을 고르는 문제이다.

   (1) ② 뛰어넘고

   '뛰어넘다'는 어려운 일을 이겨 낸다는 의미이다.

   (2) ② 반박하기

   '반론을 제기하다'는 상대방의 주장에 대해 반대하는 의견을 말한다는 의미이다.

3. 밑줄 친 부분과 의미가 반대인 표현을 고르는 문제이다.

   (1) ② 부족한

   '부족하다'는 필요한 양이나 기준에 모자라거나 넉넉하지 않다는 의미이다.

   (2) ③ 소극적

   '소극적'은 스스로 하려는 의지가 부족하고 활동적이지 않은 것을 의미한다.

[92쪽] 학습 활동 확인하기

1. 토론에서 다음의 역할을 하는 사람이 누구인지 고르는 문제이다.

   ☑ 사회자

   교재 158쪽을 보면 '사회자'의 역할을 알 수 있다.

2. 토론의 자세에 대한 설명으로 맞는 것과 틀린 것을 고르는 문제이다.

   (1) X

   토론자는 상대 토론자를 비꼬거나 공격하는 말투를 쓰면 안 된다.

   (2) X

사회자는 토론자에게 질문을 해도 되지만 많이 할 필요는 없다.

   (3) O

   교재 159쪽의 '토론자의 발언을 요약하면서 토론을 진행한다.'라는 내용을 보면 알 수 있다.

[94쪽] 학습 기능 익히기

제시된 글을 읽고 주장에 대해서 반박하는 질문으로 알맞은 것을 고르는 문제이다.

   ④

   ① 글에서 아이들이 아예 영상을 시청하지 못하게 해야 한다고 주장하고 있으므로 적절하지 못하다.

   ② 이미 충분히 설명한 내용에 대해 되묻는 질문이다. 토론에서 이러한 질문을 하면 상대에게 추가 의견을 말할 기회를 주게 된다.

   ③ 토론의 쟁점과 거리가 먼 내용으로 적절하지 못한 질문이다.

   ④ 글의 주장이 인터넷 영상의 긍정적인 측면을 고려하지 못하고 있다는 허점을 지적하고 있으므로 가장 적절하다고 할 수 있다.

[95쪽] 학습 기능 더 익히기

발표하기에서 질문하기 학습 기능이 어떻게 구현되는지 확인할 수 있는 문제로, 다른 사람의 발표를 듣고 질문을 하는 상황이 담겨 있다. 활동 방법 및 진행 절차는 다음과 같다.

1) 교사는 먼저 학생들에게 다른 사람의 발표를 들은 후에 궁금한 점에 대해 질문할 수 있다는 점을 알려 준다.

2) 교사는 학생들에게 제시된 글과 그래프를 확인하게 한다.

3) 교사는 학생들에게 발표 내용과 그래프를 확인한 후 궁금한 부분이 있는지 생각해 보게 한다. 학생들이 잘 생각하지 못하는 경우 실제 자신들의 스트레스 원인 및 스트레스 해소 방법은 어떤지 질문하고, 제시된 자료와 어떤 차이점이 있는지 비교해 보게 할 수 있다.

4) 교사는 학생들이 궁금한 내용을 생각하였으면 그것을 질문으로 만들어 보게 한다.

5) 교사는 학생들과 함께 활동의 결과를 확인한다.

> **예시 답안**
> - 청소년들이 스트레스를 받는 원인으로 미래에 대한 불안감이 27%를 차지하고 있는데 구체적으로 어떤 불안감을 느끼는지 알 수 있습니까?
> - 청소년들이 스트레스를 해소하는 방법의 경우 운동이 전체 25%로 가장 큰 비중을 차지하고 있는데, 혹시 남학생과 여학생을 구분하여도 조사 결과가 일치하나요?

[96쪽] 학습 기능 익히기

제시된 글을 읽고 글에서 주장하는 내용의 진위를 확인하기에 적절한 자료를 찾는 문제이다.

②

제시된 글에서 게임 중독을 질병으로 봐야 한다는 주장을 뒷받침하기 위해 과거와 요즘 게임의 특징을 비교하여 근거로 제시하고 있다. 따라서 ②번의 '과거와 현재의 인기 게임 비교 영상'이라는 자료를 통해서 글에서 근거로 제시한 정보가 사실인지 확인할 수 있다.

[97쪽] 학습 기능 더 익히기

학습 반응하기에서 진위 확인하기 학습 기능이 어떻게 구현되는지 확인할 수 있는 문제로, 소연이가 수업 시간에 세인이의 발표를 듣고 발표 내용에 대해서 진위를 확인하려고 하는 상황이 담겨 있다. 활동 방법 및 진행 절차는 다음과 같다.

1) 교사는 학생들에게 글을 읽게 한다.
2) 교사는 학생들에게 실제로 누리 소통망(SNS)를 사용하는지와 누리 소통망(SNS)에 대해서 어떻게 생각하고 있었는지를 질문한다.
3) 교사는 학생들에게 누리 소통망(SNS)의 부정적인 측면에 어떤 점이 있는지 직접 자료를 찾아보게 하고, 조사 결과를 쓰게 한다. 교사는 이때 자료의 출처를 정확하게 써야 함을 강조해야 한다.
4) 교사는 학생들과 함께 활동의 결과를 확인한다.

예시 답안	
자료 출처	신문기사
조사 내용	2013년 서울에 화재 사건이 있었다. 화재 규모가 커서 많은 소방관들이 투입되었다. 그런데 누리 소통망(SNS)을 통해 화재를 진입하던 소방관 5명이 부상을 입었다는 소문이 돌기 시작했다. 하지만 이 소문은 사실이 아니라는 것이 확인되었으며, 잘못된 정보를 전달했던 뉴스는 보도를 정정해야 했다. 인명 피해가 없다는 것은 다행인 일이었지만 거짓 정보로 인해 소방대원들의 가족들은 큰 충격을 받았을 것이다.

익힘책 12과

[99쪽] 학습 도구 어휘 및 문법 확인하기

1. 제시된 문장을 읽고 알맞은 어휘를 골라 문장을 완성하는 문제이다.

(1) ④ 통제하기

출입을 하지 못하게 막기 때문에 밖에 나갈 수 없다는 의미가 되도록 문장을 만들 수 있다.

(2) ④ 확보되어야

예산을 확실히 가지고 있어야 사업을 위한 구체적인 계획과 시행이 가능하다는 의미가 되도록 문장을 만들 수 있다.

(3) ③ 데이터

조사를 통해 얻는 정보를 의미하는 단어를 사용할 수 있다.

2. 제시된 문법을 사용하여 〈보기〉와 같이 문장을 완성하는 문제이다. 목표 문법 '에 반해'는 앞의 내용과 뒤의 내용이 반대가 되거나 대조됨을 나타내는 표현이다.

(1) 올라가는 데에 반해

'에 반해'는 동사, 형용사, '이다'와 같이 사용하는 경우 '-ㄴ/는 데(에) 반해'의 형태로 사용한다. 따라서 '올라가다'와 '에 반해'를 함께 쓰면 '올라가는 데에 반해'와 같이 쓸 수 있다.

(2) 내성적인 데에 반해

'에 반해'는 동사, 형용사, '이다'와 같이 사용하는 경우 '-ㄴ/는 데(에) 반해'의 형태로 사용한다. 따라서 '내성적이다'와 '에 반해'를 함께 쓰면 '내성적인 데에 반해'와 같이 쓸 수 있다.

3. 밑줄 친 부분과 의미가 비슷한 표현을 고르는 문제이다.

(1) ④ 풍부하다

'풍부하다'는 넉넉하고 많다는 의미이다.

(2) ① 선정했다

'뽑다'는 여럿 가운데서 골라서 정하다는 의미이다.

[100쪽] 학습 활동 확인하기

1. 실험의 과정을 순서에 맞게 쓰는 문제이다.

ⓒ → (②) → ⓑ → (①) → (⑩) → (ⓒ)

교재 172, 173쪽의 실험 과정에 대한 내용을 보면 알 수 있다.

2. 제시되어 있는 설명이 실험 과정 중 어느 과정에 해당하는 것인지 고르는 문제이다.

①

교재 172쪽의 '가설 설정'에 대한 내용을 보면 알 수 있다.

[102쪽] 학습 기능 익히기

제시된 글을 읽고 증명을 하기 위해 사용한 방법을 고르는 문제이다.

②

글에서 감기 환자가 제일 많이 발생하는 계절이 겨울이라는 사실을 증명하기 위해 그와 관련된 통계 자료를 찾아 분석하였다.

[103쪽] 학습 기능 더 익히기

모둠 활동하기에서 증명하기 학습 기능이 어떻게 구현되는지 확인할 수 있는 문제로, 수학 시간에 가정을 설정하고 통계를 통해 그 가정이 사실임을 증명하는 상황이 담겨 있다. 활동 방법 및 진행 절차는 다음과 같다.

1) 교사는 학생들에게 글을 읽게 한다,
2) 교사는 학생들에게 어떤 가정을 설정했는지, 어떤 방법을 통해 가정을 증명할 것인지 묻는다.
3) 교사는 학생들이 모둠을 나누어 제시된 방법을 통해 직접 가정을 증명해 보게 한다. 이때 구체적인 조사 방법과 조사 결과, 증명 결과 등을 정리하게 한다.
4) 교사는 학생들과 함께 활동의 결과를 확인한다.

예시 답안

조사 방법
집에서 학교까지 걸리는 시간이 10분 미만인 친구 5명, 10분 이상 20분 미만인 친구 5명, 20분 이상인 친구 5명에게 최근 한 달 동안 지각을 몇 번 했는지 물어보고 그 결과를 표로 정리했다.

조사 결과

집에서 학교까지 걸리는 시간	지각 횟수					총 지각 횟수
10분 미만	A	B	C	D	E	6
	1	0	3	1	1	
10~20분	F	G	H	I	J	3
	0	1	0	2	0	
20분 이상	K	L	M	N	O	1
	0	0	0	0	1	

증명 결과
집에서 학교까지의 거리가 10분 미만인 그룹은 총 6번 지각을 하고, 10분 이상 20분 미만인 그룹은 총 3번 지각, 20분 이상인 그룹은 총 1번 지각을 했다. 친구들을 대상으로 조사한 결과 '집과 학교가 가까울수록 지각을 자주 한다'는 가정이 사실임을 알 수 있었다.

[104쪽] 학습 기능 익히기

제시된 표와 그림을 보고 무엇을 비교하기 위한 실험인 것인지 고르는 문제이다.

②

얼음과 드라이아이스의 상태가 시간이 경과함에 따라 각각 어떻게 변하는지를 알아보는 실험이다.

[105쪽] 학습 기능 더 익히기

필기하기에서 비교하기 학습 기능이 어떻게 구현되는지 확인할 수 있는 문제로, 사회 시간에 필기한 내용을 표로 다시 정리하여 두 대상의 특징을 비교하려고 하는 상황이 담겨 있다. 활동 방법 및 진행 절차는 다음과 같다.

1) 교사는 학생들에게 제시된 글을 읽게 한다.
2) 교사는 학생들에게 '서·남해안'과 '동해안'에 관한 내용을 '해안선의 모양', '섬의 분포', '주로 발달한 지형'을 기준으로 하여 표로 정리할 수 있음을 설명한다.
3) 교사는 학생들이 직접 제시된 글의 내용을 표로 다시 정리하게 한다.
4) 교사는 학생들과 함께 문제의 답을 확인한다.

정답

	서·남해안	동해안
해안선의 모양	복잡함	단순함
섬의 분포	섬이 많음	섬이 거의 없음
주로 발달한 지형	만, 갯벌	모래 해안, 사빈

익힘책 13과

[107쪽] 학습 도구 어휘 및 문법 확인하기

1. 제시된 문장을 읽고 알맞은 어휘를 골라 문장을 완성하는 문제이다.

   (1) ② 선호한다

   요즘 학생들은 화면이 큰 노트북을 특별히 더 좋아한다는 의미가 되도록 문장을 만들 수 있다.

   (2) ② 서술한

   기행문은 여행을 하면서 보고 듣고 느낀 점을 순서에 따라 적은 글이라는 의미가 되도록 문장을 만들 수 있다.

   (3) ① 실천하면

   생활 계획표를 만들어서 그것을 실제로 행동으로 옮긴다는 의미가 되도록 문장을 만들 수 있다.

2. 제시된 문법을 사용하여 〈보기〉와 같이 문장을 완성하는 문제이다. 목표 문법 '-듯이'는 뒤에 오는 말이 앞에 오는 말과 거의 비슷함을 나타내는 연결 어미이다.

   (1) 오듯이

   '오다'와 '-듯이'를 함께 쓰면 '오듯이'와 같이 쓸 수 있다.

   (2) 먹듯이

   '먹다'와 '-듯이'를 함께 쓰면 '먹듯이'와 같이 쓸 수 있다.

2. 밑줄 친 부분과 의미가 비슷한 표현을 고르는 문제이다.

   (1) ② 일반적

   '일반적'은 일부에 한정되지 않고 두루 해당될 수 있는 것을 의미한다.

   (2) ① 경우

   '경우'는 놓여 있는 조건이나 형편이라는 의미가 있다.

[108쪽] 학습 활동 확인하기

1. 평가에 대한 내용과 알맞은 평가 유형을 연결하는 문제이다.

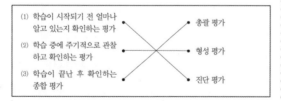

교재 186쪽의 '목적과 시기에 따른 평가 유형'을 보면 알 수 있다.

2. 평가의 유형 중 어떤 평가에 관한 내용인지 알맞은 것을 고르는 문제이다.

②

교재 187쪽의 '방법에 따른 평가 유형' 중에서 '프로젝트'에 대한 내용을 보면 알 수 있다.

[110쪽] 학습 기능 익히기

제시된 글에서 사용한 암기 방법을 찾는 문제이다.

④

암기하고자 하는 용어들의 앞글자만 떼서 외우는 방법을 사용하고 있다.

[111쪽] 학습 기능 더 익히기

문제 풀기에서 암기하기 학습 기능이 어떻게 구현되는지 확인할 수 있는 문제로, 과학 문제를 풀기 위해서 내용을 암기하는 상황이 담겨 있다. 활동 방법 및 진행 절차는 다음과 같다.

   1) 교사는 학생들에게 '생물의 분류 체계'에 대한 내용을 읽게 한다.
   2) 교사는 학생들에게 '생물의 분류 체계'에 대한 내용을 어떤 방법으로 암기하면 좋을지 생각해 보게 한다.
   3) 교사는 학생들이 선택한 방법을 사용하여 직접 내용을 암기해 보게 하고, 사용한 방법을 페이지 하단에 쓰게 한다.
   4) 교사는 학생들이 문제를 직접 풀어 보게 한다.
   5) 교사는 학생들과 함께 활동의 결과를 확인한다.

예시 답안
암기 방법: 그림으로 외우기

[112쪽] 학습 기능 익히기

제시된 글을 읽고 글을 완성하기 위해 사용한 성찰하기 방법을 찾는 문제이다.

   ☑ **문단을 구성하고 있는 문장들의 길이가 적절한지 점검한다.**

먼저 제시된 글을 읽어 보면 문장의 길이가 길다는 점을 알 수 있다. 따라서 글의 내용을 쉽게 이해하기 위해 길이가 긴 문장을 적절하게 끊어 글을 다시 구성하였다.

[113쪽] 학습 기능 더 익히기

체험하기에서 성찰하기 학습 기능이 어떻게 구현되는지 확인할 수 있는 문제로, 봉사 활동 결과 보고서를 보고 잘못된 부분을 찾아 고치려고 하는 상황이 담겨 있다. 활동 방법 및 진행 절차는 다음과 같다.

1) 교사는 학생들이 제시된 글을 읽게 한다.
2) 교사는 학생들에게 페이지 하단에 제시된 점검표를 참고하여 글의 잘못된 부분을 찾게 한다.
3) 교사는 학생들이 직접 잘못된 부분을 올바르게 고쳐 글을 다시 써 보게 한다.
4) 교사는 학생들과 함께 문제의 답을 확인한다.

정답

<table>
<tr><td rowspan="4">봉사활동소감</td><td colspan="3">　지난 주말에 친구들과 함께 봉사 활동을 하러 대한양로원에 갔다. 나는 봉사 활동으로 양로원에 갈 거라는 말을 처음 들었을 때 걱정부터 됐다. 왜냐하면 우리 할아버지, 할머니께서 오래 전에 죽어서 → 돌아가셔서 할아버지, 할머니하고 무슨 이야기를 해야 하는지 몰랐기 때문이다. 그런데 그곳에 계신 분들이 모두 친절하시고 재미있어서 금방 적응하고 봉사 활동을 할 수 있었다.</td></tr>
<tr><td colspan="3">　나는 봉사 활동을 하는 것이 어렵지 않을 거라고 생각했지만 막상 해 보니 쉽지 않았다. 걸레질도 하고 창문도 닦았고 할머니, 할아버지께서 드실 식사를 준비했다.</td></tr>
<tr><td colspan="3">　청소와 빨래는 할 때는 정말 힘들었지만 하고 나니까 기분이 좋아졌다. ~~나는 시간이 있을 때마다 친구들과 축구를 한다. 축구를 한 후에 아이스크림을 먹으면 기분이 좋아진다.~~ 다음에 다시 봉사활동을 하러 가야겠다.</td></tr>
</table>

글쓰기에서 성찰할 내용	네	아니요
문단이 통일되어 있는가?		✓
중심 문장이 분명히 드러나는가?	✓	
문단의 길이가 적절한가?		✓
단어를 적절하게 사용했는가?		✓
띄어쓰기가 맞는가?	✓	
맞춤법이 맞는가?	✓	

[115쪽] 학습 도구 어휘 및 문법 확인하기

1. 제시된 문장을 읽고 알맞은 어휘를 골라 문장을 완성하는 문제이다.

   (1) ② 상징하는

   예로부터 비둘기라는 구체적인 동물로 평화라는 추상적인 개념을 대신 표현하곤 했다.

   (2) ② 상상해서

   아직 경험하지 않은 미래 모습을 머릿속으로 그려 영화로 만들었다는 의미가 되도록 문장을 만들 수 있다.

   (3) ① 관측해서

   태풍을 자세히 지켜보면서 이동 경로를 미리 알아낸다는 의미가 되도록 문장을 만들 수 있다.

   (4) ① 동기

   공부를 해야 하는 원인이나 기회가 확실하면 더 열심히 할 수 있다는 의미가 되도록 문장을 만들 수 있다.

   (5) ② 기존

   이번 신제품은 이미 있는 제품의 문제점을 보완해 만들었다는 의미가 되도록 문장을 만들 수 있다.

2. 밑줄 친 부분과 의미가 비슷한 표현을 고르는 문제이다.

   (1) ③ 예측한

   '예상하다'는 앞으로 있을 일이나 상황을 미리 생각한다는 의미이다.

   (2) ③ 영역

   '영역'은 힘, 생각, 활동 등이 영향을 끼치는 분야나 범위를 의미한다.

[116쪽] 학습 활동 확인하기

1. 다음은 예습하기에 대한 설명으로 알맞은 것과 틀린 것을 고르는 문제이다.

   ④

   교재 200쪽의 선영과 선생님의 대화를 보면 예습은 다음 시간에 배울 내용을 모두 공부하지 않아도 된다는 점을 알 수 있다.

2. 효과적인 예습 방법에 대한 설명으로 맞는 것과 틀린 것을 고르는 문제이다.

   (1) X

   예습을 할 때는 본문을 가볍게 읽어 본다. 이때 내용 전체를 꼼꼼히 읽지 않아도 된다.

   (2) O

   교재 201쪽의 '잘 이해가 안 되는 내용은 표시를 해 두거나 질문을 미리 만들어 봐요.'라는 내용을 보면 알 수 있다.

   (3) O

교재 201쪽의 '대단원과 소단원의 제목을 보고 새로 배울 내용을 예측해 봐요.'라는 내용을 보면 알 수 있다.

[118쪽] 학습 기능 익히기

책 내용 예측하기에 대한 설명으로 알맞은 것과 틀린 것을 고르는 문제이다.

(1) X

책의 가격은 책의 내용을 예측하는 데 필요한 정보가 아니다.

(2) O

목차를 통해 책의 구성을 알 수 있고, 이를 통해 내용의 많은 부분을 예측할 수 있다.

(3) X

책의 내용이나 분위기를 암시하는 그림 등을 통해 내용을 예측할 수 있다.

(4) O

일반적으로 책 표지 안쪽에는 지은이에 대한 정보가 있다. 지은이의 출생 정보나 경력 등을 알면 책의 소재나 주제를 어떤 방향으로 다룰지 예측할 수 있다.

[119쪽] 학습 기능 더 익히기

문제 풀기에서 예측하기 학습 기능이 어떻게 구현되는지 확인할 수 있는 문제로, 과학 실험에 대한 문제를 읽고 실험의 결과를 예측하려는 상황이 담겨 있다. 활동 방법 및 진행 절차는 다음과 같다.

1) 교사는 학생들에게 제시된 문제와 글을 읽게 한다.
2) 교사는 학생들에게 주어진 정보를 바탕으로 문제의 실험 결과를 예측해 보게 한다.
3) 교사는 학생들에게 예측한 내용과 그렇게 예측한 근거가 무엇인지를 정리해서 적게 한다.
4) 교사는 학생들과 함께 활동의 결과를 확인한다.

> **예시 답안**
>
> ┌─────────────────────────────┐
> 〈결과 예측〉
> A 추 쪽으로 저울이 기울 것이다.
> ├─────────────────────────────┤
> 〈그렇게 예측한 근거〉
> 부력은 물체가 물에서 뜰 수 있게 해주는 힘이다. 따라서 비커에 물을 부으면 B 추는 부력의 영향을 받아 위로 뜨게 되고, B 추가 물에 뜬 만큼 저울은 A 추가 있는 방향으로 기울게 될 것이다.
> └─────────────────────────────┘

[120쪽] 학습 기능 익히기

의문 형성 단계를 순서에 맞게 쓰는 문제이다.

⊙ → (ⓔ) → (ⓒ) → (ⓛ)

교재 206쪽에 의문 형성 단계에 대한 정보가 제시되어 있다.

[121쪽] 학습 기능 더 익히기

실험하기에서 의문 형성하기 학습 기능이 어떻게 구현되는지 확인할 수 있는 문제로, 비닐 주머니에 있는 얼음과 드라이아이스가 각각 어떻게 변하는지 실험하는 상황이 담겨 있다. 활동 방법 및 진행 절차는 다음과 같다.

1) 교사는 학생들에게 실험 과정과 실험 결과에 대한 내용을 읽게 한다.
2) 교사는 학생들에게 소연의 경험에 대한 내용을 읽게 하고, 비슷한 경험이 있는지 물어본다.
3) 교사는 학생들에게 자신의 경험을 바탕으로 하여 납득하지 못하거나 동의할 수 없는 부분을 정리해 써 보게 한다.
4) 교사는 학생들이 앞에서 정리한 내용을 질문의 형식으로 바꿔 다시 써 보게 한다.
5) 교사는 학생들과 함께 활동의 결과를 확인한다.

> **예시 답안**
>
> **3** 경험과 지식에 비추어서 납득이 되지 않거나 동의할 수 없는 부분을 정리한다.
> → 예전에 종이와 동전을 동시에 떨어뜨린 적이 있는데 그때 동전이 종이보다 먼저 떨어졌었다. 지금까지의 경험을 통해 물건의 무게가 무거울수록 바닥에 떨어지는 속도가 빠를 것이라고 생각했는데 실험에서 깃털과 구슬이 동시에 바닥에 떨어졌다고 하니 이해가 되지 않는다.
> **4** 동의할 수 없는 부분에 대해 질문의 형식으로 의문을 표현한다.
> → 실험에서 깃털과 구슬이 동시에 바닥에 떨어진 이유가 무엇일까? 물건이 바닥에 떨어지는 속도에 물건의 무게는 아무런 영향을 끼치지 않는 걸까? 만약 그렇다면 평소 무거운 물건이 바닥에 빨리 떨어진다고 느낀 건 어떤 이유 때문이었을까?

익힘책 15과

[123쪽] 학습 도구 어휘 및 문법 확인하기

1. 제시된 문장을 읽고 알맞은 어휘를 골라 문장을 완성하는 문제이다.

(1) ① 배열해

여럿을 일정한 순서나 간격으로 죽 놓다는 의미가 있는 단어를 사용할 수 있다.

(2) ① 계기

동창회 모임이 원인이 되어 어릴 적 친구들과 다시 연락하게 되었다는 의미가 되게 문장을 만들 수 있다.

(3) ③ 완벽하게

행사가 아무 문제없이, 부족함 없이 완전하게 진행되었다는 의미가 되게 문장을 만들 수 있다.

(4) ① 가정하여

실제가 아니지만 인터넷이 사라진다고 생각하고 우리 생활이 어떻게 변할지 글을 쓴다는 의미로 문장을 만들 수 있다.

(5) ② 비유하고

'바다처럼 넓은 어머니의 마음'은 어머니의 마음을 효과적으로 설명하기 위하여 바다에 빗대어 설명한 표현이다. 어떤 것을 설명하기 위해 이와 비슷한 것을 대신 사용해 말한다는 의미가 있는 단어를 사용할 수 있다.

2. 밑줄 친 부분과 의미가 비슷한 표현을 고르는 문제이다.

(1) ③ 주위

'주변'은 어떤 대상을 싸고 있는 둘레, 또는 가까운 범위 안을 의미한다.

(2) ③ 드러냈다

'드러내다'는 감춰지거나 알려지지 않았던 사실을 밝힌다는 의미가 있다.

[124쪽] 학습 활동 확인하기

1. 학교 체험 활동과 알맞은 설명을 연결하는 문제이다.

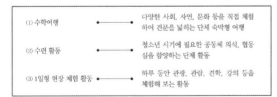

(1) 수학여행	•	•	다양한 사회, 자연, 문화 등을 직접 체험하여 견문을 넓히는 단체 숙박형 여행
(2) 수련 활동	•	•	청소년 시기에 필요한 공동체 의식, 협동심을 함양하는 단체 활동
(3) 1일형 현장 체험 활동	•	•	하루 동안 관광, 관람, 견학, 강의 등을 체험해 보는 활동

교재 214쪽에 있는 '체험의 유형'에 대한 내용을 보면 알 수 있다.

2. 봉사 활동 신청 절차를 순서에 맞게 쓰는 문제이다.

ⓒ → (ⓛ) → (㉠) → (ⓜ) → (ⓔ)

교재 215쪽에서 '봉사 활동 신청 절차'에 대한 내용을 보면 알 수 있다.

[126쪽] 학습 기능 익히기

제시된 그림과 글을 보고 사용된 묘사하기 방법이 무엇인지 고르는 문제이다.

②

그림의 여자 모습을 머리부터 발, 위에서 아래의 순서로 묘사하고 있다.

[127쪽] 학습 기능 더 익히기

발표하기에서 묘사하기 학습 기능이 어떻게 구현되는지 확인할 수 있는 문제로, '멸종 위기 동물'에 대한 발표문을 쓰기 위해 사진 속 사막여우의 모습을 자세히 묘사하는 상황이 담겨 있다. 활동 방법 및 진행 절차는 다음과 같다.

1) 교사는 학생들에게 사진 속 사막여우의 모습을 관찰하게 한다.
2) 교사는 학생들에게 관찰한 사막여우의 모습을 어떻게 묘사하는 것이 좋을지 생각해 보게 한다. 이때 교사는 학생들에게 비유할 때 필요한 단어들을 같이 설명할 수 있다.
3) 교사는 학생들이 직접 사막여우의 모습을 묘사해서 써 보게 한다.
4) 교사는 학생들과 함께 활동의 결과를 확인한다.

> **예시 답안**
> 아주 큰 귀와 동그랗고 까만 눈을 가지고 있습니다. 눈과 코 주위의 털은 흰색입니다. 그리고 몸 바깥쪽 털은 전체적으로 연한 갈색을 띠고 있으며 몸 안쪽 털은 얼굴과 같은 하얀색을 띠고 있습니다. 네 다리는 가늘고 긴 편입니다. 기다란 꼬리에는 연한 갈색의 풍성한 털이 자라 있습니다.

[128쪽] 학습 기능 익히기

기술하기에 대한 설명으로 알맞은 것과 틀린 것을 찾는 문제이다.

(1) X (2) X (3) O

교재 223쪽 기능 확인하기 문제의 설명을 보면 알 수 있다.

[129쪽] 학습 기능 더 익히기

보고서 쓰기에서 기술하기 학습 기능이 어떻게 구현되는지 확인할 수 있는 문제로, '한국의 지역 브랜드'에 대해 보고서를 작성하기 위해 한국의 대표 지역 브랜드를 조사하여 기술하려는 상황이 담겨 있다. 활동 방법 및 진행 절차는 다음과 같다.

1) 교사는 학생들이 제시된 그림과 글을 확인하게 한다.
2) 교사는 학생들이 '지역 브랜드'의 의미를 이해하였는지 확

인한 후 그림으로 제시된 지역 중 한 곳을 선택하게 한다.

3) 교사는 학생들이 선택한 지역에 대해 직접 조사하게 하고, 조사한 내용을 쓰게 한다.

4) 교사는 학생들과 함께 활동의 결과를 확인한다.

예시 답안
- 한국의 대표적인 지역 브랜드로 횡성을 예로 들 수 있다. 횡성은 한우가 매우 유명한 곳이다. 횡성은 소들이 자유로이 풀을 뜯을 수 있는 넓은 초원이 발달해 있어 예로부터 전통 한우의 고장으로 이름을 알려 왔다.
- 한국의 대표적인 지역 브랜드로 보령을 예로 들 수 있다. 보령은 갯벌에 있는 진흙의 우수성을 알리며 매년 '머드 축제'를 개최하고 있다. 보령의 머드 축제는 한국을 넘어서 외국에서도 인정을 받고 있는 세계적인 축제로 자리를 잡아가고 있다.
- 한국의 대표적인 지역 브랜드로 남원을 예로 들 수 있다. 남원은 소설 〈춘향전〉의 배경이 된 곳으로 〈춘향전〉의 주인공인 성춘향과 이몽룡을 캐릭터로 만들어 남원을 알리는 데 활용하고 있다.

익힘책 16과

[131쪽] 학습 도구 어휘 및 문법 확인하기

1. 제시된 문장을 읽고 알맞은 어휘를 골라 문장을 완성하는 문제이다.

(1) ④ 탐색할

잘 알려지지 않은 우주에 대해 살피어 찾는다는 의미가 되도록 문장을 만들 수 있다.

(2) ③ 전문적

한국 역사를 더 깊이 연구하고 싶다는 의미가 되도록 문장을 만들 수 있다.

(3) ② 보장하기

위협으로부터 안전을 보호한다는 의미가 되도록 문장을 만들 수 있다.

(4) ① 사실적

작가의 경험이 실제 있는 그대로 표현되어 있다는 의미가 되도록 문장을 만들 수 있다.

2. 밑줄 친 부분과 의미가 비슷한 표현을 고르는 문제이다.

(1) ② 맡고

'맡다'는 책임을 지고 어떤 일을 한다는 의미가 있다.

(2) ③ 연계되어

'연결되다'는 둘 이상의 사물이나 현상 등이 서로 이어지거나 관계가 맺어진다는 의미가 있다.

(3) ③ 실적

'실적'은 어떤 일이나 분야에서 실제로 이룬 업적을 말한다.

[132쪽] 학습 활동 확인하기

1. 학습 반응하기에 대한 설명으로 맞는 것과 틀린 것을 고르는 문제이다.

(1) X

표정을 찡그리는 것은 학습에 대해 잘 이해하지 못하고 있음을 나타낸다.

(2) O

228쪽의 '단순히 고개를 끄덕이는 것부터 나아가 감상이나 평가 등을 말하는 것으로 자신의 이해를 상대방에게 확인시킬 수 있습니다.'라는 내용을 보면 알 수 있다.

(3) X

자신이 이해했음을 상대방에게 알리기 위해 단순히 고개를 끄덕이는 것 역시 학습 반응하기가 될 수 있다.

2. 제시된 글이 설명하는 학습 반응하기 유형이 무엇인지 고르는 문제이다.

☑ 평론하기

어떤 사실이나 현상, 누군가의 행동이나 생각에 대해 옳고 그름을 이야기하고 더 나아가 그러한 것들의 가치를 따져 보는 것을 평론이라고 한다.

[134쪽] 학습 기능 익히기

제시된 글을 읽고 직업을 선택하기 위해 설정한 기준으로 알맞지 않은 것을 고르는 문제이다.

①

글에서 직업을 선택할 때 고려해야 하는 여러 조건 중 근로 시간과 관련한 내용을 다루고 있다. ①번은 근무 환경에 대한 기준으로 근로 시간과 급여와는 거리가 먼 내용이다.

[135쪽] 학습 기능 더 익히기

계획서 작성하기에서 준거 설정하기 학습 기능이 어떻게 구현되는지 확인할 수 있는 문제로, 여행 계획서를 작성하면서 숙박 장소를 어떤 곳으로 하면 좋을지 정하기 위해 준거를 설정하고 있는 상황이 담겨 있다. 활동 방법 및 진행 절차는 다음과 같다.

1) 교사는 학생들에게 제시된 표를 확인하게 한다.
2) 교사는 학생들에게 여행을 가서 묵은 숙박 장소들을 떠올려 보게 하고, 표에서 제시된 조건에 맞춰 숙박 장소를 정하려면 어떤 기준을 세우는 것이 좋을지 생각해 보게 한다.
3) 교사는 학생들이 생각한 기준을 쓰게 한다.
4) 교사는 학생들과 함께 활동의 결과를 확인한다.

예시 답안

고려 사항	기준
숙소 위치	- 숙소의 위치가 여행지와 가까운가? 방문지까지의 거리가 10km 이내인가? - 숙소가 도심에 있는가? - 숙소 주변에 버스정류장이 있는가?
숙소 비용	- 하루 숙박 비용이 10만원 이하인가? - 숙박 비용이 전체 예산의 20%를 넘지 않는가?
숙소 시설	- 방 안에 화장실이 있는가? - 방, 화장실 등 시설이 깨끗한가?
기타	- 방 안에서 식사를 할 수 있는가? - 이용 후기가 좋은 편인가?

[136쪽] 학습 기능 익히기

다음 중 가치 판단과 관련된 내용으로 맞는 것과 틀린 것을 고르는 문제이다.

(1) X (2) X (3) O (4) O

'가치 판단'은 주관적인 가치와 관련이 있다. 기준에 따라 어떤 대상이나 일에 대해 '좋다, 나쁘다, 옳다, 그르다' 등과 같이 생각을 정하는 것을 말한다. 따라서 (3)번과 (4)번이 가치 판단과 관련된 것이며, (1)번과 (2)번은 사실 판단과 관련된 것이다.

[137쪽] 학습 기능 더 익히기

평가받기에서 가치 판단하기 학습 기능이 어떻게 구현되는지 확인할 수 있는 문제로, 과학 수행 평가 시간에 기발한 발명품에 대해 조사하여 그 발명품이 어떠한 가치가 있는지를 발표하는 상황을 담고 있다. 활동 방법 및 진행 절차는 다음과 같다.

1) 교사는 학생들에게 제시된 발표 자료를 읽게 한다.
2) 교사는 학생들에게 실제 딱풀 비누나 딱풀 비누를 사용하는 사진을 보여 주며 어떠한 가치가 있는지 생각해 보게 한다.
3) 교사는 학생들이 생각한 내용을 정리해 쓰게 한다.
4) 교사는 학생들과 함께 활동의 결과를 확인한다.

예시 답안
- 쉽게 들고 다닐 수 있어서 사용하기가 편리하다.
- 필요한 만큼 돌려서 사용하기 때문에 절약에 도움이 된다.
- 사람들의 흥미를 유발하는 재미있는 디자인이다.

기획·담당 연구원 ―
정혜선 국립국어원 학예연구사
이승지 국립국어원 연구원
박지수 국립국어원 연구원

집필진 ―
책임 집필
심혜령 배재대학교 국어국문·한국어교육학과 교수

공동 집필
내용 집필
박석준 배재대학교 국어국문·한국어교육학과 교수
김윤주 한성대학교 크리에이티브인문학부 교수
문정현 배재대학교 미래역량교육부 교수
이미향 영남대학교 국제학부 교수
이숙진 경희대학교 국제교육원 객원교수
이은영 전북대학교 언어교육부 강사
홍종명 한국외국어대학교 한국어교육과 교수
오현아 강원대학교 국어교육과 교수
이선중 경희대학교 국제교육원 객원교수
황성은 배재대학교 글로벌교육부 교수

연구 보조원
최성렬 배재대학교 대학원 한국어교육학과 박사 과정
김미영 우석대학교 한국어교육지원센터 강사
박현경 명지대학교 국제교류원 강사
이창석 배재대학교 대학원 한국어교육학과 석사 수료
정나현 배재대학교 한국어교육원 강사
김준석 배재대학교 대학원 한국어교육학과 석사 과정
김세정 한남대학교 한국어교육원 강사
김경미 건양대학교 국제교류원 한국어교육센터 강사
한재필 배재대학교 한국어교육원 강사
박수미 배재대학교 대학원 한국어교육학과 석사 수료

내용 검토
조영철 인천담방초등학교 교사
송정희 대덕중학교 교사
주명진 인천영종고등학교 교사
김진희 대구북동중학교 교사

고등학생을 위한
표준 한국어 교사용 지도서
학습 도구

ⓒ 국립국어원 기획 | 심혜령 외 집필

초판 1쇄 인쇄 | 2020년 3월 5일
초판 1쇄 발행 | 2020년 3월 10일

기획 | 국립국어원
지은이 | 심혜령 외
발행인 | 정은영
책임 편집 | 최명지
디자인 | 박현정, 황은영, 최은숙
일러스트 | 조은혜
사진 제공 | 셔터스톡

펴낸 곳 | 마리북스
출판 등록 | 제2019-000292호
주소 | (04053) 서울특별시 마포구 와우산로29길 37 301호(서교동)
전화 | 02)336-0729   팩스 | 070)7610-2870   이메일 | mari@maribooks.com
인쇄 | (주)현문자현

ISBN 979-11-89943-48-6 (54710)
     979-11-89943-42-4 (set)